The Two Cultures Controversy

Science, Literature and Cultural Politics in Postwar Britain

Guy Ortolano

[美] 盖伊·奥尔托拉诺 著

沈蠡 译

两种文化之争

战后英国的科学、文学与文化政治

南京大学出版社

This is a Simplified Chinese Translation of the following title published by Cambridge University Press:

The Two Cultures Controversy: Science, Literature and Cultural Politics in Postwar Britain
ISBN:9781107402706
This Simplified Chinese Translation for the People's Republic of China (excluding Hong Kong, Macau and Taiwan) is published by arrangement with the Press Syndicate of the University of Cambridge, Cambridge, United Kingdom.

© Shanghai Sanhui Culture and Press Ltd. 2024
Published by Nanjing University Press

This Simplified Chinese Translation authorized for sale in the People's Republic of China (excluding Hong Kong, Macau and Taiwan) only. Unauthorized export of this Simplified Chinese Translation is a violation of the Copyright Act. No part of this publication may be reproduced or distributed by any means, or stored in a database or retrieval system, without the prior written permission of Cambridge University Press and Shanghai Sanhui Culture and Press Ltd.

Copies of this book sold without a Cambridge University Press sticker on the cover are unauthorized and illegal.

本书封面贴有Cambridge University Press防伪标签，无标签者不得销售。

自从科学家出身的小说家查尔斯·珀西·斯诺（C. P. Snow）和文学批评家弗兰克·雷蒙德·利维斯（F. R. Leavis）于20世纪60年代初发生冲突以来，人们常常哀叹艺术与科学这"两种文化"已然成为思想界难以弥合的鸿沟。然而，我们不禁要问：一个传统话题为何可以历久弥新，在这个特定的历史时刻引发如此激烈的争论？本书将这一分歧视为英国过去、现在与未来的**意识形态**纷争，并以此入手回答上述问题。与此同时，本书将两种文化之争与大学的使命、社会史的研究方法、国家衰退的含义以及前大英帝国的命运等问题联系在一起加以考察。综上，本书将通过挖掘"两种文化"之争的政治利害关系，考察并解释20世纪60年代英国文化政治的运作方式，同时唤起读者对这一沿用至今的术语的重新认识。

盖伊·奥尔托拉诺

目录

致谢   i

引言   001
第1章 斯诺和技术官僚自由主义   041
第2章 利维斯和激进自由主义   101
第3章 两所学院的故事   152
第4章 英国社会历史学的发轫   207
第5章 国家"衰落"论的兴起   238
第6章 后殖民主义的发展   283
第7章 精英统治时代的消逝   316

结论   368
参考文献   375
索引   404

致谢

假若此书见证了学术界时有发生的思想冲突及与之相伴而生的唇枪舌剑，那么我希望它同时也是学术圈内友谊的明证——它见证了朋友间、同事间和机构间的友谊何其珍贵，学术生活也因此变得趣味横生。在此书的撰写过程中，许多机构的同事、朋友都曾慷慨相助，在此，我一并致谢：西北大学历史系（Department of History at Northwestern University）、帝国理工学院的科技和医学历史中心（Centre for the History of Science, Technology, and Medicine at Imperial College London）、圣路易斯华盛顿大学历史系（Department of History at Washington University in St. Louis）、康奈尔大学人文学会和科技系（Society for the Humanities and the Department of Science & Technology Studies at Cornell University），以及弗吉尼亚大学科科伦历史系（Corcoran Department of History at the University of Virginia）。此书还得到了西北大学各项科研出版资助：人类文化科学项目（Science in Human Culture Program）、英国和爱尔兰研究基金（British and Irish

Studies Research Grant）、埃文·弗兰克尔人文学科奖学金（Evan Frankel Fellowship in the Humanities），以及校长奖学金（Presidential Fellowship）。此外，英语演讲协会（English Speaking Union）、约瑟芬·德·卡曼基金会（Josephine De Karman Foundation）、得克萨斯大学英国研究项目（British Studies Program at the University of Texas），以及康奈尔大学人文学会（Society for the Humanities at Cornell University）也给予了本书相关出版资助。

研究过程中，我得到了大西洋两岸各机构档案员和图书管理员的技术支持，很高兴有机会在此对他们一表谢意：得克萨斯大学哈里·兰塞姆人文研究中心的（Harry Ransom Humanities Research Center）帕特·福克斯（Pat Fox）及其同事、雷丁大学（University of Reading）查托&温达斯档案室（Chatto and Windus archive）的迈克尔·博特（Michael Bott）、位于卡弗舍姆的英国广播公司文字档案中心（BBC Written Archives Centre in Caversham）的苏珊·诺尔斯（Susan Knowles）、剑桥大学图书馆（Cambridge University Library）的比尔·诺布利特（Bill Noblett）、剑桥大学出版社（Cambridge University Press）的特雷莎·雪柏（Teresa Sheppard）以及哈佛大学霍顿图书馆（Houghton Library at Harvard University）、伦敦皇家学会（Royal Society in London）、伦敦古尔本基安基金会（Gulbenkian Foundation in London）的相关工作人员。此外，我还要感谢为我查找论文提供便利的馆藏机构和相关人员，没有他们，最终的研究成果将无法出炉：剑桥大学的丘吉尔学院（Churchill College）、唐宁学院（Downing College）和伊曼纽尔学院（Emmanuel College）的院长

致谢

和董事们。就如何利用这些馆藏，我还得到了丘吉尔学院琼·布洛克 – 安德森（Joan Bullock-Anderson）、原唐宁学院嘉玛·本特利（Gemma Bentley）和伊曼纽尔学院已故的珍妮特·莫里斯（Janet Morris）等人的倾力相助（莫里斯于2001年秋天协助我在伊曼纽尔学院查找资料），在此献上我由衷的谢意。

还有很多人在我成书过程中使我备受鼓舞或醍醐灌顶，我无法在此一一致谢，但我希望他们能知晓我的感激之情。此书的每个章节（或以文章的形式）在发表前都曾征询过朋友、同事或其他学者的建议，令我受益匪浅，而他们中的有些人可能并未意识到自己曾令我深受启发。无论如何，请允许我在此一表感谢：T. H. 布林（T. H. Breen）、约翰·布鲁尔（John Brewer）、约翰·布什内尔（John Bushnell）、大卫·坎纳丁（David Cannadine）、洛琳·达斯顿（Lorraine Daston）、丹尼斯·德沃金（Dennis Dworkin）、吉姆·爱泼斯坦（Jim Epstein）、马克·戈尔迪（Mark Goldie）、理查德·古德（Richard Gooder）、德里克·赫斯特（Derek Hirst）、罗布·艾利夫（Rob Iliffe）、威廉·卢贝诺（William Lubenow）、玛丽娜·麦凯（Marina MacKay）、彼得·曼德勒（Peter Mandler）、珍妮·曼（Jenny Mann）、安娜 –K. 迈尔（Anna-K. Mayer）、蒂姆·帕森斯（Tim Parsons）、盖尔·罗杰斯（Gayle Rogers）和杰夫·华莱士（Jeff Wallace）。此外，我在以下机构或场合与相关学者探讨过书中的章节，也因此获益不少：帝国理工学院的科技和医学历史中心、西北大学公共事务学院（Public Affairs Residential College）、西北大学研究生研讨会（Graduate Seminar）、西北大学克洛普斯特格科学和人类文化系列讲座（Klopsteg Lecture Series in Science and Human Culture）、得克萨斯大学英国研究研讨会（British Studies Seminar at the University of Texas）、圣路易斯华盛顿大学科学历史与哲学研讨会（History and Philosophy of Science Seminar at Washington University in St. Louis）、康奈尔大学人文学会、康奈尔大学欧洲史学术研讨会（European History Colloquium at Cornell University），以及康奈尔大学科学研究小组（Science Studies Research Group）。尤其感谢肯·阿尔德（Ken Alder）、霍华德·布里克（Howard Brick）、戴维·艾哲顿（David Edgerton）、T. W. 海克（T. W. Heyck）、艾哈迈德·卡拉穆斯塔法（Ahmet Karamustafa）、凯伦·曼（Karen Mann）、亚历克斯·欧文（Alex Owen）、马克·佩格（Mark Pegg）和柯克·威利斯（Kirk Willis）——这些学者通读了我相关演讲或讲座的全稿，有时还不厌其烦、不止一次地阅读并予以指正。当然，需要指出的是，我本人对文稿中的任何事实性、阐释性或判断性疏漏负全部责任。

成书出版过程中，我有幸与相关艺术家和版权方打交道，其中的喜悦与欢愉是我始料未及的。感谢约翰·帕特里奇（John Partridge）和丘吉尔档案中心（Churchill Archives Centre）允许我引用豪厄尔（Howell）和基利克（Killick）的相关观点，还有帕特里奇递交给剑桥丘吉尔学院的倡议书；感谢丹尼斯·潘尼特（Denis Pannett）容许我使用斯诺母亲朱丽叶·潘尼特（Juliet Pannett）亲手所画的斯诺像；感谢布里奇曼艺术图书馆（Bridgeman Art Library）同意并授权我使用彼得·格里纳姆（Peter Greenham）的利维斯肖像画——为此一并感谢剑桥唐宁学院的院长和董事们。此外，我还要感谢伦敦国王学院（King's College London）的卢德米尔·乔丹诺娃

（Ludmill Jordanova）、国家肖像艺术馆（National Portrait Gallery）的马修·贝利（Matthew Bailey），以及丘吉尔学院的马克·戈尔迪（Mark Goldie）、巴里·菲普斯（Barry Phipps）等人，在他们的帮助下，我才得以成功找到那些珍贵的文字和画像。最后，能与剑桥大学出版社合作令我深感荣幸：该社的编辑工作勤恳、认真负责，极大地提升了此书的质量。我还得感谢伊桑·沙甘（Ethan Shagan），是他向我推荐了剑桥大学出版社，感谢琳达·布里（Linda Bree）在关键时刻鼓励我，感谢保罗·斯蒂芬斯（Paul Stevens）和杰米·胡德（Jamie Hood）保证成书印刷质量，感谢苏·布朗宁（Sue Browning）出色的文字编辑工作，感谢迈克尔·沃森（Michael Watson）协助并陪伴我走过整个出版过程。

本书第四章曾以"人类科学或人类面孔？社会史和'两种文化'的争论"（"Human Science or a Human Face? Social History and the 'Two Cultures' Controversy"）为题在刊物上发表，参见"Human Science or a Human Face? Social History and the 'Two Cultures' Controversy," *Journal of British Studies* 43 (October 2004), pp. 484–505。感谢该刊编辑和芝加哥大学出版社（University of Chicago Press）授权再版。此外，伦敦的柯蒂斯·布朗集团有限公司（Curtis Brown Group Ltd., London）代表斯诺庄园授权援引斯诺书信论文；乔治·斯坦纳（George Steiner）本人同意并授权援引他的私人信件；哈佛大学霍顿图书馆授权援引该馆馆藏书信论文；得克萨斯大学哈里·兰塞姆人文研究中心授权援引该中心馆藏书信论文。最后，剑桥大学图书馆馆藏书信论文的援引由剑桥大学图书馆理事们直接授权。

此书的撰写与出版离不开五位学者多年来的帮助与鼓励，借此机会向他们表达由衷的谢意。柯克·威利斯为我打开了现代英国史的大门，本书中的每个章节他都仔细读过数遍；戴维·艾哲顿最初便对本项目表现出了浓厚的兴趣，他对 20 世纪历史的非传统阐释向我展现了如何用新眼光看问题；肯·阿尔德让我尚在论文阶段便窥见了成书的模样，本书中几乎每一个想法都曾与他深入交流过；亚历克斯·欧文主持的一个关于历史理论与实践的研讨会令我感触颇深，也影响了我的思维方式，这种影响体现在此书各个章节的构思之中，这是欧文与我都未曾料到的。还有我的导师比尔·海克（Bill Heyck）：他也许并不同意此书的所有阐释，但他的慷慨和指引贯穿了此书的整个写作过程，令我受益匪浅。

　　最后，我还要感谢珍妮（Jenny）：此书中无关争吵、敌意和指责的部分便是献给你的。请接受我最诚挚的爱和衷心的谢意。

引言

由内而外看历史

"历史……是由事件组成的,"汤普森(E. P. Thompson)如是写道,"如果我们不能深入了解这些事件,我们就根本无法洞察历史。"[1] 汤普森强调对某些特定事件的深切关注,这种关注可能会反过来修正人们对那些事件所处的更广泛的历史的解读。本书遵循汤普森的教导,试图通过"深入剖析"英国历史上一个人尽皆知的事件——20世纪60年代初的"两种文化"之争——从而更好地理解那段历史。通过研究这场论争的源起、内容和背景,我发现,此前被解读为艺术和科学的学科之争的这场论争,实际上是涉及英国过去、现在和未来的意识形态纷争。反过来,这种解读又修正了我们对与论争相关的其他问题的理解——从这个角度看,"两种文化"之争又有助于我们理解战后英国历史上一些最具争议的问题。大学的扩张、社会历史的发展、对民族衰落的焦虑、有关前大英帝国的争论,以及20世纪60年代的意义,所有这一切,都因与科学挂钩而被赋予了完不同的含义：无论是对"科学"的支持抑或反对，无一例外地牵涉到英国——乃至人类——社会的本质和前进方向问题。从最广泛的层面来说，"两种文化"的论争是两个大历史中的一个特殊事件：相对较近的战后英国史，以及较为悠久的艺术与科学关系史。事实上，这些历史也被斯诺（C. P. Snow）在《两种文化》这本书所确立的框架之内继续讨论着：一边是战后英国的衰落史，另一边则是作为两种文化的艺术与科学之争的历史。不过，本书并没有全盘接受这些论点，而是由内而外地，从"两种文化"的论争这一中心议题开始，对它们进行修正性的解读。

"这场风暴太不可思议了"

这场论争的发展脉络很容易勾勒。1959年5月7日，科学家出身的小说家斯诺在剑桥大学发表了一年一度的瑞德演讲（Rede Lecture）。斯诺演讲的题目是"两种文化与科学革命"，[2] 他的主题也主要是围绕着文学和科学界知识分子之间的关系而展开。斯诺认为，长期以来，文学界的知识分子一直对科学、技术、工业和社会进步怀有敌意，也因此，他们正在阻碍整个亚洲和非洲的经济发展。斯诺的演讲引起了广泛讨论，一直到1962年2月，文学批评家F. R. 利维斯（F. R. Leavis）在剑桥发表另一场演讲，质疑斯诺的论点，演讲的题目是"两种文化？ C. P. 斯诺的意义"。[3] 利维斯并没有过多地针对斯诺的论点发起挑战，而是质疑他的声望，他将斯诺所享有的盛誉描述成一个社会误入歧途的明证。利维斯的猛烈抨击使得"两种文化之争"变成了"斯诺—利维斯之争"，但是，在此后一年半的时间里，斯诺都隐而不发，不予回应。1963年10月，他终于在《泰晤士报文学增刊》(Times Literary Supplement，简称TLS)上做出回应，重新回顾了自己的论点，涉及利维斯的地方却只是一笔带过。[4]然而，利维斯在接下来的几年里，在不同高校的不同场合发表了一系列演讲，不断推进他的批评：1966年在哈佛和康奈尔，1969年在威尔斯，1970年在布里斯托尔，1970年和1971年在约克。[5]1970年，斯诺在《泰晤士报文学增刊》上又一次发文，进行回应，再稍后，斯诺和利维斯分别把自己所写关于"两个文化"之争的论文结集出版。[6]

不过，以上概略的描述未能传达论争的激烈程度。例如，斯诺在其最初的演讲中，在表达了他对知识分子各自为政的遗憾之后，就迅速转向，将现代主义者与纳粹相提并论。他以赞许的态度引用了一位科学界同仁的话："难道他们所代表的一切影响不是让奥斯威辛离我们更近了吗？"[7]利维斯则首先质疑斯诺的小说家身份，继而对他是否有思想表示怀疑："在应对斯诺提出的论辩观点，或者说应对那种全景式的伪中肯性时，最大的困难在于其观点毫无思想内涵，毫无想法，让人不知该从何谈起。"[8]而由斯诺和利维斯引发的论争也不乏火药味，各种指控和反击充斥着《旁观者》(Spectator)的版面："利维斯，"一位作家宣称，"就是文学界的希姆莱(Himmler)*。"[9]也

---

* 海因里希·路易波德·希姆莱(Heinrich Himmler, 1900年10月7日—1945年5月23日)，纳粹德国法西斯战犯，历任纳粹党卫队队长、党卫队帝国长官、纳粹德国秘密警察首脑、警察总监、内政部长等要职，先后兼任德国预备集团军司令、上莱茵集团军群司令和维斯杜拉集团军群司令，对欧洲600万犹太人的大屠杀以及许多党卫军的战争罪行负有主要责任。——译者注（如无特别说明，本书脚注均为译者注）

难怪美国的文学评论家莱昂内尔·特里林（Lionel Trilling）有些惊诧，他在纽约关注着这个事件，并由此感叹道："这场风暴太不可思议了。"[10] 在这里，特里林意指由于利维斯的介入而引起的骚动，但他很可能对整个"两种文化"论争持同样的看法。

自那时到现在，评论家和历史学家都一直在试图解释这场论争。有一种方法采用了斯诺自己提供的术语，将这一论争描述为"两种文化"——即艺术和科学之间的冲突。[11] 斯诺认为，体制立场，再加上文化偏见，造成了科学和文学界知识分子之间无法相互交流的局面，且这种局面颇有愈演愈烈之势。斯诺是以小说家的身份发言的，但是，他曾经接受过科学家的训练，而且，从他的演讲中可以清楚地看到，他更青睐后者。利维斯称，斯诺这一表述缺乏严谨性。但是，他的攻击非但没有推翻斯诺的论点，反被视作对其论点的至高认可。特别是在《旁观者》刊登利维斯的文章后，这种解读变得尤为突出。例如，物理学家 J. D. 伯纳尔（J. D. Bernal）表示："如果我们需要什么东西来让人们相信斯诺在《两种文化》中表达的论点的真实性和时效性的话，那一定是利维斯博士的演讲了。"[12] 阿道司·赫胥黎（Aldous Huxley）在提出斯诺的"科学主义"与利维斯的"文学主义"之间的对称性时，把这一点表达得更为明确了（尽管不够优雅）。[13]

然而，经过仔细研究，我们可以发现，这场论争中的论点及参与者本身并不应该由学科差异加以界定。毕竟，斯诺已经离开科学工作有近二十五年之久了，在他发表瑞德演讲时，他的声望主要来自他作为一位小说家的建树。他在演讲中呼吁大家进行一场科学教育的革命——但这不是最终目的，而是作为国家现代化和全球工业化宏伟计划的一部分。而利维斯在他多年的职业生涯中，攻击的不是物理学家和生物学家，而是作家和批评家，而且，他在里士满演讲（Richmond Lecture）中也没有把矛头指向斯诺提出的支持科学的建议，而是针对他作为一名小说家的身份。同样，艺术与科学的二元对立也无法解释牵涉到更多人的这场辩论：对斯诺批评最尖锐的两位，一位是物理化学家迈克尔·波兰尼（Michael Polanyi），另一位是生物化学家迈克尔·尤德金（Michael Yudkin），而他的捍卫者中则包括小说家威廉·格哈迪（William Gerhardi）和诗人伊迪丝·西特韦尔（Edith Sitwell）。[14] 同样，利维斯得到了那些希望与斯诺保持距离的科学家的支持，文学界却普遍对斯诺的论点赞赏有加：《文汇》（Encounter）分两部分报道了瑞德演讲，BBC 也在那个夏天播出了一个版本。此外，《泰晤士报文学增刊》也是支持斯诺胜于利维斯。[15] 类似的例子不胜枚举，它们都表明，这些论点并不仅仅是对学科利益的常规性维护。或者，说得更尖锐一些，艺术与科学的二元对立从一开始就未能承担起人们赋予这场辩论的解释重负。

第二种，也是更有成效的方法，是将这场论争置于一个关于艺术与科学关系的讨论传统之中。[16] 19 世纪 80 年代，托马斯·赫胥黎（Thomas Huxley）和马修·阿诺德（Matthew Arnold）之间的交锋可以被视为这场论战的先驱者。1880 年，赫胥黎在伯明翰的一次演讲中呼吁科学教育，作为回应，阿诺德则在 1882 年的瑞德演讲中为人文教育作辩护。[17] 从 1882 年阿诺德的瑞德演讲到 1959 年斯诺的瑞德演讲，在这几十年的时间里，发生了一系列里程碑式的事件：1928 年，剑桥联盟（Cambridge Union）曾就"科学正在摧毁艺术"这个命题展开辩论；1946年，英国广播公司（British Broadcasting Corporation）将科学思想与人文思想的分野称为"我们这个时代的挑战"；到了1956年，博学多才的雅各布·布罗诺夫斯基（Jacob Bronowski）也在讲座和著述中反复阐述这一命题。[18] 这些著名的论断，再加上一些不见经传的述评，早在斯诺发表瑞德演讲之前就已经传得沸沸扬扬了。下面这组引文集锦选自1953—1959年间的《倾听者》（*Listener*）：

> 如果科学和哲学之间几乎没有什么联系，那么，科学和其他人文学科之间的联系自然就更少了。我们都生活在自己的小圈子里，老死不相往来……第一步，而且是非常必要的一步，我们必须尽己所能，在科学家和非科学家之间建立一种双向的交流……科学家需要更多地了解通识文化（general culture），而历史学家则需要在科学方面打下更好的基础……但是科学和人文之间的二元对立是错误的……对各种艺术、历史、哲学等一无所知的科学家与一个不了解科学的基本思想、概念和方法的"人文主义者"一样，都是人格不完整的人……让我们一起，形成一股合力，克服一切惯性力量，使科学家和人文社科学者能最终一起走向未知世界。[19]

从这个角度来看，斯诺和利维斯的交锋可以看作对这一旷日持久的传统对话的另一轮贡献。

然而，此种解读也有其局限性。毕竟，这一传统存在的本身就会让人质疑：一个如此熟悉的话题何以引发如此激烈的争辩呢？斯蒂芬·科里尼（Stefan Collini）给出了一个答案。"在这种文化内战中，"他解释道，"每一次新的交锋都承载着昔日的失败和残酷的重负。因此，除了引起当前争端的表面原因，争论背后必定还藏有更多的利害关系。"[20]但是，如果历史学家或评论家没有充分注意到这一动态，没有注意到这一传统中不同代际之间的差异和相似之处，他们就有可能给截然不同的历史事件赋予同一种解释：赫胥黎和阿诺德争论科学和文学在教育中的相对位置，因此，斯诺和利维斯争论的肯定也是科学和文学在教育中的相对位置——不同之处是斯诺把现代主义者与奥斯威辛集中营联系在一起，难免略显尴尬。[21]此外，一旦人们认为斯诺和利维斯只不过是在旧话重提，那么，他们的交锋就可以忽略不计了，因为他们的对话似乎跟原来的脚本只是略有不同而已。例如，历史学家多米尼克·桑德布鲁克（Dominic Sandbrook）就认为，他们的论争"实际上只是19世纪80年代马修·阿诺德和赫胥黎之间斯文辩论的一个翻版"，文学家阿尔文·克南（Alvin Kernan）则总结道，"无论是斯诺还是利维斯……都没有为诗人和哲学家之间这场旷日持久的、重复上演的论争提供任何新的东西"[22]。这些评论家努力去寻找斯诺和利维斯置身的那个传统，最终却忽略了他们那场论战的具体内容和语境。因此，我们不仅有必要把这场论争置于一个悠久的传统之中，也需要在适当的时候把它从那个传统的局限中剥离出去。[23]

应该说，这场论争确实是由于学科之间的紧张关系而变本加厉，在某种程度上，它也确实跟那个由来已久的传统相契合，然而，这两种解读都不能充分说明这一特殊事件的立场和其中蕴含的能量。

着眼于斯诺和利维斯之间的个人分歧同样于事无补：毕竟，他们在剑桥周围那个小圈子里和平共处了三十多年，并且，他们后来都否认他们在辩论之前存在任何敌对关系。[24] 那么，为什么这个熟悉的话题会在20世纪60年代初引发如此激烈的论争呢？对这一问题的回答已超出个人好恶或学科较量的范畴，最终将引领我们进入战后英国的文化政治生活。

扮演陌生人的角色

本书讲述了有关"两种文化"之争的一段文化史。它虽然受益于社会史学家和思想史学家的各类著作，但并未像社会史学家所做的那样，将这场论争解读为社会阶层或体制利益之间的冲突，也不像思想史学家那样，意在描绘在不同时期或不同地点讨论相关问题的思想家谱系。[25] 相反，本书是通过论争来探索战后英国的社会和文化，它采用的是文化史学家的方法，试图从那些在今天看来不同寻常的角度走进过去的文化。例如，罗伯特·达恩顿（Robert Darnton）有一个经典描述，他以屠杀一屋子猫的所谓"狂欢"仪式为契机，去复原法国旧政府时期手工业文化的方方面面。"当你意识到，你无法领会一个对当地人特别有意义的东西——一个笑话、一句谚语、一个庆典时，"他解释说，"你就会明白，该从何处入手，去掌握一个陌生语意体系，去解开那团乱麻。"[26] 达恩顿还可以在他的清单上增加一个"论争"，就像娜塔莉·泽蒙·戴维斯（Natalie Zemon Davis）所做的那样。戴维斯说："一场引人注目的论争有时也可以揭示迷失在日常纷繁中的动机和价值观。"[27] 斯诺和利维斯之间的交锋就是这样一场论争，它生发自当时的背景与文化，同时又无时无刻不在揭示着这一背景与文化的真谛。[28]

达恩顿和戴维斯是早期现代的史学家，但他们对陌生事物的强调对晚近的史学家尤其具有启发意义。历史方法既是一个方法问题，也是一个主题问题，而这个方法的关键则是因距离而产生的视角。对历史学家而言，要与新教改革或法国大革命建立一个阐释的距离，已经够困难的了，而当研究对象不那么遥远的时候——比如战后英国，这个问题就更加复杂了。[29]因此，为了从历史的角度分析这一时期，就需要记录它与现在的距离——也即它的不同之处。史蒂文·夏平（Steven Shapin）和西蒙·谢佛（Simon Schaffer）把这种挑战当作历史学家"扮演陌生人"的必要性，他们认为，论争发生的那些时刻为达成这一目的提供了一个理想的机会。"历史主角们经常扮演的那个角色，常常与我们假扮的陌生人不谋而合，"他们解释说，因为"在论争的过程中，他们试图消解对手那些带偏好的、想当然的信念与做法"[30]。也就是说，在公开辩论的过程中，那些本来可能隐藏起来的假设和价值观会被曝光，并得到清晰的呈现，使得论争成为了解这个当初看似熟悉的世界的一个崭新的切入点。

在近代史的写作过程中，当史学家的解读范畴缘起于或沿袭于它所研究的对象时，另一个问题也就产生了。正如莱昂内尔·特里林所告诫的那样，"我们不能用古代的语言来进行现代化的思考；我们要么背叛了那个时代，要么背叛了这个时代"[31]。在战后英国的历史中，这种被因袭的（若非古代的）范畴包括"衰落"和"两种文化"。这种状况在宗教改革或奴隶制的历史中很难被容忍，如果这个命题近在眼前、更为人熟知的话,问题也会同样存在(即使不那么明显)。将"两种文化"之争解释为两种学科文化之间的冲突,无异于说,在现代欧洲的早期,女巫受到迫害就因为她们是女巫,或者说,逃亡的奴隶被归还给主人就是因为他们是财产。以这些范畴("女巫"、"财产"、"两种文化")作为我们的解释条件,只是在现在的语境之下重复了它们过去的范畴,而需要历史解释的正是这些范畴本身的发展和使用。因此,要领会这一事件的含义及意义,就必须以"两种文化"的**论争**为研究对象,而不是**两种文化**本身。

在有关斯诺、利维斯以及"两种文化"之争的大量文献中,最有见地的论述就已经采用了这种批判的视角来看待"两种文化"这一范畴。利维斯的传记作者伊恩·麦基洛普(Ian MacKillop)就通过把利维斯而非斯诺置于叙事的中心,达到了这个目的。从这一角度来看,他们之间的论争似乎不像是科学和文学之间的较量,而更像是对过去的不同解读之间的冲突。麦基洛普总结道:"把斯诺和利维斯之间的冲突描述成科学与文学之间的冲突是错误的,这是一场关于历史的冲突,在20世纪60年代,利维斯对历史越来越感兴趣。"[32] 在再版的《两种文化》一书中,斯蒂芬·科里尼的引言也同样对学科范畴提出了质疑。他告诫大家:"在讨论这个主题时,很容易落入一个致命的陷阱,那就是把'科学'和'文学'视作稳定的实体,认为它们在某一时刻适时地冻结了(通常是在我们自己的观点最初形成的那一刻)。"[33] 相反,科里尼记录了那些领域之间不断变化的联系,同时,他找出了对这一特定事件有推动作用的当代问题——包括人造卫星(Sputnik)、社会阶层、精英体制、大学扩张,以及哈罗德·威尔逊（Harold Wilson）的"白热化（white heat）"*。大卫·霍林格（David Hollinger）所写的则完全是另一种传统，他讨论了美国自由主义者在 20 世纪 40 年代到 60 年代的文化政治事件中运用的"科学的"价值观——如诚实、宽容、民主和现世主义。而斯诺就在此时——在这一故事即将结束之时——出人意料地出现了，他挥舞着与"科学"相关的价值观，来挑战自己的竞争对手。[34] 尽管麦基洛普、科里尼和霍林格的叙述各有侧重，但他们都关注到了"两种文化"之争如何为更广泛而深远的问题提供了表达途径。

历史的视角也要求我们，即使在拆解斯诺所提出的概念时，也应承认他的重要性。这种同理心并不容易达成，因为斯诺的名声与他生前已经是今非昔比。然而，文化史学家研究斯诺的原因并不是他作为小说家或思想家在当今的地位，而是他在过去的意义，用大卫·坎纳丁（David Cannadine）**的话说，他是"一个在他那个时代举足轻重的人物"[35]。坎纳丁解释说："他的小说不再如过去那般受到读者的欢迎，但是，对任何一个对 20 世纪 20 年代至 60 年代英国生活的某些方面感兴趣的人来说，它们依然是必不可少的读物。"[36] 也就是说，今天的历史学家对斯诺感兴趣，是因为斯诺在他那个时代举足轻重的地位，而他名声的起起落落也为我们深入了解那个年代

---

* 1963 年 10 月，哈罗德·威尔逊在工党会议上发表演讲概述工党的科学计划，展示了利用"技术革命的白热化"来创建一个不同类型的国家的前景。
** 大卫·坎纳丁爵士（Sir David Nicholas Cannadine，1950 年 9 月 7 日—），英国历史学家，著作包括《英国贵族的没落》(*The Decline and Fall of the British Aristocracy*)和《装饰主义：英国人眼中的帝国》(*Ornamentalism: How the British Saw Their Empire*)。

更广泛的社会态度提供了一个视角。戴维·艾哲顿（David Edgerton）对《两种文化》及其史学影响进行了批判性分析，他也同样认可斯诺的历史意义。艾哲顿指出，在20世纪许多拥有科学背景的英国作家中，"斯诺作为一个思想家，可谓最负盛名，也最具影响力，无论是过去，还是现在"[37]。艾哲顿不仅没有否认或者驳斥斯诺的地位，还从这一地位中读出了它对理解英国社会和文化的启示。他把斯诺描绘成了一个倡导大家站在技术官僚的角度批判现代英国的典范。斯诺对科学、技术和专业知识的边缘化地位感到痛惜，尽管这三者已经因为国家的投入而获得了长足的发展（有点自相矛盾）——这一点，在一定程度上，从大家对利维斯之反驳的敌意态度中可以一见端倪。[38]艾哲顿认为，斯诺的地位与利维斯的批评同样重要，他对二者进行解读，以促使人们重新审视这场论争及其语境和影响。坎纳丁承认斯诺作为小说家的声誉日渐衰微，艾哲顿也不接受斯诺关于科学、文化和英国这个国家的论述，但是，他们二人都认可并强调斯诺的历史意义。[39]

  关于"两种文化"的报道和文献浩如烟海，本书无意再增加另一种评论，而是希望为上述这种更为稀缺的史学研究贡献一些方法和见解。所以，本书没有想当然地认为这一事件及其背景已经广为人知，而是以这场风波为契机，带着一个陌生人的眼光进入它的世界；本书没有使用研究对象自己提供的范畴作为分析术语，而是解释了那些范畴本身的源起和内容；本书也没有完全摈弃那些已经沦为明日黄花的人物的意义，而是试图复原那个成就他们论点并使他们的声望与日俱增的语境。我们将看到，斯诺和利维斯对于他们所认为的"现代文明"的看法和评价是不同的。对斯诺而言,现代文明就是**工业文明**:它起源于18世纪和19世纪,为大多数人带来了物质繁荣和社会机遇。与此相对,利维斯认为现代文明催生了**大众文明**:它起源于17世纪,取代了此前一度繁荣的统一的文化。[40] 针对这些发展,斯诺和利维斯与代表左翼的社会主义和代表右翼的保守主义形成了鲜明对比,二人都把希望寄托在了有才华的个人身上。但斯诺认为,个人应该通过现存的制度来扩展现代文明的益处(我将这一立场称为"技术官僚自由主义"),而利维斯则希望聪颖的个体可以维护正在受到现代文明威胁的创造性思维能力(我将这一立场称为"激进自由主义")。[41]

在"两种文化"的论争中,这些观点发生了碰撞,但这些争论并没有止步于他们演讲的结论或者他们任职的学院的大门。如果我们追随斯诺和利维斯的脚步,离开他们的讲台,走入更为广阔的观点交锋之地——从剑桥内部的地盘之争,到有关英国历史的争论,再到关于前帝国的辩论,我们会发现什么呢?在每一个这样的例子中,在差不多同一个时间,扛着"科学"之名的主张都被推到了前台,因此——无论多么不可思议——这些看似不相干的讨论都与"两种文化"的论争交织在一起。与那场论争一样,这些讨论也不是仅仅因为眼前的话题才获得了生机,因此,揭开斯诺和利维斯之间论争的利害所在,有助于我们更全面地解释20世纪60年代文化政治在英国的运作方式。

从经济"衰退"到后衰落主义

修正我们对"两种文化"之争的理解反过来也会修正我们对其所处的语境的理解。本书对围绕战后英国的那些关注社会停滞、文化僵化和经济衰退的描述提出了质疑。这类描述无疑是对战后英国历史的一种引人瞩目的解读方式——事实上,这也是斯诺在《两种文化》(1959)里给出的解读,亚瑟·库斯特勒(Arthur Koestler)在《一个民族的自杀?》(*Suicide of a Nation?*)(1963)一书中,对此表示认可;马丁·威纳(Martin Wiener)又在《英国文化与工业精神的衰落》(*English Culture and the Decline of the Industrial Spirit*)(1981)一书中,对此进行了延伸。[42] 将殖民体系瓦解中的英国描述为一个正在"衰落"的国家,这种对战后英国历史的解读非常具有影响力,可是,无论这种解读多么符合常理,实际上它强调的都是**经济衰退**(而不是帝国主义的瓦解),它认为这种经济衰退是英国的行动(而不是国际发展)的结果。[43] 斯诺、库斯特勒和其他人都认为英国社会将专业人士和专家边缘化了,由此塑造了"庸人政治"(mediocracy),而非"精英政治"(meritocracy),并对科学和技术表现出普遍的敌意。这些论点为英国所谓的经济衰退的历史解释提供了依据。例如,威纳指出,英国现代历史的核心问题就在于对经济衰退的解释,而他试图解释这一现象的方法就是,将对英国文化的描述回溯到19世纪。[44] 威纳的书吸引了玛格丽特·撒切尔内阁的注意,也成了自20世纪80年代以来一直盛行的一类史学研究的一部分。[45] 今天,即使在那些明确否认"衰落"为解释框架的著作中,这些关于科学、技术和专业知识的根深蒂固的预设仍然在有关战后英国历史的叙述中占据着重要地位。[46]

然而，最近，历史学家从多个方面对经济衰退这一概念提出了质疑，从其物质现实到这一概念在历史研究领域的中心地位。[47] 首先，必须认识到，英国经济在战后是实现了大幅增长的；要考虑到，大家所思考的"经济衰退"是相对而非绝对的。而即使英国的增长速度与那些选定的参照国的增长速度并不总是一致，经济史学家也已经阐明，这种差异通常可以归因于各种统计方面的变量（比如，对比较日期的选择）和欧洲本就存在的差异（比如，这些国家后来的农业转型）。[48] 事实也的确如此。在回顾这些与相对增长率有关的论点时，吉姆·汤姆林森（Jim Tomlinson）总结道："对经济表现的各种重新评估，使增长失败的观念极为深入人心，即使至多也不过是围绕趋势出现的相对较小的偏差，而这种趋势又大体上是以整个欧洲为参照的。"[49] 欧洲这个语境至关重要：因为在那个国际框架下，即使是20世纪70年代面临的挑战，似乎也不是英国决策的后果，更不是英国"病了"的证据，而是通货膨胀、能源危机和重工业转型等跨国发展问题上的地方差异。从全球角度来看，任何相对的经济衰退最多只是世界上最富有的国家之间的一次小小的重新组合——这种发展现象可能有待解释，但难以成为英国现代史上最重要的主题之一。[50] 今天，在经历了一代人的此种批评之后，要继续把经济衰退作为战后英国历史的研究框架，着实需要近于托勒密式的复杂思维。

然而，质疑"衰退"作为一个经济事实的做法，还是会引发一个问题，即它是如何在战后英国的文化和历史研究中占据一个如此突出的地位的。毕竟，许多政治家和评论家显然深信英国正在经历一场痛苦的经济衰退。沿着前文所探讨的修正主义历史学的思路，为了解释这种信念，有必要把注意力从经济衰退这一存在争议的问题转移到文化**衰退主义**这一无可争议的现象上——也就是说，转移到有关衰退之焦虑的产生、运作和操控之上。如果衰退不是经济经验的直接反映，那么，为何衰退主义会在战后，尤其是20世纪50年代末，开始盛行呢？事实上，衰退主义的产生并不是对经济发展的客观描述，而是崇尚技术官僚者对社会和国家的批判的一部分：也就是说，它是为了达成某种特定的政治目的而采取的一种意识形态论点。[51]这种洞见使我们再次回到有关衰落主义的重要文本，比如斯诺和库斯特勒的著述，只是，我们要从历史的视角看待他们的关键性论点：库斯特勒坚持认为，对衰落的焦虑与帝国的终结无关，而斯诺则哀叹，英国社会将科学领域的专家边缘化了。[52]然而，正如汤姆林森所示，帝国的终结确实为经济衰退的论调制造了一种氛围，使其得以蓬勃发展；而正如艾哲顿所指出的那样，斯诺的论点受到热烈吹捧，标志着这一社会和文化已经深信科学专业知识的重要性。[53]

因此，本书应该作为新兴的**后衰退主义**史学研究的一部分来阅读：这种史学研究不仅脱离了早先对经济衰退的预设，而且——更为重要的是——脱离了衰退主义所蕴含的那些有关科学和技术、社会和文化以及专家和国家的基本设想。由此，我们描绘出了有关战后英国的一幅全然不同的画面。[54]

精英政治时代，1945—1975

第二次世界大战后的三十年是 20 世纪历史上一个比较连贯的时期。从颁布《1944 年教育法案》（Education Act of 1944）到 1975 年玛格丽特·撒切尔当选为保守党领袖，其间有差不多四分之一个世纪是国内稳定、国际繁荣的时期。[55] 在这种政治祥和、经济稳定的背景之下，在福利国家、国防建设和混合经济之间，英国社会开始受控于由专业人员管理的复杂机构，这种情况是以前从未有过的。[56] 哈罗德·珀金（Harold Perkin）用一句话恰如其分地概括了这几十年的特点，同时又考虑到了在这几十年前后的更长的历史事实，他将这一时期称为专业社会——一个围绕"专业化工作的职业等级制度，通过择优选拔，并以受过专业训练的技能为基础"的社会——的"稳定期"（plateau）。[57] 复杂的机构、专业化的工作、专家型的从业人员：正是这种社会背景——而不是斯诺所痛斥的"传统文化"、库斯特勒所抱怨的"崇尚业余"，抑或威纳所强调的"绅士理想"——为本书所审视的论点及相关发展态势提供了背景。[58] 不管怎么说，斯诺和利维斯都上过文法学校，也都取得了博士学位，一个是公务员，一个是大学教授，尽管他们并不总是以这种方式被提及和谈论，但是，他们自身便是各自职业领域的翘楚。[59]

这一时期构成了英国现代史上的"精英政治时期"。正如珀金所强调的那样，与以往重视血统或企业精神的时代相比，在 1950 年到 1975 年间，"能力与专业技能成为权威和重要责任部门招聘员工的唯一得体的准则"[60]。准则是一个关键词：在实际操作过程中，精英政治理想从未彻底实现过，但是在原则上获得了广泛的接受——这一点在英国上议院被重新想象为"专家库"的时候就得到了充分的体现。[61]1962年，记者安东尼·桑普森（Anthony Sampson）认为他在《解剖英国》（*Anatomy of Britain*）中发现了"正在变化的人"和"精英政治"的迹象，并且，仅仅三年之后，这种转变似乎已然完成："对于业余人员和专业人员，或者绅士和花花公子之间的古老辩论，已经基本失去了意义，因为如今只有少数顶尖人士……敢于承认他们的业余态度。"[62]桑普森在1956年这样写道。在这个新型的精英政治时期——"精英"一词本身就是在1958年被创造出来的，用以警示这样的社会可能产生的分层问题——专业技能，而非财产或资本，将成为王牌，而专业技能是一整套可以通过教育传授给有能力的个体的技能。[63]精英政治的好处是机会均等，而非结果均等，它要求专家们使自身的技术和经验惠及整个国家。这种理想和现实之间最明显的差异在于，社会给予女性的机会实则相对匮乏——这也是我们将会看到的，诱发社会运动和政治运动的冲突之一，这些冲突将挑战精英制度，促使其兑现诺言。

专家代表着精英政治的理想市民。说得准确些，专家这一阶层早在1945年之前就已经存在了，但是在精英政治时期，这一群体的人数增加了，而且，专家所涉及的权威领域也得到了拓展。[64]贝基·柯尼金（Becky Conekin）、弗兰克·莫特（Frank Mort）和克里斯·瓦特斯（Chris Waters）写道："到了20世纪50年代，专家的权威不仅成为经济管理和社会政策的核心，还成为文化品位、城乡环境、消费行为和社区心理健康等领域的中心议题。"[65]因此，职业政客雇用经济学专家来管理经济，保持全员的就业率。但是，专家的权威并不局限于治理问题。在1951年的英国节（Festival of Britain）上，建筑师、设计师以及科学家都被描述成能干的专家，而且，专家"规划"的美好蓝图以并不亚于经济领域的程度，被用于城市景观的建设。[66]专家的权威甚至延伸到了文学评论界：1960年，当英国政府就企鹅公司出版《查泰莱夫人的情人》（Lady Chatterley's Lover）一事提起淫秽诉讼时，文学评论家们涌入老贝利法院（Old Bailey），为这部小说的"文学价值"提供证词——其根据就是1959年颁布的《淫秽出版物法》（Obscene Publications Act）所确立的标准。除此之外，专家们也开始确认他们在戏剧界的权威性。巴兹·柯肖（Baz Kershaw）指出，在第二次世界大战之前，剧院观众一直被当作戏剧品位的权威人士，但从1956年起，驻守皇家宫廷剧院（Royal Court Theatre）的英国舞台公司创始人试图将这一权威转移到艺术家身上——这一点从他对于把"谢绝评论"（Judge Not）写入观众节目单的提议中就能看出来。[67]在20世纪50年代的小说，以及60年代的电影中，破解案情的不再是多萝西·塞耶斯（Dorothy Sayers）笔下的业余贵族彼得·维姆西（Peter Wimsey，他于1937年退休），而是伊恩·弗莱明（Ian Fleming）笔下的詹姆斯·邦德（James Bond，出现于1953年）。不管弗莱明的创作意图是什么，特工007都或多或少地体现了战后理想人士应有的模样——受过专业训练，技术娴熟，并受雇于国家，简言之，詹姆斯·邦德就是大英帝国的超级英雄。[68]

再没有比科学和科学家更能体现专业专家的极致了。例如，在殖民事务上，战后的十五年里，当权威"从传说中'熟知当地人'的地方行政长官手中转移到'通晓科学'的专家手中"，在约瑟夫·摩根·霍奇（Joseph Morgan Hodge）看来，这就是"专家的胜利"。[69]那些在战争中脱颖而出的科学家急于利用他们的威望敛财，而战后不断扩张的国家也急于配合。1946年，《巴洛科学人力报告》（Barlow Report on Scientific Manpower）宣称："科学的重要性从来没有获得过那么广泛的认可，也从来没有哪一个历史时刻如同现在这样把未来的进步和福利的希望全然寄托于科学家身上。"[70]跟这些希望相匹配的是来自各个机构的支持和丰厚的投资。例如，从1945年起，大学资助委员会给科学和技术专业学生的名额总数是所有其他学科加起来的学生总数的两倍。[71]这种对科学和技术领域的投入在传媒上体现为"科学通讯员"的出现，其中包括《新闻纪事报》（News Chronicle）的里切·考尔德（Ritchie Calder）、《每日邮报》（Daily Mail）的约翰·兰登－戴维斯（John Langdon-Davies），以及《每日快报》（Daily Express）的查普曼·平彻（Chapman Pincher）。无论是在报纸报道、电台广播中，还是在政府报告和政治委员会的讨论里，科学家都被刻画为国家在激烈竞争的世界中的至高希望，而这种对科学家的信任和推崇也使得"科学现代化"获得了更广泛的吸引力。1951年的英国节——远在大家听到哈罗德·威尔逊的"白热化"一词之前几十年的时间——在描绘一个拥抱科学和技术的现代国家的时候，几乎没有流露出任何的怀旧情绪。五年后，安东尼·克劳斯兰（Anthony Crosland）试图通过《社会主义的未来》（The Future of Socialism）这本书来实现工党的现代化。[72]克劳斯兰的宣言令人振奋，它预言了20世纪60年代早期工党政治受到科学和现代化驱动的特征，但与此同时，保守党政府也对其自身的现代化计划跃跃欲试，这也证明了这场现代化运动在整个政治领域的巨大吸引力。[73]

教育领域则是这些进步得以实现和延伸的保障。在战后几十年的时间里，各级教育都经历了扩展与重组。1944年颁布的《教育法案》赋予了所有人平等接受教育的机会，特别是11岁考试之后的中学教育。由此产生的"11+"考试，旨在对学生进行分流，使他们进入适应他们能力的教育机构，这种渐进式的教育模式试图发现和培养学生的特长（即使它产生了一些有违初衷的后果，比如，固化了阶级界限，而非予以消弭）。针对"11+"考试之缺陷的激进做法是为各个年级的学生开设综合学校（comprehensive school）。截至1964年，英国已经开办了200所综合学校；从1964年至1970年，工党政府把这个数字提高到了原先的十倍；到1970年，英国三分之一的孩子都在读综合学校。[74]随着战后国家投资的大量增长，大学的数量也在增长。这些投资主要面向科学和技术领域：在1945年至1952年间，政府面向大学的拨款增加了十倍，其中，有三分之二的款项用于资助科学和技术专业的学生。[75]20世纪50年代，大学扩张一直在持续，并且，随着《罗宾斯报告》（Robbins Report）*的实施，大学的扩张在其后的十年间进一步加速。

简而言之，虽然改革面临重重障碍，传统思想又顽固不化，但是，从1945年开始——尤其是在20世纪50年代至60年代——"现代"似乎有望从过去获得解放，并且预示着一个光明的未来。[76]经济繁荣、

---

* 《罗宾斯报告》是英国政府在20世纪60年代委任高等教育委员会对英国高等教育的前景所做的发展规划。报告建议立即扩大高等教育的规模，将所有高级技术学院升格为大学。

全员就业和教育公平给阶层固化施加了压力，有利于建设一个对人才更为开放的社会，也使得科学家和其他各类专家能够更加有效地利用自身接受的培训，从而造福整个国家。但是，对英国这种勇敢的新形象也不乏批评的声音，质疑者们主要是从两个相对的阵营发出攻击：一方认为，这些发展进程太快了，令人难以招架；另一方则认为，发展的速度仍不够快，应继续大力推进。这些立场在当时的文化政治中相互碰撞，在这些争论中，"科学"、"技术"和"现代化"昭示着一个不太确定的未来，这个未来可能会光明无限，抑或危机重重，还可能受到与"文学"、"人文主义"和"艺术"等概念相关的价值观的影响——不管最终结果是好是坏。[77] 正是在这些讨论中，在这样的语境之下，"两种文化"的论争为更大范围内关于英国的过去、现在和未来的辩论提供了无与伦比的机会。

概述与论点

本书首先将瑞德和里士满讲座置于斯诺和利维斯各自的世界观语境之中。前两章用怀有同理心的笔触对两个人及其思想进行了细致入微的描述：倒不是因为他们处理的是持续存在的问题，而是为了完成历史学家的使命，即解释他们在"两种文化"论争中的观点与风格。这两章的写作方法会仿照《利维坦与空气泵》（*Leviathan and the Air-Pump*）一书，因为这本书既回溯了一个政治理论家［霍布斯（Hobbes）］的科学观，又涵盖了科学家［博伊尔（Boyle）］的政治理论。因此，本书第 1 章既不强调斯诺的科学观，也不强调利维斯的文学观，而是把斯诺作为一个当代**文学**领域的作家和批评家进行展现，第 2 章则会介绍利维斯对科学的态度。[78] 这样做的目的并非以政治担当来替代学科忠诚，借此否认两人论争的学科维度，而是要回溯当时的复杂场面，使有关科学与文学、个人与社会、过去与现在的观点，都能拥有一席之地。

接下来的四个章节将依次展示斯诺和利维斯如何在不同的语境下推进他们的观点。第 3 章重点介绍斯诺和利维斯如何在各自的学院里为实现自己的理想而奋斗，首先是斯诺在当时新建的丘吉尔学院为重塑艺术所付出的努力，继而讲述了利维斯未能成功保住其在唐宁学院的连任的故事。我们认为，在学院的微政治环境中，斯诺和利维斯所采取的截然不同的做法乃是源于他们对"政治"本身的不同理解。第 4 章确立了"两种文化"之争中的参与者与 20 世纪 60 年代早期主张用更科学的态度看待历史的学者之间的联盟网络。本章认为，这一历史研究的发展中似曾相识的场景，从根本上来说，属于政治问题，只是在希望实现（或挫败）意识形态目标的过程中采用（或抵制）了科学的语言。第 5 章聚焦英国政治话语中凸显的一种新的焦虑，即经济衰退问题，正是在此背景下，斯诺走进了他所谓的"权力的走廊"。本章认为，"衰退"只是对战后英国历史的一种解释——而且绝对不是最好的解释，它之所以在这个时期出现，是出于政治（而非经济）的原因。第 6 章将从全球化的维度看待"两种文化"的论争。论争如火如荼地进行时，也正是大英帝国节节败退、冷战逐步达到高潮之时。在此种背景下，"两种文化"之争为解决大英帝国的未来问题提供了一个契机，而且，在这些论争中，"亚洲"和"非洲"可以充作想象的地方，成为关于英国的过去和世界的未来之争论的落脚点。然而，通过比较这些论争在美国和英国所采取的不同的形式，本章同时认为，撇开这些"全球"属性的标榜和国际层面的争论，其本质就如同剑桥内部的争端一样，完全是地方性的。

斯诺、利维斯以及他们各自的盟友进行了激烈的争论，毋庸置疑，这种争论带有根本性的分歧，然而，这样的二元对立也有可能给复杂的立场蒙上一层令人欣慰的清晰的表象。因此，第 7 章将着意考虑斯诺和利维斯之间的颇多相似之处，从而找出他们二人共享的历史时刻的特征。例如，二位的妻子都是知识分子：斯诺的妻子帕梅拉·汉斯福德·约翰逊（Pamela Hansford Johnson），和利维斯的妻子奎妮·多萝西·利维斯（Queenie Dorothy Leavis），尽管在专业领域的职场发展中面临诸多限制，但都在各自的学术领域有所追求和成就。而就在斯诺和利维斯深陷论争之时，其他各种社会运动，包括女权主义的第二次浪潮，也都在挑战着精英政治，敦促它去兑现自己所许下的机会平等的承诺。尽管二人有诸多分歧，但在这种平等主义诉求面前，斯诺和利维斯经历了共同的不安，这种不安也迫使他们在 20 世纪 70 年代重新调整了自己对事务缓急的排序。第 7 章通过检视这一过程，解释了为何左派政治的一部分人在这一时期从唯物主义分析转向了文化批判。最后，本书的结论部分总结了英国历史和其他学科冲突事件如何在本书的分析之下获得了不同的面貌。

本书最主要的论点涉及三个研究对象："两种文化"的论争、战后英国的语境以及讨论艺术和科学的历史传统。首先，从斯诺在 1956 年对于"两种文化"的首次论述开始，到 1970 年最后一次不愉快的交流结束,"两种文化"的论争也与"漫长的"20世纪60年代——从1956年到1970年[79]——交织在一起。因此,这一论争也为我们提供了一个独一无二的视角,有助于我们透视战后共识政治时期的议题与各派力量的较量——看似平静如水,却时而暗流涌动,时而沸腾不止。倘若把斯诺和利维斯的论争置于更普遍的世界观中,我们就能清晰地看到,瑞德和里士满讲座为一场**政治性**的争端提供了**场合**和(作为一组对立概念的)"艺术/科学"的**语言**。他们的争论揭示了"现代文明"的倡导者与其批评者之间的紧张局势,这种紧张局势与论争交织在一起,不断地浮现在诸多争端之中。因此,挖掘"两种文化"之争中的政治立场不仅可以揭示斯诺和利维斯之间的论争,还可以使我们更深入地了解20世纪60年代英国的文化政治。

其次,虽然斯诺和利维斯之间的确存在着无可否认的分歧,但是,他们二人也有一些共同的看法。他们都认为,社会等级的存在是不可避免的,也是必要的。但在这个问题上,他们又不同于前辈。在他们看来,决定社会等级能否上升的资本应该是个人能力(而非财产之类)。因此,斯诺和利维斯致力于建设一个**流动的社会等级制度**,而且,在"二战"之后三十年的时间里,他们共同见证了英国社会和文化中的一段"精英政治时期"。"精英政治时期"指的是由精英政治理想主导的时期:也就是说,英国社会不一定按照精英政治的路线运作,但精英政治的原则还是串联起了各种有关社会实践的思想和讨论。上文探讨了精英政治的缘起和意义。第1章和第2章则解释了它对斯诺和利维斯的立场的重要性,第3章和第5章探讨了它对教育和政治的影响,第7章指出了最终导致精英政治黯然失色的社会和思想压力。任人唯贤的承诺一度缓解了自由思想中长期存在的自由与平等之间的紧张态势。[80] 对特权继承的反对促成了反对社会不平等的政策（比如 11+ 考试）的推行，但是，对精英政治的坚持又对旨在实现社会平等的政策（如综合学校）产生了阻力。由此产生的政治方案——在接受社会不平等的基础上，追求机会平等——多少还是可行的，只要不强迫精英政治兑现其承诺，提供绝对意义上的机会平等即可。

恰是在 20 世纪的第三个二十五年的末尾，即从 20 世纪 60 年代末到 70 年代，倡导经济、教育和性别平等的人们开始向精英政治施加压力。如何应对这一挑战呢？要么实现真正的机会平等（这需要大规模的财政投入和庞大的社会工程），要么找一个新的理由，来解释持续存在的社会不平等的合理之处。在 20 世纪的最后二十五年里，这样的理由终于出现在**市场**这一理念之中。与精英政治的理念不同，市场思维认为，等级制度的存在是无数个体的自我选择导致的集体后果。这种解释将结构不平等的责任从社会（因为未能提供平等的机会）转移到了个人（因为做了不幸的选择）。随着市场思维逐渐取代精英政治，国家政治的日程也逐步从确保制度平等转向解放个人的创造力。并且，随着市场理念的升级，精英政治开始黯然失色（但这并不是说精英政治从此就没有了：其理念依然存在，也会持续存在，只是作为文化理念的主导地位被削弱了）。这是一种抽象地解释复杂社会进程的方式，斯诺和利维斯都没有用过这些术语。然而，他们在 20 世纪 50 年代对精英政治的热烈憧憬、在 60 年代对平等主义诉求的敌意，以及在 70 年代因为提出的假设被边缘化而遭遇的挫折，所有这些个人历程无不向我们揭示了20世纪晚期意识形态的转变。

第三，斯诺与利维斯的相遇，其语境是艺术与科学关系探讨这一悠久的历史传统——这一传统不仅包括阿诺德和赫胥黎早在19世纪80年代的交锋，也包括20世纪90年代所谓的"科学战争"（science wars）。[81] 我对"两种文化"论争的学科解释提出了质疑，但我并不否认，它在某种程度上的确植根于这一传统——这一传统无疑是反复出现的，它本身就是一个研究对象。将这一传统中的各个部分连接起来，就是对同一对话的迭代反复，常常伴随着新奇和紧迫的语调，这也表明，这一传统依然很模糊——即便是对其中的许多参与者而言也是如此。斯诺的成就在于，他为这种对话提供了一个标签，即"两种文化"——这个词语不仅界定了斯诺和利维斯之间的论争，也界定了那场延续至今的、旷日持久的讨论。

在这一讨论中，"科学"经常被比作一种动态的力量，与此相对，文学，或者说艺术，则是相对安静的古典学科。例如，赫胥黎就想通过引进科学来改革教育，为了达到这个目的，他甚至对古典文学的地位发起了挑战；斯诺则幻想，倘若科学家能够取代文学知识分子在政治领域的权威地位，等待发展中世界的就是繁荣。在这两种情况下，"科学"都被描绘成了一种进步的力量，用以对抗静止的——甚至是反动的——文学建制。然而，仔细研究斯诺和利维斯的辩论就会发现，这一论争的每个环节都颇为复杂：英语作为一个学科只是在第一次世界大战后才在剑桥出现；文学小说是在第二次世界大战后开始被看作互为竞争的学派和风格之间的一个冲突场域；社会史从20世纪60年代初开始改变史学研究的方法；科学史和科学社会学则是从20世纪70年代才开始重塑有关科学的出现和运作的概念。因此，尽管也有一些同样具有影响力的不同见解，但是，这些例子揭示了人文知识是怎样在动态的社会背景下形成并相互角逐的，这丝毫不亚于科学知识。

然而，本书要达到的目的，不仅仅是使"科学"和"文学"在诸多论争中的形象复杂化，还在于把"两种文化"作为一个分析范畴加以消解。如果说"两种文化"这种二元对立在试图解释它所源出的论争时都具有误导性，那么，用它解释其他语境下的其他争议，也必然存在问题。事实上，通过"两种文化"的视角来分析任何一个事件，都会将一组产生于独特历史时刻的范畴强加于一个截然不同的历史语境，而这些范畴又会因为将事件置于学科冲突的叙事中，从而影响对它的解释。这种叙事掩盖了参与者不按学科差异站队的事实，同时转移了对其他问题和立场的关注，而后者可能恰恰构成了参与者论点的核心。因此，理解斯诺和利维斯之间论争的第一步，就是要对那些有可能将复杂的立场简化为"两种文化"之间冲突的范畴，采取一种毅然决然的批判态度。

那么，"两种文化"之争对于讨论艺术与科学的历史传统到底有何意义呢？我们应该看到，出于某些原因，斯诺和利维斯在20世纪60年代的论争揭示了该传统中的意识形态领域在20世纪晚期的重新洗牌。从19世纪80年代的赫胥黎到20世纪60年代的斯诺，那些把自己的立场与科学联系在一起的人经常挑战来自左翼的对手，并给他们贴上阻碍进步和改革的保守派或反动派的标签。然而，自20世纪60年代后期开始，这种情况发生了逆转，随后在文学研究中出现的后现代主义和后殖民主义转向助力了左派对科学之客观性和西方霸权的批判。斯诺和利维斯并没有引发这种转变，但他们不断变化的联盟和敌对阵营确实反映了这种转变。从这个角度看，"两种文化"之争在讨论艺术和科学的历史传统中起到了一种承上启下的作用，是一个至关重要的转折时刻。

章后注

[1]　E. P. Thompson, "The Peculiarities of the English," *Socialist Register, 1965*, ed. Ralph Miliband and John Saville (New York: Monthly Review Press, 1965), p. 338.

[2]　C. P. Snow, *The Two Cultures and the Scientific Revolution* (Cambridge University Press, 1959).

[3]　F. R. Leavis, "The Two Cultures? The Significance of C. P. Snow," *Spectator*, 9 March 1962, pp. 297–303，与 Michael Yudkin 的文章一同再版，见于 *Two Cultures? The Significance of C. P. Snow* (London: Chatto and Windus, 1962)。

[4]　C. P. Snow, "The Two Cultures: A Second Look," *Times Literary Supplement*, 25 October 1963, pp. 839–844，与原初的演讲内容一同再版，见于 *The Two Cultures: and A Second Look* (Cambridge University Press, 1964)。

[5]　F. R. Leavis, "Luddites? or, There Is Only One Culture"; " 'English', Unrest and Continuity"; " 'Literarism' versus 'Scientism': The Misconception and the Menace"; "Pluralism, Compassion and Social Hope"; "Elites, Oligarchies and an Educated Public";　均　与　"Two Cultures? The Significance of Lord Snow" 一同见于 *Nor Shall My Sword: Discourses on Pluralism, Compassion and Social Hope* (London: Chatto and Windus, 1972)。

[6]　C. P. Snow, "The Case of Leavis and the Serious Case," *Times Literary Supplement*, 9 July 1970, pp. 737–740，与相关演讲内容和文章一同再版于《公共事务》(*Public Affairs*) (New York: Scribner's, 1971)。

[7]　Snow, *The Two Cultures*, p. 7.

[8]　Leavis, *Two Cultures*?, p. 12.

[9]　William Gerhardi, "Sir Charles Snow, Dr. F. R. Leavis, and the Two Cultures," *Spectator*, 16 March 1962, p. 329. 辩论一直持续到三月末，见 Paul Boytinck, *C. P. Snow: A Reference Guide* (Boston: Hall, 1980)。

[10]　Lionel Trilling, "Science, Literature, and Culture: A Comment on the Leavis-Snow Controversy," *Commentary*, June 1962, p. 461.

[11]　Aldous Huxley, *Literature and Science* (London: Harper and Row, 1963); David K. Cornelius and Edwin St. Vincent, eds., *Cultures in Conflict: Perspectives on the Snow-Leavis Controversy* (Chicago: Scott Foresman and Co., 1964). 又见 Boytinck, *C. P. Snow: A Reference Guide* 中的诸多记录。

[12]　J. D. Bernal, "Letters," *Spectator*, 23 March 1962, p. 365.

[13] Huxley, *Literature and Science*, p. 1.

[14] Michael Polanyi, "The Two Cultures," *Encounter*, September 1959, pp. 61-64; Michael Yudkin, "Sir Charles Snow's Rede Lecture", 最初发表于 *Cambridge Review*, 重刊于 Leavis, *Two Cultures?*, pp. 33-45; Gerhardi, "Sir Charles Snow, Dr. F. R. Leavis, and the Two Cultures," pp. 329-331; Edith Sitwell, *ibid.*, p. 331。

[15] *Encounter* 连续 9 期中有 6 期刊登了有关斯诺演讲的讨论：1959 年 6 月、7 月、8 月、9 月和 1960 年 1 月、2 月。C. P. Snow, "The Imperatives of Educational Strategy", 1959 年 6 月 3 日录制, 1959 年 9 月 8 日播出, BBC WAC: MF T491; "A Question of Brains," *Times Literary Supplement,* 23 March 1962, p. 201。

[16] Trilling, "Science, Literature, and Culture;" Wolf Lepenies, *Between Literature and Science: The Rise of Sociology* (Cambridge University Press, 1988); Stefan Collini, "Introduction," in C. P. Snow, *The Two Cultures* (Cambridge University Press, 1993). 关于这一传统更宽泛的情形, 见 David Hollinger, "The Knower and the Artificer," *American Quarterly* 39 (Spring 1987), pp. 37-55; Frank Miller Turner, *Contesting Cultural Authority: Essays in Victorian Intellectual Life* (Cambridge University Press, 1993)。

[17] T. H. Huxley, "Science and Culture," *Science and Education: Essays* (New York: D. Appleton, 1896), pp. 134-159; Matthew Arnold, "Literature and Science," *The Complete Prose Works of Matthew Arnold*, ed. R. H. Super (Ann Arbor: University of Michigan Press, 1974), vol. X, pp. 53-73.

[18] Grace Wyndham-Goldie, *et al.*, *The Challenge of Our Time* (London: P. Marshall, 1948), Jacob Bronowski, *The Common Sense of Science* (Cambridge, Mass.: Harvard University Press, 1951), Bronowski, "Architecture as a Science and Architecture as an Art," *Royal Institute of British Architects Journal* 62 (March 1955), pp. 183-189; Bronowski, *Science and Human Values* (New York: Harper and Row, 1956), 其中,《科学常识》(*The Common Sense of Science*) 最初于 1948 年在英国广播公司的第三档节目中播出，而《科学与人文价值》(*Science and Human Values*) 则源自 1953 年的系列讲座。

[19] 所有引文均来自《倾听者》（按引用顺序）：1956 年 11 月 1 日, 第 697 页; 1953 年 11 月 19 日, 第 846 页; 1955 年 11 月 10 日, 第 778 页; 1957 年 11 月 21 日, 第 845 页（两段引文）; 1959 年 1 月 29 日, 第 215 页。

[20] Collini, "Introduction," p. xxxv.

[21] 汤普森注意到，"危险的是……一种模式，即使灵活运用，也可能会使人只看到**某些**现象，审视**相符**的历史，然而，被丢弃的证据也可能隐藏着新的意义"。"The

Peculiarities of the English," p. 350. 基于这一论点的更多讨论见 D. N. McCloskey, *If You're So Smart: The Narrative of Economic Expertise* (University of Chicago Press, 1990).

[22] Dominic Sandbrook, *White Heat: A History of Britain in the Swinging Sixties* (London: Little, Brown, 2006), p. 50; Alvin Kernan, *In Plato's Cave* (New Haven: Yale University Press, 1999), p. 110.

[23] 反对这种思想连续性预设的一个强有力的例子，见 ,Mark Gregory Pegg, *The Corruption of Angels: The Great Inquisition of 1245–1246* (Princeton University Press, 2001)，重点见 Chapter 3, "Wedged between Catha and Cathay," pp. 15–19。

[24] John Halperin, *C. P. Snow: An Oral Biography* (New York: St. Martin's Press, 1983), pp. 185–186; Ivar Alastair Watson, "'The Distance Runner's Perfect Heart': Dr. Leavis in Spain," *Cambridge Review*, November 1995, p. 72.

[25] Roy Porter, "The Two Cultures Revisited," *Cambridge Review*, November 1994, pp. 74–80; Guy Ortolano, "Two Cultures, One University: The Institutional Origins of the 'Two Cultures' Controversy," *Albion* 34 (Winter 2002), pp. 606–624; Lepenies, *Between Literature and Science*.

[26] Robert Darnton, *The Great Cat Massacre, and Other Episodes in French Cultural History* (New York: Vintage, 1985), pp. 77–78；这个例子来自 Chapter 2, "Workers Revolt: The Great Cat Massacre of the Rue Saint-Séverin," pp. 75–104。

[27] Natalie Zemon Davis, *The Return of Martin Guerre* (Cambridge, Mass.: Harvard University Press, 1983), p. 4.

[28] 这种分析沿袭了人类学家 Clifford Geertz 富于影响力的案例："Deep Play: Notes on the Balinese Cockfight," *Daedalus* (Winter 1971), pp. 1–38；Geertz, *The Interpretation of Cultures: Selected Essays* (New York: Basic Books, 1973)。格尔茨在包括人类学、文学研究和历史在内的各个领域的影响，是 "The Fate of 'Culture': Geertz and Beyond," ed. Sherry B. Ortner, *Representations* 59 (Summer 1997) 的主题。Dominick LaCapra 就这种方法运用于文化史进行了批评，见 "Is Everyone a Mentalité Case? Transference and the 'Culture' Concept," *History and Criticism* (Ithaca: Cornell University Press, 1985)，pp. 71–94。

[29] 如此，近代史中出现了 Collini 所指出的问题，见 "the deeply entrenched cultural prejudice that we already know the answer and know that it is not very interesting," *Absent Minds: Intellectuals in Britain* (Oxford University Press, 2006), p. 502。关于现代史的问题，见 Peter Catterall, "What (if Anything) is Distinctive about Contemporary History?" *Journal of Contemporary History* 32 (4) (October 1997)，pp. 441–452。

[30] Steven Shapin and Simon Schaffer, *Leviathan and the Air-Pump: Hobbes, Boyle, and the*

Experimental Life (Princeton University Press, 1985), p. 7. 关于科技研究中的争议，见 Trevor Pinch, "Scientific Controversies," *International Encyclopedia of the Social and Behavioral Sciences*, ed. N. J. Smelser andP. B. Baltes (Oxford: Elsevier, 2001), pp. 13719–13724。

[31] Lionel Trilling, *Matthew Arnold* (London: George Allen and Unwin, 1955), p. 333.

[32] Ian MacKillop, *F. R. Leavis: A Life in Criticism* (London: Allen Lane, 1995), p. 325.

[33] Collini, "Introduction," p. lxv.

[34] Hollinger, "Science as a Weapon in *Kulturkampfe* in the United States During and After World War II," *Isis* 86 (September 1995), pp. 440–454.

[35] David Cannadine, "C. P. Snow, 'The Two Cultures,' and the 'Corridors of Power' Revisited," in *Yet More Adventures with Britannia*, ed. Wm. Roger Louis (London: I. B. Tauris, 2005), p. 113.

[36] 同上。

[37] David Edgerton, *Warfare State: Britain, 1920–1970* (Cambridge University Press, 2006), p. 197. 艾哲顿引用的其他作家还包括埃里克·安布勒（Eric Ambler）、威廉·库珀（William Cooper）、奈吉尔·鲍尔钦（Nigel Balchin）和内维尔·舒特（Nevil Shute）[当然，威尔斯（H. G. Wells）是上一代此类作家中最典型的代表]。更多艾哲顿对斯诺和《两种文化》的修正性解读，见 *Warfare State*, pp. 191–210; Edgerton, "C. P. Snow as Anti-Historian of British Science: Revisiting the Technocratic Moment, 1959–1964," *History of Science* 43 (June 2005), pp. 187–208。

[38] 关于早前相似的问题，见 Frank Miller Turner, "Public Science in Britain, 1880–1919," *Isis* 71 (December 1980), pp. 589–608.

[39] 利维斯在其里士满演讲中采用了类似的思路："对于大西洋两岸的绝大部分公众而言，[斯诺]已然是一个才智双全的圣人，他的重要性在于他被所属文化视为一个权威知识分子，而这种文化的具体特性从人们对斯诺的接纳中可以窥见一二。" Leavis, *Two Cultures?*, p. 10. 关于此段历史的进一步解读，参见 Guy Ortolano, "The Literature and the Science of 'Two Cultures' Historiography," *Studies in History and Philosophy of Science* 39 (March 2008), pp. 143–150。

[40] 在这种语境下，"现代文明"这个词，作为一个历史范畴，无论它多么有争议性，都比那个更温和的"现代性"具有某些优势。"现代性"所具有的分析性和超然的内涵将意味着，斯诺和利维斯是在回应一个截然不同的时代的真正降临——这个时代已经被学者发现，只是他们对它的看法不同。相比之下，"现代文明"应该被理解为他们自己对历史和社会的理解，尽管在许多方面，他们是相互矛盾的，这些内容将在第1章和第2章中加以探讨。有关"现代"和"文明"这两个范畴的产生和批判，见 Barbara Weinstein, "Developing

Inequality," *American Historical Review* 113 (February 2008), pp. 1–18。

[41] 自由主义在20世纪英国的命运是一个棘手的问题；在自由党消亡后，它依然存在——特别是在知识分子中，关于这一点，我接受 Peter Clarke 在 *Liberals and Social Democrats* (Cambridge University Press, 1978) 一书中的观点。在 *Labour and Society* (New York: Schocken, 1984) 一书中，James Cronin 把一个社会团体的命运与表面上代表它的政党进行了剥离。

[42] Arthur Koestler, ed., *Suicide of a Nation? An Enquiry into the State of Britain Today* (London: Hutchinson, 1963)，最初系 *Encounter*, July 1963 的一个特刊；Martin Wiener, *English Culture and the Decline of the Industrial Spirit, 1850–1980* (Cambridge University Press, 1981; 2nd edn., 2004)。还包括许多其他重要作品：Michael Shanks, *The Stagnant Society: A Warning* (Baltimore: Penguin, 1961)，以及 Perry Anderson, "Origins of the Present Crisis," *New Left Review* 23 (January–February 1964), pp. 26–53。 参见 Edgerton, *Warfare State*, Chapter 5，以及 Jim Tomlinson, *The Politics of Decline: Understanding Postwar Britain* (Harlow: Longman, 2001)。

[43] 关于后一点，参见 David Edgerton, "The Prophet Militant and Industrial: The Peculiarities of Corrrelli Barnett," *Twentieth Century British History* 2 (1991), pp. 360–379; Edgerton, *Science, Technology, and the British Industrial 'Decline', 1870–1970* (Cambridge University Press, 1996); Jim Tomlinson, "Inventing 'Decline': The Falling Behind of the British Economy in the Postwar Years," *Economic History Review* 49 (1996), pp. 731–757。

[44] 在再版的《英国文化与工业精神的衰落》（2004）的序言中，威纳将他的书与库斯特勒和《一个民族的自杀？》以及汤姆·奈恩（Tom Nairn）、佩里·安德森（Perry Anderson）和《新左派评论》（*New Left Review*）等作品联系了起来（第13至25页）。艾哲顿把包括斯诺的演讲、库斯特勒的作品和安德森的《当前危机的起源》在内的1959—1964年这一时期称为英国历史上的"技术官僚/霸权时期"，意思是，这段时间里，站在技术官僚的立场批判英国体制的做法比较盛行（*Warfare State*，第五章）。这种批判把对经济衰退的焦虑和补救措施推到了政治辩论的中心，汤姆林森（Tomlinson）在 *The Politics of Decline* 一书中对其做出了解释。威纳的书的构思形成于20世纪70年代，他在书中坦言，库斯特勒、奈恩和安德森对自己当时的思想产生了影响，并表示，他的立场确实源于技术官僚时期风行的大讨论。因此，《英国文化与工业精神的衰落》一书仍然是英国现代史学研究的一个里程碑，但在今天，它的意义在于，它是英国现代历史上关于一个重大命题的案例，而非对这一命题的诠释。

[45] 除了威纳，还可以参看以下作者：Correlli Barnett, *The Audit of War: The Illusion and Reality of Britain as a Great Nation* (London: Macmillan, 1986); Barnett, *The Lost Victory:*

British Dreams, British Realities, 1945–1950 (London: Macmillan, 1995); S. N. Broadberry and N. F. R. Crafts, "British Economic Policy and Industrial Performance in the Early Post-war Period," *Business History* 38 (1996), pp. 65–91; Broadberry and Crafts, "The Post-war Settlement: Not Such a Good Bargain after All," *Business History* 40 (1998), pp. 73–79; Sidney Pollard, *The Wasting of the British Economy: British Economic Policy from 1945 to the Present* (London: Croom Helm, 1982); David Coates, *The Question of UK Decline: State, Society, and Economy* (London: Harvester Wheatsheaf, 1994)。虽然我们在这里将它们并列在一起,但是,需要注意的是,在这些作品之间存在着实质性的差异:Tomlinson 在 "Economic 'Decline' in Post-war Britain" 一文中对此有所讨论,见 *A Companion to Contemporary Britain, 1939–2000*, ed. Paul Addison and Harriet Jones (Oxford: Blackwell, 2005), pp. 164–179。

[46] 例如 Andrew Marr, *A History of Modern Britain* (London: Macmillan, 2007)。马尔书中的观点过于包容、乐观,不能归为严格意义上的"衰落主义"的范畴,而且,他还深有感触地援引了修正主义者 George Bernstein 在 *The Myth of Decline: The Rise of Britain since 1945* (London: Pimlico, 2004) 一书中表达的观点。但是,在其第二和第三部分,即关于 1951 年至 1979 年这一时间段的论述中,马尔经常关注"一个民族的自杀?"这种批评,例如,他写道:"这就像战时计划者哈罗德·威尔逊(Harold Wilson)所说的对科学和专业主义的信念,它同样是模糊的、快乐的,就像花园里的童话一样。**然而,令人悲哀的是,专业化是没有的,更不用说科学了。**"(第 243 页)(着重部分系本书作者标注。)

[47] 从历史角度分析衰落主义的两个较早的论述为:McCloskey, *If You're So Smart*, pp. 40–55,以及 David Edgerton, *England and the Aeroplane: An Essay on a Militant and Technological Nation* (Basingstoke: Macmillan, 1991)。艾哲顿也在 *Science, Technology, and the British Industrial 'Decline', 1870–1970* 一书中,对科学技术在英国文化中的边缘化的观点提出了质疑,他还在 *Warfare State* 一书中,推进了自己提出的对 20 世纪英国的"后衰落主义"描述。汤姆林森在 "Inventing 'Decline'" 一文中,对经济衰退这一观点的出现,进行了历史化描述;他在 "Economic 'Decline' in Post-War Britain" 一文中,讨论了这一概念的历史渊源以及史学界对这一概念的争论;在 *The Politics of Decline* 一书中,他探讨了"衰落"在政治上的用处。关于这一点,还可以参考以下文献:Peter Clarke and Clive Trebilcock, eds., *Understanding Decline: Perceptions and Realities of British Economic Performance* (Cambridge University Press, 1997); Richard English and Michael Kenny, eds., *Rethinking British Decline* (London: Macmillan, 2000); W. D. Rubinstein, *Capitalism, Culture, and Economic Decline in Britain, 1750–1990* (London: Routledge, 1993); Barry Supple, "Fear of Failing: Economic History and the Decline of Britain," *Economic History Review* 47 (1994), pp. 441–458。这一

概念在历史研究领域的中心地位也受到了质疑，具体可以参阅以下文献：McCloskey in *If You're So Smart*, Lawrence Black and Hugh Pemberton in "Introduction: The Uses (and Abuses) of Affluence," in *An Affluent Society? Britain's Post-war "Golden Age" Revisited* (Aldershot: Ashgate, 2004), pp. 1–13。

[48]　C. Feinstein, "Benefits of Backwardness and Costs of Continuity," in *Government and Economies in the Post-war World: Economic Policies and Comparative Performance*, ed. Andrew Graham and Anthony Seldon (London: Routledge, 1990), pp. 288, 291; N. F. R. Crafts, "The Golden Age of Economic Growth in Western Europe, 1950–1973," *Economic History Review* 48 (1995), pp. 429–447; Alan Booth, "The Manufacturing Failure Hypothesis and the Performance of British Industry during the Long Boom," *Economic History Review* 56 pp. 1–33; C. Feinstein, "Structural Change in the Developed Countries during the Twentieth Century," *Oxford Review of Economic Policy* 15 (1999), pp. 35–55.

[49]　Tomlinson, "Economic 'Decline' in Post-war Britain," p. 175.

[50]　关于这一点，艾哲顿在 *England and the Aeroplane* 中有所提及，此外，麦克洛斯基（McCloskey）在 *If You're So Smart* 中，以及汤姆林森在对布斯（Booth）的评论文中亦有涉及：*British Economic Development since 1945*, in *Contemporary British History* 10 (Summer 1996), p. 250。关于该论点的进一步发展，参见第 5 章。

[51]　除了艾哲顿和汤姆林森的作品，还可以参阅 Ian Budge, "Relative Decline as a Political Issue: Ideological Motivations of the Politico-Economic Debate in Post-war Britain," *Contemporary Record* 7 (Summer 1993), pp. 1–23; Guy Ortolano, "'Decline' as a Weapon in Cultural Politics," in *Penultimate Adventures with Britannia*, ed. Wm. Roger Louis (London: I. B. Tauris, 2008), pp. 201–214。关于早期如何批判性地看待"衰落"的假设和衰落主义的前提，可以参考 Martin Daunton and Bernhard Rieger, eds., *Meanings of Modernity: Britain from the Late-Victorian Era to World War* II (Oxford: Berg, 2001)。

[52]　库斯特勒在 "Suicide of a Nation?" 这篇文章的引言中，坚持认为："我们深信……心理因素和文化态度是经济衰退这一魔鬼的根源——而非帝国的丧失……困扰英国的不是帝国的丧失，而是动机的丧失。"（着重系原文所加。）"Introduction: The Lion and the Ostrich," *Encounter*, July 1963, p. 8. 斯诺在《两种文化》中指出："支配西方世界的是传统文化，支配程度之深到了那样一种地步，即使是科学文化的出现，都很少能撼动其地位。"他还断言："这种文化分裂现象……也许在英国表现得最为突出。" Snow, *The Two Cultures*, pp. 11, 16.

[53]　Jim Tomlinson, "The Decline of the Empire and the Economic 'Decline' of Britain,"

Twentieth Century British History 14 (2003), pp. 201–221; Edgerton, *Warfare State,* Chapter 5.

[54]　艾哲顿写道："解构衰落主义需要对20世纪英国历史的众多方面进行彻底的重新考虑……它需要在很大程度上，理解分析英国现代历史时所做的假设。" Review of Clarke and Trebilcock, eds., *Understanding Decline*, in *Historical Journal* 42 (March 1999), pp. 313–314. 对英国文化之衰落主义特征的重新思考，见 Peter Mandler, "Against 'Englishness': English Culture and the Limits to Rural Nostalgia, 1850–1940," *Transactions of the Royal Historical Society*, 6th series, 7 (1997), pp. 155–175; Mandler, "The Consciousness of Modernity? Liberalism and the English National Character, 1870–1940," in *Meanings of Modernity*, ed. Martin Daunton and Bernhard Rieger (Oxford: Berg, 2001), pp. 119–144; Mandler, *The English National Character: The History of an Idea from Edmund Burke to Tony Blair* (New Haven: Yale, 2006)。对"后衰落主义"所做的具有自我意识的分析的例子，特别是关注到与科学和技术有关的衰落主义的论点，（除了艾哲顿的 *Warfare State* 之外）可以参阅 S. Waqar H. Zaidi, "Barnes Wallis and the 'Strength of England'," *Technology and Culture* 49 (2008), pp. 62–88。

[55]　E. J. Hobsbawm, *The Age of Extremes: A History of the World, 1914–1991* (New York: Pantheon, 1994). Paul Addison 在其文章中，给出的政治稳定的时间是"从大约1950年到大约1975年"，这篇文章是 "The Impact of the Second World War"，见 *A Companion to Contemporary Britain, 1939–2000*, ed. Paul Addison and Harriet Jones (Oxford: Blackwell, 2005), p. 15。对此概念的重新思考，见 Harriet Jones and Michael Kandiah, eds., *The Myth of Consensus: New Views on British History, 1945–1964* (New York: St. Martin's, 1996)。

[56]　这种趋势一直持续 1950年至1971年间，国家雇用的劳动力比例从8%增加到17%（如果把国有化产业也包括进来，那么，这一比例将上升到27%），而1957年至1969年间，最大的200家公司生产的产品从73%增加到了86%。H. Perkin, *The Rise of Professional Society: England since 1880* (London: Routledge, 1989), p. 437.

[57]　Perkin, *The Rise of Professional Society*, p. 2. 在此之前的职业，请参阅 Penelope J. Corfield, *Power and the Professions in Britain, 1700–1850* (London: Routledge, 1995)。在Perkin看来，"专业社会"一词，不是指存在职业的社会，而是，更准确地说，一个以特定的方式，围绕职业组织起来的社会。关于这个社会的起源，见 Perkin, *The Origins of Modern English Society, 1780–1880* (London: Routledge, 1969)；关于这一问题的国际视角，即战后"稳定期"之后的故事，见 Perkin, *The Third Revolution: Professional Elites in the Modern World* (London: Routledge, 1996)。

[58]　Snow, *The Two Cultures*, p. 11; Koestler, "The Lion and the Ostrich," p. 8; Wiener, *English Culture and the Decline of the Industrial Spirit*, p. 139.

[59] 关于斯诺的从政经历,以及他作为"模范新人"和"新技术中产阶级的代言人"的地位,见 Edgerton, *Warfare State*, p. 197. 有关利维斯对文学批评家所主张的专业知识之发展的重要性,见 Carolyn Steedman, "State-Sponsored Autobiography," in *Moments of Modernity: Reconstructing Britain, 1945–1964*, ed. Becky Conekin, Frank Mort and Chris Waters (London: Rivers Oram, 1999), pp. 41–54。

[60] Perkin, *The Rise of Professional Society*, p 405.

[61] 在采用这种方法时,我同意威纳对于雷蒙德·威廉斯(Raymond Williams)见解的相关观点,即"任何有用的文化分析都是从发现一种特定类型的模式开始的,一般的文化分析在意的正是这些模式之间的关系,有时候,在迄今原本各自独立的活动中发现了意想不到的身份和对应关系,有时又出现了一种出乎意料的非连续性"。见 Raymond Williams, *The Long Revolution* (London: Chatto and Windus, 1961, p. 47,转引自 Wiener, *English Culture and the Decline of the Industrial Spirit*, p. x。

[62] Anthony Sampson, *Anatomy of Britain* (London: Hodder and Stoughton, 1962, p. xii; Sampson, *Anatomy of Britain Today* (London: Hodder and Stoughton, 1965), p. 669 and *passim*.

[63] Michael Young, *The Rise of the Meritocracy, 1870–2033: An Essay on Education and Equality* (London: Thames and Hudson, 1958).

[64] "战争中期到20世纪60年代中期,出现了专家及其知识形式数量的增长。"见 Conekin, Mort and Waters, *Moments of Modernity* (London, Rivers Oram, 1999), pp. 14–15。关于1939年至1970年间,专家和职业中产阶级崛起的话题,见 Edgerton, *Warfare State*, pp. 145–190;这一趋势的先兆和发展轨迹,见173页。

[65] Conekin, Mort, and Waters, *Moments of Modernity*, pp. 14–15. Conekin 讨论了"战后由专家和专业人员控制的新的公共氛围",见 *The Autobiography of a Nation: The 1951 Festival of Britain* (Manchester University Press, 2003), p. 34。

[66] Conekin, *The Autobiography of a Nation*; Conekin, "'Here is the Modern World Itself': The Festival of Britain's Representations of the Future," in *Moments of Modernity*, ed. Becky Conekin, Frank Mort and Chris Waters (London: Rivers Oram, 1999), pp. 228–246.

[67] Baz Kershaw, "Oh for Unruly Audiences! Or, Patterns of Participation in Twentieth-Century Theatre," *Modern Drama* 44 (Summer 2001), pp. 133–154; Dan Rebellato, *1956 and All That: The Making of Modern British Drama* (London: Routledge, 1999).

[68] 从维姆西向邦德过渡的重要性被彼得·克拉克注意到了,见 Peter Clarke, *Hope and Glory: Britain, 1900–1990* (London: Allen Lane, 1996), p. 274。更多有关邦德的讨论,见 Dominic Sandbrook, *Never Had It So Good: A History of Britain from Suez to the Beatles* (London:

Little, Brown, 2005), Chapter 16. 关于邦德重要性的其他解读，也就是将其描述为弗莱明"厌恶社会主义英国"的产物（108 页），见 Simon Winder, *The Man Who Saved Britain: A Personal Journey into the Disturbing World of James Bond* (New York: Farrar, Straus and Giroux, 2006)。

[69] Joseph Morgan Hodge, *Triumph of the Expert: Agrarian Doctrines of Development and the Legacies of British Colonialism* (Athens: Ohio University Press, 2007), p. 12. 另参阅 Frederick Cooper and Randall Packard, *Introduction toInternational Development and the Social Sciences: Essays on the History and Politics of Knowledge*, ed. Cooper and Packard (Berkeley: University of California Press, 1997), p. 13；Monica van Beusekom and Dorothy Hodgson, "Lessons Learned? Development Experiences in the Late Colonial Period," *Journal of African History* 41 (2000), p. 31。

[70] *Scientific Manpower: Report of a Committee Appointed by the Lord President of the Council* (London: HMSO, 1946; cmnd. 6824), p. 631.

[71] H. Perkin, *Key Profession: The History of the Association of University Teachers* (New York: A. M. Kelley, 1969), p. 218.

[72] Anthony Crosland, *The Future of Socialism* (London: Jonathan Cape, 1956). 有关呼吁现代化的人遇到的困难，见 Lawrence Black, *The Political Culture of the Left in Affluent Britain, 1951-64: Old Labour, New Britain?* (Basingstoke: Palgrave Macmillan, 2003)，关于 20 世纪 50 年代初期科学与现代化的吸引力，见 Conekin, *The Autobiography of a Nation*；关于 20 世纪 60 年代初期的这一情况，见 Sandbrook, *White Heat*, 尤其是第三章。

[73] Jim Tomlinson, "Conservative Modernisation, 1960-64: Too Little, Too Late?" *Contemporary British History* 11 (Autumn 1997), pp. 18-38.

[74] Perkin, *The Rise of Professional Society,* p. 449; Marr, *A History of Modern Britain*, p. 248. 另参阅 Roy Lowe, "Education," *in A Companion to Contemporary Britain, 1939-2000*, ed. Paul Addison and Harriet Jones (Oxford: Blackwell, 2005), pp. 281-296。

[75] Perkin, *Key Profession*, pp. 132, 218.

[76] 关于这一立场所反对的过去的现实和坚韧，见 David Kynaston, *Austerity Britain: 1945-1951* (London: Bloomsbury, 2007); Ferdinand Mount, "Ration Book," *Times Literary Supplement*, 15 June 2007, pp. 7-8。

[77] 斯诺在他二分法中非科学的那一半，即"艺术"、"文学知识分子"和"传统文化"中腾挪变换（而且，当他谈到"科学"和"科学家"的时候，他都是拿物理和物理学家作为代表）。这些范畴中的任何一个都不应该被理解为一系列准确的领域，更不应该被指认

为非科学这样笼统的范畴。这些术语的弹性使斯诺的批评者们苦不堪言，可是另一方面，它又提出了一个富有建设性的历史问题，即这个看似单一的领域是如何根据时间、语境和目的，被以不同的方式界定和援引呢？在这些争论发生的时候，斯诺和利维斯的权威领域都是文学（不同的是，斯诺是一名从业者，而利维斯是一名批评家），所以，这也是本书用在题目中的术语。

[78] Shapin and Schaffer, *Leviathan and the Air-Pump*.

[79] 桑德布鲁克在其书中，同样把英国的20世纪60年代定位为1956—1970年，见 *Never Had It So Good* 和 *White Heat*。亚瑟·马威克（Arthur Marwick）则由于其令人艳羡的国际视野，倾向于定位在1958—1974年，见 *The Sixties: Cultural Revolution in Britain, France, Italy, and the United States, c.1958–c.1974* (Oxford University Press, 1998)。

[80] 见David Wootton, "Liberalism," *The Oxford Companion to Twentieth-Century British Politics*, ed. John Ramsden (Oxford University Press, 2002), pp. 380–381。

[81] Paul White, *Thomas Huxley: Making the "Man of Science"* (Cambridge University Press, 2003); John Guillory, "The Sokal Affair and the History of Criticism," *Critical Inquiry* 28 (Winter 2002), pp. 470–508. 另参阅 *History of Science* 43 (2005) 中的 "Two Cultures?" 特刊。

第1章 斯诺和技术官僚自由主义

两种文化之外

斯诺1959年题为"两种文化与科学革命"的瑞德演讲收效甚好,获得了积极热情的反馈。演讲全文刊登于名噪一时的人文类刊物《文汇》。紧随其后的是一场由多位学界大咖出席的圆桌会议。此次会议上,众人各抒己见,对斯诺的演讲大加赞誉。[1]身为小说家兼批评家的沃特·艾伦(Walter Allen)对斯诺俯首称臣,言语间尽是溢美之词。在艾伦看来,艺术与科学之争被斯诺"描绘得如此精妙绝伦",实属难得。身为科学家的A. C. B. 洛弗尔(A. C. B. Lovell)则宣称,斯诺"完美地揭露了我们生存的根本危机"。就连伯特兰·罗素(Bertrand Russell)都给斯诺寄去了一封公开信,对其主张大表赞赏:"对你所谈到的关于我们今后努力的方向,我表示绝对的赞同。"[2]

然而,也有一位论坛参与者提出了异议,他便是剑桥历史学家J. H. 普拉姆(J. H. Plumb)。普拉姆对斯诺"**两种文化**"的假设表达了质疑:"我并不认为真正的分歧在于文学和科学这两种不同的文化之间。"他解释道:"这样的分析不仅粗略肤浅,而且与历史事实相去甚远。"[3] 普拉姆承认斯诺确实言中了英国社会的一个分歧,但他认为,斯诺将这一分歧错误地阐释为**文化**之间的冲突,而实际上,这种冲突来源于**阶级**之间——确切地说,是上层中产阶层与下层中产阶层/上层工人阶层之间的冲突,前者已确立起牢固的社会地位,后者则坚定自信、势不可当。斯诺本人的回应十分尖锐,将普拉姆的文章斥为"令人大惑不解的论述",称普拉姆实质上只是重复了自己关于两种文化的观点。[4] 从表面上来看,此二人之间的争论不足为奇:出身科学家的斯诺呼吁英国培养更多的科学家和工程师,由此挑战了人文学科的权威;常年浸淫于人文学科的普拉姆则通过质疑斯诺的假设,向其整体观点发起了挑战。

然而,无论是普拉姆与斯诺之争,还是两种文化之争,以上解释都不足以说明问题,也无法击中要害。事实上,斯诺和普拉姆私交甚好,履历也有颇多相似之处:两人均从位于莱斯特的牛顿高级市政官文法学校径直升入剑桥大学基督学院。将近半个世纪以来,斯诺和普拉姆保持着密切的互动:两人都对葡萄酒情有独钟,私底下还常常彼此分享文学界、政治界和学术界的八卦消息。[5] 实际上,还是斯诺本人让《文汇》的编辑们邀请普拉姆为论坛撰文。于是乎,普拉姆提笔驳斥了斯诺关于学科分歧的观点,转而将分歧归于社会阶层冲突。有意思的是,当普拉姆将此文寄给斯诺时,后者还特地向其表达了谢意。[6] 斯诺此举绝非客套使然。要知道,在这段时期的信件中,斯诺一直保持着鲜明的观点,对其视为反动的文化绝不心慈手软。简言之,普拉姆在公开信中所表明的立场实则与斯诺本人私下的观点相去不远——表面上与学科相关，实质上却关乎政治。

本章将着重考察斯诺在其专著《两种文化》中所提倡的意识形态立场，重点关注这一立场的形成、发展与演变过程——从20世纪30年代斯诺从事科学研究开始，至50年代其在文学领域大获成功为止。考察的目的并非恢复斯诺的名誉，抑或表达对他立场的支持，而是解释斯诺为何会选择发声，以及1959年他登台演讲时究竟表达了怎样的观点。我们将了解到，从莱斯特到伦敦，斯诺一路走来，广结盟友，这些人和他一样，都对现代主义文学深恶痛绝。"二战"之后的十五年间，斯诺和他的盟友们在伦敦都市文学界逐步壮大势力，占据要职。但斯诺付出的种种努力从不只是为了文学本身：他之所以对现代主义宣战，是因为现代主义仇视现代社会，而在他看来，现代社会是值得颂扬的，因为它带来了诸多进步，为人们创造了诸多机会。斯诺的自由主义世界观在他的系列小说"陌生人和兄弟们"（*Strangers and Brothers*）中得到了最大限度的阐发。这一系列小说用颇具同情的笔触描绘了现代社会的官僚机构及其背后的人们。将近十五年的挣扎与努力之后，斯诺终于确立起他作为小说家和评论家的地位，也终于能在剑桥大学的瑞德演讲中，将他酝酿多年的观点和盘托出，最终大获成功、一举成名。

尘世旅人

斯诺于20世纪40年代至70年代期间出版了多达十一卷的系列小说，这一系列小说最初被命名为"尘世旅人"（"A Traveler in this World"）。[7]这一名称最终被改为"陌生人和兄弟们"。据斯诺本人所言,"陌生人和兄弟们"恰到好处地传达了人类生存的双重属性。他解释道:"这个短语……它所表达的含义是,在某种程度上,我们每一个人在尘世都非常孤独……但很多时候,我们可以——而且应该——像情同手足的兄弟般互相关照。"[8] 最初的"尘世旅人"则更为具体地指向小说的叙述者路易斯·艾略特(Lewis Eliot)。而艾略特实则是斯诺本人的化身。(斯诺的妻子直言:"毋庸置疑,他就是路易斯·艾略特。")将路易斯称为"旅人"也体现了斯诺的良苦用心:二人的经历有一个极大的共通点,即社会阶层的流动性(social mobility)。[9] 斯诺的生命历程——从莱斯特到剑桥,再到威斯敏斯特(Westminster)——虽不能被称为 20 世纪的典范人生,但就其经历、职业和交际的广度而言,却也展现出这个世纪的独特风貌。

斯诺全名查尔斯·珀西·斯诺(Charles Percy Snow)——人称珀西,CP 或仅仅直呼其名斯诺,直到中年时才被称为查尔斯,于 1905 年出生于莱斯特一户中下阶层的家庭。[10] 其父是一名鞋靴厂普通职员兼教堂风琴手,其母则是一名个性坚强的全职太太,斯诺出版于 1949 年的小说《希望时刻》(Time of Hope)对母亲的这一形象做了细致入微的刻画。[11] 珀西总是亲切随和又心怀壮志,记忆力超群,是一个天生的领导者。他总是在鼻子上架着一副厚厚的眼镜,对板球和各项球类运动都充满热情(他的兄弟估算两人在剑桥的四年间总共打了 3400 回乒乓球)。[12] 在牛顿高级市政官文法学校上学期间,斯诺得到了年轻的历史老师赫伯特·埃德蒙·霍华德(Herbert Edmund Howard)(人称伯特)的特别关照。这位老师思想激进,不惧传统,后来成为斯诺所著路易斯·艾略特系列小说中乔治·帕桑

(George Passant)的原型。[13] 由于斯诺就读的文法学校六年级没有艺术类课程，极具文学天赋的他便选择了科学作为主攻的专业方向。他获得了莱斯特大学学院的奖学金，于本科阶段取得了化学专业第一的排名，后又升入该校就读研究生，成绩同样位列第一，并获得了硕士学位。身在莱斯特，斯诺的视野和眼界却早已挣脱了莱斯特所带来的束缚。

1928年，斯诺得到了剑桥大学的奖学金。同年，他只身来到剑桥，并于两年之后拿到了剑桥的博士学位。很快，斯诺成为剑桥大学基督学院的研究员——这可不是一般的成就，剑桥大学各个学院很少从自己的学生当中直接招聘研究员。[14] 正是在基督学院，斯诺开始游走于文学和科学两个领域之间，他最开始住在弥尔顿室（Milton's），随后又搬入了达尔文室（Darwin's），这期间，他开始尝试在科学研究工作的间隙创作小说。[15] 不过，三十岁之前斯诺将大部分精力投入了科学研究之中，主要研究领域是化学和物理学的交叉方向——斯诺在博士阶段专攻化学，但他一直痴迷于物理。1928年至1935年间，他总共发表了二十二篇研究论文，所有论文都与分子和辐射相关。[16] 这一研究方向非常出彩，用一位科学史学家的话说："即使研究过程困难重重，斯诺的分析在红外线光谱学早期发展的历程中，仍堪称里程碑式的突破。他创作的这些论文，对任何一个从事科学研究的人而言都是足以引为骄傲的。"[17] 此时的斯诺意气风发，正在科学领域大展宏图。不过，也并不是所有的研究都开展得顺风顺水。

此后，斯诺与朋友菲利普·鲍登（Philip Bowden）合作，转向了光化学方向的研究。1932年5月13日，星期五，《泰晤士报》（*Times*）

如是报道了这对研究搭档的突破性成果:"斯诺和鲍登似乎通过放射过程成功地创造出了维生素 A。"[18] 此消息是由剑桥教授、诺贝尔奖得主、英国皇家学会主席弗雷德里克·哥兰·霍普金斯(Frederick Gowland Hopkins)亲自透露给《泰晤士报》的。此外,科学领域的顶级期刊《自然》(Nature)也刊出了斯诺和鲍登的前期研究结论:"假设实验的结果与光谱学证据相符,那么从胡萝卜素到维生素 A 的光化学转变似乎实现了。"[19] 相比而言,莱斯特当地的报道措辞大胆了许多(也少了几分严谨)。《莱斯特水星报》(Leicester Mercury)如是宣称:"这是年轻科学家的胜利!莱斯特人成功提取了维生素。"[20] 不过,很快,他们的实验程序和相关解释在《自然》杂志上遭到了质疑。于是,几周的工夫,斯诺和鲍登便不得不撤回了他们原先得出的结论。[21] 这一挫折对斯诺造成了沉重的打击。据他后来回忆:"我当时极度痛苦。所有的事情——个人生活也好,研究创作也罢——似乎都出错了。"[22] 所幸,这个小插曲并未结束斯诺的科学生涯——随后的三年,斯诺继续保持着高产,发表的论文数量几乎与先前几年持平——只是,正是从这个时候开始,斯诺的注意力开始转向他青睐以久的文学领域。

1932 年,斯诺的第一部小说《船帆下的死亡》(Death under Sail)正式发表,并斩获了读者的一致好评。[23] 斯诺因此备受鼓舞,野心勃发。《约翰伦敦周报》(John O'London's)的评论家预言道:"如果我没看错的话——当然,前提是他能继续创作——那么,这位 C. P. 斯诺博士……最终将在现代侦探小说这一文学领域里占据重要位置。"[24] 很快,斯诺又有两部小说问世:《创造新生活》(New Lives for Old)

（1933）和《搜寻》(*The Search*)（1934），后者成为多萝西·塞耶斯（Dorothy Sayers）的著名小说《俗丽之夜》(*Gaudy Night*)当中一个知性对话所探讨的话题。[25]1935年，斯诺正式从科学研究转向文学创作，同时继续担任基督学院的研究员，兼任剑桥现代科学图书馆编辑一职。1937年，斯诺成为大众科学杂志《发现》(*Discovery*)的编辑，次年，剑桥大学出版社接手该杂志的出版工作，斯诺续任编辑。[26]截至1940年，斯诺已然名声在外，上了德国秘密警察的作家名单，据传将在英国被占领之后被执行处决。同在该名单上的还有剧作家诺埃尔·考沃德（Noël Coward）、小说家弗吉尼亚·伍尔芙（Virginia Woolf）、精神分析学派创始人西格蒙德·弗洛伊德（Sigmund Freud），以及传记作家里顿·斯特拉奇（Lytton Strachey）（这个名单显然不能代表纳粹情报工作的最高水平，因为斯特拉奇和弗洛伊德此时已然仙逝了）。[27]

时间来到了1940年，斯诺开启了漫长的官僚机构从政生涯，尽管相比先前的经历，这段职业生涯可谓鲜为人知。最初，斯诺的工作是为劳动部招募科学家，从事与雷达相关的工作。两年后，斯诺晋升为技术人事部门的主管，也因此开始游走于英国各大高校。根据他后来的回忆，正是在这段时期内，他结识了众多科学家，可以说他认识的科学家比世界上任何人都要多。[28]斯诺十分胜任这项工作，在这一职位上如鱼得水，并于1943年获得了大英帝国司令勋章（CBE），此后又荣获多项殊荣。"二战"结束之际，他搬到了伦敦，全职从事创作，不过并非完全脱离了官僚机构，而是将一只脚留在了白厅，从1945年开始兼任行政事务委员会委员，另一只脚则留在了实业领域，从1947年开始兼任英国电气公司的董事。事实上，对这段时期的斯诺而言，官员的身份和小说家的角色具有同等重要的意义，这也与斯诺一直以来的信仰相吻合，即官僚机构是现代生活的中心，所有积极而有意义的政治变化都有赖于此。

1950年，斯诺与小说家、批评家帕梅拉·汉斯福德·约翰逊结婚。也正是在此时，受约翰逊喜好的影响，斯诺的名字从"珀西"变为了查尔斯。很快，这对夫妻成为伦敦文学圈里一道亮丽的风景。与此同时，斯诺不断拓展着在政治圈和学术圈的声望，赢得了一批批新的受众：他于1957年获得爵士头衔，1959年进行了瑞德演讲，1960年在哈佛大学举办戈德金系列讲座（Godkin Lectures），并于1964年工党大选获胜前夕为该党建言献策。工党大获全胜之后，斯诺便正式迈入英国政治舞台的中心，成为新的技术部（Ministry of Technology）在上议院的发言人。至此，莱斯特一位普通职员的儿子一跃成为莱斯特的斯诺男爵。不过，斯诺在政府部门还是经历了颇多坎坷，不到两年的工夫，他便退任了。1970年，斯诺完成了系列小说"陌生人和兄弟们"，并在此后的十年里不间断地著书立说，直到1980年辞世。

官僚现实主义

斯诺关于科学、文学和社会的观点大致是20世纪30年代在剑桥时逐步形成的。[29] 剑桥的卡文迪什实验室是物理学名副其实的国际中心，其负责人厄内斯特·拉瑟福德（Earnest Rutherford）几年如一日地盯着各实验室的进展，嘴里还时常冒出一句"基督精兵前进

（"Onward Christian Soldiers"）的歌词。而霍普金斯邓恩实验室则是全球领先的生物化学研究中心。斯诺在这里结识了众多著名的科学家，包括伯纳尔、P. M. S. 布莱克特（P. M. S. Blackett）、J. B. S. 霍尔丹（J. B. S. Haldane）和皮特·卡皮查（Peter Kapitza），当然还有令人敬畏的拉瑟福德和霍普金斯本人。斯诺受这些人影响至深，尤其深受他们的自信和乐观精神的鼓舞。拉瑟福德时常重复的一句话是，"这是属于科学的英雄时代，这就是伊丽莎白的黄金时代！"后来回忆起这句满怀激情的话时，斯诺淡淡地补充道："他说得完全正确。"[30] 斯诺在这段时期逐步形成一个信念，即科学研究的最终目的是发现真理、阐释真理，正因如此，科学本质上便是道德的。在他看来，科学还为人类希冀的理想社会提供了完美的模型。因此，"二战"之后，当新一代科学家逐步进入政策制定和政治外交领域时，斯诺坚定地相信，这些"新人"将用他们的科学本能和实际行动，为人类社会的诸多老问题带来新希望。[31]

于斯诺而言，这种科学本能和更偏重文学的态度之间的区别，在他刚从莱斯特来到剑桥时便已展现得一清二楚。20 世纪 30 年代的剑桥，除了拉瑟福德和霍普金斯这些科学家之外，还有文学批评家利维斯等人。当时的利维斯正耕耘于一个新的领域 [创始于 1917 年的英语荣誉学位考试（English Tripos）]，手头还编着一份新期刊 [利维斯和他的妻子 Q. D. 利维斯于 1932 年共同创立了《细察》（Srutiny）]。利维斯当时正在酝酿的批评思想之后对整个英语世界的文学研究产生了广泛而深远的影响。应该说，文学批评，尤其是剑桥英语，并非在前人成果基础上停滞不前——毕竟，利维斯等人所做的更多是挑战正统和权威,而非维护它们。但在斯诺眼里,事情并非如此。利维斯的批评风格在斯诺看来极端保守,甚至可以用反动来形容,因为其批评似乎永远在哀叹已然逝去的时光,而非着眼于一个崭新的、更加美好的未来。私底下,他甚至嘲讽利维斯是个"兜售车轮的人",只因后者曾用充满同情的笔触探讨了乔治·斯特尔特(George Sturt)的小说《车轮作坊》(The Wheelwright's Shop)。[32] 于斯诺而言,此种怀旧情绪在文学家当中非常普遍,也很典型——他们总是不愿承认过去多数人生活悲惨的一面。他觉得这种态度在新创立的英语荣誉学位考试中尤为盛行,比如将 H. G. 威尔斯(H. G. Wells)的作品排除在名作之外,这便是一种对进步本身赤裸裸的敌视。[33] 之后斯诺关于"科学"家和"文学"家的惊人论述,我们此时便已能窥见一二。

此时的剑桥,可谓笼罩在两派势力的主导之下,一边是以拉瑟福德为代表的科学家,另一边则是以利维斯为代表的文学评论家。斯诺正是在这一时期逐步形成他今后几十年都将秉承的立场。[34] 也许以今天的视角来看,这一立场略显古怪,甚至是错误的,但在此我们的目的是理解它,而非一味批判。斯诺认为,文学在 1914 年和 1950 年之间的变化可谓灾难性的(具体的年份根据他写作的时间,在各个版本中会有些许差异,但大致上,这个时间线和上一代作家崛起和消亡的时间是一致的)。在他看来,诸如詹姆斯·乔伊斯(James Joyce)、弗吉尼亚·伍尔芙和威廉·福克纳(William Faulkner)等作家完全放弃了对社会的叙述——亦即斯诺所称"现实主义"(realism),转而投身技术实验,走向了与社会疏离的路子——亦即斯诺眼中的"现代主义"

(Modernism)。他将这些作家创作的小说喻为"反小说"(anti-novel),代表作便是乔伊斯的《芬尼根守灵夜》(Finnegans Wake)。斯诺认为,这类反小说拒绝描绘现实社会,并将广大读者拒于千里之外,因此实际上是拒绝了社会本身。他继续写道,现代主义作家们极力美化被异化的个体,正是这样一种倾向,造成了他们反动的姿态——斯诺着重点名了乔伊斯、温德汉姆·刘易斯(Wyndham Lewis)、埃兹拉·庞德(Ezra Pound)、T. E. 休姆(T. E. Hulme),以及 D. H. 劳伦斯(D. H. Lawrence)。这些作家之所以"反动",是因为他们仇视斯诺所谓的"科学革命"——即在现今工业化进程中,由于科学和技术的应用而使得生产力和效率逐步提高的历史过程。[35] 在斯诺眼里,科学革命极大地提升了社会组织的复杂性,与此同时,在这段时期内,社会科学逐渐肩负起原本由作家所承担的工作。新一代的现代主义作家们不但拒绝这些社会变化,拒绝通过小说思考、探讨这些变化,反而急速隐退,远离了这个他们无法理解,也无法改变的社会。

然而,20 世纪 40 年代后期,斯诺发现了文学的新希望。吸引他注意力的作家包括帕梅拉·汉斯福德·约翰逊、威廉·库珀(William Cooper)和威廉·格哈迪——这些作家和斯诺本人一样,将创作的兴趣点放在个人和社会的关系变化之上。在斯诺对历史的乐观解读中,科学革命创造了诸多新的官僚机构、专业人才和管理专业人才的经理阶层。由此而诞生的社会将造福广大的人群,为人们创造舒适的物质生活条件和更多的教育机会,并带来社会地位的显著提升——这将是之前任何一个历史时期都无法比拟的。但是,美好的社会并非一蹴而就的,而是需要所有包括经理、技术人员、科学家、公务员和其他相关职业人员在内的专业人士的努力——努力尝试理解他们所处的体制和机构，理解这个日益变迁的社会，同时提高对自身的认识。斯诺感兴趣的便是迎难而上、勇于直面新挑战的作家们。此类作家致力于解释这个变迁中的社会，而非不明就里地批判或回避它。这些作家都对 20 世纪可悲的现代主义嗤之以鼻，而将 19 世纪伟大的现实主义传统作为创作的灵感源泉。斯诺本人在创作和批判实践中致力于宣扬的正是这一伟大的现实主义传统。

斯诺的种种文学观念和他为之付出的努力，实则都是由他的政治观决定的。斯诺对政治的理解则与他对官僚机构和职业经理的认知相一致。斯诺认为，社会变革应依赖于现存的体制机构，而不是激进的抗议。这个过程被斯诺称为"关门政治"（closed politics）。在斯诺看来，"关门政治"的运作方式大同小异，无论是在梵蒂冈、克里姆林宫、英国内阁、中世纪修道院，或者在他最著名的小说《院长》（The Masters）中虚构的津桥学院（Oxbridge colleges），都有其身影。这种政治无关乎意识形态斗争或任何形式的谋反叛乱。作为斯诺心目中的理想政治形态，"关门政治"要求的是战术同盟的培养和管理。因此，在《院长》中，当两位董事作为院长候选人为竞选活动摩拳擦掌、精心谋划时，小说中的艾略特如此评论："他们知道学院里的人们是如何为人处世的，他们也知道每个人的弱项在何处，在哪些方面表现出无知，对什么漠不关心，何种情况下会固执己见，又在何种情况下会表现得尤为强势。他们从来不会用力过猛，也知道如何取舍与进退。因此，但凡学院里发生的事，大抵都获得了他们的支持与肯定，而他们不赞同的事，大抵也不会在这里发生。"[36] 这种政治最终形成的联盟是无法用诸如"左派"或"右派"之类的标签来定性的。艾略特解释道:"学院政治通常超越了国家政治。因此,温斯洛这个上流阶层的激进分子,到了学院便显得异常反动。而弗兰西斯·格特利夫和我,在国家政治层面属于无可争议的左派,在学院却支持所谓的'政府'。"[37] 此外,尽管斯诺大体上将政治视为理性的人共同做出的一系列理性的抉择,他也承认其必然会受变幻莫测的心理的影响,从而变得更为复杂——比如小说中的艾略特曾注意到克里斯特尔(Chrystal)做的事连他本人都无法理解。[38] 渐进式、管理式、策略性以及保密性——这便是斯诺对政治的理解,也正是这种政治观在他 1945 年到达伦敦之后对他在文学领域所做的种种努力产生了深远的影响。

运动

1947 年 12 月初,斯诺在写给其基督学院的老朋友戈尔利·帕特(Gorley Putt)的信件中透露出一丝绝望。路易斯·艾略特系列小说的第二部《光明与黑暗》(*The Light and the Dark*)刚刚出版,前期评论着实令人气馁,严重挫伤了斯诺的积极性。"到目前为止,都是失败,"斯诺如是写道,"对《新政治家》(*New Statesman*)和《倾听者》我也不抱什么希望,能不对我恶语相向就不错了。"斯诺感觉自己的写作似乎"进了死胡同,逆势而为,与潮流作着激烈而艰难的斗争",而且他开始觉得希望渺茫,怀疑文学的趋势已无法扭转。[39] 正是此时他开始寻求绝地重生的路径——也许是时候主动出击了。"我们应更加积极主动一些,放下先前的清冷高姿态。"斯诺在信中如是敦促帕特。[40] 帕特在剑桥和利维斯一起攻读了英文专业，因此斯诺希望帕特可以在文学圈中得到某个位置，让他得以在当时的文学辩论中发出声音。[41] 他们随后发起的"运动"（至少他们自己如此命名）虽然可能并未改变文学史的走向，但至少很好地揭示了斯诺本人对于历史、小说和政治三者之间紧密联系的理解。[42]

斯诺的第一步便是试图联系威廉·格哈迪这位离群索居的作家。[43] 格哈迪于1895年出生于圣彼得堡（St. Petersburg）的英国家庭，后返回伦敦接受教育，毕业后在位于彼得格勒的英国使馆谋得一份职位。此后的布尔什维克革命毁掉了他的父亲。格哈迪本人加入了苏格兰卫队，参与了卫队于1918年至1920年间发起的反布尔什维克运动。此后，他返回英格兰，并在牛津攻读了俄语专业，后又定居伦敦，开始他的创作生涯，作品涉足戏剧、短篇小说、批判研究、长篇小说等，不一而足。格哈迪长于反讽的创作风格曾受到凯瑟琳·曼斯菲尔德（Katherine Mansfield）、伊迪斯·沃顿（Edith Wharton）和伊芙琳·沃（Evelyn Waugh）等作家的盛赞。到了20世纪30年代，格哈迪失宠了——尤其是在左派文艺圈内。他对俄国革命的描述未遵循马克思主义的政治立场，因此屡遭诟病。然而，到了1948年，格哈迪成了斯诺眼中运动事业的理想人选，后者将其视为"完美的老作家"：格哈迪对契诃夫的兴趣与斯诺的现实主义文学观不谋而合；他清晰易懂的行文与崇尚实验的现代主义风格迥异，正合斯诺之意；他创作的颇具反讽意味的政治喜剧与斯诺的政治观也有着异曲同工之处——在斯诺看来，政治的本质在于经营管理，而非意识形态斗争。[44]

斯诺写信给格哈迪，告诉后者自己将在一场广播中探讨他的作品。"这个时间节点颇具喜剧意味，我想你可能会觉得很有意思。"斯诺写道。不过他随即补充说，自己还有别的想法："这将是一场运动的第一战。30年代的批评家对你的作品横加指责，而在我和我的同伴看来，你受到了极不公正的待遇，我们对此深感愤怒。"[45]斯诺还计划邀请批评家戴斯蒙·麦卡锡（Desmond MacCarthy）来评论格哈迪的作品合集，麦卡锡曾于1940年给予"陌生人和兄弟们"高度好评。斯诺在信中告知格哈迪："我对麦卡锡并不十分了解，但我相信，他的文学价值观和我们是一致的，因此关于如何发起一场成功的文学战，他的建议值得听取。"[46]斯诺和麦卡锡共进了晚餐，但并未得到后者的应允，于是他准备亲自评论格哈迪的作品。斯诺的评论发表在了《星期日泰晤士报》（Sunday Times）上，他赞扬格哈迪成功逃脱了1930年左右到来的英国文坛的"冰川时代"。[47]与此同时，帕特从埃克塞特带来一个好消息，称《时代与潮流》（Time and Tide）杂志接受了他的提议，将刊登一篇评论格哈迪的文章。[48]就这样，在1948年的头五个月里，斯诺的运动已初见成效：他与格哈迪建立了紧密的联系，就他的作品发表了两篇好评文章。当然，最重要的是，通过评论文章，斯诺成功地将自己对文学史的理解与批评带入了公众视野。

正当斯诺忙于和格哈迪熟络关系时，他的运动也取得了进展，终于可以松一口气了。帕梅拉·约翰逊兴冲冲地告诉他，有出版社主动提议让她着手创办一份新期刊。当时，《眼界》（Horizon）和《风车》（The Windmill）两份期刊办得比较艰难，出版社希望有一份新刊物来活跃氛围。"这就是我们想要的,它终于来了!"约翰逊写道,"我很迫切地希望能在最快的时间里见到你和哈里,共同制定出一个切实可行的计划。"[49] 和普拉姆一样,当时的约翰逊和哈里·霍夫（Harry Hoff）也与斯诺私交甚好,学术关系极为密切。

约翰逊最初是在 1940 年评论了"陌生人和兄弟们"系列小说之后进入斯诺视线的。[50] 约翰逊的父亲是英帝国在西非地区殖民地的行政官员,她于 1912 年出生于伦敦,后在克拉珀姆接受教育。[51] 约翰逊十六岁那年离开学校,之后在一家银行当小职员,在这期间,她继续如饥似渴地博览群书,同时开始尝试创作。1934 年,她在诗歌竞赛中获奖,与此同时开始和英国作家、诗人狄兰·托马斯（Dylan Thomas）频频约会。[52] 两年之后,这对情侣决定止步婚姻,由此结束了两人的关系。1936 年末,约翰逊与澳大利亚新闻记者戈登·奈尔·斯图尔特（Gordon Neil Stewart）结婚。她的第一部小说《这张床是你的中心》(*This Bed Thy Centre*) 大获成功。在西里尔·康诺利（Cyril Connolly）的鼓励下,约翰逊辞去了工作,开始潜心创作。[53] 随后,约翰逊确立了自己作为小说家和评论家的地位,成为普鲁斯特（Proust）研究的权威人物,还常常应英国广播电台之邀参与访谈类节目。在发表了"陌生人和兄弟们"的评论之后,她与斯诺开始通信,并于次年在伦敦首次会面。[54] 皮卡迪利的下午茶时分二人相谈甚欢,原来他们对于创作抱着甚为相似的态度,尤其是对于小说叙事,他们都认为是时候回归现实主义了。[55] 约翰逊与斯图尔特的婚姻于 1949 年告终。次年,她与斯诺在剑桥基督学院举办了婚礼。不过,1948 年那会儿,当她和斯诺等人会面商谈创立新期刊事宜时,离他们后来成婚尚有两年的时间。

　　与斯诺和普拉姆一样，哈里·霍夫也是从名不见经传的小镇只身来到剑桥基督学院。他是1931年来基督学院攻读自然科学专业的，当时的导师便是斯诺。[56] 霍夫与斯诺很快成为朋友，尤其是当两人意识到他们都对写小说感兴趣，且都希望在小说中避开技术实验时，友谊便开始生根发芽了。和斯诺一样，霍夫将现代主义和反动政治挂起钩来，连说的话都和斯诺如出一辙——他后来声称实验小说家创作的动力源自对工业社会的仇恨之情。[57] 霍夫的笔名便是前面提到过的威廉·库珀，代表作是"生活情景"（"Scenes from Life"）系列小说，该系列的第一部小说是发表于1950年的《外省生活》（*Scenes from Provincial Life*）。[58] 小说主人公乔伊·伦恩（Joe Lunn）即霍夫本人的化身，风趣幽默，谈笑间尽显智慧。"我是个现实主义小说家，"霍夫后来说，"我的目的是述说真相，而且是笑着述说。"[59]

　　霍夫、约翰逊和斯诺三人组成了临时"战争委员会"（council of war），探讨新期刊《美人鱼》（*The Mermaid*）的创办事宜。[60] 斯诺称，麦卡锡和格哈迪二人是尊贵的点缀，而帕特将作为重要的一员加入工作小组，帮助筹划相关事项，约翰逊则是这个新运动的"元首与领导"。[61] 运动有声有色地开展了起来，但他们还需要再找一些志同道合的作家。斯诺联系了青年作家弗兰西斯·金（Francis King），称金是他所认识的三十岁以下年轻男作家中的翘楚。也许金还认识其他对当今英国文学现状不满的作家呢？"接下去会有有趣的事情发生，"斯诺承诺道，"英国文学的冰川时代（1930—1947）正渐行渐远。"[62]

"英国文学的冰川时代"是工作小组对英国小说现状的总体概括。斯诺在不同场合都用到了这个富有特色的表述,并在颇具挑衅意味的创刊宣言中进一步明确了其具体意涵。[63] 宣言的思路与斯诺一贯的对文学史的解读高度一致,将现代主义视为偏离现实主义传统的一次弯路。有意思的是,斯诺将自己及与他观点相似的作家均置于这个伟大的传统之中:

> 我们已经表达过对坚守人类真理的文学的信仰:这一文学传统始自荷马、佩特罗尼乌斯(Petronius)、拉丁语小说家、萨迦(the sagas)、穆兰萨基女士(Lady Murasaki)、乔叟(Chaucer),及至19世纪伟大的小说家陀思妥耶夫斯基、托尔斯泰、狄更斯和巴尔扎克。这一传统持续至今,还囊括了罗杰·马丁·杜加尔(Roger Martin du Gard)和莫里亚克(Mauriac)等法国作家。如今,我们隆重推出《美人鱼》杂志,以继续传承这一伟大的文学信仰。[64]

约翰逊迫不及待地将宣言寄送给迈克尔·约瑟夫(Michael Joseph)的出版公司。计划于4月份如期推进,不过在5月份时碰壁了。"进展非常有限,"约翰逊沮丧地告诉普拉姆,"显然,我们的整个计划被搁置了。"[65] 由于纸张的短缺,《美人鱼》的出版被取消。不过,刊物的遇阻并未瓦解大家推进运动的决心。

此时,斯诺调转了努力的方向。既然新期刊创办不成,那就去知名刊物寻求机会,若能谋得相关职位,也能助运动一臂之力。"二战"期间,斯诺曾希望约翰逊能去《新政治家》或者《讲坛》(Tribune)工作,到了1948年,约翰逊终于在这条道路上取得了成功。[66]帕特则继续在埃克塞特周边宣传他们的文学信仰,随后表示有一份名为《风雨》(The Wind and the Rain)的季刊对他们表示出兴趣,该期刊的编辑是青年诗人内维尔·布雷布鲁克(Neville Braybrooke)。与此同时,他正在争取凤凰出版社(Phoenix Press)部门主任的职位,还希望将斯诺一同带上:"一旦我进入知名期刊,并坐上重要的位置,我会向你们所有人打开大门。然后,在某个合适的阶段,当你也站稳脚跟之时,你可以试着扩大刊物的规模,提高发行量,从而扩大影响力。"[67]帕特向《风雨》季刊捐赠了100英镑,由此成为其顾问委员会的委员之一。[68]之后,斯诺被埃克塞特暑期学校邀请去做讲座,他借此机会与新一代的年轻学生交流了他一直以来最为关注的两个话题,演讲题为"一个小说家的信仰"("The Credo of a Novelist")以及"小说:近来的趋势"("The Novel: Recent Trends")。[69]帕特后来回忆时谈到了"斯诺密而不宣的意图",将其与斯诺某个强烈的愿望挂起钩来,即"通过发起一场批评运动,将自己的小说推向公众视野"。[70]不过,当时的帕特和斯诺一样,尽情享受着整个过程:"噢,我的斯诺,你真在埃克塞特制造了一场不小的轰动啊!"他激动地写道:"这场运动给了我无与伦比的愉悦,这种美妙的感觉简直无法用语言来表达!"[71]和帕特一样,格哈迪也乐在其中,他借用女性名字发表了一篇评论自己作品的文章,极尽恭维之能事。[72]

其间,斯诺敦促《泰晤士报文学增刊》的编辑艾伦·普莱斯-琼斯(Alan Pryce-Jones)聘用帕特为该刊评论员。[73]他还与《星期日泰晤士报》的莱昂纳多·罗素（Leonard Russell）交流甚密，因为他深知与罗素的友好关系会给他们带来极其难得的机会。"如果我能搞定这家刊物，"他在信中写道，"我可以保证，在很短的时间内，我们的运动就能初见成效了。"[74] 斯诺和罗素常在台球厅相会，也正是在打台球的时候，罗素惊奇地了解到，原来眼前这位擅长写小说的科学家竟还是一位犀利的评论家。斯诺猛烈抨击了现代主义小说，称现代主义即将消亡。某个傍晚，斯诺将之前起草好的宣言塞到了罗素的手里。当晚，罗素回家后一口气读完了宣言，当即发电报给斯诺，邀请他成为刊物的专栏作者。[75]《美人鱼》夭折之后才过去八个月，斯诺和他的同伴便已在伦敦的文学评论圈形成三足鼎立之势：斯诺在《星期日泰晤士报》，约翰逊在《观察者》（Observer）[*]，帕特则占据了《泰晤士报文学增刊》和《时代与潮流》两边的资源。斯诺预言："若我们能在各自岗位上战斗十年，我们应该能获得些许文学影响力。"[76]

显然，斯诺为自己的文学理念找到了最为理想的宣传渠道。"我有生之年还未如此奋力地战斗过，这是我创作生涯中最艰苦卓绝的时刻，"斯诺在给自己兄弟的信中写道，"《星期日泰晤士报》给我提供了一个极其宝贵的战略性位置，在我达成主要目标之前，我是不会放弃的。"[77] 在他每隔两周刊出的小说评论中，斯诺坚持了他一贯的主张——对拒绝技术实验，面向广泛的读者群体，有着鲜明的阶

---

[*] 此处第一次出现《观察者》，该杂志作者并未在前文中提及，故推测此处或许是作者的笔误：根据前文的叙述，约翰逊很可能是在《新政治家》或者《讲坛》就职。

级意识，尤其着重刻画受尊敬阶层（或努力挤入这一阶层的人们）的小说表示称许。斯诺总会想方设法找到此类作家加以褒扬，这点和利维斯及《细察》的风格很不一样，他也总喜欢拿自己和后者作比较："称赞是十分有必要的。要知道，作为一个来自维多利亚时代的小说批评家，利维斯对那些他实则带着满腔热情研究的小说必定会持批判的态度，甚至吹毛求疵。因此你和我必须拯救它们。"斯诺在给帕特的信中写道。[78] 不过，当他评论的书涉及诸如强奸、凶杀、疾病、凌迟和自杀之类的黑暗主题时，斯诺会深感震惊，比如他批评威廉·福克纳小说中的黑暗主题，还连带抨击了福克纳佶屈聱牙的写作风格和弃用标点的行文特色。"一位真诚但才华有限的艺术家，"斯诺如是评论，"过去二十年间，此类艺术家艰涩拗口的文风却被各路评论家大肆赞美。"[79] 在《星期日泰晤士报》，斯诺试图利用他的专栏改变英国文学界的风向。他崇尚的是乐观豁达、清晰易懂的文学作品。

四年的努力之后，斯诺终于有理由洋洋得意一回了。他在最后一期专栏的告别文章中抛出了一个问题："大众读者和文学评论家之间观点的差异，如今是扩大了还是缩小了呢？我想答案不言自明。"[80] 意识流（或斯诺所谓的"即时即刻"）的技术实验似乎寿终正寝了。斯诺满怀信心地预言，接下来的十年间，另一种类型的小说会更受青睐："这类小说在形式上更为传统，内容上更具亲和力，意图更深广，而实际效果也将更深刻，更通人情。"[81] 在斯诺看来，这些年他对文学趋势的批判性分析产生了一定的影响力，是时候从其他方向继续推进运动了。1952 年，斯诺结束了他与《星期日泰晤士报》的专栏合约，迫不及待地转向小说创作。

"陌生人和兄弟们"系列小说

20世纪30年代，身为科学家的斯诺遭遇了人生中的第一次屈辱；40年代，作为小说家的斯诺在现代主义大行其道的文学圈里举步维艰。转眼到了50年代，斯诺突然在文学批评领域大获全胜，声名鹊起，连他自己都颇为惊讶。五十年代的开年便极不平凡，英国文学年鉴（British Annual of Literature）将斯诺的小说《希望时刻》选为1949年年度最佳小说。[82] 转眼间，斯诺发现自己竟置身名作家之列：一位评论家将他与司汤达相提并论，另一位则拿他与特罗洛普（Trollope）比较，更有甚者还联想到了普鲁斯特，尽管这些作家之间存在着很大的差异。[83] 海伦·加德纳（Helen Gardner）在发表于《新政治家》的一篇评论中写道："我们在说'普鲁斯特式经验'（a Proustian experience）的同时，还可以说'斯诺式情形'（a Snow situation）。斯诺通过小说深入剖析人的道德本性，在我们这一代小说家中，他是最令人敬佩的。"[84] 斯诺的《院长》和《新人》（The New Men）则荣获了1954年的詹姆斯·泰特·布莱克纪念奖（James Tait Black Memorial Prize）。同时，读者订阅图书俱乐部（Readers' Subscription Book Club）将《新人》推选为1955年2月期的获奖作品，该俱乐部理事会成员包括W. H. 奥登（W. H. Auden）、雅克·巴尔赞（Jacques Barzun）和莱昂内尔·特里林等作家和评论家。特里林写道，斯诺使他重燃了对小说的希望。他尤其盛赞了小说《院长》，将其称为"政治生活的典范"。[85] 接下去的1958年于斯诺而言是尤为激动人心的一年：他在访问哈佛时得到了贵宾式的待遇；加州大学伯克利分校聘请他为客座讲座教授；包括特里林、艾尔弗雷德·卡津（Alfred Kazin）和诺曼·波德霍雷茨（Norman Podhoretz）在内的美国评论家都对他赞不绝口。斯诺的美国之行可以说收获颇丰。[86] 他甚至开始觊觎诺贝尔文学奖。[87]

既然"陌生人和兄弟们"系列小说在文学史上有了立足之地，斯诺便开始津津乐道于小说的缘起。据他所述，一切始于1935年的1月1日。当天，斯诺独身一人在法国马赛，情绪低落。灵感闪现得猝不及防："突然，我看到、感到，或者说感应到——用哪个词都行——整部小说的框架、顺序和内在结构。"[88] 的确，斯诺于当晚便着手计划了整部小说的写作，但小说的组织结构实则是在接下来的几年时间里慢慢形成的：1935年9月，斯诺计划这个系列共写三部；到了1939年，计划变为四部；"二战"结束后，小说计划中的体量增加到了十一部，也就是最终的结构。[89] 小说的第一部最初发表于1940年，名为"陌生人和兄弟们"。后来由于"陌生人和兄弟们"成了整个系列小说的名称，第一部便改名为《乔治·帕桑》（George Passant）。

"陌生人和兄弟们"系列小说考察了英国官僚体系的运作方式和其中的人情世故。[90] 小说叙述者兼主人公路易斯·艾略特出身于省城某个中下阶层家庭，整个系列小说便是围绕主人公的生活经历展开。读者跟着艾略特在迷宫般的社会体制中摸爬滚打，一路领略了不同阶层人们的生活方式，从贵族、官僚到律师、大学教师，再到作家、科学家、部长和其他公务人员。所有这些人的生活轨迹在现代英国的精英管理和官僚机构体制下相遇相交了。官僚精英机构包括剑桥的各个学院和科研机构,诸如议会和白厅等则属于精英官僚机构。系列小说中的每一部都可以单独阅读,不过斯诺还是希望人们可以看到小说的全貌。

如前所述,系列小说的第一部是《乔治·帕桑》,描述的是20世纪20年代一个颇具魅力但并不完美的理想主义者如何影响了他所在的小县城。紧接着是《光明与黑暗》(*The Light and the Dark*)(1947),主人公名叫罗伊·卡尔弗特(Roy Calvert),才智过人但深受抑郁症困扰,最终因精神抑郁走向了"二战"期间最危险的使命。随后的《希望时刻》(1949)讲述了主人公艾略特的个人奋斗史和自我发现的心路历程。艾略特的父亲在他年幼时破产,家境一度陷入窘迫,所幸小主人公奋发图强,最终成功实现了阶级跃迁。两年后出版的《院长》(1951)让斯诺真正脱颖而出,确立了斯诺在政治小说领域的地位,并为他进军"二战"后的学术小说领域铺平了道路。此后,斯诺在1954年出版的《新人》中从科学家的视角进一步拓展了小说中的政治主题。该小说以英国原子能科学家为写作原型,讲述了这群兢兢业业的科学家如何制造出原子弹,随后又竭力避免其使用。

到了20世纪50年代中期,斯诺已然春风得意:《新政治家》称《新人》为一部"卓越的小说",《旁观者》则将斯诺与司汤达相提并论。[91] 随后的《回家》(*Homecomings*)(1956)继续讲述艾略特的个人奋斗史,记叙了他从大学到实业界,再到政界,一路走来的辉煌历程。《富人的良知》(*The Conscience of the Rich*)(1958)重返战间期,在那段岁月里,艾略特亲眼见证了一个富足的犹太家庭如何面对特权与责任的冲突。之后出版的是又一部剑桥背景的畅销作品《丑闻》(*The

Affair）（1960），记述的是一位不受欢迎的教师——及其同路人——被错误地指控涉嫌科学实验欺诈的故事。几年后出版的《权力的走廊》（*Corridors of Power*）（1964）将斯诺对政治的兴趣带入英国议会，小说围绕艾略特的观察展开，描述了一位保守派议员如何谋划使英国放弃原子弹的故事。四年之后，一部批判60年代的小说诞生了。《理性的沉睡》（*The Sleep of Reason*）（1968）通过讲述一对同性恋杀人犯受审的故事抨击了姑息放任的社会风气。该系列的最后一部小说《最后的事》（*Last Things*）（1970）记录了艾略特对下一代的美好憧憬，同时也向读者展现了斯诺对待激进反叛之浪漫化描述的态度。

所有这些小说都笼罩在一股冷静持重、肃穆庄严的气氛之下，给人一种恰到好处的分寸感和克制感。援引某位评论家的措辞，这些作品让人如临"梦幻"。[92]斯诺小说的吸引力一定程度上在于向读者们透露了一个未知的世界，这个世界里的言与行往往发生在较为隐秘的空间，就像在"关门政治"中那样。而对于我们研究者而言，斯诺的小说向我们打开了另一扇大门：展示在我们面前的并非世界如何运作，而是世界在斯诺眼里究竟是如何运作的。斯诺曾经说过，他所有的作品，小说也好，非小说也罢，归根结底都只探讨了一个主题。对此，他举例解释道，他在哈佛大学举办的题为"科学与政府"（Science and Government）的戈德金讲座可以和他的政治小说《权力的走廊》并置考察，因为二者的主要论点之间存在着千丝万缕的联系，这是他有意为之的，而他对此也毫不讳言。[93]的确，无论是斯诺的小说，还是他的学术专著《两种文化》，都传达了他有关社会的观点，两者相辅相成，不可分割。因此，斯诺希望人们在读自己小说的同时，也能去读一下《两种文化》，或者说在读《两种文化》的同时，也能去读一下他的小说。他在一次访谈中说："在瑞德演讲中，我较为清晰地阐明了我的社会思想。理想状态下，我希望人们在读我的小说时，也去关注一下那场演讲，后者可与小说的观点互为映照，也可以理解为小说的某种注释或评论。"[94]虽然在我们看来，斯诺的小说不应被视为英国社会的直观反映，但若是从考察他的社会思想这一角度出发，其小说倒是提供了一条不错的路径。

斯诺所呈现的世界实则是一个男性的世界。尽管他雄心勃勃地想要描绘各色人等不同的社会体验和经验，他作品中推动事件发展的角色（actors）（不同于普通角色，即 characters）却基本上是男性——实际上，系列小说"陌生人和兄弟们"这一题名便透露出一些信息。西里尔·康诺利（Cyril Connolly）曾论及英国小说的女性化这一学术话题，据此，美国评论家特里林指出，斯诺的小说明显是一个反例，由此一语道破其小说中无法掩盖的男性立场。"斯诺和他作品中的角色对待女性是十分公平公正的，言行之间常常流露出柔情，有时还带着些许钦慕之情，"特里林解释道，"但斯诺所刻画的世界终究是男性的世界，女性只不过是这个世界里受尊重的客人——也就是说，所有的交流都发生在男性之间。"[95]究其根源，这种男性立场源自斯诺对职业阶层的公共生活的关注，因为在他的认知中，"公共"和"职业"二者都属于男性的领域（比如他曾经说过科学家往往是优秀的"丈夫和父亲"）。[96]毋庸置疑，斯诺对英国因女性科学家培养之薄弱而损失了半数人才资源是深感遗憾的。他也会站在国家兴衰的角度，于各种场合为女性教育鸣锣开道。[97]然而，在斯诺的作品中，性别问题不仅仅是社会现实的简单反射。斯诺对某些问题的描述方式，不免让人浮想联翩："科学"文化是进步的、男性化的、阳刚正气、积极向上的，而"文学"文化则是反动的、阴柔消极的。

个体与机构的关系是斯诺作品中尤为关注的一个话题。最初构思整个系列小说时，斯诺便曾对其出版商解释道："我们每个人成为一个什么样的人，究竟有多少是因为阶级和时代等偶然因素造就的，又有多少源自我们自身内在无法改变的因素？"[98] 斯诺希望在作品中以较之上一代小说家更具同情心的笔触探讨这一问题。他将作品中的人物置于各式机构之中，这些机构既牵制了他们，又在某些方面成就了他们：之所以说"牵制"，是因为个体始终无法脱离机构而独立存在；之所以说"成就"，是因为这些机构使得有意义的变革或变化成为可能。斯诺坚信，小说家的责任便在于考察这些机构，因为它们是社会赖以生存和发展的条件，与此同时，努力帮助身处机构中的人更好地了解、认识他们所处的世界。也正是这一责任驱使着斯诺不断探索，并最终走向一个主题，那便是"权力"。"我所有的小说归根结底都指向同一个复杂的主题，那便是现代社会的权力，"斯诺解释道，"在书写权力的过程中，我努力尝试展现权力在英国是如何运作的。"[99] 斯诺所言似乎道出了安东尼·桑普森的心声：桑普森的《解剖英国》一书于 1962 年出版，主题直指英国社会的权力问题。[100]

无论是内容上，还是形式上，"陌生人和兄弟们"系列小说可谓进一步助力了斯诺的运动——这场运动早于《美人鱼》便已开始，并因斯诺在《星期日泰晤士报》上的专栏而逐日发展壮大。这场运动将矛头直指现代主义文学,旗帜鲜明地驳斥现代主义对当代社会的鄙弃,倡导作家用富含同情的眼光考量社会,换一种姿态考察个体与机构的关系。无论后世人如何评价,当时的斯诺的确通过他的小说达成了许多既定目标:在小说所构造的世界里,人们是乐观豁达的,社会运作良好,政治也讲求实效。换言之,"陌生人和兄弟们"系列小说呈现了建基于斯诺毕生所信奉和倡导的世界观之上的世界。

技术官僚自由主义

一言以蔽之,斯诺的世界观可以概括为"技术官僚自由主义"。"自由主义"来源于斯诺对个体的关注与重视,他所信奉的既非社会主义的平等主义信条,亦非保守主义的等级固化理念;之所以称为"技术官僚"自由主义,是因为在斯诺的世界观里,作为个体的人始终是从属于各类组织和官僚机构的,这些机构的共同之处便是有赖于管理的艺术。对于现代社会,斯诺秉持赞成的态度,因为他坚信现代社会改善了人们的生存状况和生活条件,且为大多数人提供了社会流动和阶级跃迁的机会。他坚信如今的任务是进一步推进这一进程。具体而言,对内应进一步开放学术圈、实业界和国家各个层面的机构,让更多有识之士都能有机会做出贡献,对外则应继续推进工业化进程。如何实现这一目标呢?靠抗议和革命显然是行不通的,应转变思路,将注意力从政治斗争转移到专业人才的管理之上——亦即"技术统治"或"专家政治"。简言之,斯诺提倡以现有机构为起点,缓慢、有序、逐步推进并促成英国社会的繁荣昌盛,为更多的人创造生存与发展的机遇。[101]

虽然斯诺时常援引其时最流行的术语"社会主义",也在多种场合表示他的信仰便是社会主义,但实际情况并非如此——斯诺并不是一位社会主义者,他所信奉的也并非人人平等的信条。不过,斯诺在政治上非常务实,认为投身工党是其实现政治理念的最佳途径。1945年,当帕特以一个自由主义者的身份竞选议员时,斯诺对他的努力表达了钦佩之情,但也毫不掩饰鄙夷之意:在他看来,帕特太过天真。他直言:"你应该以工党的身份竞选议员。"[102] 帕特认为斯诺的告诫很奇怪,因为在他看来,斯诺是一个自由主义者。斯诺解释道,任何一个政党都应努力扩大自身的社会基础。这一理念在他的个人政治生涯里得到了最佳彰显:斯诺信奉的也许确实是自由主义,他也许的确是一个自由主义者,但务实的政治态度促使他每次都将选票投给了工党。

斯诺的立场源自他对历史的线性解读。他将历史视为农业革命、工业革命和科学革命等驱动之下的一系列社会进步的总和。这样一种以"时间"和"发展"为轴线的线性的历史观影响并决定了斯诺对于国际政治的理解:英国和其他西方国家走在了世界的最前列,苏联此时所处的位置与一百年前的西方是一样的,亚非国家则位列其后。斯诺认为英国仅凭一丝运气率先走上了工业化的道路,由此实现了财富和权力的积聚。然而,英国的精英们在治理国家方面仍然秉承着老一套的思路,尚未与时俱进,国家的经济结构和教育结构还未发生根本性的转变。这些过时的结构体系反过来阻碍了英国科学革命的进一步发展,而只有当科学和技术得到进一步发展,社会才能取得更深入的进步。所幸,工业社会本身的复杂性已促成相关机构体制的确立，也就是说，基础结构早已具备。虽然就目前来看，这些基础结构有待优化，但它们的存在本身不是问题，而是好事，我们应当将它们看作历史进步的结果："工会、集体谈判、现代工业的整套装置——所有这些也许会令从未经历贫困生活的人们恼火不已，然而，它们如同带刺的铁丝网一般，时时防范着仅凭个体意愿的独断专行。"[103] 英国的精英们要做的便是认识、理解这段历史，接受既有的体制机构，继续往纵深处推进国家的发展。

　　斯诺是现有组织机构无畏的探索者和研究者。他所提出并探讨的问题极具复杂性，但新一代的经理人完全能够胜任这一重任。斯诺眼里的新一代经理人"自律、低调、克制……这些人来自社会的各个阶层，热烈回应着新时代提出的新要求"。他们便是斯诺口中的"我们时代的新人"。[104] 政治一度被视为伟大人物行为的总和，这一流行观点显然忽略了现代社会的复杂动因——这些动因既不浪漫美好，也非冷酷险恶，与人们想象的不同。在斯诺眼里，英国权力的实际状况可以从提着公文包的经理人身上窥见一二。"我想到的是政府高级官员或者工厂管理者、行政领导、成本会计、人事官员、总设计师等专业技术人员，这类人的队伍正快速地发展壮大，因为社会的发展亟需这些人才，"斯诺解释道，"如果说现代社会有一部分人掌控着实权的话，我想就是他们了。"[105] 在斯诺眼里，这些职业经理人能力强、务实、理性、忠诚。此外，他们往往精力充沛、活力四射，有着强大的内心和强健的体魄，为人做事积极主动（而且——说出来也许不是很中听：此类人通常"个头不高、体型矮壮"）。[106] 如果说一个社会必须有人占据权力的主导地位，那么这些经理人便是最佳人选，比历史上任何一个统治阶层都更为合适："据此，我们可以说，从长远来看，管理型社会是人类的福音，是他们的希望之所在。"[107] 不过，斯诺对于管理型人才的信仰并未得到所有人的认同：正如《第三只眼》（Private Eye）一书于1963年所写的那样："权力是一张日渐衰老的面孔，朝着灰色的走廊渐行渐远，嘴里还念念有词——'之后再说吧'。"[108] 但斯诺的信心从未动摇过。在他看来，英国所面临的问题是：人们是否能信任这些令人钦佩的步兵，让他们全身心地投入这场与匮乏作斗争的持久战中。

这些能干的职业经理人是精英管理型社会的希望。精英领导体制可以理解为中产阶级的理想：既能反对上流阶层的特权，又能让他们与下流社会保持距离。原则上，精英领导体制不搞特权主义，也不信奉平等主义。它本质上是一个开放的等级制——向那些才华横溢、勤勉奋发的人们开放。的确，斯诺本人很可能同意特罗洛普的说法（除了有关上帝的说辞之外）——常有评论家将斯诺与特罗洛普相提并论，斯诺后来还为特罗洛普写了一部传记。特罗洛普的原话是："今天，就让所有人都平等吧；上帝造人时早已注定：明天，他们将变得不平等。"[109] 既然不平等是注定的，且是不可避免的，社会机制就应该发掘、培养并有效调动有才能的人，让他们能在经济、政治和国际关系等诸多方面有一席用武之地，帮助国家应对、解决各类问题。20世纪60年代初期，斯诺在精英领导制上倾注了大量心血，就此哈罗德·珀金在《职业社会的兴起》（The Rise of Professional Society）一书中有详细记述。[110]

斯诺对精英领导制的信仰很大程度上与其自身生活经历相关。

斯诺之所以赞同社会流动性是因为他曾经历过阶级跃迁——从莱斯特到剑桥，再到政府工作部门、实业界、伦敦文学圈，并最终进入了上议院。当然，现实与理想之间总会有差距，斯诺的精英领导理念也因某个现实而黯淡了起来：五十六岁的斯诺一辈子只应聘过一份工作（他应聘了伦敦大学伯贝克学院院长一职，但遭到了拒绝）。[111] 但这并不影响斯诺的信念：精英领导体制的存在是有意义的；体制本身是伟大的、值得颂扬的。因此，当即将成为男爵的斯诺访问英国纹章院时，他将"若找不到路，就另辟蹊径"（*Aut Inveniam Viam Aut Faciam*）当作自己的座右铭。[112] 这简直是一个完美的自由主义座右铭，既有对个体能力的充分信任，又有对完善体制的信心。

若将斯诺的技术官僚自由主义与其抨击的立场和观点作一比较，前者的特点便彰显无疑了。我们之前已谈过斯诺对现代主义持否定态度，因为在他看来，现代主义仇视当今社会，不仅对大众口味不屑一顾，也容不下中下阶层的雄心壮志。除了现代主义之外，政治激进主义的立场也是斯诺有所质疑的，因为政治激进主义对国家本身持怀疑态度，且支持各种形式的社会抗议（我们会发现，斯诺的这一政治立场解释了他为何对新左派颇怀敌意，详见第4章）。斯诺对于历史作为一种连续统一体的解读、对官僚机构作为一种职能相近的体制结构的分析，以及对意识形态的猜忌——即他自身的意识形态——导致他对意识形态纷争不屑一顾。因此，他一方面反对激进左派，另一方面对右派的冷战分子也颇有微词。他才不是共产党的秘密党员：这样一个称号意味着对共产主义的某种认同，而实际上，共产主义这一意识形态与斯诺的政治观风马牛不相及。在斯诺看来，共产主义国家本质上不过是现代官僚国家的某种变体。[113]斯诺承认苏联体制在某些方面与西方国家的制度有诸多不同，但他认为，西方领导人应以冷静、理智的态度评估、对待这种差异，并在合适的情况下应对，而非陷入一种非理性的痉挛。基于此，他并不赞同西方读者对所谓抗议作家的迷恋。诸如鲍里斯·帕斯捷尔纳克（Boris Pasternak）、亚历山大·索尔仁尼琴（Aleksandr Solzhenitsyn）等作家在斯诺看来与西方激进派无甚区别，只是这些作家相对边缘化而已。[114]相反，斯诺对格哈迪之类的作家佩服得五体投地：格哈迪即使在写布尔什维克革命时也巧妙地避开了马克思主义。此外，斯诺还十分赞赏苏联人民的英雄、诺贝尔文学奖得主米哈伊尔·肖洛霍夫（Mikhail Sholokhov）。肖洛霍夫是社会主义现实主义的坚定捍卫者，因奋力抨击帕斯捷尔纳克和索尔仁尼琴而沦为众矢之的。

斯诺所批评的作家还包括英国国内持不同政见的作家。20世纪50年代，斯诺与"愤怒的年轻一代"（Angry Young Men）作家逐渐反目。起初，斯诺是十分欣赏这一新生代作家群体的，尤其欣赏他们对待技术实验的拒斥态度。当金斯利·艾米斯（Kingsley Amis）的长篇小说《幸运的吉姆》（*Lucky Jim*）（1954）出版时，斯诺甚至率先给予了高度好评。[115]对于约翰·韦恩（John Wain）、约翰·布雷恩（John Braine）和安格斯·威尔逊（Angus Wilson）等人的作品，斯诺也表达了欣赏之情，并在《星期日泰晤士报》上发表过评论文章。[116]然而，没过多久，斯诺的态度发生了转变，从欣赏变为了敌视。他自己从政治的角度解释了这一变化：1960年，斯诺在给霍夫的信中称艾米斯"无关宏旨的抗议，是一种消极逃避的姿态——实则是反动的精心伪装"[117]。次月,斯诺进一步发展了此观点。他认为表面上不关心政治的立场实则是反动的,并随之探讨了自己对"底层礼节"和"上层政治"的看法,继而提出"上层礼节"和"进步政治"的观点,即斯诺本人所认同的概念。[118] 随后,斯诺将他的态度公之于众,在一次访谈中无情地批判了"愤怒的年轻一代":"仅凭粗俗的言谈举止就想成为叛逆者是不切实际的。要想成为真正的叛逆者,你需要做些实实在在的事,用严肃的态度来表达你对所处社会的不满和怨愤。愤怒的年轻一代作家们没有这样做。"[119] 斯诺这句话里的关键词是"严肃",该词可以将所有与他在政治行动方面观点相悖的人排除在外。

斯诺对于现代主义、激进主义、冷战分子和"愤怒的年轻一代"的立场其实是一脉相承的。他的世界观基于对现代社会的推崇和对精英制度的希冀,而他的政治努力则是讲求实效的,其目的在于切实推进现代社会的发展和精英制度的落实。总体而言,斯诺的世界观可以概括为以下几个要素:专家精英制、管理体制下的个人主义、技术官僚自由主义——斯诺既是这一世界观的倡导者,也以其自身作为对这一观念做了最好的诠释。正是这一立场,促使斯诺为科学摇旗呐喊,并对两次大战间的剑桥批评持否定态度;也是这一立场,贯穿了斯诺重塑战后伦敦文学创作与批评面貌的种种努力;还是这一立场,自始至终渗透于"陌生人和兄弟们"的权力走廊。20世纪50年代中期,斯诺的小说大获成功,这种成功也反过来为小说背后的世界观和政治立场提供了更多的宣传机会。

撰写《两种文化》

斯诺最初是在 1956 年的《新政治家》上抛出"两种文化"的观点。[120] 他概述了科学家和文学家的诸多不同之处，语调平淡、中立，俨然一位人种志学者的治学作风。一边是坚定自信的科学文化，承载着这一文化的高校和实验机构犹如众望所归的前沿城镇，寄托着民族和未来的希望。科学文化乐观、坦率、严谨，与衰弱颓败的文学文化相比，它仿佛充满活力的异性恋。[121] 不过，科学家们在政治上并不一定都是左派（据说工程师、物理学家和化学家往往有右倾倾向），但由于他们都放眼未来，本质上便是开明、进步的。科学家们往往对于所谓的"传统"文化不屑一顾：他们对于音乐、社会史之类还是颇感兴趣，但对于文学，他们也许只偏好像内维尔·舒特（Nevil Shute）之类工程师出身的作家。斯诺注意到，舒特固然没有受到剑桥新批评家的关注，但此类科学家对目光短浅的新批评也全无耐心：毕竟，科学文化才是这个时代的声音。与此相对的，传统文化（斯诺特意解释了"传统文化"的内涵，"主要是文学"）已逐渐没落，无论是地位还是重要性，皆已今非昔比。此处没有前沿重镇，仅余一派残垣断壁之相，让人顿生寂寥落寞之感。斯诺指出，诸如陀思妥耶夫斯基、庞德和福克纳之类的传统文人*并不认可科学所带来的进步，这种姿态便是保守而反动的。科学文化与此类思想相隔绝。

---

* 此处作者将陀思妥耶夫斯基与庞德、福克纳等现代主义作家相提并论，很可能是有意为之。虽然作者在批判现代主义作家时曾极力推崇过诸如陀思妥耶夫斯基之类的现实主义作家，但此处语境有所转换：作者将科学文化与传统文化作为一组对立，而作为传统文化的文学，其自身传统中便包含了现实主义流派。

如此一来，两种文化之间的差异不仅是文学家们的损失，更是整个社会的损失——毕竟，当今社会的权力地位仍被文学家们垄断着。

斯诺后来在《两种文化》中的整个论辩轮廓，此处已清晰可见。不过，最初版本的观点阐述中缺失了某些成分，比如他此时还未将文学家称作"卢德派"*，也尚未将世界划分为富人与穷人两类人，更未就应对这些危机发出改革教育的呼声，这些都是斯诺在之后的表态中颇具挑战性的观点。[122] 此后不到六个月的时间，斯诺在《星期日泰晤士报》的两篇连载文章中正式提出了教育改革的问题。[123] 从标题里便可清晰窥见斯诺的用心：从"科学时代的教育论"到"教育革命"，个中用意不言自明。"两种文化"所关乎的，已然大于文化本身了——用斯诺自己的话说，"两种文化"所提出的问题，事关英国作为一个现代国家的前途和命运。他提及两个幽灵式的存在：其一是苏联，正穷其所有大力培养科学人才；其二是曾盛极一时的西班牙，昔日帝国如今辉煌不再。于英国而言，前路漫漫，但一切也很明朗：要么鼓起勇气改革教育，要么坐等重蹈西班牙帝国的覆辙。** 有意思的是，斯诺在此时的文章中一改先前的措辞，将他原先所谓业已颓败的传统文化定义为"主导性"文化，让垂死的文化重获新生。这一改动意义非凡，旨在从对传统文化的一味否定转向点

---

* "卢德派"（Luddites），原指 19 世纪英国一群技术熟练的纺织工人，他们抗议工业革命带来的机械化使他们失业。后泛指那些反对技术进步和产业调整的人。

** 斯诺在《两种文化》讲座原文中用以警示英国的是"Venetian Republic"（威尼斯共和国），后者存在了一千多年，后覆灭于拿破仑手下。当然，斯诺在其他文章中援引了西班牙帝国，但在此份讲稿中主要提及的是威尼斯共和国。作者在后文（见本书第 249 页）中对此有所说明。

明传统文化所带来的危机。

在次年的各种场合中，斯诺不断完善着有关"两种文化"的论辩。1958年，《搜寻》再版，斯诺借机将这部早年的小说放置于此论题观照之下。[124] 当年四月，他就"原子能裂变背后的人"发文，对原子能科学家们极尽溢美之词。在他看来，英国的未来掌握在这些中产阶级科学家的手中：他们不在意种族阶级的划分，不搞党派政治，也不纠结于物质因素，一路凭着奖学金从文法学校升入各个地方大学，最后来到国家的前沿重镇，比如位于哈韦尔的原子能实验机构。在这些实验机构里，科学家们孜孜不倦、夜以继日地埋头苦干，为的是让英国永远不落后于它的竞争对手——尽管英国过时的教育体制对此构成了严重威胁。"正是布拉德利斯博士（Doctor Bradleys）这样的人——而非传统文化中的那帮人——承载起我们这个时代的知识创新、道德力量和社会希望。"斯诺如是写道。[125] 三个月之后，斯诺区分了两种状况：**个体状况**和**社会状况**。前者是悲剧性的，每个个体终将孤独地消逝，而后者却是充满希望的，因为整个社会的物质条件在不断改善。这一区分后来成为瑞德演讲中的一个核心观点，也是斯诺和利维斯的矛盾焦点之所在。[126] 那年的夏季，斯诺在《泰晤士报文学增刊》上撰文，将文学鉴赏与"极端的社会反动"挂起钩来，并称自己将在后续的讨论中对此展开深入剖析。[127]

机会很快就来了。在当年十一月的《亚特兰大月刊》（*Atlantic Monthly*）上，斯诺坚称，诸如拉瑟福德之类的科学家是本能地为人类而战。他还用了一个形象的比喻，说拉瑟福德"骨子里装的都是未来"，这个说法后来也出名了。[128] 科学圈不会被种族、阶级、民族等一系列的偏见所束缚，这与传统文化圈的情形形成了鲜明的反差，比如"叶芝（Yeats）、T. S. 艾略特（T. S. Eliot）等人与法西斯主义之间存在的模糊不清的关系"。[129]斯诺直言，对这层撇不清、道不明的关系，科学家其实很了解，这也进一步加剧了两种文化间的鸿沟。同月，在评论伯纳尔的作品《没有战争的世界》（World Without War）时，斯诺谈及他对发展中世界的一个观点，与此相关的表述后来也成为瑞德讲座的一个核心。斯诺写道："工业化一直以来都是穷人的唯一希望。"他恳请雷蒙德·威廉斯（Raymond Williams）和理查德·霍加特（Richard Hoggart）据此重新思考他们关于文化的观点。[130]对逝去的黄金岁月的幻想在一些有影响力的知识分子身上得到了延续，这将阻碍西方世界将工业化进程推广至迫切需要它的亚非发展中国家，但即使没有西方的垂怜，这些国家也终究会实现工业化。

因此，斯诺1959年的演讲并非一蹴而就，而是经过了前期较长时间的积累，演讲中所表达的观点也是他多年来思考酝酿的产物。如前所述，1956年那份令人困惑的社会学报告到了1957年就已加入教育和民族兴亡的话题，次年更是明确提出科学家掌控英国未来命运的议题，还涉及对文学家的政治指控，以及对工业化的益处的讨论。这一观点的发展脉络应置于更长的历史语境之中：那个敦促人们拥抱科学的前化学家和政府官员也是猛烈抨击、策划颠覆现代主义的文学评论家，同时也是在其小说中探讨官僚体制的创作者，还是为职业经理人这一新兴社会群体擂鼓助威的专家学者。这些立场看似多元，实则紧密相连。我们不应将这些观点简单地归纳为对"科学"的赞同，而应将它们当作斯诺世界观的有机组成部分加以考察。

正当斯诺开足火力，准备大干一场的时候，有些人已经受够了。1958年年末，《自然》杂志认定"是时候结束科学家和人文学者之间的纷争了"[131]。但此时的斯诺关注的不是弥合分歧，他有更大的目标。他谈及英国知识分子的自满，在他看来，这种自鸣得意可能是由于英国向福利社会转型过程中没有发生社会断裂。斯诺本人希望英国的社会与文化能在某种程度上受到强烈的震动。"我希望能看到一些简单而直接的迹象，证明社会在回归健康，"他写道，"我最希望的是知识界能出现一场严肃认真的争辩。"[132] 在接下来关于两种文化的辩论中，斯诺继续完善着他的论点，但我们不应忘记，他已为此付出了几十年的努力。

瑞德讲座

1959年5月7日，斯诺在剑桥正式发表瑞德演讲，主题是科学家和文学知识分子之间的关系。这个话题本身有着悠长的历史，但斯诺科学家兼小说家的身份赋予了他重新阐释的话语权。对于熟悉斯诺先前一系列言论的人而言，此次演讲的主题可谓老生常谈，无非围绕着以下论题展开：对历史进程满腹愤懑的作家，出于本能与穷人并肩作战的科学家，青睐文学知识分子而损害整个社会利益的过时体制。不过斯诺将这些主题置于当今时代最为迫切的一系列问题的语境之中，这些问题包括教育改革、国家衰落、冷战的紧张局势、正在消逝的英帝国等。很多观点斯诺已酝酿了近三十年，在此次瑞德演讲中，他将所有话题有机地串联在了一起。斯诺演讲的核心观点是：工业社会带来了物质上的繁荣和前所未有的社会机遇，英国及整个西方社会当前所面临的任务就是一方面继续推进国内的工业化发展，同时将工业革命的果实带到世界的其他地方。瑞德演讲的巧妙之处在于将一个尖锐的意识形态观点融于人们耳熟能详的学科专业问题之中。

虽然《两种文化》时常被认为是一场关于两类知识分子的演讲，但那其实只不过是整个论辩的起点。斯诺的论点其实是基于对工业革命的乐观诠释展开的。他写道："各个国家，无一例外，数以万计的穷人选择尽快离开农田，走入工厂，只要工厂愿意接纳他们。"[133] 过去，文学知识分子普遍未能意识到工业革命的益处，对如今的科学革命，他们的态度也毫无二致，甚至充满敌意。但这些"卢德派"（斯诺如此称呼文学知识分子）在英国仍然位高权重，成功排挤了独立掌握着经济增长要义的科学家和技术工程师们。紧接着，斯诺进一步提高了论辩的高度，从全球视角出发阐释了两种文化议题：工业革命如今已不是什么秘密，世界上的穷国过不了多久都会逐渐脱贫致富，想方设法发展经济。假若英国和整个西方世界不行动起来，苏联就会付诸行动。由此，斯诺得出结论：英国必须努力扫除文学文化的绊脚石，大力改革教育体制，培养更多科学家和工程师，并将他们输往世界各地，此事迫在眉睫。

斯诺在其演讲中穿插了许多极具争议的论断，最吸睛的当属他对两种文化的政治观和道德观的分析。斯诺认为，19 世纪的文学文化——就此，斯诺有时指代创作者，有时指代文学知识分子或政治精英（这一囊括性指称不无问题）——一方面受惠于工业革命带来的财富增长，并由此确保了自身地位的稳固，另一方面却对工业革命深怀恐惧。此后的20世纪,主导了文学鉴赏的作家们——诸如叶芝、庞德和刘易斯——继承了先人对现代社会的仇视和愤懑之情,叹世归隐,转而颂扬孤立的个体。斯诺认为,这样一种态度与当今时代最恶劣的犯罪实乃同谋。他坦承自己不得不赞同某科学家针对现代派作家的质问:"不正是他们所代表的那种影响让人们离奥斯威辛又近了一步吗?"[134] 如今,用斯诺的话说,传统文化自觉时日不多。《幸运的吉姆》所体现的不满一定程度上正是被边缘化的人文艺术生的焦虑。

相形之下,科学知识分子——斯诺将物理学家作为代表——对未来及自己在其中的位置就乐观多了。与文学同行不同的是,科学家们普遍认可工业化带来的物质进步,并且希望将这一进步传播到世界各地。由于科学家对于种族、民族之类的偏见颇为反感,他们往往将自己视为解放数以百万计人类的希望。不过,斯诺倒并不认为科学家来自相同的社会阶层,或拥有相同的宗教信仰和政治立场:他意识到大部分科学家出身贫穷家庭,拒绝皈依宗教,且政治上支持左派,但同时他也承认化学家和工程师则未必如此。真正重要的并不是说科学家都倾向于支持工党,而是即使偏向保守的科学家在未来和人类的大问题上都展现出了进步的姿态。虽然在斯诺和利维斯之间,常常是后者被贴上道德主义者的标签,但斯诺认定科学实践本身便能增进美德。"在道德生活层面,科学家大致是我们所知的最为健全的一类知识分子,"斯诺如是写道,"科学本身便孕育着道德的种子。"[135]

在演讲中,斯诺自信地驾驭着一个又一个话题,从科学家的阅读习惯、作家们的鸡尾酒会谈话,到国际发展、冷战局势和国家衰落问题,无不侃侃而谈。他解释道,国际发展所需要的资本、人力和教育资源总得有一个来源,西方甘愿让共产主义国家做这个领域的领头羊吗?斯诺比较了英国、美国和苏联的教育体制,重点考察了这三个国家的人才(科学家和工程师)培养成果。他指出,凡有差异之处,肯定是其中一方出错了。而总的来说,出错的是英国。在此,斯诺打出了他的王牌,诉诸国人对民族衰落的焦虑。他坦承现时英国的处境常令他想起没落时期的威尼斯共和国:与英国一样,威尼斯共和国走上致富之路在很大程度上靠的是运气。威尼斯人掌握了精湛的政治技能,将自己想象为爱国者和现实主义者。没落之前,他们并非没有意识到历史已开始与他们作对了。然而,他们却不愿意——或者没有能力——改变既有习惯,以遏制衰落之势。现在,同样的问题再度浮现:英国会遭遇相同的命运吗?英国的领导人会否拥抱改革,从而稳住国家的地位?

斯诺承认他也有疑虑。对此他解释道,英国的结构倾向于固化("crystallize")——也就是说,体制会僵于一个令改革举步维艰的状态。英国教育体制的固化始于19世纪,而其经济基础正于现阶段表现出类似倾向。斯诺担忧,两种文化之间的鸿沟也将呈现类似态势,未来难再弥合。而这一关于不断加深的学科危机的论述指向了瑞德演讲的一个不寻常之处:斯诺似乎提出了一个新观点,即文学和科学知识分子的分野实则是近期的一个现象。斯诺提醒观众,世纪之交的首相们普遍对科学表现出不一般的兴趣,即使是战时首相约翰·安德森(John Anderson)也从事过化学领域的研究。"而如今,类似的这种交流互通已不可能在政治顶层出现了,甚至是无法想象的。"[136] 根据斯诺的叙述,两种文化之间的交流是近期才变得困难重重的,而就目前情况来看,两者之间业已显露的裂缝很可能让这种阻碍继续下去。在对科学与艺术的分歧表达痛惜之情这件事上,斯诺沿循了一个悠久的传统,但他立刻抛开了这段历史,借由这个公众熟悉的话题作为切入,他神乎其技地使两种文化的问题成为一个颇具紧迫感的当下问题。

两种文化之争

斯诺的《两种文化》很快激起了巨大的反响,最早的讨论见于期刊杂志。在这些讨论当中,专业知识的差异和学科间的分野纷纷让位于斯诺有关宏大议题的论辩。[137] 斯诺早先已安排讲稿全文在《文汇》刊出,而讲座后的第一天,《文汇》编辑便联系了斯诺,请他推荐一些科学家和人文学者,以将这场对话推向纵深,这些约稿文章将在《文汇》的下一期刊出。[138] 很快,各大刊物对斯诺的讲座大加赞赏:《新政治家》称"斯诺的论点很难被驳斥";约翰·比尔(John Beer)在《剑桥评论》(Cambridge Review)上发文称"查尔斯·斯诺先生的瑞德演讲向我们展示了此类讲座存在的意义";《倾听者》则直接将斯诺探讨的"分歧"称为"我们时代的中心议题"。[139] 阿萨·布里格斯(Asa Briggs)在英国广播电台主持了一期关于学校里的艺术和科学的讨论,随后的秋季学期,斯诺的《两种文化》已顺利进入英国的中学课堂。[140]1960 年,雅各布·布朗斯基(Jacob Bronowski)和布鲁斯·马兹利什(Bruce Mazlish)在他们颇具影响力的合著《西方思想传统》(The Western Intellectual Tradition)中，开篇便引述了斯诺，强调人文和科学之间的关系问题是当代文化的核心问题。[141]《两种文化》还成功赢得了国际关注：物理学家阿布杜斯·萨拉姆（Abdus Salam）于1961年召开的巴基斯坦科学大会（All Pakistan Science Conference）上介绍了斯诺的论题和核心观点；斯诺的二分法还在苏联知识分子当中激发了一场关于诗学和物理学的讨论。[142]美国方面的反应尤为热情：1960年，斯诺的讲稿被指定为哥伦比亚大学大一新生的必读材料；基础图书出版公司（Basic Books）的编辑们因斯诺的讲座而将非虚构写作纳入了他们的图书类目；时任参议员的约翰·肯尼迪（John F. Kennedy）将《两种文化》称为"我所读过的关于此思想困境最有力、最具启发性的论述"。[143]

不过，斯诺的《两种文化》也遭遇了诟病。[144]剑桥生物化学家迈克尔·尤德金在《剑桥评论》上发表了一篇尖锐的评论文章，可谓斯诺面对的批评中最为细致深入的。[145]尤德金质疑了斯诺论辩的每一个环节，从前提假设到核心观点，再到最终的结论，尤其对其中的实用主义倾向发起了猛烈的攻击。斯诺声称科学和技术在英国遭到了边缘化，对此尤德金反驳道："随便翻开一份报纸，满眼都是与科技相关的吁请。政治家、实业家、大学教师无不奔走呼喊，希望政府培养更多的科学人才，增加对技术研究的投入，或是扩大高校的规模。"[146]斯诺将自己的努力视为顽固文化体制前的一次近乎绝望的呐喊，但在尤德金眼里，当前这个时代，科技和文化同等重要已是普遍的共识。科学家兼哲学家迈克尔·波兰尼在《文汇》上发文表达了类似的观点。[147]但在众多持相似观点的反对者中，利维斯最终脱颖而出——只是他的语气使他的观点变得有些模糊不清。

然而，总体而言，在评述相关讨论时，斯诺认为他的论题已被大众所接受，因而他不断进一步强化自身的论点。[148]1959年夏天的一次广播中，他甚至抛弃了缓和气氛的开场白，直奔主题，指控文学家为"卢德派"。[149]次年，他解释道，他希望自己的讲座能够激励相应的行动：至少是改善英美的教育，在更好的情况下也能刺激全世界范围内的工业化进程。[150]紧接着，他重申了自己的观点：那些主导了20世纪文学鉴赏力的作家都是反动分子，因为他们没有积极拥抱工业化带来的进步。为了论证作家们的这一倾向，他继而引用了一组出自劳伦斯《恋爱中的女人》(Women in Love)和《大海与撒丁岛》(Sea and Sardinia)中的不那么光彩的句子："我憎恶人类，我希望它被清除出局"；"如果我是独裁者，我会下令立即将年老者处以绞刑"。从这些引言中，人们很容易将劳伦斯与希特勒混为一谈（斯诺似乎很利索地迈出了这一步）。[151]1961年，在伦敦大学伯贝克学院，斯诺坦承了对他观点的三种批判，其中有两种他表示乐于接受。其一，并非所有文学知识分子都位居少数主导者的角色，他之前所言也许攻击目标过于宽泛了；其二，他并未充分考量社会科学的角色。然而，对于批评他对工业化过于乐观的声音，他表示无法容忍："于情于理，这些指控都太不靠谱，简直疯狂。"[152]此后，每每提及此问题，斯诺都会态度鲜明地表示，他对现代派文人的控诉和对工业化的乐观估计并非《两种文化》中附带性的论点——这两者正是其核心所在。[153]

对自己的观点所引发的公众反应，斯诺既惊讶又难掩激动之情："这一切太不真实了。"他提及自己受邀与印度开国总理尼赫鲁（Nehru）共饮，还大胆预测未来的工党政府可能会邀请他担任要职，而他会拒绝这一邀请。[154] 斯诺的观点之所以能带来如此效应，大抵有如下几个原因。其一，这与斯诺的名望密切相关。当时的斯诺正迎来作家和评论家生涯的鼎盛时期。其二，这也是他非同寻常的履历使然。从科学家到小说家，斯诺的职业经历赋予了他在科学和文学两个领域的发言权。而且，斯诺在言谈中不忘着意描绘他工作的情形——白天采访科学家，晚上又风尘仆仆赶去出席文学派对，以此有意识地强化自身的权威性。第三，《两种文化》在很多方面都堪称一场精彩的讲座，其中不乏名言隽语、名人轶事，语调措辞恰到好处，观点雄心勃勃，但又是人们熟悉的话题。第四，也是不那么显见的一点是，斯诺还受惠于声势浩大的营销策略。据说，在书作问世前一个月，斯诺便获得了各大主流星期日报的关注，而剑桥大学出版社也及时将试读稿寄往《泰晤士报》、《星期日泰晤士报》、《观察者》、《新政治家》、《新科学家》（New Scientist）、《自然》及《经济学人》（The Economist）等主流报社。[155] 那年晚些时候，该书的美国版正式问世，出版社方面通知了1600位大学校长，同时将书评稿寄往五十多家杂志社和报社。[156] 与此同时，出版外文译本的请求也纷至沓来，以至于剑桥大学出版社希望斯诺进一步扩充该著作，出版修订版本。[157] 简言之，《两种文化》本身也许是成功的，但不可否认的是，斯诺及其一系列行动在其中发挥了不可小觑的作用。

第五个原因，也是迄今最重要的原因，关乎瑞德讲座之前的传统和它所激起的论辩之间的关系。斯诺本人也意识到了这一因素的重要意义。他曾经就书所引起的巨大反响列举了两个原因，其一便是其中的很多想法其实早已"在流传中"了。[158] 在斯诺之前，评论家们早已开始谈论科学与艺术两者之间关系的各个层面，有时是共同切磋商讨，更多的时候则是各自为战。斯诺的瑞德讲座却永远地改变了这种格局，将各派分散的讨论整合成具有共同参照物的一组连贯的对话。也就是说，1959年5月之后，人们已不太可能脱离"两种文化"这一视角探讨科学与艺术的关系。脱离这一视角不但不切实际，也是谈论者本人所不乐意的，因为通过这一视角，人们可以从容跻身一场世纪大对话，并为自身所谈论的（无论什么）议题引来最大限度的关注。

因此，"两种文化"这一命题催生了各式各样的对话，不仅包括艺术、科学、教育问题，还涉及英国历史、国家衰落、冷战和非西方经济体等诸多话题——也许可以说，简直无所不包。评论家们抓住机会，将自己感兴趣的议题推入公众视线，其实这一倾向早在《文汇》刊出的一系列文章中便已初现端倪。《文汇》论坛的发言者就斯诺提出的众多问题发表了意见，包括两种文化的分野、教育的重要性、工业化在世界范围内的普及，等等，但最终，他们都倾向于将关注的焦点引向自身关切的问题——比如身处高校的科学家如何不满于高校里对于科学的抵制情绪，丘吉尔学院未来的院长则呼吁提高剑桥教授们的整体待遇。讨论的范围甚至涉及对造型艺术面临的危机的预警，对父权制的强烈谴责，乃至加入太空竞赛的诉求，如此等等，不一而足。[159]

同样，针对斯诺的批评也涉及甚广：他对历史的解读、他对作家道德观的评述、对发展中国家的预言、他的教育倡议，无一不受到质疑——简言之，斯诺论辩的每个方面都有其反对之声。这些批评大体可以分为两大类（彼此互不排斥）：一类反对他的预设，一类反对他的倡议。前者包含了普拉姆、班托克、波兰尼和尤德金等批评家的声音：普拉姆认为"两种文化"更确切地应理解为两个阶级；班托克不满于斯诺对创作者的诋毁；波兰尼认为科学在现代社会并未被边缘化；尤德金则质疑了斯诺论辩中的几乎每一项预设。[160]后者则囊括了赫伯特·里德（Herbert Read）和凯瑟琳·诺特（Kathleen Nott）等批评家的观点：里德谴责了斯诺的技术主义观念，认为其对人的情感构成了威胁；诺特则对斯诺鲜明的物质主义观念甚感不满，在她看来，物质进步不应凌驾于文化和道德之上。[161]这一归类方式也许并不能体现各个观点的复杂性，但对每个观点进行细致的分析显然不切实际，而这种不切实际也是斯诺《两种文化》的一个注解：演讲一石激起千层浪，追随者也好，批评者也罢，关注点之多，让人难以置信。

结语

本章以斯诺大度地接受朋友普拉姆的批评开篇。普拉姆认为，人文知识分子和科学知识分子之间的分歧并不重要。那么，假若斯诺将这一话题视作自己讲座的核心议题，他豁达大度的反应就会让人颇感困惑。事实上，虽然斯诺相信科学家和作家之间存在着分歧，但那仅仅是他理论的一个部分——作为评论家兼小说家的斯诺在战后发展出的是一套更为雄心勃勃的理论。斯诺的理论在1959年题为"两种文化与科学革命"的瑞德讲座中吸引了最大限度的关注。

在斯诺看来，现代社会为英国的绝大部分人创造了丰富的财富和机会，因此，他希望人们能为现代社会欢呼喝彩，并将这种模式推广到更多地区。斯诺认为，这一目标的实现将有赖于精英管理下的流动性等级制度，因此，他对有碍于此的社会群体发起了攻击：包括现代派作家、迂腐守旧的体制和激进的评论家。与此相对，斯诺的意识形态可以用"技术官僚自由主义"一词来概括：这是一种对进步和改革的乐观信念，让各路人才能通过现有体制造福全社会。

在《两种文化》中，斯诺大胆地将论辩置于全球背景之下，虽然表面上看来，他只不过是在谈论有着广泛共识的学科分野问题。讲座效果显著：他将自己的意识形态成功注入一场众人皆知的世纪对话，激发人们在他所设立的框架之内探讨英国的过去、现状和未来，并让"两种文化"成为当时的流行术语，成为此后一系列辩论的检验标准。在不足一小时的讲座中，斯诺不仅成功进入并调动了人文艺术与科学之争这一悠久的英国传统，同时也永远地改变了这场世纪之争的格局。

斯诺此时的姿态似乎不偏不倚，既有科学家的一面，也有创作者的一面。按他自己的说法，他白天是个科学家，到了夜晚则变身作家。这样一个斯诺显然有着足够的资格和权威对两种文化评头论足，用《剑桥评论》约翰·比尔的话来说，"身为科学家的查尔斯·斯诺先生有着出色的艺术天分和细腻的笔触。他所展现的观点背后是在两个领域多年实践经验的支撑，他对每种文化均有着深入的考量，也因此熟知双方的立场和观点。"[162] 然而，一个文学领域对手的介入最终改变了斯诺的姿态，将他推往他所青睐的科学一边。1962年，斯诺的终极对手利维斯登场了。

章后注

[1] C. P. Snow, "The Two Cultures and the Scientific Revolution," *Encounter*, June 1959, pp. 17–24; July 1959, pp. 22–27; Walter Allen, *et al.*, "A Discussion of C. P. Snow's Views," *Encounter*, August 1959, pp. 67–73.

[2] Allen, "A Discussion of C. P. Snow's Views," pp. 67–68, p. 67; A. C. B. Lovell, "A Unified Culture," *Encounter*, August 1959, p. 68; Bertrand Russell, "Snobbery," *Encounter*, August 1959, p. 71.

[3] J. H. Plumb, "Welfare or Release," *Encounter*, August 1959, p. 68.

[4] C. P. Snow, "The 'Two-Cultures' Controversy: Afterthoughts," *Encounter*, February 1960, p. 65.

[5] 普拉姆一半的通信记录与斯诺的文章一道存放于哈里·兰赛姆人文研究中心（Harry Ransom Humanities Research Center，或 HRC）：Snow 166.1–166.18；斯诺的信件则和普拉姆的文章一起存放在剑桥大学图书馆（Cambridge University Library，或 CUL）。

[6] 斯诺向 *Encounter* 编辑推荐普拉姆一事可以从其中一位名为麦尔文·拉斯基（Melvin Lasky）的编辑的一封手写信件中推断出来：Lasky to Snow, 8 May 1959, HRC: Snow 94.17。斯诺在收到普拉姆的文章时所流露的感激之情亦可以从他于 1959 年 7 月 7 日写给后者的信中窥见一二，见 7 July 1959, CUL: Plumb papers, File "Snow 1946 to 1968," Box "C. P. Snow + Pam, 1946 to 1968"。

[7] Snow to Charles E. Cuningham, 11 August 1948, Harry Ransom Humanities Research Center (HRC): Snow 144.10.

[8] Philip A. Snow, *Stranger and Brother: A Portrait of C. P. Snow* (London: Macmillan, 1982), p. xiii.

[9] Pamela Hansford Johnson，转引自 John Halperin, *C. P. Snow: An Oral Biography, Together with a Conversation with Lady Snow (Pamela Hansford Johnson)* (New York: St. Martin's Press, 1983), p. 252。

[10] 资料来源于 William Cooper, "C. P. Snow," in British Writers, ed. Ian ScottKilvert (New York: Scribner's, 1984), vol. VII, pp. 321–341。亦可参见 Stanley Weintraub, "Snow, Charles Percy, Baron Snow (1905–1980)," *Oxford Dictionary of National Biography* (Oxford University Press, 2004)。同时可参考 David Cannadine, "C. P. Snow, 'The Two Cultures,' and the 'Corridors of Power' Revisited," in *Yet More Adventures with Britannia*, ed. Wm. Roger Louis (London: I. B. Tauris, 2005), pp. 101–118；David Shusterman, "C. P. Snow," *Dictionary of Literary Biography*,

Vol. 15: British Novelists, 1930–1959; *Part 2: M–Z*, ed. Bernard Oldsey (Detroit: Gale, 1983), pp. 472–490，以及 Halperin, C. P. Snow and Philip A. Snow, *Stranger and Brother*。

[11]　Snow, *Time of Hope* (London: Faber and Faber, 1949).

[12]　Philip A. Snow, *Stranger and Brother*, p. 52.

[13]　Snow, *Strangers and Brothers* (London: Faber and Faber, 1940)，该作品后改名为 *George Passant*。

[14]　J. C. D. Brand, "The Scientific Papers of C. P. Snow," *History of Science* 26 (June 1988), p.112. 接下去关于斯诺在科学领域相关情况的描述也出自此文。

[15]　Halperin, C. P. Snow, p. 19.

[16]　Brand, "The Scientific Papers of C. P. Snow," pp. 124–125.

[17]　同上, p. 115。

[18]　"Birth of a Vitamin," *Times*, 13 May 1932, p. 11.

[19]　F. P. Bowden and C. P. Snow, "Photochemistry of Vitamins A, B, C, D," *Nature*, 14 May 1932, p. 720.

[20]　"Triumph of Young Scientist," *Leicester Mercury*, 12 May 1932, p. 9.

[21]　I. M. Heilbron and R. A. Morton, "Photochemistry of Vitamins A, B, C, D," *Nature*, 11 June 1932, pp. 866–867; F. P. Bowden and C. P. Snow, "Photochemistry of Vitamins A, B, C, D," *Nature*, 25 June 1932, p. 943.

[22]　引自 Brand, "The Scientific Papers of C. P. Snow," p. 119。

[23]　C. P. Snow, *Death under Sail* (London: Heinemann, 1932).

[24]　"A New Detective," *John O'London's Weekly*, 30 July 1932, HRC: Snow, Addition to His Papers, 7.5.

[25]　C. P. Snow (anonymously), *New Lives for Old* (London: Victor Gollancz, 1933); Snow, *The Search* (London: Victor Gollancz, 1934); Dorothy Sayers, *Gaudy Night* (London: Victor Gollancz, 1935).

[26]　Philip A. Snow, *Stranger and Brother*, p. 50. On *Discovery*，参阅 Nicola M. R. Perrin, "Discovery: A Monthly Journal of Popular Knowledge," unpublished MSc thesis, University of London (1999)。

[27]　*Times Literary Supplement*, 14 November 2003, p. 16.

[28]　C. P. Snow, *Public Affairs* (New York: Scribner's, 1971), p. 187.

[29]　参见斯蒂芬·科里尼（Stefan Collini）对斯诺的介绍：*The Two Cultures* (Cambridge University Press, 1993), pp. xxii–xxv. 关于 20 世纪 30 年代剑桥的科学与政治，参阅 Gary

Werskey, *The Visible College: The Collective Biography of British Scientific Socialists of the 1930s* (London: Allen Lane, 1978); 关于更广泛的背景, 参阅 William McGucken, *Scientists, Society, and State: The Social Relations of Science Movement in Great Britain, 1931–1947* (Columbus: Ohio State University Press, 1984)。

[30]　C. P. Snow, *The Two Cultures and the Scientific Revolution* (Cambridge University Press, 1959), pp. 4–5。

[31]　斯诺关于科学和科学家的观点, 参考《公共事务》中的文章, 尤其是《科学与政府》("Science and Government") 和《科学的道德非中立性》("The Moral Un-neutrality of Science")（当然还有《两种文化》）。同时, 可参考 "The Men of Fission," *Holiday*, April 1958, pp. 95, 108–115, 以及 "The Age of Rutherford," *Atlantic Monthly*, November 1958, pp. 76–81。在斯诺的小说中, 科学家也占据了重要的地位, 尤其是小说《搜寻》(*The Search*)、《新人》(*The New Men*)(London: Macmillan, 1954)和《情事》(*The Affair*) (London: Macmillan, 1960)。

[32]　Snow to S. Gorley Putt, 10 April 1934, HRC: Snow 134.7. 利维斯曾在《文化和环境》(*Culture and Environment*) 一书中用含蓄而饱含悲悯的笔调评论了斯特尔特。该书由利维斯与丹尼斯·汤普森合著 (London: Chatto and Windus, 1933)。

[33]　Snow to Putt, 23 December 1934, HRC: Snow 134.4. 关于斯诺对威尔斯的认同, 以及他对剑桥英文专业的否定态度（因英文专业不认可威尔斯的作品）, 详见 Collini's introduction to Snow, *The Two Cultures* (1993), pp. xxiii–xxv。

[34]　斯诺随后反复表明过这一立场, 如 "Valedictory," *Sunday Times*, 28 December 1952, p. 7, 以及 "Challenge to the Intellect," *Times Literary Supplement*, 15 August 1958, p. 2946, 此外便是在《两种文化》中。其中, 最早的表述见于 1948 年写给《美人鱼》(*The Mermaid*)的提议, 稍后会谈到。

[35]　大卫·兰德斯 (David Landes) 后来将此进程归纳为 "第二次工业革命" (the "second industrial revolution"), 即我们现在更为熟悉的术语, 并提供了与此对应的 "历史分期" (periodization)（即 19 世纪晚期）, 参见 *The Unbound Prometheus: Technological Change and Industrial Development in Western Europe from 1750 to the Present* (Cambridge University Press, 1969)。

[36]　C. P. Snow, *The Masters* (London: Macmillan, 1951), p. 34。

[37]　同上。

[38]　Halperin, *C. P. Snow*, p. 149。

[39]　Snow to Putt, 29 [24?] November 1947, HRC: Snow 134.5。

[40] Snow to Putt, 17 February 1948, HRC: Snow 134.5.

[41] Snow to Putt, 29〔24?〕November 1947, HRC: Snow 134.5.

[42] 斯诺发起的运动其实是"二战"后要求"重返现实主义"的众多声音中的一种。就此可参见 Marina MacKay, " 'Doing Business with Totalitaria': British Late Modernism and the Politics of Reputation," *ELH* 73 (2006), pp. 729–753；亦可参见她的著作 *Modernism and World War II* (Cambridge University Press, 2007)。

[43] 关于格哈迪，可参见 Bo Gunnarsson, *The Novels of William Gerhardie* (Abo Akademi University Press, 1995)；Michael Holroyd, "Gerhardie, William Alexander (1895–1977)," *Oxford Dictionary of National Biography* (Oxford University Press, 2004)；Donna Olendorf, "Gerhardie, William Alexander," *Contemporary Authors*, ed. Linda Metzger and Deborah A. Straub, New Revision Series (Detroit: Gale, 1986), vol. XVIII, pp. 179–181。格哈迪于1967年往他的姓氏中加了一个英文字母e。

[44] 早在1935年，斯诺便将格哈迪的作品推荐给帕特，当时他还推荐了契诃夫和威尔斯。参见 Snow to Putt, 1 September 1935, in Caroline Nobile Gryta, "Selected Letters of C. P. Snow: A Critical Edition," unpublished PhD dissertation, Pennsylvania State University (1988), p. 84。

[45] Snow to Gerhardi, 27 January 1948, Cambridge University Library (CUL): Snow-Gerhardie correspondence, File 8292/23/1.

[46] Snow to Gerhardi, 12 February 1948, CUL: Snow-Gerhardie correspondence, File 8292/23/2; 27 February 1948, File 8292/23/4.

[47] Sunday Times, 23 May 1948, included in CUL: Snow-Gerhardie correspondence, File 8292/23/7. 实际上格哈迪本人对斯诺的此番描述有所异议，但斯诺很快将事情平息了下去。参见 Snow to Gerhardi, 25 May 1948, CUL: Snow-Gerhardie correspondence, File 8292/23/9。

[48] Putt to Snow, 20 February 1948, CUL: Snow-Gerhardie correspondence, File 8292/23/3.

[49] Johnson to Snow, 11 March 1948, HRC: Snow 111.4.

[50] Snow to Harry Hoff, 26 March〔?〕1940, in Gryta, "Selected Letters of C. P. Snow," pp. 112–113.

[51] 参见Alan Maclean, "Johnson, Pamela Helen Hansford〔married name Pamela Helen Hansford Snow, Lady Snow〕(1912–1981)," *Oxford Dictionary of National Biography* (Oxford University Press, 2004)。此外，约翰逊的回忆录中也有相关记载，参见 *Important to Me* (New York: Scribner's, 1974)。

[52] Pamela Hansford Johnson, *Important to Me*, pp. 140–149.

[53] Pamela Hansford Johnson, *This Bed Thy Centre* (London: Chapman and Hall, 1935).

[54] Halperin, *C. P. Snow*, p. 248.

[55] 约翰逊在一篇文章中探讨了小说的现状，参见 "The Sickroom Hush over the English Novel," *List*, 11 August 1949，转引自 Rubin Rabinovitz, *The Reaction against Experiment in the English Novel, 1950-1960* (New York: Columbia University Press, 1967), pp. 5-6。

[56] Cooper, "C. P. Snow," p. 339.

[57] William Cooper, "Reflections on Some Aspects of the Experimental Novel," in *International Literary Annual*, ed. John Wain (London: John Calder, 1959). 另参见 Rabinovitz, *The Reaction against Experiment in the English Novel*, pp. 6-7。

[58] William Cooper, *Scenes from Provincial Life* (London: Jonathan Cape, 1950).

[59] 转引自 "Hoff, Harry S(ummerfield)," *Contemporary Authors*, ed. Linda Metzger and Deborah A. Straub, New Revision Series (Detroit: Gale, 1987), vol. XX, p. 232。

[60] Snow to Putt, 25 March 1948, HRC: Snow 169.10; Johnson to Snow, 11 March 1948, HRC: Snow 111.4.

[61] Snow to Putt, 25 March 1948, HRC: Snow 169.10.

[62] Snow to Francis King, 18 & 22 April, 27 October 1948, HRC: Snow 134.10.

[63] "The MERMAID Proposal," HRC: Snow 111.4. 约翰逊将宣言的终稿寄给编辑时，告知后者此宣言为斯诺亲笔所写（参考了工作组的意见），参见 Johnson to Robert Lusty, n.d., HRC: Snow 111.4。

[64] "The MERMAID Proposal," HRC: Snow 111.4.

[65] Johnson to Plumb, 15 May 1948, CUL: Plumb papers, Box "C. P. Snow + Pam: 1946 to 1968," File "Snow 1946 to 1968."

[66] Snow to Johnson, 23 November 1944, in Gryta, "Selected Letters of C. P. Snow," p. 129.

[67] Putt to Snow, 20 May 1948, HRC: Snow 169.10.

[68] Putt to Snow, 19 June 1948, HRC: Snow 169.10.

[69] Putt to Snow, 16 July 1948, HRC: Snow 169.11.

[70] 参见帕特对斯诺来信的注解：24 February 1948, HRC: Snow 134.5。

[71] Putt to Snow, 20 May 1948, 19 June 1948, HRC: Snow 169.10.

[72] 参见帕特对斯诺来信的注解：25 June 1948, HRC: Snow 134.8。

[73] Snow to Putt, 13 June 1948, HRC: Snow 134.6. 帕特在这封信的注释中解释道，他和普莱斯-琼斯"二战"期间曾共事过。

[74] Snow to Peter du Sautoy, 25 January 1949, HRC: Snow 85.1.

[75] Leonard Russell, "Billiard-Room Talks," *Sunday Times*, 6 March 1960, p. 18.

[76] Snow to Philip A. Snow, 22 December 1948，转引自 Philip A. Snow, *Stranger and Brother*, p.100。

[77] Snow to Philip A. Snow, 19 August 1949，转引自 Philip A. Snow, *Stranger and Brother*, p.101。

[78] Snow to Putt, 19 January 1949, HRC: Snow 134.6. 关于斯诺在《星期日泰晤士报》专栏上的评论风格，可参见 Rabinovitz, *The Reaction Against Experiment in the English Novel*。

[79] C. P. Snow, "Cult of the Atrocious," *Sunday Times*, 16 October 1949 (typescript in HRC: Snow 34.2).

[80] Snow, "Valedictory," p. 7.

[81] 同上。

[82] Snow to Spencer Curtis Brown, 2 January 1950, HRC: Snow 85.2.

[83] "New Novels," *Spectator*, 14 May 1954, p. 600; "Snow: Major Road Ahead!" *New Statesman and Nation*, 22 September 1956, pp. 350–352; Helen Gardner, "The World of C. P. Snow," *New Statesman*, 29 March 1958, pp. 409–410.

[84] Gardner, "The World of C. P. Snow," p. 410.

[85] Lionel Trilling, "The Novel Alive or Dead," *Griffin*, February 1955, p. 9. *The Griffin* 是 the Readers' Subscription Book Club 的出版物；这份文档的一个副本收于斯诺的个人图书馆，HRC: PN 3354 T754 HRC。

[86] Snow to Harvey Curtis Webster, 4 March 1958, HRC: Snow 205.4；斯诺在写给霍夫的信里提及了加州大学伯克利分校的客座讲座教授一事，参见：19 September 1958, HRC: Snow 118.3。

[87] Philip A. Snow, *Stranger and Brother*, p. 130.

[88] Snow to Michael Millgate, 1 March 1961, in Gryta, "Selected Letters of C. P. Snow," p. 214.

[89] Snow to Putt, 1 September 1935, in Gryta, "Selected Letters of C. P. Snow," p. 81; Philip A. Snow, *Stranger and Brother*, p. 60.

[90] 系列小说的前三部由费伯出版公司（Faber and Faber）出版，从《院长》开始，斯诺转向了另一家出版机构：麦克米伦（Macmillan）。1972 年，麦克米伦出版公司出版了三卷本的系列小说合集，其中包括了修改之后的十一部小说，文章的顺序由斯诺排定（而非按照最初出版的顺序选编）。

[91] "New Novels," *New Statesman and Nation*, 1 May 1954, p. 573; "New Novels," *Spectator*, 14 May 1954, p. 600.

[92] Ian MacKillop, *F. R. Leavis: A Life in Criticism* (London: Allen Lane, 1995), p. 315.

[93]　Snow to Podhoretz, 9 March 1960, HRC: Snow 165.10.

[94]　"Interview with C. P. Snow," *English Literature* 3 (July 1962), pp. 106–107.

[95]　Trilling, "The Novel Alive or Dead," p. 11.

[96]　Snow, "The Moral Un-neutrality of Science," p. 187. 斯诺于 1960 年发表该演讲，演讲全文随后刊登于《公共事务》。批评家科里尼曾如是评论："《公共事务》中发表的所有文章都毫无例外地折射出一个精英男性世界的现实。这个世界里的人们充满自信、能力非凡，熟谙权力之道，精明过人，并对此自鸣得意。"参见 Collini, Introduction to Snow, *The Two Cultures*, p. lxx, n. 47。

[97]　Snow, *The Two Cultures*, p. 51, n. 20. 戴维·艾哲顿探讨了"二战"之后英国科学的"男性化"现象，参见 *Warfare State: Britain, 1920–1970* (Cambridge University Press, 2006), pp. 172–180。

[98]　转引自 Cooper, "C. P. Snow," p. 333。

[99]　转引自 Shusterman, "C. P. Snow," p. 489。

[100]　Anthony Sampson, *Anatomy of Britain* (London: Hodder and Stoughton, 1962).

[101]　关于斯诺的政治观，可参见 John de la Mothe, *C. P. Snow and the Struggle of Modernity* (Austin: University of Texas, 1992), Chapter 6。

[102]　Snow to Putt, 5 August 1945, HRC: 134.8.

[103]　C. P. Snow, *The Two Cultures: and A Second Look* (Cambridge University Press, 1964), p. 89.

[104]　C. P. Snow, "New Men for a New Era," *Sunday Times*, 24 August 1958, p. 12.

[105]　C. P. Snow, "The Corridors of Power," *Listener*, 18 April 1957, p. 620.

[106]　同上。

[107]　同上。

[108]　Christopher Booker, *et al.*, *Private Eye's Romantic England* (London: Weidenfeld & Nicolson, 1963), p. 30.

[109]　转引自 Asa Briggs, *Victorian People: A Reassessment of Persons and Themes, 1851–1867*, rev. edn. (University of Chicago Press, 1972), p. 12; 斯诺的作品是 *Trollope* (London: Macmillan, 1975)。

[110]　同时可参见 Arthur Koestler ed., "Suicide of a Nation?" *Encounter*, July 1963（本书第 5 章中有探讨），该文经修改后又以专著的形式发表: *Suicide of a Nation? An Enquiry into the State of Britain Today* (London: Hutchinson, 1963); 此外，可参考 Sampson, *Anatomy of Britain*; Harold Perkin, *The Rise of Professional Society* (London: Routledge, 1989)。关于此意识形态在美国的接受情况，参见 Paul Forman, "The Primacy of Science in Modernity,

of Technology in Postmodernity, and of Ideology in the History of Technology," *History and Technology* 23 (March/June 2007), pp. 1–152,尤其是对丹尼尔·贝尔（Daniel Bell）的讨论：pp. 50–51。

[111] C. P. Snow, "Recent Thoughts on the Two Cultures",斯诺的演说，伯贝克学院，伦敦，1961年12月12日，见 British Library: WP 8944/39。

[112] Philip A. Snow, *Stranger and Brother*, p. 161.

[113] 罗伯特·康科思特（Robert Conquest）对斯诺的立场进行了批判的分析，参见 *The Dragons of Expectations: Reality and Delusion in the Course of History* (New York: Norton, 2005), pp. 145–148。

[114] C. P. Snow, "Liberal Communism: The Basic Dogma, the Scope for Freedom, the Danger in Optimism," *Nation*, 9 December 1968, pp. 617–623.

[115] Kingsley Amis, *Lucky Jim* (London: Gollancz, 1954). 艾米斯还特意去信对斯诺表达感谢，参见 8 February 1954, HRC: Snow 51.14。

[116] Rabinovitz, *The Reaction against Experiment in the English Novel*, p. 117.

[117] Snow to Hoff, 14 October 1960, in Gryta, "Selected Letters of C. P. Snow," p. 198.

[118] Snow to Hoff, 1 November 1960, HRC: Snow 118.3.

[119] Snow，转引自 Roy Newquist, *Counterpoint* (New York: Rand McNally, 1964), p. 555。斯诺在回忆他与苏联朋友的一次交谈时提到了一个相关的观点："他们一直很困惑，一些五十年代的作家看似在反抗，但从实际社会层面来讲，却并没有做任何实事。也正是在这个时候，他们中的一些人发明出一个词，叫'微不足道的反抗文学'。"参见 Snow, *Variety of Men* (London: Macmillan, 1967), p. 233。

[120] C. P. Snow, "The Two Cultures," *New Statesman and Nation*, 6 October 1956, pp. 413–414.

[121] 关于同性恋和艺术之间的联系，参阅 David Edgerton, "Science and the Nation: Towards New Histories of Twentieth-Century Britain," *Historical Research* 78 (February 2005), pp. 96–112,尤其 pp. 97, 103。

[122] 虽然这些话语此时尚未进入斯诺的论述，但科里尼指出，斯诺对于文学家的"自然的卢德派"称呼及他对科学与文学两种文化的基本观点，早在30年代他身处剑桥时期便已成形了。参见 Collini's introduction to Snow, *The Two Cultures* (1993), pp. xxii–xxv。

[123] C. P. Snow, "Britain's Two Cultures: A Study of Education in a Scientific Age," *Sunday Times*, 10 March 1957, p. 12; "A Revolution in Education," *Sunday Times*, 17 March 1957, p. 5.

[124] Snow, "A Note," *The Search*, rev. edn. (New York: Scribner's, 1958), pp. v–vi.

[125] Snow, "The Men of Fission," p. 115.

[126] C. P. Snow, "Man in Society," *Observer*, 13 July 1958, p. 12.

[127] Snow, "Challenge to the Intellect," p. 2946.

[128] Snow, "The Age of Rutherford," p. 80.

[129] 同上。

[130] C. P. Snow, "Act in Hope," *New Statesman*, 15 November 1958, p. 699.

[131] C. P. Snow, "Technological Humanism," *Nature*, 8 February 1958, p. 370.

[132] C. P. Snow, "The Irregular Right: Britain Without Rebels," *Nation*, 24 March 1956, pp. 238–239.

[133] Snow, *The Two Cultures*, p. 25.

[134] Snow, *The Two Cultures*, p. 7.

[135] 同上，p. 13。

[136] 同上，p. 17。

[137] 关于此次辩论的情况，参见 Paul Boytinck, *C. P. Snow: A Reference Guide* (Boston: Hall, 1980); D. 格雷厄姆·伯内特（D. Graham Burnett）在一篇文章中详细解说了辩论各个阶段的情况，参见 D. Graham Burnett, "A View from the Bridge: The Two Cultures Debate, Its Legacy, and the History of Science," Daedalus 128 (Spring 1999), pp. 193–218，尤其是 pp. 200–205。

[138] 斯诺讲座的出版安排是作者推断的，详见 R. J. L. Kingsford to Snow, 30 December 1959, HRC: Snow 75.1; Walter Allen 等人这一组题为 "A Discussion of C. P. Snow's Views" 的讨论，在拉斯基 1959 年 5 月 8 日至斯诺的信中有所提及，HRC: Snow 94.17。

[139] *New Statesman*, 6 June 1959, p. 806; John Beer, "Pools of Light in Darkness," *Cambridge Review*, 7 November 1959, p. 106; "A Great Debate," *Listener*, 3 September 1959, p. 344.

[140] Asa Briggs "Matters of Moment: Art and Sciences in the Schools," 22 October 1959, BBC Written Archives Center (BBC WAC): MF "MAT," T331; de la Mothe, *C. P. Snow and the Struggle of Modernity*, p. 62.

[141] Jacob Bronowski and Bruce Mazlish, *The Western Intellectual Tradition: From Leonardo to Hegel* (London: Harper and Row, 1960), pp. vii–viii.

[142] Abdus Salam, "Technology and Pakistan's Attack on Poverty," HRC: Snow 177.8. 斯诺在苏联将《两种文化》取得的成功告知了雅克·巴尔赞: 16 June 1960, HRC: Snow 56.1; 感谢 Yohanan Petrovsky-Shtern 让我留意到有关 "物理学" 和 "诗学" 的讨论。

[143] Academic Afternoon and Freshman Week Coordinator to the Faculty of Columbia

University, 25 May 1960, HRC: Snow 56.1；Irving Kristol to Snow, 4 April 1960, HRC: Snow 56.9；John F. Kennedy，转引自 Philip A. Snow, *Stranger and Brother*, p. 117。

[144]　参见 Burnett, "A View from the Bridge," pp. 193–218, 尤其是 pp. 200–205。

[145]　Michael Yudkin, "Sir Charles Snow's Rede Lecture," 最初发表于 *Cambridge Review*, 再录于 F. R. Leavis, *Two Cultures? The Significance of C. P. Snow* (London: Chatto and Windus, 1962), pp. 33–45。

[146]　同上，p. 43。

[147]　Michael Polanyi, "The Two Cultures," *Encounter*, September 1959, pp. 61–64. 更为详细的讨论参见第 5 章。

[148]　Snow, "The 'Two-Cultures' Controversy: Afterthoughts."

[149]　C. P. Snow, "The Imperatives of Educational Strategy"，录制于 1959 年 6 月 3 日，广播于 1959 年 9 月 8 日， BBC WAC: MF T491。

[150]　Snow, "The 'Two-Cultures' Controversy: Afterthoughts," p. 64。

[151]　同上，pp. 66–67。这些引言摘自斯诺写给班托克（G. H. Bantock）的回应文章，后者曾为《细察》撰稿，他在批评斯诺时提及了劳伦斯。此时利维斯尚未发声，不过由于斯诺已将矛头对准劳伦斯，劳伦斯又是利维斯最喜爱的作家之一，此事众所周知，因此可以断定，利维斯已在斯诺的头脑中挥之不去了。

[152]　Snow, "Recent Thoughts on the Two Cultures."

[153]　在此后与出版商的讨论中，斯诺承诺将重点探讨**整个论点中最重要的部分，即科学革命、工业革命**及其对人类生活的影响（着重部分系本书作者标注），当时的斯诺正在准备出版《再议两种文化》（*The Two Cultures: and a Second Look*）（Cambridge University Press, 1964），参见 "Interview with Sir Charles Snow," 29 May 1963, Cambridge University Press: "Agreements," 5184。

[154]　Snow to Plumb, 1 November 1960 & 15 September 1959, CUL: Plumb papers, Box "C. P. Snow and Pam, 1946–1968," File "Snow 1946–1968."

[155]　Memoranda, 20 & 22 April 1959, Cambridge University Press: Snow, 1959, 5184.

[156]　1959 年美国对斯诺著作的宣传情况时隔五年后被收录于《再议两种文化》的宣传资料。参考 Ronald Mansbridge, March 1964, Cambridge University Press: Snow 1964, 5184；关于寄往美国各大报社的审读稿细节摘自：Mansbridge's publicity letter of 12 November 1959, Cambridge University Press: Snow, 1959, 5184；接到书稿免费复印件的英国个人和报社名单载于 1959 年 4 月 22 日的一份备忘录，Cambridge University Press: Snow, 1959, 5184。

[157]　Peter E. T. Davies to Snow, 4 December 1959， 以 及 R. J. L. Kingsford to Snow, 30

December 1959, HRC: Snow 75.1。

[158]　Snow, *The Two Cultures: and a Second Look*, p. 54.

[159]　Allen, *et al.*, "A Discussion of C. P. Snow's Views," pp. 67–73.

[160]　Plumb, "Welfare or Release," pp. 68–70; G. H. Bantock, "A Scream of Horror," *Listener*, 17 September 1959, pp. 427–428; Polanyi, "The Two Cultures"; Yudkin, "Sir Charles Snow's Rede Lecture."

[161]　Herbert Read, "Mood of the Month–X," *London Magazine*, August 1959, pp. 39–43（斯诺于 10 月作出回应，而里德则于 11 月回应了斯诺）；Kathleen Nott, "The Type to Which the Whole Creation Moves? Further Thoughts on the Snow Saga," *Encounter*, February 1962, pp. 87–88, pp. 94–97。

[162]　Beer, "Pools of Light in Darkness," p. 106.

第 2 章 利维斯和激进自由主义

反对科学？

1962 年 2 月 28 日，在剑桥唐宁学院的里士满讲座（Richmond Lecture）上，利维斯打算一次性彻底推翻斯诺《两种文化》的论点。[1] 讲座的最后，利维斯表达了自己的心愿，希望这场讲座之后，斯诺不会再受到如此关注。但当他的讲座被指责为文学知识分子反对科学的又一佐证时，利维斯本人无法不陷入惊讶和失望，因为这等于进一步证实了斯诺关于"两种文化"的论断。从这个意义上来讲，斯诺瑞德讲座最大的成功之处在于确立了论辩的框架和基础：在这一框架之内，斯诺成了科学的倡导者，而利维斯则是文学的捍卫者；他们之间的对话又让人联想到科学与艺术之争。[2]

然而，实际情况是：斯诺并非文学的反对者，而利维斯的论辩也绝不是针对科学。利维斯后来坚持说："我对'英语文学'的重视和关注并不暗含对科学的轻慢。"[3] 他坚持认为自己是尊重科学和科学家的，而且他也不认同阿道司·赫胥黎将此次争论描绘为"唯文学主义"与"唯科学主义"的做法。[4]很显然,科学,作为现代社会的代表性特征,在利维斯的历史观中占据了非常重要的角色,但倘若将科学简化为利维斯可以"赞成"或"反对"的对象,那便意味着默认了斯诺"两种文化"的框架。本章将绕开斯诺所确立的这一框架,着重考察利维斯的世界观,并以他的科学观作为其世界观的切入点。这一思路的最终目标既非赞同利维斯的阐释,也非为其对斯诺的指责作任何辩解,而是客观地阐释一种思想立场、一种批评实践,并解释由此引发的激烈论战何以吸引多方关注,并持续至今。

利维斯认为,当代英国正在遭遇一场可怕的危机,这一危机始于17世纪,一系列的发展和变化——英国内战(Civil War)、复辟(Restoration)、资本主义的发展和科学的诞生——都在昭示着一个新文明的诞生。应对这一危机的立场各异,有右派保守主义、左派马克思主义,利维斯的应对策略则是颇具挑衅意味的个人主义——我将这一意识形态立场称为激进自由主义(radical liberalism)。该立场与斯诺提倡的自由主义不无关联,但就其对现代文明的批判性态度而言,又与斯诺的立场大相径庭。激进自由主义贯穿了利维斯的整个批评生涯,从20世纪30年代的文学批评到60年代的社会批评,思想一脉相承。然而,利维斯既非传统的学者,也非超脱的批评家:在应对这一危机的立场上,他倡导积极的项目计划以及与之相匹配的政治策略,最终在1962年的里士满讲座上吸引了众多的关注。

职业和语境

英语荣誉学位考试在当时的剑桥属于一项创新。[5]19世纪晚期,英语文学在英国高校中日益普及。极具讽刺意味的是（就之后利维斯所推行的项目而言），这种普及主要源于英语文学的实用性，即对于公众的教育作用：相较于经典文学，英语对于日益壮大的正在接受高等教育的成人、女性和未来的公务员群体而言是一个更可及的选择。[6] 第一次世界大战期间，意识形态的因素进一步强化了这种实用主义倾向：政治宣讲者和教育家普遍将民族文学描绘为一种极具凝聚力的社会力量。[7]

1917 年之前，英语文学是剑桥现代语言荣誉学位的组成部分。1917 年，剑桥的三位教授——英语文学的爱德华七世教授亚瑟·奎勒－枯赤（Arthur Quiller-Couch，简称"Q"）、盎格鲁－撒克逊教授 H. M. 查德韦克（H. M. Chadwick）和浪漫主义学者曼斯菲尔德·福布斯（Mansfield Forbes）——共同创立了剑桥英语荣誉学位。[8] 他们从不同学科招募教师，首次考试于 1919 年举行。不少刚从"一战"归来的学生有着很强的目标感，又一心与过去诀别，全身心投入新生活。贝斯尔·韦利（Basil Willey）后来回忆道："我们当时刚从 1914—1918 年的大战回到英国，对于现有批评学派混乱含糊的概述和神秘主义作风十分不满。"[9] 相较于其他高校的英语专业，剑桥英语不受历史研究或语言要求束缚，但正是这种创新，要求剑桥英语能迅速建立起一套自成体系的方法和资质。

I. A. 理查兹（I. A. Richards）*对剑桥英语学科的创立可谓功不可

---

* 又译瑞恰兹。

没。[10] 理查兹于 1915 年获得精神科学的学士学位，四年之后，福布斯和查德韦克说服他加入英语学科，担任教师。接下来的二十年间，理查兹一直在剑桥教授现代小说、现代诗歌和批评理论等课程。他坚持运用细读的方法阅读和批评文学作品，使得苛刻与严厉成为剑桥英语的特色。同时，他注重文学阅读与批评中的心理学（亦即科学）基础，因而为剑桥英语赢得了作为一门知识学科的尊严和尊重。理查兹的这一思想在《文学批评的原则》(*Principles of Literary Criticism*)(1924)一书中有详细的阐发，随后他又在两年后出版的《科学和诗歌》(*Science and Poetry*)(1926)中做了进一步的论述。[11] 与此同时，他开始了一系列著名的讲座，题为"实用批评"(Practical Criticism)：在这些讲座中，他在不给出诗歌具体的作者和历史背景信息的前提下，邀请在场听众来评论诗歌。他所搜集的听众的反应便成了他分析文学批评问题的基础，这一分析后来成了他颇具影响力的著作《实用批评：文学判断研究》(*Practical Criticism: A Study of Literary Judgment*)(1929)的核心部分。[12] 听众中有一位参与了这些练习的活跃的年轻讲师，便是后来大名鼎鼎的利维斯。到了 20 世纪 30 年代，理查兹注意力有所转移，利维斯成了第二代发展剑桥英语的讲师和批评家中颇有建树的一位。[13]

利维斯 1895 年出生于剑桥，除了在"一战"期间前往法国服役之外，他的一生都在剑桥度过，直至 1978 年去世。回忆中，他的父亲是一位"维多利亚时期的激进分子"，"有着一颗赤诚的新教徒的良心，脱离任何宗教出路而存在"。[14] 哈里·利维斯在摄政街开了一家钢琴店，正对着剑桥唐宁学院——日后，他的儿子利维斯将确立这所学院在全球英语世界一流批评学派的地位。利维斯的钢琴似乎比利维斯钢琴店（Leavis Pianos）更能经受时间的考验：思想史家昆廷·斯金纳（Quentin Skinner）在1979年的时候还珍藏着一架利维斯的钢琴,而利维斯钢琴店现如今已被比萨饼屋取代。[15]十六岁之前，利维斯一直就读于公办学校，直至十六岁那年拿到奖学金就读附近的珀斯文法学校。1919年，"一战"期间在法国的服役（职责是抬担架）结束之后，利维斯进入伊曼纽尔学院攻读历史专业，次年转入新设立的英语专业，1921年获得一等荣誉学士学位，并于三年后的1924年获得博士学位。[16]随后，利维斯便在剑桥执教，在历经一系列的试用岗位的同时，努力争取获得终身教职。

1929年，利维斯与奎妮·多萝西·罗斯（Queenie Dorothy Roth）喜结连理。罗斯于1925年获得剑桥奖学金入读格顿学院。[17]她来自伦敦北部一个循规蹈矩的犹太人家庭，父亲开了一家织袜店，全家就住在店铺二楼。罗斯性格热情，热衷阅读，涉猎甚广，学业成绩一流，尤其是英语成绩名列第一，在校期间获得众多奖项，最终得以攻读并取得博士学位。1929年2月与利维斯订婚之后，父母与她撇清了关系，从此很少再联系。这是一段痛苦灼人的经历，但罗斯义无反顾，于1929年9月16日和利维斯正式成婚。她的博士论文由理查兹指导，福斯特（E. M. Forster）审核，最终以专著的形式出版,题为《小说与读者大众》(Fiction and the Reading Public)（1932）。该书以社会学的研究方法，考察、分析文学与环境之间的关系，影响甚广。[18]在接下去的几十年间，奎妮·多萝西·利维斯为家庭倾心付出，对丈夫的事业百般支持，对三个子女亦尽心尽责，虽然体弱多病，但任劳任怨，最终自己也是事业有成：她与利维斯联手打造了《细察》期刊并担任主编，指导了众多本科生，且树立起了自身在小说研究领域的权威。很快，利维斯夫妻搭档名扬剑桥，他们在剑桥切斯特顿的家也成了每周五下午研究生们相聚畅谈之地。利维斯夫妇每次都会备好茶水、蛋糕和水煮蛋作为点心。在这里，他们共同探讨着颠覆文学和学术界习规的路径。[19]

从剑桥的最初几年开始，利维斯就一直觉得自己是学术界的圈外人。他的职业生涯与剑桥几代批评家有颇多交叠之处，而他就是根据他们的思想和风格定义了自己的学术之路。他在学术上试图击败并超越的学者包括 E. M. W. 蒂尔亚德（E. M. W. Tillyard）和格雷厄姆·霍夫（Graham Hough）。不过，利维斯总是在寻找下一个目标。在他的通信中，蒂利亚德和霍夫的角色与其公开发文中的威尔斯和斯诺大同小异：他们并不是作为真实的人而存在，更像是某种象征性的威胁。鉴于人们总是把利维斯的名字与传统批评和陈规旧俗相提并论——在美国尤为如此，这一认识显得十分重要。实际上，利维斯既不因循守旧，也不墨守成规——有英国内政部调查为证：据说利维斯曾试图引进禁书《尤利西斯》（*Ulysses*）[20]。毕竟，利维斯是剑桥第一代主修英语专业的学生，而且选择了博士论文的写作，这在当时是非同寻常的。博士论文在当时的剑桥乃新兴之物，推出主要是为了满足科学家的认证需求，而利维斯是剑桥最早选择撰写博士论文的研究生之一——如今剑桥大学图书馆内成千上万的博士论文中，利维斯的论文编号是六十六。作为学者和教师，利维斯是极富创新精神的：他的第一本书是关于当代诗歌的，他甚至在课堂上分析本科生威廉·燕卜荪（William Empson）创作的诗歌。[21]简言之，利维斯是正统学术和传统规范的反对者。在他看来，正是这个原因，使他未能得到学术界的认可。

尽管遭遇了挫折，利维斯最终还是在20世纪30年代的剑桥站稳了脚跟。1932年，他离开伊曼纽尔学院，成了唐宁学院英语学科的负责人。同年，他与合作者共同打造的《细察》杂志正式发行。《细察》很快成为那个年代文学期刊界的翘楚，影响甚广。从1932年创刊到1953年停刊，利维斯夫妇在刊物运营上投入了整整二十一年的心血。作为季刊，《细察》二十年如一日，从未缺过一期，战争期间也不例外。刊物开启了文学史颠覆性的阅读模式，并倡导教育领域的激进改革。[22]1935年，利维斯成了唐宁学院讲师，次年，也就是他41岁那年，利维斯终于获得剑桥永久职位，成为唐宁学院助理讲师兼研究员。不过，直到1954年，利维斯才加入英语专业教师委员会，且直到1959年，他才荣升准教授（Reader），三年后他便退休了。1962年退休之后，利维斯被返聘为唐宁学院荣誉学人，不过才当了两年，就因为接替者人选问题引发激烈争吵而主动辞职了。1965年之后，利维斯接受了一系列其他高校的荣誉聘用或访问职位，继续他的授课与写作生涯。利维斯于1978年过世，当年，他因"对英语文学研究贡献卓著"而被授予荣誉勋爵头衔。[23]

利维斯一生著述颇丰，这些著作主要涉及五大领域（彼此之间有重合之处）。他先是以诗歌批评家的身份为人所知，在《英诗的新趋势》（*New Bearings in English Poetry*）（1932）、《重估》（*Revaluation*）（1936）中分析了当代诗歌与诗歌传统。《细察》进入第二个十年，利维斯的学术兴趣从诗歌转向了小说，先后著有《伟大的传统》（*The Great Tradition*）（1948）、《小说家劳伦斯》（*D. H. Lawrence: Novelist*）（1955）、《小说家狄更斯》（*Dickens the Novelist*）（与妻子 Q. D. 利维斯合著，1970）以及《思想、文字和创意：劳伦斯的艺术与思想》（*Thought, Words, and Creativity: Art and Thought in Lawrence*）（1976）。于利维斯而言，文学批评与社会批评之间有着千丝万缕的联系，两者有机融合、不可分割，从最初的《大众文明与少数人文化》（*Mass Civilisation and Minority Culture*）（1930）、《文化和环境》（*Culture and Environment*）（与丹尼斯·桑普森合著，1933）到后来的《两种文化？C. P. 斯诺的意义》（*Two Cultures? The Significance of C. P. Snow*）（1962）和《利剑永不沉眠：论多元主义、同情及社会希望》（*Nor Shall My Sword: Discourses on Pluralism, Compassion and Social Hope*）（1972），无不体现了这一点。及至生命中的最后一段时光，利维斯出版了一生中最具哲思的批评性著述《鲜活的原则：作为思想性学科的英文》（*The Living Principle: "English" as a Discipline of Thought*）（1975）。在前述每一个阶段中，利维斯都未曾放弃他对教学法和大学未来的思考，该领域的相关成果包括《文化和环境》（1933）、《教育与大学：勾勒"英语学校"》（*Education and the University: A Sketch for an "English School"*）（1943）以及《我们时代的英语文学和大学》（*English Literature in Our Time and the University*）（演说发表于1967年，著作出版于1969年）。[24]

利维斯的著述历时长，覆盖广，但这些著作无一不见证了他的世界观。从文学经典到市场经济，这一世界观无所不在，网罗万象，它本身便是各种假设、观点和阐释的集合体，是利维斯在分析、评判事物时的根本依据。简言之，这一世界观就是利维斯的意识形态。若想将之放置在政治系谱上并非易事，但有一点是毋庸置疑的：这一世界观的主基调是深深的保守主义。毕竟，正如我们在接下来的论述中将发现的，利维斯的批评实践始终基于一个理想化的过去，一个从未存在过的理想化的过去，而这正是我们对于政治反动的定义。不过，在定位他的世界观之前，我们需要先将其抽丝剥茧，细细考量一番。最佳切入点便是他的文学批评。

生命、语言与思想

利维斯总是倾向于从之前的著作中借用一些概念，却不加解释，这种引用的最终目的是赢得争论——或者，在他的批评者眼里，纯粹是为了避免争论。[25]到最后，似乎只需提一个名字（如巴比特、威尔斯或斯诺）或一个术语（如创造、标准、生命），一个观点便获得了一种不容驳斥的存在。除此之外，利维斯对一些作家和批评家的指摘和非难可谓臭名昭著。有意思的是，利维斯的写作风格似乎默认了读者也与他持有相同观点。比如，他曾如是发问："阿诺德·班纳特（Arnold Bennett）究竟何以用这种方式不断揭露自我，却不沦为大众的笑柄？"[26]三十年之后，利维斯在关于斯诺的演讲中，几乎抛出了同样的问题。他在开场白中直言不讳地承认"我将要做出的（对斯诺的）评价必然是极端负面的"。话音一落，他便卯足火力，将斯诺批得体无完肤。[27]我说这些并非为利维斯做解释，而纯粹只是为了点明他的批评风格。不过，为了理解利维斯的立场，我们有必要暂时抛开他的论辩术，转而关注批评背后的实质性内容。

利维斯思想中一个关键性概念是"生命"。和其他理论上的缩略表达一样，"生命"这一提法是用来帮助澄清思想，而非加深理解的难度的。鉴于文学理论之后的发展，作为文学术语的"生命"一度受到讥笑与嘲弄，着实让人困惑。对于利维斯而言，生命作为一种创造性行为，是人之所以为人的核心内容。利维斯使用这个词的频率很高，却鲜少对其加以定义。不过，在他学术生涯的后期——尤其是公开和斯诺对峙之后——他对"生命"一词偶有解释。例如，他在1972年发表的作品中写道："自发性、创造性，这便是生命的本质。"[28] 三年前，他的定义略有不同："生命是变化环境中的生长与变化。"[29] 关于这些定义究竟蕴含了什么样的意义，我们可以从利维斯本人经常向其学生引述的一段话中窥见一二。这段话出自劳伦斯闻知诗人鲁伯特·布鲁克（Rupert Brooke）死讯时所写的信件：

> 鲁伯特·布鲁克之死让我越发觉察到一切的荒谬。他是被日神菲比斯（Phoebus）杀死的，死时的姿态绚丽夺目，一如他一贯来的明朗——几乎达到了他个人姿态的巅峰。我起初只知道他是希腊诸神之一，在日式遮阳伞下穿着睡衣读诗，那是在格兰切斯特的草坪上，有涓涓细流淌过。日神菲比斯让一切归于平静。一切在萨迦中早有记载。
>
> 上帝啊，上帝！这简直一模一样。这简直就是疯狂。

利维斯颇为欣赏上述这段话。他评论道："这段描述与书信体的语境十分契合——完全发自内心所感，它将反应的微妙和复杂用精准的语言传递了出来,太符合劳伦斯的风格了,简直是精妙绝伦！"[30] 于利维斯而言，劳伦斯对于布鲁克之死的反应是真切而自发的。劳伦斯调动了最精准的语言来"传递"——而不只是"表达"——内心所感。由此，该段话所呈现的便是利维斯所谓的"生命"悸动。[31]

这一生命意识正是利维斯评估世界万物的基础——从星期日报纸到人类历史，无一例外。在利维斯看来，变化是不可避免的，既然如此，人们就不应该试图阻止变化的发生，而应该积极地迎接、应对变化。针对变化，最佳的回应方式是创造，而于人类而言，可及的最佳创造方式则是思维。就这样，利维斯将文学批评推崇为人类的**必然**追求：思维的媒介是语言，而最成熟的语言应用便来自伟大的作家们。因此，对利维斯而言，文学不只是一门智慧的学科，亦不只是装点门面的伎俩：文学是体现某一文化中生命状态的不二标准。文学评论家对于文学创作的评估，因而也成为对某一文化过去或现在的健康状况的诊断。因此，可以毫不为过地说，批评家在象牙塔之外的真实社会中扮演着极其重要的角色。[32]

批评家关注的焦点往往是语言。在利维斯眼里，语言并不仅仅是交流的工具：确切地说，语言是连接整个文化的组织，而它本身的结构也是经历世世代代的评价和调整之后才逐步形成的。他解释道："语言充当着集体智慧和基本假设的媒介，代表着集体评价的尺度和标准。"[33] 是语言催生了思想，而思想则是各类沿袭下来的假设和评价的修正与延伸。从这个意义上来讲，思想并非指找到合适的语言表达既定的想法，而是经由语言的推敲形成全新的想法。换一种说法，利维斯眼中的思想是一种创造性的行为——是**创造**，而非**发现**：思想是通过语言延展开的人类的集体意识。

要更好地理解利维斯对语言、思想和现实之间关系的认识，我们可以考察他有关文学意义创造的思想。在他看来，意义不是独立于语言存在的，因此也不是靠语言传递的。意义本身是通过语言创造出来的。比如，一首诗歌的成功之处不在于对既定事物的精准描述，而在于它能在读者心中创造一种体验："诗歌中的字句所起的作用不是让我们思考或评价，而是让我们切身感知、体验——实现一种通过语言呈现的复杂经历。"[34] 文章亦同。利维斯在探讨了劳伦斯的一部小说之后写道："我并不是在试图定义小说故事背后的思想，故事本身就是思想。"[35] 据此，批评家的职责便是尽可能重现（或重构）手头的作品，与此同时评估该作品在创造性方面的成败——并不是看它是否能满足某一项特定的标准，而是考察它在何种程度上以何种方式在读者脑海中创造了怎样的经历。因此，利维斯批评学派的本质是**评估性**的，而非**阐释性**的——它所关注的核心问题是文学作品的成败及个中原因，而非作品的主旨和含义。当利维斯将此作为诗歌和小说批评家的当务之急时，其中所展现的英国 17 世纪以来的语言的命运——同时便也是"生命"的命运——着实让人惊讶不已。

失乐园

利维斯早期涉及科学的论述始于 20 世纪 30 年代。当时，他正着手撰写有关 17 世纪以来语言和生命命运的历史叙述，聚焦于曾经生机勃勃的文化所遭遇的攻击。其实，在此之前，利维斯的文化观还是比较乐观的。他在 1924 年的博士论文《新闻之于文学的关系》（"The Relationship of Journalism to Literature"）中高度赞扬新闻在现代社会的功能：新闻作为连接作家和公众的纽带保证了沟通的顺畅进行（如今这篇博士论文的内容已被作者本人全盘否定）。[36] 然而，随着时间的推移，对于新闻所扮演的作用，利维斯不再如先前那般乐观了，到了 30 年代，他的判断愈显悲观。[37] 虽然他对特定作家的评价随着时间的推移有所变化，但对于新闻与文学关系的悲观看法再未变过，这一立场贯穿并影响了利维斯的整个职业批评生涯。

我们在第 1 章中提到过，20 世纪 30 年代是剑桥科学发展的黄金时期，无论是物理学还是生化领域，实验室均处于科学发展的核心位置。虽然这一时期高校教职未能延续在其前后的增长态势，但高校职位相对稳定，有关艺术和科学的讨论也与日俱增。[38] 在这一大背景之下，利维斯虽不忘打击天真的科学乌托邦主义（比如《细察》首期刊登了他批评 H. G. 威尔斯的文章），但总体而言，他的注意力尚集中于自己的研究方向：17 世纪以来语言与感受力（sensibility）的命运。[39] 利维斯虽于本科期间从历史学转入英文系，但他仍保留了历史思维。他的文学批评始终透露着浓厚的历史意识，这不仅能帮助我们理解利维斯的科学观，也有助于我们参透他很多看似古怪的批评立场：从对弥尔顿的贬低到对杰拉德·曼利·霍普金斯（Gerard Manley Hopkins）的高度赞誉，再到对劳伦斯的近乎固执的推崇。具体而言，利维斯的批评立场可以追溯至人类的堕落（the Fall）这一广为人知的叙事典故。

利维斯的历史叙述始于生命意识蓬勃萌发的莎士比亚时期。毫无疑问,莎士比亚是个天才,不过,若无语言的助力,他的天分也无法得以展现。而莎士比亚所使用的语言并非他个人所创,而是世代传承的产物:"当莎士比亚挖掘他的天赋时,鲜活的白话文唾手可及,这是一种灵活新奇、喜闻乐见、广受欢迎的语言形式。"[40] 这一语言是有机文化的组成部分,工作和闲暇、歌与舞、习俗与习惯在这一文化场域中合而为一,构成了一个有机的社会团体。[41] 正是在这样一个有机的社团文化中,莎士比亚才得以创作出脍炙人口、充满创造力的经典之作。也因此,莎士比亚的作品是英格兰都铎王朝时期生命活力的产物和见证。[42]

  随后,到了 17 世纪,灾难降临了。利维斯显然受到了艾略特 20 年代的批评作品的影响,认为 17 世纪是新文明诞生的关键时刻。这一时期伴随着社会思想和情感的转变,对此,艾略特有个著名的说法,即"情感脱节"(dissociation of sensibility):"这是发生在邓恩(Donne)或切尔伯里的赫伯特勋爵(Lord Herbert of Cherbury)与丁尼生(Tennyson)和布朗宁(Browning)时代之间的事,对英格兰的思想界产生了深远的影响。"艾略特继而解释道:"这种脱节体现的是知识型诗人(intellectual poet)和反思型诗人(reflective poet)之间的差异。"[43] 利维斯和艾略特一样,发现了这段时期的反常之处,而他主要关注的是造成这一态势的因素。[44] 17 世纪是内战、英联邦、清教主义和非国教主义的时代,是资本主义和科学兴盛的时期。利维斯解释道,所有这些因素促成了文化的断裂和新文明的诞生——在他看来,这一文明形态持续至今。到英国君主制复辟时期,促成莎翁杰作的有机文化体已面临着被边缘化的危机,取而代之的是存在于伦敦和皇室的上流社会文化。"内战加速了一连串的社会经济变革，随之而来的是都市上流社会文化的形成。最终，这一联系紧密且政治上不断精进的上流社会成了规则的制定者。"[45] 这个小型集团刻意与公众社会保持距离，以其独有的品位、礼仪等标准特立独行、标新立异，进一步加剧了英国文化的分化。[46]

新文明的胜利体现在这一时代的社会情感中。在利维斯看来，既然情感的彰显手段是语言，诗歌和散文小说类创作便是窥视一个社会大致的情感走向最为有效的方式。语言不再被视为创造意识的媒介，而成了描述现实的工具——这一现实独立于语言而存在。也就是说，当英国逐步从莎士比亚时代过渡到牛顿时代，语言已无关乎创造，其存在的价值在于**描述**。利维斯认为，此时的语言实际上已成了观察者和观察对象之间的屏障。也就是说，原本应当成就思想的语言却成了思想的障碍，成了通过抽象概念、数学和平淡的用语尽可能规避的东西。[47]1660 年，皇室重回伦敦，大力推崇有关"逻辑"和"明晰"的新理念，进而资助成立了皇家学会（Royal Society）。皇家学会在利维斯讲述的历史中占据了极其重要的地位，因为它见证了新文明风尚的转变。1667 年，斯普拉特主教（Bishop Sprat）高度赞扬了皇家学会所提倡的用语特征："平白、自然的说话风格——肯定的表达、清晰的逻辑、毫不造作的从容与淡定，尽量用数学般的朴实语言描述事物，用语贴近普通的手工艺者、乡野大众和商人，而非智者和学人。"[48] 语言与思想之间的统一性被打破，取而代之的是全然不同的语言哲学——语言成了思想的绊脚石。这一哲学显然取得了决定性的胜利，于是如数学般平白的语言已被含糊地等同于

"手工艺者、乡野大众和商人"充满生机的鲜活语言。

不过,在我们将利维斯的立场解读为这般的反对科学之前,我们需要意识到他对皇家学会的分析和他对约翰·弥尔顿的批判是并行的。和前述"情感脱节"一样,利维斯对弥尔顿的解读也深受艾略特批评的影响。[49] 如果说皇家学会对所谓平实用语的推崇是对日常鲜活语言的背离,那么,弥尔顿的诗歌在利维斯眼里同样如此,甚至有过之而无不及。[50] 不同的是,皇家学会提倡的是直截透明的用语风格,弥尔顿的语言则显示出一种刻意,独创性和抒情性过浓。在利维斯看来,这样的语言体现了"对于文字的感受力,而非透过文字传达的思维能力"[51]。其结果是,弥尔顿的诗歌虽能震慑思维,却无法激起相应的情绪:"弥尔顿的注意力似乎全然在于文字之上,而并不触及知觉、情感或事物本身。"[52] 毫无疑问,利维斯眼里的弥尔顿是个十足的天才作家,但相较于莎士比亚,弥尔顿的天才并未体现于富有生机的英语文本上。对此,利维斯解释道:"他的创新风格决定了他的诗歌不可能像莎士比亚的创作那样贴近生活语言。"[53] 的确,弥尔顿的诗歌"自始自终全然拒绝英语习语",以至于人们可能会认为弥尔顿在其类似拉丁文的诗歌创作中"忘记了英语"。[54] 正因拒绝使用习语,弥尔顿疏离了鲜活的语言,结果便是他的诗歌"离口语太过遥远"。[55] 在利维斯看来,弥尔顿是他所处社会的产物,他的文学成就无可否认,但这种成就是非典型的。令人遗憾的是,弥尔顿的文学建树吸引了一群追随者,这些后来者循着他的足迹走上了同样的弯路。

从利维斯对皇家学会和弥尔顿的批判中,我们可以较为清晰地领悟到他对 17 世纪英国历史的解读。其一，他对身为文学创作者的弥尔顿和崇尚科学的皇家学会的共同批判消解了所谓的科学与文学的二元对立——也就是说，利维斯对两者均持批判态度，因此他的立场不能单从学科的角度加以理解，我们需要寻求其他更合适的解释框架。其二，利维斯对倡导革命的弥尔顿和受皇家赞助的新科学的共同批判消解了所谓的政治上的二元对立——也就是说，他的立场不能单纯地理解为保守派对激进派的对抗（适用于对弥尔顿的抨击），抑或激进派对保守皇室的敌意（适用于对皇家学会的抨击）。事实上，利维斯既非针对弥尔顿，也非针对皇家学会，若这样理解，便有失偏颇了。毫无疑问，弥尔顿的天赋和皇家学会的权威强化了这种印象，但利维斯本人从未将二者视为问题本身：他们皆隶属一个更为宏大的问题，进而指向某种实质性的转变，而后者才是利维斯批评的终极目标所在。于他而言，17 世纪的英国开启了现代文明的可怕进程——可怕的原因并非某个单一的变化，而是在于曾经维系"生命"的协调一致的文化遭遇了前所未有的巨大冲击。

利维斯试图从他对文学传统的修正性解读中探寻和理解这一历史的后果。利维斯认为，1688 年，即约翰·班扬（John Bunyan）逝世的那年，莎士比亚时代正式终结，随之而来的是科学领域的牛顿时代（牛顿所考察的自然法则被认为独立于人的头脑而存在）、哲学领域的洛克（Locke）时代（洛克坚信人的头脑是外部感觉印象的接收器）、诗歌领域的德莱顿（Dryden）时代（其无韵体诗和矫饰的行文风格已与日常语言毫无关联）。[56] 紧接着的奥古斯都时代（Augustan Age）见证了文学和社会领域新风尚的确立：这是一个注重举止谈吐和礼仪的时代,是一个注重准确和高雅、秩序和连贯性的时代,也是一个讲究幽默风趣和形式主义的时代。[57]威廉·布莱克(William Blake)意识到了新用语的局限性,因此他尝试着脱离束缚,并努力创造了自己的文字和写作技巧。布莱克是他那个时代的异类,他甚至在批判牛顿和洛克的同时(利维斯在里士满讲座之后的十年里采纳了布莱克的这一立场),试图推翻起自复辟时期的理念。不过,布莱克是那个时代孤独的存在:在利维斯看来,布莱克没有读者,因此,他晚年的预言式作品显得有点漫不经心。[58]利维斯认为,等到华兹华斯(Wordsworth)故去之时,即1850年左右,工业革命不可逆转地加速了新文明的进程。[59]此时,四面楚歌的文化只能在语言中苟延残喘——利维斯在《英诗的新趋势》和《伟大的传统》这两部著作中探讨了通过语言维系着这一残存的传统文化的作家。

利维斯的历史解读和文学批评密不可分,两者皆来自他对17世纪以来语言和生命命运的悲观评估。那个世纪见证了人类头脑中语言和思想的分离、人际关系中大众文化和上流社会的疏离,也见证了人类文明中新文明的诞生和旧文明的消亡。至此开启的人类历史由新文明主导。利维斯的看法是悲观的,但也不全然如此——毕竟,它背后蕴藏了一种对洪水猛兽般扑面而来的历史进程的坚定抵制的可能性。在这一视野下,文学批评家便肩负起历史的重任。

危机和批评家

1930年,利维斯在审查国际形势后描绘出一幅黯淡而令人绝望的图景:纽约股灾的次年,他注意到"货币遭遇了贬值,通货膨胀形势严峻"。[60]货币已无法与确保其价值的黄金对等起来，而货币大幅贬值导致的通货膨胀也已威胁到人们的生活水准。美国也好，苏联也罢，均未提出应对措施；实际上，两国之间紧张的关系反而加剧了危机。利维斯此处也许是在讨论国际金融局势，不过他的《大众文明与少数人文化》一书则探讨了语言与批评的形势。这一语境之下，"膨胀的通货"好比是艺术与文学所收获的过剩的支持，而与支持不成正比的"黄金"则是具备审美鉴赏力的少数派的判断标尺。在利维斯看来，导致这些现象的根本原因是物质繁荣成为首要的关注，因此，一心赶超美国的苏联才会盲目崇拜这一造成危机的罪魁祸首。

利维斯对于20世纪30年代"危机"的独特诊断应置于20世纪前三分之一的时间里出版和广播业的巨变这一语境中来考察。英国广播公司（BBC）于1922年成立，到了1938年，无线设备已从最初的36 000台增至9 000 000台之多。1907年到1935年间，新闻报刊的数量增加了162.6%；1891年到1931年间，作家、编辑和记者的数量几乎翻了三番；同时期，广告费逐渐成了新闻报刊业的主要收入来源。[61]利维斯认为，这些转变促使文化权威逐步从批评家过渡到了市场。利维斯并非仅仅是在哀叹自身专长的边缘化：从利维斯的观点来看，三个艰难的世纪过后，批评家权威的削弱进一步加剧了鲜活语言所面临的存在危机。但是，只有文学批评家具备鉴定和维系这一语言的敏感度与专业素养，也只有这一语言才使得作为"生命"本质的持续创造成为可能。

这一思路观照之下的批评家代表着与17世纪以来各种势力的最

后抗争。"我们能在多大程度上受益于历史完全取决于这一少数派,"利维斯坚称,"他们让传统中最为微妙、最容易消逝的那部分东西得以存活下来。"[62] 利维斯认为,一直以来,有鉴赏力的总是少数人,但直到不久前他们至少是受到认可的,而如今情况完全变了。由于出版广播业和市场营销的发展,批评家的权威正逐步被市场的需求所取代。对数量的追求稀释了对质量的要求,由此导致了一种向下的趋势,对标准构成了严重威胁。利维斯注意到,任何反对这类变化的人都被冠以"高雅"之名——所谓"高雅",实则是对坚守标准的少数派的嘲讽和贬抑。对标准的敌意在报纸期刊可恶的评论中显露无遗,这些评论使得诸如《现代文学年历》(*Calendar of Modern Letters*)之类的严肃出版物失去了容身之地。但若真的没了这类严肃出版物,我们也就丧失了容纳创造性作品的平台,而若没有了持续性的创造,经过三个世纪的挣扎,苟延残喘的语言将濒临枯竭。

毋庸置疑,利维斯是警醒的。他通过"大众文明"和"少数派文化"这一对立关系概述了这一危机:一边是市场化、标准化和逐步趋同的"大众文明",另一边则是少数派文化的拥趸,他们肩负起了维系文学、语言和生命的重任。但少数派究竟应该如何应对这一危机呢?正是在这一问题的驱使之下,利维斯从单纯的危机诊断再进一步,踏上了寻求解决措施的道路。

另类的意识形态

利维斯的意识形态无法放置在一个线性系谱中进行考察。即使在他洋洋洒洒的信件中,也很难遇见他谈论政治的言论。利维斯的同代人对他的评价莫衷一是,无所不包:说他是纳粹的有,说他是斯大林的也有。学界的评价也是众说纷纭,有说他在批判职业生涯中逐渐右倾的,也有认为他的批评显示出对政治漠不关心的,还有的则将他的批评实践理解为一种对政治的回避。[63]然而,若将构成利维斯思想立场的认识论、历史观、文学批评和社会分析放置在一起考察,便会发现他的立场实则是一种连贯的意识形态。此时,我们已将关注的焦点从利维斯的世界观转移至英国政治思想史这个大语境之内——正如通常的情况那样,要参透他的思想在这一语境中的位置,我们可以从他反对的立场出发。

《细察》创刊后的第一个十年——也就是20世纪30年代——见证了该刊物与英国马克思主义之间的纠葛。[64]这场战争最终由利维斯宣布胜出,随后,与利维斯相隔一代的佩里·安德森(Perry Anderson)宣告《细察》完胜当时英国"颇为时髦的文学左派"。[65]"当时正是马克思主义化知识分子的鼎盛时期,"利维斯在回忆《细察》的历史岁月时如是说道,"我们自然是反马克思主义的。"[66]利维斯的"反马克思主义"包含了三层含义:其一,《细察》反对剥夺文学自主性的简化论;其二,《细察》反对试图将"思想"系统化的抽象化倾向;其三,《细察》反对马克思主义和现代性所共有的物质主义倾向。最后一点尤为重要:利维斯将马克思主义视为现代文明的产物,而两者都是他批判的对象。也就是说,和资本主义、科学或广告一样,马克思主义也是始于17世纪的历史进程的产物之一,而这一进程本身便是利维斯长期以来批判的对象。既然马克思主义是利维斯批判的现代文明的产物,那么,其不足之处便并非太过革命性,而是永远不够革命性。[67] 当然,利维斯和《细察》所倡导的革命与马克思主义者所谓的革命不尽相同:利维斯所寻求的是思想革命,而非社会革命,因此,其战场不是大街小巷,而是学校的课程体系。

在试图发起思想革命的过程中,利维斯对社会主义左派和保守右派均持疑虑。甚至可以毫不夸张地说,他厌恶社会主义,这种厌恶既出于理智又发自本能。厌恶的原因是社会主义追求社会平等和物质生活的改善。利维斯坚信,对平等的追求否认了文化领导力的必要性,而对物质繁荣的一味追寻则揭示了一个病态文化轻重缓急的错位。在这点上,利维斯的观点与20世纪五六十年代保守党派草根阶层的立场不谋而合:与后者一样,利维斯对社会主义和宏观计划嗤之以鼻,推崇个体,反对诸如"社会"之类的抽象概念。[68] 但与此同时,利维斯仍与托利党(Tories)*保持了距离,对于其所持有的保守主义毫不动容。他认为文学是对时代的回应,在他看来,这一文学观与所谓的"传统智慧"或"文学价值观"是毫不相干的——他在里士满讲座上如是说:"我并未说人类需要所有的传统智慧,因为这样的说法体现了一种保守主义立场,在我看来,这种保守主义是我们的敌人。"[69] 在利维斯看来,所谓过去,最显著的特征便是无法重来,既然变化是不可避免的,最佳的回应策略便是积极应对,而非试图阻止变化的发生。利维斯头脑中的应对策略十分务实,主要包含了激进的教育改革:他希望整个教育以剑桥新诞生的英语专业为中心——在一系列现代化教育改革尝试中,英语也与诸如古典

---

* 指保守党派。

学之类的老派学科展开过激烈的斗争。

利维斯并非传统的保守派这一点，我们可以从他对宗教的态度中找到进一步的证据。人们之所以将利维斯与清教徒联系起来，很大程度上与他批评的严厉语调、对世俗之事超凡脱俗的态度以及从他的学生们从他那习得的一种奉献精神有关——但这绝不是他本人的宗教信仰所致。在那篇将《细察》与马克思主义对立起来的著名文章中，利维斯也对艾略特的保守主义和宗教热忱嗤之以鼻："至于天主教派和保皇主义，觉得这些教义可信的人并不能使我们相信他们对于问题所采取的态度是有效的。"[70] 利维斯和他父亲一样，对宗教并无太多热情，这一立场贯穿了他对艾略特《四个四重奏》(Four Quartets)的解读。[71] 他将《四个四重奏》阐释为一位试图超越现实、却始终无法到达彼岸的诗人的冥想——利维斯将这种尝试视为某种宗教的冲动。他确信艾略特的诗歌成就非凡，比任何宗教或超越性的存在都远为真实。然而，艾略特的宗教思维使他无法意识到自身的创造性成就。作为人文主义者的利维斯无法赞同这种宗教冲动；他的世俗思想也使他无法对之报以同情。

"二战"之后，利维斯感到自己与时代日益脱节。当权派的口号——计划、进步、现代化、生活水准，等等——如同指甲划过黑板一般令人不适，它们被不假思索地重复着，似乎它们从何而来，又将通往何处，都已不重要。这种感受是双向的：诺埃尔·安南（Noel Annan）称利维斯为他那一代的"异类"，一个"因鄙夷那代人的假虔诚而倍感荣耀"的人物。[72] 利维斯的鄙夷之情流露在那本收录了他里士满讲座的书的书名之中：《利剑永不沉眠：论多元主义、同情及社会希望》。主标题"利剑永不沉眠"当然引自布莱克。利维斯此举用意有二：一是表明他对自身理念的坚定信仰；二是表达他对这位与时代脱节的孤独天才的同情之心。副标题更为发人深省：所谓的"多元主义、同情及社会希望"是一个反讽引语，旨在揭穿一连串虚饰的概念，在利维斯看来，这些只不过是些贻害不浅的陈词滥调。

激进自由主义

让我们暂且借用一下利维斯的用语："为什么？——最终为的是什么呢？"[73] 从前面的论述中，我们已经了解到，利维斯并不赞同英国当权派确立的优先发展事项，并极力抨击了英国、美国和苏联一致崇尚的物质主义；他反对社会主义左派，又对保守右派不屑一顾；还对作为其更为严谨化身的马克思主义和宗教嗤之以鼻。在这些对立立场的衬托之下，利维斯本人的立场逐渐浮出水面。首先，对传统话语和规范决然抵制的背后是一种**激进主义**；其次，利维斯对马克思主义和保守主义的双重反抗则蕴含着**自由主义**倾向。如此一来，利维斯的意识形态可以概括为"激进自由主义"：**激进**反映在他对当代社会的对抗情绪中；**自由**显现在他对个体的推崇与拥护中。[74]

当被问及自身的政治立场时，利维斯自称是一个自由主义者。他的妻子 Q. D. 利维斯则对于自己对左派怀有的敌意毫不避讳，比如有一次她拒绝在政治立场上支持一位处境艰难的讲师。[75] 同时，她也指出自己比丈夫利维斯更能接受保守派，甚至包括投票支持保守党；据一位本科生的回忆，她曾称自己为家长式人物，而非民主人士；早在 1974 年，她便表示相信玛格丽特·撒切尔能成为一位很好的首相。[76] 诸如此类立场鲜明的表态很少出现在利维斯口中，直到1964年大选之前，他做出了有意投票给自由党的表示。"工党政府将是一个冷酷无情的致命敌人，"他解释道，"然而谁能找到可靠的理由，让我们相信保守党政府会更好呢？我仍然觉得一两个自由党人士也许还能有远见和勇气公正地说话。"[77] 他甚至亲自出资赞助剑桥的自由党候选人，但最终发现那位候选人竟然支持综合教育，利维斯颇感失望——于他而言，这便是向平等主义低头，是一种懦弱的表现；在现代文明对标准的冲击中，这种平等主义倾向无疑占据了一席之地。

虽然利维斯对高级政治并无耐心，在思想立场上他仍然明确地将自己置于自由主义传统之中。当查图＆温都斯书局（Chatto and Windus）答应出版约翰·斯图尔特·穆勒（John Stuart Mill）关于杰里米·边沁（Jeremy Bentham）和塞缪尔·泰勒·柯勒律治（Samuel Taylor Coleridge）的评论文章合集时，利维斯亲自出马撰写导读。[78] 在对这两位维多利亚时期思想家的分析中，利维斯遵循穆勒的思路，刻意与边沁的功利主义思想保持了距离——20世纪60年代，利维斯极力抨击了当时所谓的"技术 - 边沁主义"（technologico-Benthamism），而此时，他还只是对该主义的后半部分持有异议。边沁试图将人类社会系统化，在利维斯看来，其雄心本质上与牛顿在天文学领域所取得的成就一脉相承（边沁本人也许会赞同这种提法），甚至应该说，这种系统化人类社会的尝试是从牛顿到亚当·斯密（Adam Smith）再到边沁，又从边沁到赫伯特·斯宾塞（Herbert Spencer）和近来的理查兹（此时，利维斯夫妇已与其失和）一以贯之的。虽然利维斯对该传统持有异议,但在他的世界观中,个体也同样占据了中心位置:穆勒在他的文章中认可"在民主式文明的压力下,捍卫个体权利和个性的需求",利维斯对此十分赞同;同时,"国家组织变得日益庞大,官僚控制力度不断加大、复杂程度不断加深,导致现代社会的个体产生深深的无力感和无助感",在这种巨大牵制之下,他相信个体需要一定的保护。[79] 这种对官僚体制和国家的疑虑不应被理解为利维斯所称的"恬不知耻的个人主义",即狄更斯在《艰难时世》(*Hard Times*)中通过纺织厂厂主、银行家约西亚·庞德贝这一角色所传达的个人主义。[80] 相比之下,利维斯所理解的个体和社会的关系可以概括为"人性化的自由主义":个体既未被社会完全吞没(与社会主义中的个体不同);又不完全脱离社会(和边沁功利主义中的个体亦不相同)。

此外,利维斯还曾表达过对某些观点的认同,从中我们也可以略微窥见他身处的思想传统。他曾对马修·阿诺德表达过倾佩之情,称阿诺德展现出"对复杂具像事物充分的灵活性、敏感度以及微妙而恰到好处的关注,既有过人的智识,又有良好、敏锐的价值观念",他还推荐感兴趣的学生阅读莱昂内尔·特里林的著作《马修·阿诺德》(*Matthew Arnold*)(1939)。[81] 自由主义思潮在美国大获全胜,而特里林可谓其元老级代表人物。他在此前刚刚宣称:"如今的美国,自由主义不只是主导性思潮——它是唯一的思想传统。"[82] 1951年,利维斯为《约翰·穆勒和哈莉耶特·泰勒:友谊与婚姻》(*John Stuart Mill and Harriet Taylor: Their Friendship and Subsequent Marriage*)一书撰写了书评,给予该书高度评价。书评再度流露出利维斯对穆勒的敬佩之情。利维斯赞扬穆勒独立于传统的精神。他写道："穆勒让我们意识到，伟大的维多利亚人可以如何反叛传统和常规，包括习礼、传统道德观和既定的行为准则。"[83] 该书作者是弗里德里希·冯·哈耶克（Friedrich von Hayek），一位社会主义的坚定反对者、个体的拥护者和捍卫者。利维斯并未对哈耶克的政治观发表看法，他很可能不会赞同后者的经济主义立场，但他对该书的高度评价很能说明问题。利维斯还在其他场合高度赞扬过约翰·肯尼思·加尔布雷思（John Kenneth Galbraith）和迈克尔·波兰尼：加尔布雷思是一位自由主义经济学家，曾提醒人们关注丰盛物质生活之下的精神贫瘠；波兰尼是科学家出身的哲学家，匈牙利人，在冷战期间大力推崇个人主义，反对马克思主义。[84] 穆勒、阿诺德、特里林、哈耶克、加尔布雷思和波兰尼，这些人思想各异，而向来不惧于表达批判的利维斯却对他们中的每一位都赞赏有加，这一点我们不应忽视。他显然是欣赏和尊重这些思想家的，而后者分属不同的时空，有着世纪之隔、洲际之差、学科之别，显然，利维斯的立场与这些思想家有着共通之处，而这种共通之处尚未获得清晰认知。思想上的契合性指向意识形态的兼容性，这一兼容性有助于我们定位利维斯的世界观，即自由主义的思想传统。

这种自由主义倾向将利维斯引向精英制社会的理念。他或许对都铎王朝时期颇有好感，在作品中对其做过动情的描绘，但就他目前所处时代的实际情况而言，利维斯眼中的理想社会并不是一个人人知晓并按照自己的身份和地位行事的社会，而是一个人人有机会通过自身努力和行动到达理想位置的社会。他虽然未用"精英制"

这个词（1958年之前也没人用过这个词），但他对理想社会的想象正是精英制的精髓。我们之前谈到过，精英管理社会是雄心勃勃的中产阶级的理想，这一阶层既对上流阶层的特权嗤之以鼻，又对下流社会的诉求感到不屑。虽然利维斯的父亲是一位普通店主，斯诺的父亲也只不过是一名工厂职员，但他们二人皆毕业于文法学校，后来又都成了职业知识分子。可以想见，他们对于世袭制特权的仇恨不亚于对人人平等之口号的仇恨——他们希望社会改革最终可以造就贤能之人。于利维斯而言，才能——或曰才智——并非传统精英人士的专属：毕竟，正如尼尔·罗伯茨（Neil Roberts）所写的那样，在利维斯所钦佩的传统中，"修补匠的儿子写就了《天路历程》（*The Pilgrim's Progress*），普通职员的儿子著成了《远大前程》（*Great Expectations*），乘务员的女儿写下了《米德尔马契》（*Middlemarch*），还有矿工的儿子创作了《虹》（*The Rainbow*）并称是另一个剑桥让他梦见了甲虫"。[85] "另一个剑桥"指的是贵族公学（public school）毕业生、布鲁姆斯伯里（Bloomsbury）知识分子和精英休闲阶层的剑桥，而利维斯在唐宁学院开展的英语教育，其旨趣与此截然不同。简言之，精英制是一个自由主义改革项目，它反对特权，褒奖才华。不过，斯诺所设想的精英制就建立在现有体制机构的基础上，目的在于创造更多的物质繁荣，而利维斯头脑中的精英制致力于培养批判的少数派，这些人将敢于揭露并对抗物质繁荣背后的价值观念。

"站出来，孤军奋战"

整个职业生涯，利维斯都在努力将自己的世界观转变为切实可行的方案——具体体现于阅读书目、课程设置、考试安排、学科项目、学院和大学的规划等。一旦这些想法被制度化，它们就将影响学生和教师，影响私人阅读习惯和公共辩论模式，影响那些在大学内部流行的、有关大学的观念。利维斯本人将此理解为一种政治形式：正因如此，20 世纪 30 年代，利维斯声称他的项目比马克思主义者的计划更具革命性；正因如此，40 年代，利维斯坚持认为英语专业应位于大学学科设置的中心位置，以便所有学生都能接受相关训练；也正因如此，60 年代，利维斯反对大学的民主化，认为民主化在一定程度上对标准造成了威胁。

在这个项目所设定的框架之中，文学批评绝非逃避政治，而是政治斗争的前沿阵地。让我们再来回顾一下：最为紧迫的危机就是对标准造成的威胁，因为倘若失去了标准，人们便无从鉴别创造性的语言使用，而若丧失了鉴别，鲜活的语言本身便无法维系了。语言所面临的这一威胁来自 17 世纪以来英国社会的一系列发展，这些发展最终塑造了现代文明。现代文明最典型的特征是将情感与**思考**决然对立，语言成了思维的障碍。曾经，人们相信是语言**成就了**思维，而思维作为创造性活动即是**生命**本身，如今人们不再如此认为。这一复杂的思辨过程牵涉到对于历史和语言的特定理解，由此，对于思想标准的攻击构成了对整个人类的威胁。文学批评家因此肩负双重使命，一方面要坚守标准，另一方面则要培育公众，以便维持持续创造的可能性。由此，他们面对着三个世纪的英国历史的挑战，且四面受敌，失败的代价是巨大的，令人不敢想象。

这一努力背后是日复一日的辛勤耕耘——委员会的会议、写给编辑的信件、面向公众的讲座，等等。利维斯的策略与他的政治观息息相关。让我们再来回顾一下，斯诺的政治观围绕着外交斡旋和联盟建设展开，其关键词是性情，而非意识形态。在他的政治观中，无意的傲慢或意料之外的同情都有可能成为决定天平倾斜方向的重要因素，从而起到决定性作用。利维斯的政治观则绝然不同：在他眼里，他自身也好，他的事业或世界观也罢，都陷入了重围，在现有体制之内进行建设性的运作是不可实现的。因此，他选择的是一种抵抗的政治，一种戏剧化的姿态，以此激发那些尚在沉睡中的同事、批评家和政客。他深知自己在人眼中很难对付，是一个居高临下、令人生畏的存在，也深知各类奖项和荣誉带给他极高的声望，于是便在斗争中最大限度地利用起了自己的各项优势，将之当作战斗的武器。他也许做得略微过火了一些：克莱夫·詹姆斯（Clive James）曾表示，利维斯攻击之残酷似乎使他的同事们都沦为希特勒。也有人怀疑，利维斯夫妇的唇枪舌剑是否值得，它们是否当得上那些为此而抛却的友谊。[86] 但对于这个问题，无论他人持怎样的观点，利维斯夫妇的回答极其坚定：是的，他们所做的一切都**是**值得的。

雷蒙德·威廉斯的一段回忆也许有助于我们理解利维斯的政治观。威廉斯于1961年加入剑桥英语系，当时，系里提议开设一门有关小说的课程，威廉斯恰好是秘书。于是，他召集了一次委员会会议，他后来回忆说，利维斯对此做出了有益的贡献。不过，有那么一回，针对非英语小说是否应被纳入课程一事，利维斯与绝大多数人观点不一。他极其坚决地表明了自身的立场，但并未能说服众人，于是便转身对威廉斯说："秘书先生，这事就交给你了。课程涉及的内容就是从狄更斯到劳伦斯的英语小说。"利维斯可谓老谋深算,因他知道这也正是威廉斯的提议,但威廉斯还是倾向于遵从多数人的意见。利维斯再次说道:"不,我将此事直接交给你了。"但威廉斯仍在询问多数人的意见。于是,利维斯再次重复:"直接交给你了。"最终,利维斯未能说服众人。他后来解释了在他看来他们原本可以说服其他人。他对威廉斯说:"如果当时你同意我的观点,很可能让整个委员会改变主意。"威廉斯提醒他,多数人是反对他们的意见的,但利维斯坚持认为只要他们坚守立场,很可能扭转局势:"原本你有机会改变局势。可是你根本没准备好站出来,孤军奋战。"**站出来,孤军奋战**:在利维斯头脑中,偏离共识、持有异议本身便是一种政治。[87]

利维斯本人在应对类似争议时始终保持着极为清醒的自我认知。正如上述例子所展示的那样,他总是以一个局外人的姿态介入其中,也乐于卷入纷争,并以此作为一种策略优势。[88]这种政治观贯穿于他的一言一行,即使在校园之外也同样如此。举个例子,20世纪70年代早期,他和他的邻居们深受附近小酒馆的交通、噪音和垃圾污染困扰。当时,人们开了社区会议,还起草了一封信件,但利维斯对待邻居的态度有些唐突,在与酒馆交涉的过程中又显得咄咄逼人。他后来向邻居们写信解释自己的立场,在他看来,唯有对抗性的姿态才能解决问题,试图与对手维持良好关系的做法是行不通的。[89]可见,对抗的政治策略并非只在董事会议产生冲突时才被利维斯采用:这种政治观贯穿于他的为人处世之中,是他解决问题、达成目标的通用方法。

以上对利维斯政治风格的阐述旨在刻画人们对利维斯刻薄、不通世故甚或偏执的普遍印象（倒不是说他一定不具备这些特征）。阐述的目的并不是表达对他策略的赞同或是为他的论辩作任何辩解，而是为了揭示利维斯与斯诺之争的一个背景。在利维斯的眼里，对文学的评判可以等同于对生命本身的评判，因此，对于此类评判有必要据理力争。通过里士满讲座，斯诺认识到了利维斯对待自身批评家身份的严肃态度，以及他激烈执着的政治行动观。

里士满讲座

在剑桥的多年间，斯诺和利维斯的轨迹偶有相交的时刻。比如，1935年的某个傍晚，利维斯在基督学院用餐，正好与斯诺相邻而坐。最初，气氛有些紧张，起因是利维斯指责斯诺给原来的学生戈尔利·帕特造成了不好的影响。斯诺适时转换了话题，谈起了普鲁斯特，说人们之所以能读完他的作品，不是因为作品本身写得如何，而是其正直诚实的人品使然，这也是他百谈不厌的一个话题。这一招倒是发挥了一定的功效：利维斯表示不敢苟同，斯诺迅即指出，其妻子Q. D. 利维斯及合作者德尼斯·哈丁（Denys Harding）也赞同自己的观点。利维斯只好让步，随后便开始大发牢骚，抱怨工作已令他疲于应对，他一边却还要遭受来自敌人的攻击，颇有斯诺所谓的"典范式的受迫害姿态"。斯诺建议利维斯申请一项资助，以便从繁重的教学任务中抽身出来，不过他深知对方不会听取他的建议。[90] 此时的斯诺和利维斯尚年轻，两人均处于各自事业的早期，但他们性格中的某些特点已初露端倪，为日后两人的冲突埋下了伏笔。斯诺对两个领域均有涉猎，一边担任着科学院的研究员，一边从事着文学创作，此时已出版了三部小说。他很擅长与人谈话，能对法国文学发表高论。作为学者，他又是多产的，对学术资助也了如指掌。利维斯的特点同样显而易见：他不避讳潜在的冲突，对他人言辞观点中出现的错误毫不讳言，举止言行显得有些鲁莽。他一直卖力地工作，深感自身处境艰难，受困其中却又不言放弃，因为他深知自身肩负着至关重要的使命。

随后的几十年间，斯诺对利维斯既深怀敬意，又饱含鄙夷。他深知与这样一位成就卓著的批评家保持良好关系的重要性。他对朋友如是说："我相信，只要你和对方保持联系，他们就不太可能加害于你，**即使他们内心并不希望你好**。"[91]20世纪50年代，斯诺曾两次写信支持利维斯，并得到了宽厚友好的回复。[92]当斯诺的作品得到了某位评论家的赞赏，他便想将这位评论家介绍给利维斯。不过，多数情况下，斯诺对利维斯都是怀有戒心的，后者的批评或攻击仍在斯诺的意料之中。[93]在他眼里，利维斯的批评与他的写作观、历史观和政治观可谓大相径庭——他私下称，利维斯与政治疏离的姿态，实则是反动的。[94]50年代，斯诺声名鹊起，地位也逐渐稳固，由此便更倾向于表达上述观点：比如1958年，他将30年代拉瑟福德的乐观精神与艾略特和利维斯的悲观论调进行比对；1960年，他宣称雷蒙德·威廉斯和理查德·霍加特之流在政治上毫无立足之地，因为他们是通过利维斯到达所谓的社会主义理想的。[95]不过，虽有百般的不情愿，斯诺也难掩他对利维斯的艳羡之情：有次读到美国评论家诺曼·波德霍雷茨（Norman Podhoretz）的评论文章，斯诺十分欣喜，当即脱口而出："无怪乎是特里林的金牌学生，又受过利维斯的训练，这么好的背景，实属难得。"[96]事实上，里士满讲座的几周前，斯诺还在推荐某人时专门提到他是利维斯的学生。[97]虽然斯诺也指出这样的学术背景并非没有缺点，但总体而言，能与利维斯建立良好的关系，是斯诺想望的（就像对其他任何作家来说一样）。

但是，在利维斯眼里，斯诺无足轻重。至少在某个场合上，利维斯曾表示他们的关系还算融洽，前提是不就斯诺的小说展开探讨。后来，利维斯则坚称，1960年之前，他与斯诺之间并不存在任何敌对情绪。[98]也就是说，作为剑桥最富声望的批评家，利维斯最初几乎没怎么注意到斯诺，直到《两种文化》问世三年之后，他才觉得有必要对之作出评论。不过，正如伊恩·马基洛普所言，20世纪60年代初期，利维斯不得不开始关注斯诺。马基洛普当时是唐宁学院的本科生，据他回忆，利维斯在唐宁的助手莫里斯·沙皮拉（Morris Shapira）在名为《三角洲》（Delta）的本科生杂志上质疑了试图将利维斯所崇尚的现实主义和斯诺所奉行的现实主义联系起来的做法。[99]其他的批评家则试图将利维斯严厉的批评作风和斯诺朴素无华的行文特色相提并论：帕特在对英语协会（the English Association）的演讲中提到"斯诺所代表的科学家和利维斯所代表的批评家……给我们上了同样的一课"，安格斯·威尔逊则将两者并称为小说领域里的现实主义的倡导者。[100]同时，利维斯本人开始注意到在各类学术文章中出现的涉及《两种文化》的论述，也就是说，这部专著已经进入中高等教育体系。1961年的夏天，利维斯终于购得一本斯诺专著，据说，他在坐等肖像画绘制时还低声谈论着斯诺。[101]利维斯的学生也注意到他们的老师开始颇为顽皮地援引斯诺的小说，而同一时期的信件中也出现了这一倾向。[102]

之后，也就是1961年的秋天，唐宁学院的本科生推选利维斯为年度里士满讲座的演讲嘉宾。[103] 利维斯已计划于本学年末正式退休，由此，一个时代即将终结：在这个时代，利维斯几乎代表了一种不近人情的批评方式。就这次里士满讲座，利维斯决意对斯诺和他的《两种文化》来一次深入的批判。据他所称，他在这次演讲上投入了大量的时间、精力和思考，丝毫不亚于他业已出版的各类学术作品。到了次年一月份，他已文思泉涌，进展十分迅速。[104] 利维斯向来以善辩善思闻名于学术圈，因此，关于里士满讲座的消息不胫而走，广为各界关注：英国广播公司希望为此次讲座录音；《标准晚报》(Evening Standard) 称演讲题目"两种文化？C. P. 斯诺的重要意义"中的问号预示着此次演讲将成为利维斯"最具技巧和挑衅意味的批判外科术"。[105] 1962年2月28日讲座当天，唐宁学院演讲大厅人头攒动。斯诺的朋友普拉姆和乔治·斯坦纳（George Steiner）等人也到场聆听。现场座无虚席，许多人由于没有座位，只能站在走廊里，或是坐在窗沿上。大家屏气凝神，期待着演讲开始的那一刻。[106]

利维斯以一通轻蔑的控诉开场。他说道，斯诺"在思想上毫无出彩之处"，甚至"显得无知可笑"，这种无知体现在斯诺"并不知道自己在说什么，且对此毫不自知"。[107] 在他看来，瑞德演讲展示了"一种令人尴尬的粗俗风格"，还给批评家提出了一个不寻常的问题："在应对斯诺提出的论辩观点，或者说应对那种全景式的伪中肯性时，最大的困难在于其观点毫无思想内涵，毫无想法，让人不知该从何谈起。"[108] 随后，利维斯将矛头对准了斯诺的作家声望："斯诺当然是一位——哦，不，我不能那样说，确切地说，斯诺认为自己是一位作家。"[109] 但实际上如何呢？"作为一个作家，他是不存在的；他甚至尚未开始存在。可以说，他并不知道何谓小说。"[110] 斯诺最新小说《情史》成为英国、苏联和美国等多地的畅销小说，却被利维斯贬斥为"一次无力的尝试"。紧接着，利维斯将矛头重新对准斯诺的《两种文化》："斯诺的论辩中透露着一种认知上的天真、无知和不负责任，称其为思想实乃一种恭维。"[111] 演讲开始仅五分钟后，从丘吉尔学院前来观摩现场的一批人起身离开。随后，包括普拉姆在内的多人也选择离场，普拉姆更是重重地摔门而出。[112]

应该说，利维斯的讲座被解读为对斯诺的一次恶意攻击是不足为怪的。《旁观者》刊出了演讲全文，其后刊发的一系列批评性文章多数持此观点。斯诺本人显然也这么看："最让人无法忍受的是整篇讲座文本……几乎从头至尾充斥着毫无依据的人身攻击。"[113] 即便是正常情况下不愿批评利维斯的特里林也忍不住指责他那"让人无法接受的语调"。[114] 实际上，将里士满讲座解读为对斯诺的刻意攻击是对演讲主题的一种误读，然而，利维斯本人须为此误读承担责任。诚然，演讲是在公开场合进行的，因此在观点的表达之外，利维斯还希望吸引观众的眼球；此外，讲座的主办方是唐宁学院，利维斯是受唐宁本科生之邀所做的讲座，在这群学生眼中，利维斯以一贯的严厉批评风格著称，无论是经典作家，还是当代文豪，都难逃他犀利的解剖。再者，在利维斯看来，斯诺自命不凡的思想立场和公众声望匪夷所思，亟待合理的解释。话虽如此，利维斯极尽修饰的语言风格确实在某种程度上淹没了其论辩的主旨。过后，虽然他仍坚持认为自己的演讲非常"经典"，但其实，他隐约感到他对斯诺的大肆攻击并不利于他更为宏大的意旨的呈现。[115] 于是，此后的十年间，我们看到，利维斯在继续讨伐斯诺的同时，在措辞上更为谨慎，以防被再次误读。[116]

那么，利维斯讲演的主旨究竟为何呢？大致可以概括为如下几点：斯诺本无知，却被推崇为圣人；斯诺的小说毫无生机，却被称颂为寓意深邃的文学作品；《两种文化》空洞无物，却影响至深。斯诺的重要意义并不在于他的思想，而在于虽然他缺乏思想，却仍被广为推崇——他的重要意义在于揭示了他所处文明的真实状态，也正是这一文明孕育了他。被斯诺滥用的诸如"社会希望"等词汇，诸如穷人快速地走入工厂，"只要工厂愿意接纳他们"等语句，以及许诺给发展中国家的"可望而不可及"的发展前景，无一不暗示了这个文明重物质、轻精神的内在逻辑。这一文明的精神世界是极度空虚的，业已取得巨大技术进步的美国便恰到好处地展现着这种空虚：闲极无聊、酗酒买醉的现象无处不在，而今日美国正是明日亚洲和非洲的缩影。诸如康拉德（Joseph Conrad）和劳伦斯等伟大作家极具洞察力：他们与此种自满情绪为敌，始终清醒地拷问着文明前进的内在动因，对不惜代价的进步满腹狐疑。但既然这一进步乃大势所趋，不可阻挡，我们就有必要精心呵护对变化的创造性回应——即利维斯所谓的"生命"。这一回应通过语言得到体现，通过文学得以传承，而高校便是维系生命的最佳所在。由于语言是思想的核心，英语学院便应占据理想大学的中心位置，与其他创造性思维领域密切互动（包括科学在内）。在这样一所理想大学中，人们将对各类星期日报纸中哗众取宠的信息嗤之以鼻；在这样一所理想大学中，人们也不会对斯诺之流给予此等程度的关注。

斯诺—利维斯之争

利维斯讲座的次日，英国广播公司报道称"剑桥人争吵之时，牛津人最好靠边站"。但之后在各大报刊媒体上所发生的一切，堪称一场混战。[117]《泰晤士报》登出的报道文章充斥着断章取义和片面之词，以至于利维斯最终同意刊出他的讲座原文。[118]《观察者》决定先开展一项诽谤调查报告，查明情况后再做下一步的计划。事实证明，这一谨慎的举动是有依有据的：报告认为"讲座内容涉及对查尔斯·斯诺先生职业生涯的刻意中伤和诽谤"，此结论意味着原文是否得以刊出，须征求斯诺的意见。[119]《观察者》杂志的助理编辑西里尔·雷（Cyril Ray）早前曾得到斯诺的支持，成为"雅典娜俱乐部"的一员，此次他奉命前往斯诺位于伦敦的家中，征寻斯诺本人的意见。当时的斯诺因视网膜脱落无法亲自阅读利维斯的讲座稿，于是，他的妻子大声朗读了这份稿件。妻子怒火中烧，但斯诺点头应允，同意刊登讲演原稿。[120]

于3月9日出版的《观察者》杂志的封面是一幅贬损斯诺形象的卡通画，该期杂志全文刊载了利维斯的讲演稿。随后一期便推出了整栏的通讯批评，开篇是威廉·格哈迪对利维斯的激烈批判。"演讲充斥着满腔愤怒的情绪，张牙舞爪的利维斯博士显得十分不负责任，又极其愚蠢可笑，"格哈迪控诉道，"就好比七十个魔鬼三番五次连续锤击着他的内脏。"[121] 随后的争论被特里林恰到好处地概括为"伴随着个性宣扬的混战"。两位主角都找到了各自的追随者。[122] 物理学家伯纳尔竭力为斯诺的科学资质辩护；利维斯的出版商伊恩·帕森斯（Ian Parsons）则特别提到剑桥未来会重印每一期的《细察》。[123] 除了支持者之外，两人也都有批评者：诗人伊迪丝·西特韦尔推测利维斯的演讲完全是出于对斯诺名声的嫉妒；历史学家罗伯特·康奎斯特（Robert Conquest）则着重指出了斯诺论题中的"新闻事实粗陋失真"的问题。[124] 短短四周时间，《观察者》杂志共刊发了四十二篇通讯文章——大部分是支持斯诺的，但斯诺的这种优势因该刊官方发表的一篇质疑《两种文化》的评论文章而大打折扣。[125]

争议四起之时，斯诺的应对方式主要有两种。公开场合，他拒绝与利维斯正面交锋。他声明说，面对利维斯的情绪性攻击，他无法以理相驳，毕竟这不是在面试工作，没必要就自身资质来一番展示。[126] 斯诺解释道，针对利维斯，只有两种途径，要么控告他诽谤，要么什么也不做。既然他无法与利维斯撕破脸，便只好选择沉默。[127] 斯诺的下一场公众演讲是四月份在圣安德鲁斯大学（St. Andrews）的雷克托讲座，斯诺在这场演讲中压根就没有提到利维斯，不过也确实没有必要，因为演讲题目是"谈宽宏大量"。[128] 宽宏大量当然是至关重要的，与此同时，斯诺也知道反击的必要性。因此，私底下，斯诺展开了一连串的反击。普拉姆建议写一篇恰如其分的反讽文，并琢磨着利维斯的私人生活能否提供一些写作素材。[129] 斯诺本人则密切关注着事态的发展，等待合适机会的出现。当利维斯的一位支持者坦言并未真正读过斯诺小说时，斯诺意识到机会来了，他可以借此攻击利维斯作为教师的合格性。于是，斯诺联系了利兹大学（Leeds University）的英语教授诺曼·杰弗斯（A. Norman Jeffares），建议他写一篇通讯文章，揭露利维斯误人子弟的教育方式，即训练学生就从未读过的小说发表评论。[130] 我们在接下来的第 3 章中将看到，斯诺也以类似手段倚靠其他领域的朋友捍卫自身，为其论题和权威性进行着各类辩护。

与此同时，唐宁学院的利维斯难掩得意之情。他自信自己的论题蕴含着坚不可摧的逻辑：任何为斯诺的辩护终将沦为文明堕落的佐证，而任何对他的攻击也终将反向证明他对形势的判断。斯诺的支持者安东尼·斯托尔（Anthony Storr）在一封写给《观察者》的信中非常巧妙地指出了这个问题："利维斯博士的爆发式言论……必将为自身招致相当多的反击，不过这些反击恰恰能让他颇感自满。"[131] 随着反击的进行，利维斯没有丝毫妥协的姿态，甚至变本加厉地将他对斯诺的攻击改写为一篇引言,在《细察》重印版再度刊发。[132] 里士满讲座极大地拓展了利维斯在圈外的知名度，而这其实只是他在未来十年间"反启蒙传统"运动中迈出的第一步。

斯诺也开始重新考虑沉默策略的有效性。[133] 斯坦纳在伦敦拜访斯诺夫妇时，发现主人一家似乎对利维斯一事耿耿于怀。[134] 利维斯的演讲全文发表于《观察者》杂志的四个月后，利维斯在查图 & 温都斯书局的编辑计划将稿件以著作的形式发表，便写信给斯诺征寻意见，斯诺和约翰逊试图阻挠这一计划，以此对利维斯施以打击。[135] 计划搁浅之后，斯诺还刻意提醒编辑，称自己保留着追究责任的权利，包括改写、增删之类的改动也逃脱不了他的视线——看似提醒，实则是不动声色的威胁。尽管如此,斯诺也未能阻止该书的出版。[136] 不过，他仍然竭尽全力减小利维斯事件对他声名的不利影响，以免自己最终无缘诺贝尔奖。[137] 此后的每年他都在期盼着诺奖揭晓的那一刻，在他看来，似乎只有摘得诺奖，才能弥补利维斯对他的名誉所造成的伤害。但每年，诺奖都颁给了其他作家，这让斯诺失望至极。不过，与此同时，他也在寻求利用其他方式削弱利维斯的权威，抨击他所代表的理念。[138]

结语

利维斯的里士满讲座往往被解读为对斯诺的人身攻击，抑或是对斯诺所倡导的科学的猛烈抨击。然而，这一阐释令利维斯感到懊恼和不适。本章节另辟蹊径，将利维斯的演讲置于他的世界观语境之中：利维斯深信，自17世纪新文明诞生以来，人类历史经历了一次脱轨，曾经辉煌的文化只能依靠伟大的小说家和诗人的语言来传承。然而，20世纪以降，批评家的权威遭遇了市场口味的挑战。作为对这一代表着"生命"的语言高度敏感的少数群体，批评家们地位的削弱标志着"生命"的维系面临着前所未有的威胁。利维斯的激进自由主义正是这一危机的产物，该立场与斯诺的技术官僚乐观主义形成了鲜明的对比：利维斯坚信，少数个体有能力抵抗与大众文明相伴而生的历史潮流、社会常规和体制束缚。这一立场在他1962年的里士满讲座上得到了充分的阐述。该演讲以抨击斯诺的声望开篇，意在提醒观众关注这一前所未有的危机。20世纪60年代伊始，在瑞德讲座和里士满讲座上，斯诺和利维斯向我们呈现了对历史与将来全然不同的解读。未来的岁月里，两人公开或私下地以各自的方式，力图将愿景转化为现实。

章后注

[1] F. R. Leavis, *Two Cultures? The Significance of C. P. Snow* (London: Chatto and Windus, 1962).

[2] 请参考：Aldous Huxley, *Literature and Science* (London: Harper'and Row, 1963); David K. Cornelius and Edwin St. Vincent, eds., *Cultures in Conflict: Perspectives on the Snow-Leavis Controversy* (Chicago: Scott Foresman and Co., 1964), 以及此书的诸多评语：Paul Boytinck, *C. P. Snow: A Reference Guide* (Boston: Hall, 1980)。

[3] F. R. Leavis, *English Literature in Our Time and the University* (London: Chatto and Windus, 1969), p. 3.

[4] 同上，pp. 28, 40, 64–65。

[5] 关于剑桥英语的创立，参见 Ian MacKillop, *F. R. Leavis: A Life in Criticism* (London: Allen Lane, 1995), pp. 51–68。关于英国的文学研究发展，参见 Chris Baldick, *The Social Mission of English Criticism, 1848–1932* (New York: Oxford University Press, 1983); Anne Samson, *F. R. Leavis* (University of Toronto Press, 1992)。关于美国的相关情况，参见 Gerald Graff, *Professing Literature: An Institutional History* (University of Chicago Press, 1987)。

[6] Baldick, *The Social Mission of English Criticism*, Chapter 3.

[7] 同上，Chapter 4。

[8] MacKillop, *F. R. Leavis*, p. 56. 福布斯出身历史学家，随后转入英语文学。麦基洛普（MacKillop）将他所从事的领域形容为"怪异的：大致说来，若他不是在考察苏格兰豪华建筑，那便是在从事浪漫主义文学批评"。参见 MacKillop, *F. R. Leavis*, pp. 49, 158.

[9] Baldick, *The Social Mission of English Criticism*, p. 134.

[10] 本段话主要出自：Richard Storer, "Richards, Ivor Armstrong (1893–1979)," *Oxford Dictionary of National Biography* (Oxford University Press, 2004)。同时参见 Stefan Collini, "On Highest Authority: The Literary Critic and Other Aviators in Early Twentieth-Century Britain," in *Modernist Impulses in the Human Sciences, 1870–1930*, ed. Dorothy Ross (Baltimore: Johns Hopkins University Press, 1994), pp. 152–170; John Paul Russo, *I. A. Richards: His Life and Work* (Baltimore: Johns Hopkins University Press, 1989)。

[11] I. A. Richards, *Principles of Literary Criticism* (London: Kegan Paul, 1924); Richards, *Science and Poetry* (London: Kegan Paul, 1926).

[12] I. A. Richards, *Practical Criticism: A Study of Literary Judgment* (London: Harcourt Brace, 1929).

[13] 关于之后理查兹的职业发展，参见 Rodney Koeneke, *Empires of the Mind: I. A. Richards*

and Basic English in China, 1929–1979 (Stanford University Press, 2004)。关于剑桥英语的特色及利维斯在其中所扮演的作用,参见 Stefan Collini, "Cambridge and the Study of English," *Cambridge Contributions*, ed. Sarah J. Omrod (Cambridge University Press, 1998), pp. 42–64。

[14] MacKillop, *F. R. Leavis*, p. 29. 本段来自麦基洛普的利维斯传记。

[15] 基于2006年10月30日作者的私下交流。利维斯的钢琴于1972年被苏珊·詹姆斯(Susan James)购得。斯金纳回忆称,这是一架小型的德式钢琴,音色很好,利维斯的名字 Leavis 以黄铜字母印刻在琴键键盘盖上。他们后来于1979年再次将它出售。

[16] F. R. Leavis, "The Relationship of Journalism to Literature: Studied in the Rise and Earlier Development of the Press in England," unpublished PhD thesis, University of Cambridge (1924).

[17] 此处关于 Q. D. Leavis 的介绍,参见 MacKillop, *F. R. Leavis*, pp. 85–87, 100–101, 104–108。

[18] Q. D. Leavis, *Fiction and the Reading Public* (London: Chatto and Windus, 1932).

[19] 更多关于利维斯夫妻及他们在此期间的社交情况,可参见 Denys Thompson, ed., *The Leavises: Recollections and Impressions* (Cambridge University Press, 1984)。

[20] MacKillop, *F. R. Leavis*, pp. 88–91.

[21] F. R. Leavis, *New Bearings in English Poetry* (London: Chatto and Windus, 1932).

[22] 关于《细察》,参阅 Francis Mulhern, *The Moment of "Scrutiny"* (London: New Left Books, 1979)。

[23] 引自 MacKillop, *F. R. Leavis*, p. 409。

[24] 除了《大众文明与少数人文化》由剑桥的少数派出版社(Minority Press)出版之外,其他著作均由伦敦的查图&温都斯书局(Chatto and Windus)出版。此外,利维斯一生中还发表了四部散文集,分别为:*For Continuity* (Cambridge: Minority Press, 1933), *The Common Pursuit* (London: Chatto and Windus, 1952), *"Anna Karenina" and Other Essays* (London: Chatto and Windus, 1967), 以及与 Q. D. Leavis 一起出版的 *Lectures in America* (London: Chatto and Windus, 1969)。利维斯去世后,辛格(G. Singh)编了两部利维斯散文集: *The Critic as Anti-Philosopher: Essays and Papers* (Athens: University of Georgia Press, 1983); *Valuation in Criticism and Other Essays* (Cambridge University Press, 1986).

[25] 关于利维斯的思想发展和批评立场,参见 Michael Bell, *F. R. Leavis* (London: Routledge, 1988); Bell, "F. R. Leavis," *The Cambridge History of Literary Criticism: Volume 7, Modernism and the New Criticism*, ed. A. Walton Litz, *et al.* (Cambridge University Press, 2000), pp. 389–422; Gary Day, *Re-reading Leavis: Culture and Literary Criticism* (New York: St. Martin's Press, 1996); 此外还可参考 Collini, "Cambridge and the Study of English"; MacKillop, *F. R. Leavis*; Mulhern, *The Moment of "Scrutiny"*。

[26] F. R. Leavis, *Mass Civilisation and Minority Culture* (Cambridge: Minority Press, 1930),

p.17.

[27] Leavis, *Two Cultures?*, p. 11.

[28] F. R. Leavis, *Nor Shall My Sword* (London: Chatto and Windus, 1972), p. 15.

[29] Leavis, *English Literature in Our Time and the University*, p. 2.

[30] F. R. Leavis, "*Anna Karenina*" *and Other Essays*, p. 175, 重版自 "'Lawrence Scholarship' and Lawrence," *Sewanee Review* 71 (January–March 1963), pp. 25–35。已逝批评家伊恩·马基洛普(Ian MacKillop)在个人主页的一篇博文中讨论了这段话,分析十分精辟独到。可惜,文章链接目前已失效。

[31] 德国的生命哲学(*Lebensphilosophie*)传统与利维斯所谓的"生命"理论有着相似之处,据此可参考 Paul Forman, "The Primacy of Science in Modernity, of Technology in Postmodernity, and of Ideology in the History of Technology," *History and Technology* 23 (March/June 2007), pp. 1–152, especially pp. 45–47;关于利维斯和海德格尔(Heidegger)之间的思想联系,参见贝尔(Bell)在《利维斯》(*F. R. Leavis*)一书中的探讨,此外可参考贝尔在《剑桥文学批评史》(*The Cambridge History of Literary Criticism*)中的利维斯条目。

[32] 特里·伊格尔顿(Terry Eagleton)对此有着极为精辟的论述:"一个社会的语言质量是该社会个人生活和社会生活质量最为显著的指标:一个不再重视文学的社会从根本上抑制了创造并维持人类文明精华的原动力,这是相当致命的。" 参见 Eagleton, *Literary Theory: An Introduction* (Minneapolis: University of Minnesota Press, 1983), p. 32。

[33] F. R. Leavis, "The Pilgrim's Progress," in "*Anna Karenina*" *and Other Essays*, p. 41, 该文最初为 John Bunyan, *The Pilgrim's Progress* (New York: New American Library, 1964) 一书的后记。

[34] Leavis, *The Common Pursuit*, pp. 212–213; 最初发表为 "Literary Criticism and Philosophy: A Reply," *Scrutiny* 6 (June 1937), pp. 59–70。

[35] F. R. Leavis, *Thought, Words and Creativity: Art and Thought in Lawrence* (New York: Oxford University Press, 1976), p. 121 (着重系原文所加)。

[36] 参见 John Ferns, *F. R. Leavis* (New York: Twayne, 2000), pp. 20–25。

[37] 对这种悲观情绪及其原因的更多讨论,参阅 Mulhern, *The Moment of* "*Scrutiny*"。

[38] 参考 Roy Porter, "The Two Cultures Revisited," *Cambridge Review*, November 1994, pp.74–80。

[39] 科林尼在斯诺《两种文化》的引言中探讨了利维斯对威尔斯的负面评价,参见 Snow, *The Two Cultures* (Cambridge University Press, 1993), pp. xxiii–xxv。

[40] Leavis, *Nor Shall My Sword*, p. 129.

[41] 关于有机的社会团体的论述,详见 Leavis and Denys Thompson, *Culture and Environment: The Training of Critical Awareness* (London: Chatto and Windus, 1933), 尤其是未编号的章节 "The

第 2 章 利维斯和激进自由主义 145

Organic Community" 及 "The Loss of the Organic Community"。同时可参考利维斯的一篇有关塞西尔·夏普（Cecil Sharp）叙述阿巴拉契亚文化（Appalachian culture）的文章："Literature and Society," *Scrutiny* 12 (Winter 1943), pp. 2–11。

[42]　Leavis, *Mass Civilisation and Minority Culture*, p. 25.

[43]　T. S. Eliot, "The Metaphysical Poets," *Selected Essays* (New York: Harcourt Brace, 1932), p. 247；这篇文章写于 1921 年。关于"情感脱节"，参阅 Frank Kermode, *Romantic Image* (London: Routledge and Paul, 1957); F. W. Bateson, "Dissociation of Sensibility," *Essays in Critical Dissent* (London: Longman, 1972), pp. 142–152。

[44]　关于利维斯就"情感脱节"的论述，参见 "English Poetry in the Seventeenth Century," *Scrutiny* 4 (December 1935), pp. 236–256，再刊为 "The Line of Wit," in *Revaluation: Tradition and Development in English Poetry* (London: Chatto and Windus, 1936), Chapter 1，以及 "Eliot's 'Axe to Grind' and the Nature of Great Criticism," in *English Literature in Our Time and the University*, Chapter 3。还可参考 Bell, *F. R. Leavis*, pp. 57–61，作者写道："艾略特后来修正并颠覆了他此前对邓恩的观点，而且试图将自己与'情感脱节'这一词组撇清关系"（p. 59）；同时，作者还探讨了利维斯就艾略特这一说法的论述（pp. 60–61）。

[45]　F. R. Leavis, "English Poetry in the Eighteenth Century," *Scrutiny* 5 (June 1936), pp. 13–31，再次刊印为 "The Augustan Tradition," *Revaluation*, Chapter 4, quotation p. 96。

[46]　关于利维斯对 17 世纪的论述，参见下列章节：*Education and the University: A Sketch for an English School* (London: Chatto and Windus, 1943), Chapter 2; *English Literature in Our Time and the University*, Chapter 3; *Nor Shall My Sword*, Chapter 4; *The Living Principle: 'English' as a Discipline of Thought* (London: Chatto and Windus, 1975), Chapter 1。

[47]　利维斯在《鲜活的原则：作为思想性学科的英文》的第一章中详细阐述了这些思想。他将语言与现实之间的差距概括为"笛卡尔二元性"（Cartesian duality）。虽然术语本身界定得十分清晰，我在这里暂不作援引，因为利维斯的这些思想贯穿了他的整个批评生涯，并非一个后期引入的术语可以囊括的。

[48]　Thomas Sprat, *History of the Royal Society* (1667)，转引自 Leavis, *English Literature in Our Time and the University*, p. 94。利维斯还在以下地方讨论过皇家学会："The Relationship of Journalism to Literature," pp. 89–90, *Revaluation*, pp. 35, 96, 以及 *Nor Shall My Sword*, p.172。

[49]　关于利维斯对弥尔顿的论述，参见 "Milton's Verse," *Scrutiny* 2 (September 1933), pp. 123–136，后在《重估》（*Revaluation*）上再版；"In Defence of Milton," *Scrutiny* 7 (June 1938), pp. 104–114，以及 "Mr. Eliot and Milton," *Sewanee Review* 57 (Winter 1949), pp.1–30。后面这两篇文章后都再刊于《共同追求》（*The Common Pursuit*）。

[50]　关于利维斯的立场，贝尔解释说："弥尔顿的创作方式远离了鲜活的口语，并借此从语言的角度巩固了'诗学'这一特殊领域"。参考 *F. R. Leavis*, p. 59。

[51] Leavis, *Revaluation*, p. 48. （着重系原文所加。）

[52] 同上。

[53] Leavis, *English Literature in Our Time and the University*, p. 98.

[54] Leavis, *Revaluation*, p. 50.

[55] 同上，p. 53。

[56] 关于利维斯对牛顿的论述（大多只是提及，而非具体的分析），参见 *English Literature in Our Time and the University*, Chapter 1; *Nor Shall My Sword*, Chapter 4; *The Living Principle*, Chapter 1。关于利维斯对洛克的论述，参见 *Nor Shall My Sword*, p.127。关于利维斯对德莱顿的论述，参见 *English Literature in Our Time and the University*, Chapter 3。

[57] 关于利维斯对奥古斯都时代的论述，请参考 *Revaluation*，尤其是 Chapter 4。

[58] 关于利维斯对布莱克的论述，请参考 *Revaluation*, pp. 103-105; *The Common Pursuit*, pp. 186-188; *Nor Shall My Sword*, pp. 11-37。

[59] Leavis, "Literature and Society," in *The Common Pursuit*, p. 192.

[60] Leavis, *Mass Civilisation and Minority Culture*, p. 12.

[61] Mulhern, *The Moment of "Scrutiny,"* pp. 7-9.

[62] Leavis, *Mass Civilisation and Minority Culture*, p. 5.

[63] William Gerhardi, "Sir Charles Snow, Dr. F. R. Leavis, and the Two Cultures," *Spectator*, 16 March 1962, pp. 329-331; John Wain, "21 Years with Dr. Leavis," *Observer*, 27 October 1963. Eagleton, *Literary Theory*, pp. 30-43，以及 Samson, *F. R. Leavis*; G. Singh, *F. R. Leavis: A Literary Biography* (London: Duckworth, 1995); Mulhern, *The Moment of "Scrutiny"*。

[64] 关于利维斯和《细察》针对马克思主义的观点，可供参考的主要文本包括（以时间顺序罗列）: "'Under Which King, Bezonian?'" *Scrutiny* 1 (December 1932), pp. 205-215; "Restatements for Critics," *Scrutiny* 1 (March 1933), pp. 315-323; "Marxism and Cultural Continuity," *For Continuity* (Cambridge: Minority Press, 1933), pp. 1-12; "'The Marxian Analysis,'" *Scrutiny* 6 (September 1937), pp. 201-204; "Retrospect of a Decade," *Scrutiny* 9 (June 1940), pp. 70-72; "Literature and Society," *Scrutiny* 12 (Winter 1943), pp.2-11; "Critic and Leviathan: Literary Criticism and Politics," *Politics and Letters* 1 (Winter-Spring 1948), pp. 58-61; "'Scrutiny': A Retrospect"，初次刊印于 Cambridge University Press 重印的 1963 年《细察》，随后再刊于 *Valuation in Criticism and Other Essays*。关于利维斯与马克思主义，重点参阅 Mulhern, *The Moment of "Scrutiny"*。

[65] Perry Anderson, "Components of the National Culture," *New Left Review* 50 (July-August 1968), pp. 3-57, reprinted in *English Questions* (London: Verso, 1992), pp. 48-104, quotation p. 100.

[66] Leavis, *Valuation in Criticism*, p. 221.

[67] 针对这一立场的批判，参见 Anderson, "Components of the National Culture," in *English Questions*, pp. 96–103。

[68] 关于保守党派的草根阶层及其立场，参见 E. H. H. Green, *Thatcher* (London: Hodder Arnold, 2006), pp. 45, 192，and *passim*。

[69] Leavis, *Two Cultures?*, pp. 26–27.

[70] Leavis, " 'Under Which King, Bezonian?' " p. 213.

[71] Leavis, *The Living Principle*, pp. 155–264.

[72] Noel Annan, *Our Age: English Intellectuals between the World Wars—a Group Portrait* (New York: Random House, 1990), p. 315.

[73] Leavis, *Two Cultures?*, p. 22.

[74] 罗伊·福勒（Roy Fuller）在他的文章中称利维斯为"自由主义者"，随后探讨了他无关政治的职业生涯轨迹。参见"The Critic and the Weekly," *New Statesman*, 14 July 1972, p.56。伊格尔顿在他的书作中讨论了利维斯的自由人文主义倾向，并将之与艾略特的保守主义区分开来。参见 *Literary Theory*, pp. 42–43。

[75] Raymond Williams, "Seeing a Man Running," in Denys Thompson, ed., *The Leavises*, p.115.

[76] Rupert Christiansen, "Footsteps from the Floor Above," *Spectator*, 8 July 1995, p. 33; Q. D. Leavis to David Holbrook, 9 November 1974, Downing College: DCPP/LEA/4Leavis, F. R. (7).

[77] 引自家住剑桥的理查德·古德和吉恩·古德（Richard and Jean Gooder）所收藏的剪报，原报纸名不详（在此对二位表示感谢）。

[78] John Stuart Mill, *Mill on Bentham and Coleridge*, introduction by F. R. Leavis (London: Chatto and Windus, 1950).

[79] F. R. Leavis, introduction to Mill, *Mill on Bentham and Coleridge* (London: Chatto and Windus, 1950), pp. 16, 27.

[80] 同上，p. 35。

[81] 同上，p. 38；Lionel Trilling, *Matthew Arnold* (New York: Norton, 1939)。据科里尼称，与利维斯一样，阿诺德的意识形态立场也很难界定。参见 *Arnold* (Oxford University Press, 1988), pp. 88–92。

[82] Trilling, *The Liberal Imagination* (New York: Viking, 1950), p. ix.

[83] F. R. Leavis, "Saints of Rationalism," *Listener*, 26 April 1951, p. 672.

[84] John Kenneth Galbraith, *The Affluent Society* (Boston: Houghton Mifflin, 1958)；利维斯在《我们时代的英语文学和大学》一书中对加尔布雷思大加赞赏，参见 *English Literature in Our Time and the University*, pp. 31–32。关于迈克尔·波兰尼，请参考：Jessica Reinisch, "The Society for Freedom in Science, 1940–1963," unpublished MSc thesis, University of London (2000)；关于利维斯对波兰尼的评价，参见第 5 章。

[85] Neil Roberts, " 'Leavisite' Cambridge in the 1960s," in *F. R. Leavis: Essays and Documents*, ed. Ian MacKillop and Richard Storer (Sheffield Academic Press, 1995), p. 266.

[86] Clive James, *May Week Was in June* (London: Cape, 1990), pp. 63–68; James Wood, "Don't Mess with the Don," *Guardian*, 21 July 1995.

[87] Williams, "Seeing a Man Running," pp. 116–119.

[88] Leavis to Holbrook, 12 December 1968, Downing College: DCPP/LEA/4 Leavis, F. R. (5).

[89] Leavis to Shire ［？］, 15 January 1973, Emmanuel: ECA COL 9.59a.108.

[90] Snow to Putt, 1 February 1935, 27 February 1935, Harry Ransom Humanities Research Center (HRC): Snow 134.4. 卡洛琳·诺比尔·葛丽塔（Caroline Nobile Gryta）推测第二封信的时间为 11 月，她将其中的 "ii" 理解为第 11 个月份: "Selected Letters of C. P. Snow: A Critical Edition," unpublished PhD dissertation, Pennsylvania State University (1988), pp. 78, 94。

[91] Snow to Harry Hoff, 15 November 1951, HRC: Snow 118.2．（着重系原书所加。）

[92] 第一封信涉及利维斯与《时代文学副刊》之间的宿怨，第二封信则写于《细察》终结之际，斯诺向利维斯表达了遗憾之情。利维斯的回信收藏于斯诺的信件中: Leavis to Snow, 31 March 1950, 6 January 1954, HRC: Snow 132.10。

[93] 在 1951 年 10 月 22 日写给帕特的信中，斯诺推测给予他好评的批评家与利维斯有一定的联系: 22 October 1951, Cambridge University Library (CUL): Box "C. P. Snow and Pam: 1946 to 1968," File "Snow 1946 to 1968"。利维斯讲座的两年前，斯诺如是写道: "我有生之年估计都只能与那种敌意共存亡了，利维斯那派人中估计有人很想暗杀我，并为此事偷着乐呢。" Snow to Plumb, 22 April 1960, CUL: Box "C. P. Snow and Pam: 1946 to 1968," File "Snow 1946 to 1968."

[94] Snow to Hoff, 1 November 1960, HRC: Snow 118.3.

[95] C. P. Snow, "The Age of Rutherford," *Atlantic Monthly*, November 1958, pp. 76–81; Snow to Norman Podhoretz, 2 February 1960, HRC: Snow 165.10.

[96] Snow to Plumb, 13 May 1958, CUL: Box "C. P. Snow and Pam: 1946 to 1968," File "Snow 1946 to 1968."

[97] Snow to the Principal of Kingston upon Hull, 12 February 1962, HRC: Snow 109.1.

[98] Leo Salingar, *Cambridge Quarterly* 25 (1996), p. 401; Ivar Alastair Watson, " 'The Distance Runner's Perfect Heart': Dr. Leavis in Spain," *Cambridge Review*, November 1995, p.72.

[99] MacKillop, *F. R. Leavis*, pp. 312–314.

[100] 同上，pp. 316–317。S. Gorley Putt, "Technique and Culture: Three Cambridge Portraits," *Essays and Studies* 14 (1961), p. 34; Angus Wilson, "If It's New and Modish, Is It Good?" *New York Times Book Review*, 2 July 1961, p. 1，后再刊为 "A Plea Against Fashion in Writing," *Moderna Sprak* 55 (1961), pp. 345–350。威尔逊在另一篇文章中重申了自己的观点，见

"Fourteen Points," *Encounter*, January 1962, pp. 10–12。

[101]　Peter Greenham，转引自 MacKillop, *F. R. Leavis*, p. 5。

[102]　1961年7月，利维斯在剑桥英语教员间对其被驱逐于"权力走廊"之外表示惋惜；斯诺善于使用这样的措辞，早在1957年就提出了这个说法，后来又把它用作小说的标题。Leavis to D. F. Pocock, 25 July 1961, Emmanuel College: ECA COL 9.59a.121.20; C. P. Snow, "The Corridors of Power," *Listener*, 18 April 1957, pp. 619–620.

[103]　Downing College: Governing Body Minutes, 27 October 1961, 106. 关于讲座的概述，参见 MacKillop, *F. R. Leavis*, Chapter 9。

[104]　G. Singh, *F. R. Leavis: A Literary Biography*, p. 288; MacKillop, *F. R. Leavis*, p. 317.

[105]　R. E. Keen to Leavis, 23 February 1962, BBC Written Archives Centre (BBC WAC), Caversham: F. R. Leavis, File I, 1940–1962；利维斯在1962年2月27日的回信中并未同意："Stormy Don's Swan Song Should Be a Fiery One," *Evening Standard*, 28 February 1962。

[106]　MacKillop, *F. R. Leavis*, p. 318. 在此感谢大卫·霍布鲁克（David Holbrook）提供讲座现场的相关消息。

[107]　Leavis, *Two Cultures?*, pp. 9–10. 文章最初发表为 "The Two Cultures? The Significance of C. P. Snow," *Spectator*, 9 March 1962, pp. 297–303。利维斯的原手稿收藏于哈佛大学：Houghton Library, MS Eng 1218。

[108]　Leavis, *Two Cultures?*, pp. 11–12.

[109]　同上，p. 12。

[110]　同上，p. 13。

[111]　同上，pp. 14–15。

[112]　Plumb to Snow, 5 March 1962, HRC: Snow 226.12.

[113]　参见 Gerhardi, "Sir Charles Snow, Dr. F. R. Leavis, and the Two Cultures," pp. 329–333；Snow to Plumb, 7 March 1962, HRC: Snow 226.12。

[114]　Lionel Trilling, "Science, Literature, and Culture: A Comment on the Leavis-Snow Controversy," *Commentary*, June 1962, pp. 463–464. 正常情况下，特里林是不愿批评利维斯的，比如他曾表示除非自己能对《细察》中刊出的演讲稿给予好评，否则他将拒绝为 BBC 撰写与此相关的评论文章：Memorandum, 8 April 1963, BBC WAC: F. R. Leavis, File II, 1963–1964。

[115]　Leavis to J. Schwartz, 19 March 1964, Harvard University: Houghton Library, Autograph File L.

[116]　某次在为相似主题的演讲做好准备之后，利维斯解释称他特地在此次讲演中将对斯诺的引用减少到了最低程度，目的就在于凸显他论辩的主题，不让听众受相关联想的影响，参见 Leavis to A. I. Doyle, 9 September 1965, Downing College: DCPP/LEA/2 Leavis, F. R.

[117] Ten O'clock News, BBC Home Service, 1 March 1962, BBC WAC: Microfilm "Ten": T539-540.

[118] MacKillop, *F. R. Leavis*, p. 321; Graham Chainey, *A Literary History of Cambridge* (Cambridge: Pevensey, 1985), p. 216. 菲利普·斯诺（Philip A. Snow）认为利维斯早前便已将刊登原文的权利出售给了《观察者》；在写给《剑桥评论》的一封信中，谢内（Chainey）质疑了此观点，详见 *Cambridge Review*, March 1988, p. 48。此外，麦基洛普（MacKillop）也对利维斯事先同意刊出讲座原稿一事持怀疑态度 (p. 321)，这与此前提到的利维斯拒绝英国广播公司录制讲座一事相吻合。

[119] The Spectator Limited, "Proposed Publication in the Spectator of the Text of a Lecture Delivered by F. R. Leavis at Downing College Cambridge on or about the 28th February 1962: Libel Report," p. 6, University of Reading: Chatto and Windus.

[120] MacKillop, *F. R. Leavis*, p. 321.

[121] Gerhardi, "Sir Charles Snow, Dr. F. R. Leavis, and the Two Cultures," p. 329.

[122] 除了上述 3 月 16 日的专栏通讯批评之外，《观察者》杂志还以下日期刊登了通讯文章：23 March 1962, pp. 365-367；30 March 1962, pp. 395-396，以及 6 April 1962, p.442。Trilling, "Science, Literature, and Culture," p. 463.

[123] J. D. Bernal, "Letters," *Spectator*, 23 March 1962, p. 365; Ian Parsons, "Letters," *Spectator*, 23 March 1962, p. 365.

[124] Edith Sitwell, "Sir Charles Snow, Dr. F. R. Leavis, and the Two Cultures," *Spectator*, 16 March 1962, p. 331; Robert Conquest, "Letters," *Spectator*, 30 March 1962, pp. 395-396.

[125] "The Two Cultures," *Spectator*, 30 March 1962, pp. 387-388.

[126] Snow to Plumb, 7 March 1962, HRC: Snow 226.12.

[127] Snow to Levin, 13 March 1962, Harvard University: Houghton Library, Levin papers, MS Am 2461 (918), Storage 342, Box 18, "Snow, C. P."

[128] C. P. Snow, "On Magnanimity," *Harper's*, July 1962, pp. 37-41.

[129] Plumb to Snow, 5 March 1962, HRC: Snow 226.12.

[130] Snow to Jeffares, 30 March 1962, HRC: Snow 226.13.

[131] Anthony Storr, "Sir Charles Snow, Dr. F. R. Leavis, and the Two Cultures," *Spectator*, 16 March 1962, p. 332.

[132] F. R. Leavis, "A Retrospect," *Scrutiny* 20 (Cambridge University Press, 1963), pp. 1-24（写于 1962 年 8 月）。

[133] Snow to Burroughs Mitchell, 9 May 1963, HRC: Snow 1.5.

[134] Steiner, 21 September 1962, Churchill College: Steiner papers, GSNR 1/5.

[135] Snow to Parsons, 27 July 1962; Pamela Johnson to Parsons, 4 August 1962, University of

Reading: Chatto and Windus.

[136]　Snow to Parsons, 7 August 1962, University of Reading: Chatto and Windus.

[137]　Snow to Plumb, 7 March 1962, HRC: Snow 226.12; Snow to Mitchell, 19 March 1962, HRC: Snow 226.13. 另参阅 Philip A. Snow, *Stranger and Brother: A Portrait of C. P. Snow* (London: Macmillan, 1982), p. 130。

[138]　Philip A. Snow, *A Time of Renewal: Clusters of Characters, C. P. Snow, and Coups* (London: Radcliffe Press, 1998), p. 171.

第 3 章 两所学院的故事

大学理念

斯诺和利维斯、瑞德和里士满、技术官僚和变革派："两种文化"的争议不仅源于个性或学科之间的冲突，更是受到截然不同的世界观的影响。斯诺和利维斯都反对左翼的马克思主义者和右翼托利党，相信自由流动的社会等级制度，并把自己置于自由的传统之中。然而，他们的自由主义彼此对立，这种对立源自对"现代文明"的截然相反的态度。其核心便是：现代文明究竟是推动还是阻碍了个人能力的实现？

作为将理想转化为现实的场所，教育成为这场冲突的核心。事实上，斯诺的瑞德讲座和利维斯的里士满讲座都倡导了英国教育的革命。斯诺认为，英国的大学必须培养更多的科学家和工程师，为公共部门和私营公司配备能够安心置身于现代文明和官僚体制中的人。正如他在《两种文化》的结语中提出的那样，"为了思想和智慧，为了避开这个国家所面临的特殊危险，为了沉陷于穷人世界的西方社会，为了世界上那些本可以凭借智慧远离贫困的人们，我们和美国人以及整个西方都有义务用新的眼光看待我们的教育"[1]。教育也是利维斯论点的中心，与斯诺视大学为科学和技术培训场所的模式不同，他更赞成将大学看作保持创造性思维能力的精英机构。"和斯诺一样，我也关注大学，"利维斯在演讲结束时指出，"但与斯诺不同的是，我希望把大学变成一所真正的大学，不仅仅是专业学院的集合，而是人类意识的中心。"[2] 在利维斯看来，人类意识本身已然因《两种文化》所开出的教育处方而遭遇威胁。

在20世纪60年代初的英国有关大学使命的众声喧哗中，斯诺和利维斯是其中两个不和谐的音符。当时，英国的大学制度正受到来自两方面的压力：战后出生率激增引起的人口变化，以及1944年《教育法案》引发的政治变革。这些新发展共同催生了创纪录的适龄大学生数量，其中有较高比例的学生将从高等教育中受益。面对这些压力，战后政府成立了一系列委员会来指导大学的发展。这些委员会中最重要的一个是1961年由哈罗德·麦克米伦（Harold Macmillan）建立的。该委员会成立两年后发布了《罗宾斯报告》（Robbins Report），呼吁大力扩张英国大学体系。此类高等教育的报告诞生于一个致力于理性规划和专业知识的国家。报告的共识是变革可以由合适的人做出，而达至一个合理的目标——事实上，这也是隐藏在报告撰写这一动作本身背后的观点。然而，在战后几十年里，有"合适的"人认识到"合理的"目标这一观点最终被一些新问题所取代，即这些人究竟是谁，他们的目标是什么？也就是说，在关于社会和知识等级的观念更替中，出现了有关跃迁资格的不同主张。[3] 在这场将阶级等级制度重塑为流动人才精英制度的斗争中，大学作为深受现有体制和观念影响的场所，显然占据了一席之地。

在这场争论中，斯诺和利维斯的讲座代表了两种类型的贡献。然而，大学的职能及其在社会中的角色终究不是在大型公众场合敲定的，而是在大学委员会、教师委员会和管理机构的日常工作中逐步体现的。瑞德和里士满讲座虽然公开表达了有关教育的雄心壮志，但斯诺和利维斯都是在他们自己的学院里，而非公共讲台上，努力将各自眼中的优先事项转化为切实可行的制度现实。

大学的扩张

第二次世界大战之前，英国的大学体系还处于缓慢扩张的状态，且大部分增长主要出现在1914年之前。1900年至1910年间，五所省级红砖学院成为大学，由此，英国大学的数量一下子翻了一番。[4] 同一时期，牛津和剑桥的学生数量略有增长，从1900年的6 000名学生增长到1914年的7 000名学生。[5] 适龄群体入学大学的人数百分比从1910年的0.83%上升到1921年的1.1%。[6] 第一次世界大战之后，这种增长有所加速。国家新成立的大学教育资助委员会（成立于1919年）在这一增长的推进和管理上功不可没。英国城市大学的学生总数从1910年的10 000人增加到1939年的22 000人。[7] 到第二次世界大战前夕，除伦敦和苏格兰的学校之外，包括牛剑（Oxbridge）和城镇红砖大学在内，英国21所大学共有63 420名学生。[8] 这一增长主要发生于20世纪20年代，紧接着30年代，经济陷入萧条，由此结束了从维多利亚后期开始的大学扩张。

随着第二次世界大战的结束，大学迎来了第二轮扩张。1946年的《巴洛报告》(Barlow Report)最能说明这种增长背后的动力。[9]1945年，政府任命了一个委员会来就国家科学人员的发展提出政策建议。该委员会由财政部官员阿兰·巴洛（Alan Barlow）领导，其成员包括劳动部战时技术人员主任斯诺。巴洛总结说，有能力接受高等教育的学生中实际只有五分之一能进入大学，对于这类得不到充分利用的人才而言，科学提供了最好的机会。报告提出了一项雄心勃勃的大学扩张和民主化计划，由国家出面资助，主要针对的领域便是科学。报告中的主要建议用了黑体加粗字样："短期目标应该是将目前的产出增加一倍，尽早达到每年大约有5 000名新的合格科学家这一目标，这样的结果才能令我们满意。"[10]杰出的科学家、科学工作者协会主席P. M. S. 布莱克特（P. M. S. Blackett）热情洋溢地赞赏了巴洛的提议，称该报告为"工党政府的主要成就之一"，并"在使英国高等教育适应我们国家未来的任务方面迈出了决定性的一步"。[11]对布莱克特和其他志同道合的观察者来说，大学的扩张代表了科学和进步的胜利。

在接下来的十五年里，英国大学在入学人数、资源和设施等方面均有显著进步。1945年到1963年间，本科入学人数增加了144%。[12]市立大学接收了这一增长的一半，五所省级学院获得了大学地位：诺丁汉（Nottingham）（1948年）、南安普敦（Southampton）（1952年）、赫尔（Hull）（1954年）、埃克塞特（Exeter）（1955年）和莱斯特（Leicester）（1957年）。[13]在20世纪50年代的大部分时间里，牛津大学和剑桥大学的注册人数都有所增加，到50年代末期，大学扩张开始加速。[14]20世纪50年代末，大学教育资助委员会（University Grants Committee，UGC）决定成立七所新的大学，其中第一所大学——苏塞克斯大学（Sussex）于1961年开学。[15]资源和人员的增加主要发生于科学和技术领域：根据教资会的方针，科技领域的学生人数与其他领域学生人数的总和之比应约为2∶1。[16]因而，1938年至1963年间，科学领域的本科生人数增加了331%，技术领域的本科生增加了267%。[17]在剑桥，自然科学学生人数是英语专业学生人数的三倍，剑桥人始终密切关注着相关发展趋势。[18]《剑桥评论》中充斥着关乎大学未来发展的评论文章：即将出版的涉及学院与大学之间关系的《剑桥报告》(Bridges Report)、有关加强教资会对资金监督的必要性，还有拟议的人文研究生院等事项。毕竟，高等教育转型不仅仅意味着建立新的机构，还意味着对现有机构进行改革。

众所周知，进入大学的本科女生人数的增加是战后最重要的社会变化之一。然而，在战后不久的岁月里，女性的命运讲述了一个鲜为人知的故事。虽然大学体系内女生人数增长了不少，但在1938年至1961年期间，大学中女生的比例实际上一直保持在约25%左右。[19]事实上，在1954年至1959年这一迄今最引人注目的扩张时期，大学中女生的比例反而有所下降。[20]这一下降的主因是过分强调科学和技术，从而牺牲了人文教育：占学生总数四分之一的女生在人文领域的比例相对较高（1961年占学生的42%），但在科学领域的比例明显不足（22%）。应用科学领域的数字更具戏剧性：1961年，女生数量占应用科学学生数的3%，而自1938年以来，这一领域的总学生数增加了267%。[21]换言之，大学生人数的增长是实实在在的，但这一增长主要发生在女生较少的领域。因此，尽管女生人数不断增加，但她们在学生人口中的比例基本未变。按阶级统计的数据似乎更能说明问题。[22] 因此，尽管斯诺坚持认为英国的教育忽视科学，且文科从业者仍享有相对较高的社会地位，但就以上数据来看，政策制定者对科学和技术的重视程度非同一般，就这一点来说，斯诺的言论与实际情况是有悖的。

推动大学扩张及科技重新定位的并非民主理念，而是国家的实际需求。戴维·艾哲顿提出了"战时国家"的概念，以此将人们的注意力引向这一时期科学与技术、大学与工业，以及政府和军队之间的密切联系。艾哲顿对 1945 年后强调福利国家的史学观点提出了质疑。他指出，国家的增长主要发生于供给部门，而非社会福利事业。[23] 这些不断扩增的部门需要越来越多的科学和技术专家，他们需要在大学接受培训并由新的政府科学办公室（Scientific Civil Service）管理。新的政府科学办公室是 1945 年根据阿兰·巴洛的倡议成立的——无处不在的巴洛。[24] 事实上，巴洛在行政部门重组和大学扩张议程中的核心地位说明了这一时期国家和大学之间的利益认同。直到 1945 年之后，财政部才开始提供一半的大学资金，不过从那时起，财政部对大学的投资急剧增长：1956 年，教资会为资本项目提供了 380 万英镑，而仅仅七年之后，这个数字增长了近十倍。[25]

20 世纪 50 年代的人们普遍认为，为了使英国保持国际竞争力，英国必须强调科学、技术和工业，斯诺的瑞德讲座可以视为这种技术民族主义的有力体现。斯诺认为英国的教育体系旨在培养大量的人文毕业生和狭隘的专家，而实际上，这个国家需要的是科学家、研究人员和工程师。在他看来，正是由于这种错位，英国正在逐步淡出国际舞台，而当苏联因帮助其他发展中国家进行工业化而赢得这场竞赛时，西方只能袖手旁观。在瑞德讲座中，斯诺呼吁英国对其大学进行改造，培养以下四个方面的科学专业人才：尽可能多的一流科学家；更为壮大的研发队伍；成千上万的具有一定科学背景的行政、管理和技术岗位人才；能够理解科学提议的政治家和行政人员。[26] 他认为，这些人员是保证英国在竞争激烈的世界中不被苏联牵制的前提，是英国得以继续实现良好运转的保障。他明确地告诉听众，如果英国不按照这些方针改革教育，结果将是"灾难性的"，甚至是"致命的"。[27] 瑞德讲座的成功之处在于将雄心勃勃的经济、社会和教育改革计划包装为一个看似无可非议的有关学科专业化的提议。

《罗宾斯报告》

《两种文化与科学革命》在政策制定的最高层面产生了一定的影响，这在莱昂内尔·罗宾斯（Lionel Robbins）的高等教育委员会的商讨会议中尤其显现出来。首相亲自邀请斯诺担任委员会成员，但斯诺礼貌地拒绝了（当时，他的名气达到了巅峰，从伯克利到莫斯科，各种邀请纷至沓来，令他应接不暇）。[28] 当罗宾斯听到这个消息时，他写信请求斯诺给予非正式指导——毕竟，他解释说，正是出于解决"两种文化"这一问题的初衷，他才接受了这个委员会最初的邀请。[29] 罗宾斯委员于1963年10月发布了报告，在其两年的访谈、分析和协商过程中，"两种文化"的问题时常出现。[30] 报告建议高校大幅扩大招生规模并增加设施，且特别强调对科学和技术的投入。其最终的愿景是建立一个视野更为开阔、更具包容性的高等教育体系，该体系将与工业需求挂钩，且完全符合国家利益。他们的目标是到1990年使大学在校人数增加超过两倍（从120 000人增加到370 000人），到1980年使高等教育总学生人数增加一倍（从216 000人增加到560 000人）。[31] 理科学生将成为新的多数群体，这一目标从高等技术学院获得大学地位的那一刻即得到确立。与此同时，为了达到在扩大入学人数的同时保持高标准这一目标，罗宾斯将有争议的"二元"体系制度化，即与大学同步建立更全面的"理工学院"（polytechnics）。

《罗宾斯报告》被称为"本世纪伟大的国家文件之一"。[32] 几天之内，政府接受了其中许多最具雄心的提议，包括加快大学扩张，为所有合格学生设立大学学位，以及将高级技术学院转化为大学等。为兑现这些诺言，财政大臣宣布未来十年追加35亿英镑的资助，这使得政府投资翻了一番。[33] 此后的五年内，英国的大学数量达到了56所，新办理工学院30所。[34] 但是，尽管《罗宾斯报告》在20世纪的教育史上占有中心地位，历史学家对该报告的终极意义却持有不同意见。毕竟，大学自19世纪以来一直在扩张，科学自1945年以来也一直在迅猛发展。从这个角度来看，《罗宾斯报告》的开创性声明似乎仅仅是印证了一个业已开始的大趋势：正如谢尔顿·罗斯布拉特（Sheldon Rothblatt）所言，"罗宾斯已经……被赋予不同的意义，或被视为点燃了一个新时代的火炬，或被看作一个旧时代垂死的灰烬。后者似乎更有可能,因为《罗宾斯报告》只不过是遵循了有关大学的传统设想"。[35]事实上,作为一个寻求获得同行认可的学者委员会,高等教育委员会比任何人或机构都更能意识到破坏传统的危险性。因此,该报告力求在指导扩张的同时保证自主性,在开放准入的同时保持标准,并在确保政府资助增长的同时避免过度干预。[36]因此,该报告本质上是一份双面的报告,既顾及了19世纪后期的传统,也迎合了20世纪后期的需求。历史学家据此解释:对一些人而言,罗宾斯代表着"维多利亚时代扩张主义的余温",而对另一些人而言,"英国大学的理念在20世纪60年代发生了决定性的转变"。[37]

无论这两种分析看起来多么矛盾,它们都有一个共同点,即将《罗宾斯报告》的出台视为一个关键的历史时刻。无论是作为19世纪理想的最后一缕喘息,还是将大学想象为经济进步的引擎,罗宾斯都代表着国家优先事项的转变,以及在某些事项上的聚焦。尽管目的论的诱人之音可能使大学扩张、科学化和民主化听起来像是战后市场民主化过程中一个"自然而然"的过程,但我们必须铭记20世纪60年代早期改革者所面临的各种可能性。这是"等待罗宾斯"的时代,是大学功能有可能被重新定义的机会之窗,而变革最终取决于传统和想象之间的博弈。正是在此背景之下,斯诺和利维斯提出了各自的观点。从这个角度来看,他们都是现代化的变革者。毕竟,两人都是通过当地的文法学校来到剑桥的,他们学习的科目均得益于脱离古典研究的学科转型,他们都选择了博士学位论文这一创新项目。[38]在职业生涯的后期,离开象牙塔之后,他们仍在为大学的使命及其地位出谋划策。他们之间观念的差异并非简单的"进步"

与"反动"之分;恰恰相反,在一个充满变化和可能性的时刻,斯诺和利维斯提出了两种不同的"进步"理念。

丘吉尔学院

在小说《新人回忆录》(*Memoirs of a New Man*)(1966)中,威廉·库珀描述了牛津大学一所虚构学院的人事问题。[39] 作为一所致力于科学的学院,克莱顿学院是牛津对剑桥新丘吉尔学院的回应。就像丘吉尔学院一样,克莱顿学院的现代使命体现在其建筑风格上——正如库珀所说,"剑桥国王学院的吉布斯大厦以一种优雅和正式的风格鼓舞着人们的精神。克莱顿学院的第一个四方楼则指向精神独立"[40]。克莱顿学院的本科生均为科学家,但管理机构拥有来自其他领域的研究员,由此学生能够同时熟悉"两种文化"。[41] 学院有一位社会学家、一位政治学家、一位哲学家,甚至还有一位小说家——是的,学院最终未能阻止雇佣一位英国文学研究员,这位深不可测的招人嫌恶的同事简直就是利维斯的翻版。就新成员的招聘问题,研究员们一度分为以"两种文化"为代表的两个派别。此时,学院的那位社会学家颇有洞见地发表了以下评论。"毕竟,"他说道,锐利的小眼睛闪烁着讽刺的光芒,"大学是一个缩影。在这里,我们得以看到整个社会关注的一些主要问题。"[42] 库珀很可能正是从他的朋友斯诺那里了解到了这一观点。在 20 世纪 60 年代早期,斯诺作为丘吉尔学院的创始成员,也参与了类似的斗争。

1955 年,温斯顿·丘吉尔(Winston Churchill)在辞去总理一职两个星期后的一个晚上,在西西里岛喝着白兰地。他对自己在促进英国科学、技术和工程方面没有做更多的工作颇为遗憾。丘吉尔的感慨同他多年的科学顾问彻韦尔勋爵的感受如出一辙。彻韦尔和丘吉尔都钦佩麻省理工学院(Massachusetts Institute of Technology,简称 MIT),并对英国没有可与之媲美的学院深感遗憾。当天晚上,丘吉尔的晚餐同伴之一是他的战时秘书约翰·科尔维尔(John Colville)。当科尔维尔提出为建立这样一个机构筹集资金时,丘吉尔同意了。于是,科尔维尔开始组织一个强大的董事会,包括三一学院院长阿德里安(Adrian)勋爵、国王学院的教务长诺埃尔·安南、杰出的化学家亚历克斯·托德(Alex Todd)、英国核研究机构主任约翰·考克罗夫特(John Cockcroft),以及剑桥的副校长布莱恩·唐斯(Brian Downs),再加上壳牌(Shell)、英国化学工业公司(ICI)、威格士(Vickers)和英国联合电气工业公司(Associated Electrical Industries)等各公司的董事长。董事会开始定期在伦敦丘吉尔的家里举行会议。来自英国工业和美国捐助者的资金源源不断地涌入,但很快人们就发现,要建立一所麻省理工学院规模的大学实属难事。

来自剑桥的与会者提议成立一个新的剑桥学院,专攻科技,以丘吉尔的名字命名。丘吉尔犹豫了一下,但随后应允了。"毕竟,"他颇为满意地说,"这将使我与三一学院齐名。"[43]经过一系列筹资、备忘和工作任命之后(中间也不乏磕磕绊绊的小插曲),他们于1958年启动了丘吉尔学院的计划。新闻界于1958年5月15日宣布了这一计划,考克罗夫特于10月被选为第一任院长。两年后,26名研究生入学,1961年第一批本科生入学。丘吉尔学院是自19世纪80年代以来剑桥第一所全新的学院，它的章程和建筑一样富有创意：它的 70% 的学生和职员将是科学家和工程师；三分之一的学生是研究生；其研究员构成中将包含大量的国际访学者。然而，无论丘吉尔学院看似多么现代，它实则完全是顺应——而非开创——时代潮流的产物：历史学家（也是丘吉尔学院研究员）马克·戈迪（Mark Goldie）指出，剑桥第一所接收女性的男子大学也是为男性建立的最后一所大学，他推测，院长的住宅可能也是英国最后一幢安有铃铛以召唤仆人的房子了。[44]

丘吉尔学院是为纪念英国伟大的战时首相而成立的，它是战后技术民族主义的一个象征，是工业、政府和大学之间的合作项目，其目的是满足国家对科学家和工程师的需求，以使英国保持大国地位。丘吉尔直截了当地告诉有意向的捐赠者："英国的未来取决于我们是否具备应付新技术时代挑战的技能和工艺。"[45] 这样的未来——毫不夸张地说——需要一支技术专家队伍，"我们的国家需要这些技术专家，他们将成为我们未来几年的首要防线"[46]。科尔维尔则更激进，将丘吉尔学院置于一场关乎国家生存的斗争之中："在我们的工作坊和实验室有一场新的英国之战要进行，我们必将赢得胜利。"[47] 报纸相应地采纳了这一思路：《每日先驱报》（Daily Herald）颇为赞赏地指出，丘吉尔规划的这所学院是为了"保持英国的伟大"；《利物浦每日邮报》（Liverpool Daily Post）也认为"英国若要继续在世界上立足，就必须借助科学和技术"；《伯明翰邮报和公报》（Birmingham Post and Gazette）称这一计划"对于这个伟大、自立的国家的生存至关重要"。[48] 甚至英国教会也表达了支持，约克大主教坚持基督教文化必须接受科学。[49]由此,以一位政治家的名字命名、由一群学者和实业家组建的丘吉尔学院赢得了国家媒体的欢迎,同时受到了英国国教的支持,它见证了英国借助科技和工业来振兴国家的决心。[50]

不过,这所新学院的建立也并非毫无争议。剑桥参议院理事会于1957年12月批准了该计划,但计划一公布,就遭遇了反对意见。[51]蒂尔亚德——莎士比亚学者,耶稣学院院长,利维斯在英语系的死对头——对剑桥被抛给了建立一个新学院这一既成事实感到愤愤不平。[52]参议院在11月就这个问题展开了辩论。批评家和怀疑论者中包括盎格鲁-撒克逊和历史学专业的教授们,以及一位即将成为伊顿公学校长的古典学者。争论的焦点集中在有关学院70%的学生和员工须来自科学领域的法定要求:在反对者看来,这样的规定违背了自由教育的理念。[53]然而,丘吉尔学院也有颇具影响力的坚定支持者,他们作出了有力的回应。诺埃尔·安南在《剑桥评论》中回答了蒂尔亚德的问题,他指出,如果不接受这个"既成事实",取而代之的只能是一个考虑不周的计划。[54]在参议院,亚历克斯·托德和布赖恩·唐斯坚持认为应提高丘吉尔学院人文学科的学生人数;安南则极力主张,真正违反传统的并非学院自己制定规则,而是大学将规则强加给学院。[55]最终,在这些反对意见被公开宣告之后,丘吉尔学院获胜:参议院毫无分歧地批准了这项提案。[56]

尽管丘吉尔学院获得了来自剑桥大学的制度支持、工业界的财政支持,以及来自两大主要政党的政治支持,且新闻界也做出了热情的反应,但很快出现了一种颇为奇怪的观点,即认为该学院实则是恰到好处地强加给不知感激的机构的一项事务。《晚间新闻》(*Eve-*

ning News）宣称，"科学这一灰姑娘……终于……参加了舞会"，把科学描绘成一个不受待见的继子，此时终于得到了它应有的机会。[57] 另一份文件声称，尽管教资会政策鼓励科技领域与其他领域的学生比例为二比一，但实际上，英国高等教育中理科学生与其他学科学生的比值为一比六。同一篇文章还反对这样一种观点，即凡是科学比人文学生多的大学都是"野蛮而粗俗的"，尽管不清楚具体是谁曾表达过这一立场（假若真有人这么说过的话）。[58] 然而这些含糊不清的说法终究流行了起来。因此，当两年后丘吉尔学院在一片赞誉声中打开大门之际，纽约的一位作家回忆道，"早期对该计划的反对意见很大……国王学院和三一学院向新学院的董事会提供了他们的院长和董事，其他学院则提供了攻击它的弹药"[59]。正如我们所看到的，有一些人反对该计划，但与它得到的支持相比，这种反对显得苍白无力。事实上，从丘吉尔学院的提议、成立到最后终为人所接纳，这一过程自始至终向我们展示了战后英国对技术官僚主义的深刻信奉。

随着类似误导性报道的激增，一些更具说服力的批评未能得到人们的关注。"很明显，我们所设想的是一所即将成为精英之家的学院"，参议院的一位反对人士这样表示，担心"该学院的理工科学生很可能产生一种凌驾于其他学院学生之上的优越感"[60]。该反对人士在新学院的计划中嗅出了不止一点点的精英主义气息，可谓眼光锐利：事实上，丘吉尔学院最初的愿景公开宣告了其培养技术"精英团"的野心。[61] 其野心不仅仅是培养更多的科学家和工程师——毕竟，高级技术学院就已经能实现这一目标了，而即使是规模较大的牛津和剑桥的学院也不会在数量上做出太大的贡献。但由于丘吉尔学院有来自剑桥和英国最伟大政治家的有力支持，它的最终目标便是培养科学和技术领域的领导人物。创始人没有隐瞒这一目标，而是高调宣扬之，新闻报道亦是如此。[62] 与此同时，在参议院，安南自信地驳斥了精英主义的指控："关于这个学院将培养不受欢迎的精英的问题，我想知道……精英们是否真的如此邪恶和不受欢迎。"[63] 丘吉尔学院建立于一个技术官僚论的——而非民主政治的——共识，这给它的赞助人激动人心的话语注入了新的意义："在人类冲突的历史中，从没有如此之少的人为如此之多的人做出如此之大的贡献。"

斯诺与丘吉尔学院

斯诺长期以来都对英国的大学体系颇感兴趣。早在战争期间为劳动部招募科学家的时候，他便兴致勃勃地比较了包括阿伯丁（Aberdeen）和埃克塞特在内的多所大学。[64] 战后，正如我们所了解到的，他在巴洛委员会任职，该委员会建议扩大学生规模，并强调科学的重要性。私下里，他继续推进自己的想法。1955年，他对一位朋友如是说道："若全国有三到四所侧重科学的大学，每所大学有约4000~5000名学生，我们就可以把我们现有的科学家数量翻上一番。"[65] 斯诺一贯主张扩大学生规模，增加女性的机会，并提倡将资源更多地向科学和技术倾斜。[66]

斯诺经常引用民主语言来推进这些目标，但他的实际动机比这更为复杂。[67] 和一个世纪前的约翰·斯图尔特·穆勒一样，斯诺认为国家的进步取决于人才的发现和培养。[68]他在1961年解释说："我认为我们依赖的人才太少了，无法满足我们的高级工作的要求。""我们还没有深入到我们的人群中去，尽管我们有着巨大的人才储备，但这些人才并没有被有效地发现和利用。"[69]这些想法部分源于斯诺作为莱斯特奖学金获得者时所写的传记，部分也来自他所熟悉的一些情况：他接触的一些顶尖科学家并无出色的出身和社会背景〔包括丘吉尔自己的导师J. D. 考克罗夫特（J. D. Cockcroft）〕。这种观点可能与民主的理念相一致，但斯诺的实际目标是为国家的行政、政治和工业组织配备称职的工作者和睿智的管理者。这些人——他认为是使社会正常运作起来的人——必须熟悉科学技术，以了解现代世界的重要特征，同时还须将科学和科学家特有的乐观主义和进步主义内化。于斯诺而言，大学改革是一项更具雄心的社会改革计划的必要组成部分。

斯诺认为牛津和剑桥的学院发展趋势反映了更广泛的社会趋势。他的两部学术小说《院长》（1937）和《丑闻》（以1953—1954年为背景）都体现了这些趋势的起源和影响。[70]这两个故事都是在同一所剑桥学院里展开的，但相隔近二十年的时间，学院发生了根本性的转变。《院长》表现了相邻居住的十三位董事令人窒息的幽闭恐惧症。这所学院本身似乎是另一个时代的遗留物，那个时代学院规模较小，宴饮交际盛行，研究则令人生疑；它提供了"与过去时间的亲密接触"，这种关联如此显著，以至于"一个16世纪的学院成员，若于今日置身于第一法庭，会即刻放松下来"。[71]尽管与过去有着某些关联，学院实际上随着时间的推移不断经历着改造。当前的学院可以追溯到 19 世纪 80 年代，当时科学和工业的双重革命迫使大学将科学和中产阶级结合起来。在《院长》中，就像在真正的剑桥一样，实验科学需要的设施体量太大，任何一所学院都无法提供，因此权力正在从学院转移至大学。近二十年后，当路易斯·艾略特回来时，他发现他的学院已经大变样了。"我在那里得到了快乐，但我已找不到过去的感觉，"他沉思着，"我甚至可以想到查理斯男爵（Baron de Charlus）列数他朋友的名字，并对自己说，'德斯帕德－史密斯，死了；尤斯塔斯·皮尔布洛，死了；克里斯特尔，死了；罗伊·卡尔维特，死了。'"[72]古怪的盖伊依然健在，但是——由于一再忘记艾略特是谁——他的出现甚至证明了与过去的断裂。学院的成员越来越年轻，越来越多，董事之间的亲密关系被同事之间的职业关系所取代。《院长》像是发生在一个绅士俱乐部里，而《丑闻》中的故事似乎是在一个研究所里展开。

斯诺深信牛津和剑桥的学院代表着更广泛的社会变革，因此他抓住机会帮助塑造丘吉尔学院。丘吉尔学院已从扼杀创新的历史中解脱了出来，但由于同时受益于自身与一所古老大学的联系，学院能将新起点与旧传统结合得无与伦比。1958 年至 1960 年间，随着学院逐步成立，斯诺分别在执行委员会、任命委员会和教育政策小组委员会任职。1960 年，当任命委员会被取代时，斯诺仍然是选举人团成员。[73]1960 年，他被选为"杰出董事"，这个头衔的设立是为了让杰出人物即使不住在剑桥，也能与剑桥保持较为亲密的从属关系；作为丘吉尔学院的第三任董事，斯诺余生都在不断地连任。[74]《剑桥评论》称他的"瑞德讲座"为"丘吉尔学院发起人的现成宣言"，为

第3章 两所学院的故事

了"使《委托书》中规定的学院目标具体化",斯诺从学院成立之初就参与了学院的建设和人员配置等相关工作。[75]

斯诺在这些委员会上的努力反映了他心目中的两个优先事项。他的经验告诉他,声誉对职业成功至关重要,因此他希望把丘吉尔学院与知名人士的名字挂起钩来,即使他们事实上很少能参与学院生活。当他周旋于美国著名学者和董事会之间时,他将这些学者的预期住校时间从一个学期逐步压缩到三个星期,再减少为两个星期。直至有一次,斯诺暗示,即使是某位学者即将到访的传闻也会提高学院的声望。[76] 这样的做法并不完全是表面功夫:毕竟,和名人的关联可以建立机构声誉,甚至像特里林这样的评论家的短暂访问也会使学生和研究员们受益。然而,名人的短暂访问与本科教育的细节无关,当斯诺把注意力转向教育问题时,他的努力反映了第二个优先事项。斯诺认为,大型组织是现代经济的必然和必要条件,这些机构为大多数人口带来了社会机遇和物质繁荣。然而,在他看来,人文学科——尤其是文学批评——并未能帮助年轻人成功实现社会价值,反而引导他们对此报以蔑视。于是,他寻求在丘吉尔学院为退休公务员、军官和其他专业人士争取一席之地,让他们的专长和经验成为该院本科生学习的榜样。[77]

相较而言,对于他公开参与的两项议题,斯诺本人似乎并不是特别感兴趣:一是将丘吉尔学院建设成为卓越的科学和技术中心,二是弥合"两种文化"之间的鸿沟。[78] 斯诺已经有二十多年未从事科学研究工作了,而自"二战"以来,他一心专注于自己的文学事业,因此,他对学院的贡献主要聚焦于文学也不足为奇。尽管媒体上有很多关于丘吉尔学院修补人文和科学之间的裂痕的言论，但斯诺的重点是确保人文相对于科学的地位。他试图诱导普拉姆离开基督学院，当普拉姆谢绝时，斯诺表示担心人文学科将无法摆脱丘吉尔学院二等公民的身份。[79] 他向哈佛大学比较文学教授哈里·莱文（Harry Levin）解释说："我非常渴望在丘吉尔学院找到一位像科学家一样聪明的英文学者。"[80] 对于那些只读过《两种文化》却不了解斯诺社会视野的人而言，这些努力显得让人费解——但正是这一广阔的社会视野，而非学科间的较量，最终促成了他的瑞德讲座和他在丘吉尔学院开展的各项工作。

斯诺最大的野心是将丘吉尔学院建成对抗剑桥英语的力量。回想一下，在斯诺的世界观中，文学、批评和社会的问题是彼此相关的：新批评（New Criticism）的枯燥分析和现代主义的意识流风格，都证明了作家和评论家与听众的疏离，这是 20 世纪上半叶智育文化反动倾向的表现。因此，在他自己的作品中，斯诺着意将作家和读者重新联系起来，但他的风格遭到了文学界的敌视，因此——正如第 1 章所示——他努力培育了一个另类的批评建制。到 20 世纪 50 年代末，斯诺甚至侵入了新批评主义的核心：他已经与约翰·克劳·兰森（John Crowe Ransom）结成了盟友，不久他就要获得凯尼恩学院（Kenyon College）的荣誉学位。[81] 丘吉尔学院的英文教育代表了同一场战斗中的另一条战线，在学院内部，斯诺的意图已不是什么秘密：当安南推荐一位英语学者时，他很快指出，"这可能会让查尔斯·斯诺爵士高兴，因为这位学者遵循的不是典型的剑桥英文批评传统。"[82] 斯诺眼中的优先事项正在影响着丘吉尔英语的各项重要任命。

斯诺的影响力主要体现在任命来自海外的人文学科研究员方面。丘吉尔学院最突出的特点之一是其较高比例的E编和F编成员：不常驻剑桥的"杰出研究员"和从国外前来访问的"海外研究员"。作为人文领域外部研究员的唯一举荐人，斯诺用E编和F编研究员的名额加强了他与最亲密的美国朋友和盟友之间的联系。[83]1960年2月，他向考克罗夫特推荐了五位著名学者，其中包括哈里·莱文（"也许是美国最具声望的比较文学权威"）、哥伦比亚大学的教务长雅克·巴尔赞（"即使置身饥饿且喜好争辩的科学家中也仍能自持"），还有特里林（"我个人欠他很多"）。[84]但接待来访研究员的宿舍仍在建造之中，一年过去，相关任命仍未做出。斯诺再次推荐了五个名字，莱文、巴尔赞和特里林仍然位居名单前列。[85]他向理事会保证，"这些名字在整个美国文学学术圈都有相当大的分量"。1961年4月，选举人团同意授予巴尔赞杰出研究员席位。[86]院长派斯诺去争取巴尔赞的同意，巴尔赞在当月晚些时候接受了这个荣誉。[87]

哈里·莱文在新加盟时则显得不太情愿。斯诺在1959年12月向莱文提出了聘任他为研究员的想法，由此开始了一段漫长的努力，最终，莱文接受了1966—1967年的F编研究员一职。[88]一开始，莱文回绝了斯诺，解释说他和斯诺一样关注"两种文化"，但他正准备接受哈佛比较文学的一个职位。[89]斯诺迅速地越过了莱文所提及的"两种文化"议题，转而对这个新职位的消息表示赞赏。"我越来越觉得这是教授文学的唯一方法，"他写道，"英国剑桥大学的英语教学方式已对英语文学批评造成了一定的伤害。"莱文没有直接说"不"，所以斯诺承诺在1962年后再要求选举人提供研究员职位。[90]但莱文再次提出了异议,他解释道,障碍其实是剑桥英语本身:"我相信科学",他说,并再度提起了他认为激励着斯诺的"两种文化"的观点。"我不相信的是刘易斯和利维斯这样的人所颁布的神学教条,我恐怕根本无法与你们英语系的人相处。"[91]

莱文可能不知道,承认对剑桥英语的敌视,非但不能平息此事,反而会立即将自己作为一名候选人一事变成斯诺的头等大事。"我完全同意这个学院的主流观点之令人厌恶,几乎让人难以置信,"斯诺写道,"但是,现在有很多年轻人,他们已经位居要职,并决心阻止这种腐败。"如果剑桥英语是问题所在,丘吉尔英语便可能是解决问题的答案:"我不想让这个国家的人文研究一点点地磨灭,"斯诺说,"我相信丘吉尔学院可能成为重整旗鼓的重要阵地。"[92]斯诺连求带哄,直到莱文最终同意;之后莱文又有所退缩,不过后来他又同意了;最后他又退缩了。[93]这次的问题不再是剑桥英语,而是丘吉尔英语本身:莱文不喜欢与斯诺招募的最重要的成员、一位才华横溢的年轻评论家——乔治·斯坦纳共事。

丘吉尔英语

斯坦纳在文学和文化批评界享有崇高的地位。他曾在普林斯顿大学、剑桥大学、日内瓦大学、牛津大学和哈佛大学任职,获得了至少八个荣誉博士学位,同时是英国科学院院士和美国艺术与科学院荣誉成员——事实上,一份完整的斯坦纳获奖、荣誉和出版物清单拿在手里将是沉甸甸的一沓。[94]相比之下,今日的斯诺徘徊在文学史的边缘，人们记得他仅仅因为他在 1959 年发表的那场一个小时的演讲。然而，在 20 世纪 50 年代末和 60 年代初，情况截然相反：1905 年出生的斯诺是辗转于剑桥、哈佛和伯克利的著名文学家，他的小说引起国内外的关注，他的评论也经常出现在《泰晤士报文学增刊》、《国家》(Nation)、《新政治家》和《旁观者》等期刊中。斯坦纳比斯诺小一辈，1929 年出生于法国巴黎，1940 年与家人一起迁往纽约；他对法语、英语和德语同样精通，先后就读于芝加哥大学和哈佛大学。1952 年至 1956 年间，他为《经济学家》杂志撰稿，之后在普林斯顿高等研究院工作了两年。在奥地利担任富布赖特教授一年后，斯坦纳于 1959 年返回普林斯顿大学。就在那年 12 月，斯诺联系了斯坦纳，询问他是否有可能在剑桥的一所新学院任职。

斯坦纳的第一本书《托尔斯泰或陀思妥耶夫斯基》(Tolstoy or Dostoevsky)的副标题是"一篇旧批评下的文章"，它的国际视野和对新批评的敌意切中了斯诺超越当代批评偏狭主义的渴望。[95] 斯诺厌恶的偏狭主义是划片式的（哪些文献应该在英语系学习）和方法论的（哪些分析模式应该在英语系蓬勃发展）。1961 年，在发表于《凯尼恩评论》(Kenyon Review)的一份宣言中，斯诺抨击了这些正统观念，以寻求一种新的批评风格。[96] 他认为小说在形式上是国际性的，因此，即使是喜剧小说（如《幸运的吉姆》）也代表了袭自契诃夫的小说传统的最新发展趋势，这一传统通过威廉·格哈迪传入英国，并通过伊芙琳·沃、安东尼·鲍威尔（Anthony Powell）和威廉·库珀流传至今。但在斯诺看来，当代小说和批评并未承认这一传统，而是陷入了一场否认的阴谋中，无论是小说，还是批评，都把自己的考察范围缩小到了意识流的行文所传达的苍白无力的内容之上。由此，他认为，整个经验领域——比如现代科学和封闭政治——都没有得到应有的审视。斯诺试图通过自己的小说考察现代社会的方方面面，因此需要他沿袭特罗洛普而不是乔伊斯的风格。然而，这种努力遭到了与现代主义相伴而生的批评模式的贬损，因而这种批判模式本身必须被取代。

斯坦纳被斯诺视为代表这一宣言之倡议的主要人物。斯诺纵然承认哈佛大学的哈里·莱文，他认为，莱文的比较方法为美国文学批评提供了希望，但在斯诺心中，斯坦纳才是头牌人选。他宣称"乔治·斯坦纳的《托尔斯泰或陀思妥耶夫斯基》是近几年来最重要的批评著作之一"，并为其"巨大的勇气"喝彩。[97]斯诺说，对于其中某些具体的论点，他也许持有保留意见，但在斯坦纳的巨作面前，这些驳斥显得微不足道。斯诺预测道："如果斯坦纳后继有人，如果后来的批评家能像斯坦纳那样富有冲劲和想象力，那么我们很快便能建立起一种新的小说批评方法。"[98]这种方法有望促成一场必要的文学复兴：有价值的探索性小说，而不是愤怒年轻一代的"微不足道的抗议"，将在其中产生。[99]斯诺最后满怀希望地提及即将到来的重大变革："我常常得到一种暗示——更多的时候这种暗示是来自美国而不是我自己的国家，即这可能将是我们最优秀的人所等待的时机，一种断裂，一个解放性的时刻。"[100]

这种钦佩是相互的。回顾1960年的《丑闻》，斯坦纳把斯诺比作巴尔扎克、特罗洛普、普鲁斯特和司汤达。[101]"这当然是将斯诺的作品与小说艺术中最优秀的作品进行比较，"他承认，"在《丑闻》

的整部作品中,与普鲁斯特的比照是公开进行的,但能将这种公开性处理得恰到好处正是斯诺卓越的标志。"[102] 对斯诺的创作风格,斯坦纳是颇有微词的,认为其散文的精确性恰恰削弱了表达混乱情感和感性经验的能力。但总体而言,斯坦纳对斯诺的态度是高度赞赏的:他称赞《丑闻》中"庄严的轻松",以及"陌生人和兄弟们"系列小说的"卓越的结构"。[103] 斯诺作品的故事情节"令人激动不已",带有一丝"高雅喜剧"的味道,斯诺展现了一幕"叙事艺术的经典"。[104] 斯坦纳的语气是恭敬的,而非热情激昂的,但他毫不怀疑斯诺是第一流的小说家——这种认可正是斯诺后来所渴望的,但斯坦纳不会再这样说了。

斯诺和斯坦纳在丘吉尔学院高墙拔地而起时结下了友谊。1959年夏天,圣约翰学院(St. John's)的赛克斯·戴维斯(H. Sykes Davies)拒绝了学院向他发出的担任英语研究主任的邀约,12月,选举人团同意斯诺联系斯坦纳。[105] 斯坦纳原本是担任海外研究员职务,但斯诺希望他的任命是永久的——正如他对院长所说的,"他可能是一个最佳的筹码。"[106] 斯坦纳很快就决定要在英国定居,斯诺回答说,如果他喜欢这所学院,而这所学院也喜欢他,他就可以成为英语研究主任。[107] 他写道:"我相信这是剑桥的学院一段时间以来最大胆的任命。"[108] 然而,在最初的热情之后,疑虑开始滋生,因为斯坦纳担心他可能不太适合学院生活。[109] 斯诺向他保证,丘吉尔学院不会像《院长》里的幽闭恐怖社团那样。然而,事实证明斯坦纳的焦虑是一种先见之明:尽管有丘吉尔学院的坚定支持,斯坦纳从未被剑桥英语接纳。他被禁止讲课,也未被授予大学教职,最终,他离开剑桥去日内瓦找了一个职位。但即使离开了，斯坦纳仍保留了丘吉尔学院的研究员职位，这也许可以算是对斯诺及其盟友在剑桥踌躇满志的那段令人愉悦的时光的某种纪念。

在斯诺看来，对斯坦纳的任命是一项积极的变革，主要体现在以下几个方面：首先，斯坦纳是一位极具影响力的评论家，而他赞同斯诺的文学方法，如今，他的支持将与剑桥英语并行了（如果不是身处其中的话）。其次，鉴于他对比较文学、科学史和新技术的兴趣，斯坦纳有望为剑桥英语注入新的活力。例如，斯诺招募斯坦纳时，后者曾说，他最近发表了一篇有关17世纪以来"远离语言"的演讲，探讨了符号逻辑和数理逻辑的进步以及由此产生的对文学表现范围的限制。他将这次谈话看作斯诺思想的延伸，甚至引用了斯诺有关乔伊斯是文学史中的一条死胡同的描述（尽管他自己对乔伊斯是钦佩的）。[110] 第三，也是最重要的一点，斯坦纳宣布了他的雄心壮志：让剑桥英语成为一个敞开的领域，接收来自社会学、人类学和心理学等不同学科的影响。"一定要做点什么来打开剑桥英语研究的世界之窗！"他这样宣告。[111] 当然，斯坦纳对剑桥英语发起的挑战势必导致与利维斯的对抗，而斯坦纳对此也毫不避讳。"我有一个颇怀恶意的想法，去唐宁学院的大门上张贴一则题为'小传统'的演讲通告"，他写道，并表示利维斯对某些作家的摒弃和批判"近乎荒唐"。[112] 作为亲斯诺、反对利维斯的学者，斯坦纳即将开始他在剑桥的研究员工作。可以想见，斯诺对自己打造丘吉尔英语的努力十分满意。

作为丘吉尔学院的英语研究主任，斯坦纳取得了些许成功。到1964年秋天，有十五名学生的英语专业成为学院最大的文科专业。[113]

在 1965 年英语学士荣誉学位考试中,丘吉尔学院的一名学生获得了著名的瑞兰奖(Rylands Prize),只有一名 14 岁的学生被评为三等,而当时这个考试的意义远胜如今。[114]斯坦纳认为丘吉尔英语学院应突破传统文学研究,将研究领域延伸至包括比较文学、语言学、社会学和传播理论的更大范围,他和斯诺罗列了一份令人印象深刻的海外学者名单,其中包括巴赞、莱文和约翰·霍兰德(John Hollander)。[115]截至 1965 年,斯坦纳认为丘吉尔英语已取得巨大成功,以至于他开始担心起了科学在这所学院的地位![116]"当我来到这里的时候,"他后来回忆道,"那是一片泥泞的田野,有一间木屋,和三个担惊受怕的学生(所有其他学院都拒绝接受他们)。今晚,当我向窗外望去时,一个巨大的综合体正在运作中,大约有二十个人在攻读英语学士荣誉学位,两位在攻读博士学位,约翰·霍兰德在草坪上扇起巨大风浪。这是一次奇妙的冒险,是我一生中最精彩的冒险。"[117]尽管斯诺也许和斯坦纳一样对丘吉尔学院的进步颇为满意,但在他最需要丘吉尔英语的时刻,他感觉到自己遭受了巨大的背叛,并痛苦不堪。

"真是个陷阱!"

也许人们会将斯诺为莱文、斯坦纳和巴尔赞所做的努力视为朋友间的惯常宣传,但从他自身的角度来看,身边有这样一些朋友——而不是别的人——也是至关重要的。如第 1 章所示,斯诺将他的小说和批评视为一个雄心勃勃的计划的组成部分，这一计划致力于探索和颂扬现代社会的运作机制。在他看来，自己所做的一切是对1914年以来被嵌入文学的社会批评的一种纠正，他的批评便是致力于对抗当前文学批评的分析和阐释模式。当斯诺的创作遇到批评阻力时，他把这种阻力解读为一种针对信念而非品位的反对，并反过来否定它。当他的作品受到批评家的赞赏时，他把这一赞扬理解为对其世界观而非作品情节的欣赏，于是他将这些批评家视为同道，与他们结为朋友。对斯诺而言，批评家的共情指向的是政治上的相通，而"朋友"即"盟友"的同义词。

在获悉了利维斯的里士满演讲后，斯诺深知遭遇了职业生涯中最大的危机，于是号召他的所有朋友与盟友来支持他。在公开场合，他拒绝回应利维斯的人身攻击，但在私下，斯诺组织起了一场激烈的反击。"我想我得让我的朋友们为我做一些抗争。"他在《旁观者》刊登利维斯演讲的两天前对普拉姆如是说。[118] 利维斯质疑的不是斯诺的论题，而是他提出论题的资格——没错，里士满讲座提出的疑问是斯诺到底有没有资格发言。斯诺预计不会得到多少有力的回应来证明他的权威，所以他请求代理人来证实他的立场和资格。[119] 他请普拉姆支持他对历史的解读，并请伯纳尔认可他作为科学家的成就。普拉姆和伯纳尔立即行动起来，给《旁观者》发去了颇具权威的声援信件。[120] 不过斯诺从未自称是历史学家，也已有几十年没有从事科学研究了。由于利维斯的批评矛头直指的是他作为小说家的地位，反击的重任自然落在了斯坦纳的身上。

令斯诺失望的是，斯坦纳此时似乎并不情愿。到1962年初，他们的关系已经僵持了约六个月，也许是因为斯坦纳宣布鲍伊斯（T. F. Powys）（而非斯诺）是自劳伦斯以来最好的英语作家。[121] 然后，命中注定一般，在里士满演讲开始之前不久，斯坦纳向《文汇》投去了一篇有关利维斯的文章，对后者表达了赞许之情。[122] 随着事态的发展，斯坦纳不得不对"两种文化"的争议作一评论。于是，他修改了先前的文章，把里士满演讲描绘成是利维斯过度认同劳伦斯而导致的一个不幸却也无伤大雅的结果。斯坦纳让斯诺过目了他的文稿，但后者认为这样迂回的指责显然是不够的。[123] 这位私人政治学大师花了很多年的时间把他的人安排进丘吉尔学院，为的就是这一刻，现在，他终于可以兑现这一结盟的好处了。于是，斯诺通过邮件和电话对斯坦纳狂轰滥炸。他坚持说："你所能做的最友好的事，并不是将利维斯的演讲贬得无足轻重，而是利用这个评论演讲的机会，以你所能为我辩护——不是作为专家学者的我，而是作为作家的我。我相信这可能可以减轻一点利维斯的演讲对我构成的伤害。不过，更重要的是，这能让我感觉到自己并未被遗弃。"[124]

斯坦纳觉得自己置身于一个两难的境地。"真是个圈套！"他在给父母的信中写道，"无论我说什么，都会得罪人。"[125] 无论是从个人还是从专业的角度，他仍对斯诺心存感激，但他无法写出斯诺所要求的支持文章。"为什么（斯诺的）脸皮这么薄？"他写信给他的父母说道，"因为他知道**归根结底，利维斯说对了**！这才是最可怕的事。"[126] 斯坦纳投给《文汇》的文章5月份刊发了，文章对利维斯进行了批评，但没有正面支持斯诺。当年晚些时候，斯坦纳在伦敦拜访斯诺一家，此时的斯诺仍然对斯坦纳抱有幻想，希望他能出面干预。

斯坦纳在此次拜访之后透露："他们希望我能写一篇文章，说斯诺是一位伟大的小说家。"[127] 实际上，斯诺一家的希望并非毫无根据：两年前，斯坦纳还将斯诺描绘为"营造大师"，称他与普鲁斯特、巴尔扎克、特罗洛普和司汤达一起开创了"叙事艺术的经典"。[128] 不过，斯坦纳被安置在丘吉尔学院，却并未得到剑桥大学的认可，在此情境之下，这样的赞扬很难再出现了。[129] 斯坦纳已然放弃了在唐宁城门嘲笑"小传统"的梦想，转而承认他渴望得到利维斯的尊重。[130] 斯诺和斯坦纳仍然是朋友——在1980年斯诺的追悼会上，斯坦纳选读了陀思妥耶夫斯基的作品——但他们的通信未再像斯坦纳抵达剑桥前那样热情洋溢了，那几个月是如此激动人心的时光。斯坦纳和丘吉尔英语继续朝着各自方向前进了，而尽管因未能在剑桥扎稳批评的根基而深感痛苦，斯诺也选择了前行。

唐宁英语

这一时期，丘吉尔英语和唐宁英语之间的互动往来异常活跃。丘吉尔学院第一批获得英语研究员职位的候选人之一是弗兰克·李（Frank Lee），他于20世纪20年代在唐宁受过教育，并自1960年起担任了荣誉研究员；作为丘吉尔第一批研究人员之一的伊恩·鲁宾逊（Ian Robinson）是利维斯的学生和1958年的唐宁毕业生。[131] 利维斯在唐宁发表里士满年度演讲的第二年，斯诺在巴尔赞和斯坦纳的陪同下，穿过小镇做了同样的演讲（不过，他在教育问题上的慎重发言令任何希望目睹一场争论的学生都不得不感到失望）。[132] 利维斯发表了题为"卢德派？或只有一种文化"（"Luddites? *or* There is Only One Culture"）的演讲，这是他在丘吉尔学院学生的邀请下所作的有关反对大学扩张和正统观念的第二场演讲。[133] 与此同时，利维斯也在指导来自丘吉尔的英语专业的学生。[134]

但两所学院之间最引人注目的关联人物是布莱恩·维克斯（Brian Vickers），三一学院（Trinity）文艺复兴研究的杰出学者。维克斯对"弗朗西斯·培根（Francis Bacon）作为文学艺术家"的研究使他成为剑桥新科学学院英语职位的理想人选。[135] 但维克斯对丘吉尔学院并不十分满意，于是，当剑桥出现另一个空缺时，他跃跃欲试。这一职位便是在唐宁，是因利维斯退休而腾出来的。当理事会任命维克斯而非利维斯提议的候选人时，利维斯断然与他效力的这所学院终止了关系。尘埃落定时，维克斯——这位来自斯诺帮助创建的丘吉尔学院的"两种文化"学者——最终成了唐宁学院英语研究的新主任。

唐宁于1800年建立，作为一个拥有"法学、医学和其他有用的人文科学和学问"的学院，唐宁现代、务实的倾向从其有关圣职的规定中可见一斑：学院最多只有两位研究员可以担任圣职。[136] 在唐宁学院成立的第一个世纪，它的研究主要集中于法律和医学。科学也是一个优先事项：唐宁是第一批拥有自己实验室的剑桥学院之一；在19世纪70年代，它的一位研究员领导了建立大学实验室的运动，1896年，另一位研究员牵头成立了剑桥药理学系。[137] 利维斯则让国际社会关注到学院的人文艺术领域：学院的院史里颇为自豪地记载着利维斯的英语学校时代，那时"年轻人……争相来到唐宁，聆听他们骨瘦如柴、面色严肃、衣衫敞露的教皇以《旧约》先知的偏狭和热情阐述纯粹的教义"[138]。但随着利维斯1964年的辞职退休,随着英语专业在学院里逐渐式微,法律和医学恢复了其历史上的卓越地位。[139] 不过,从另一个方面来看,利维斯与唐宁的传统完全契合:官方历史评论说,只要"建筑不被核浩劫摧毁,只要思想不被平等主义的无知所扼杀",唐宁便将继续蓬勃发展。[140] 科学、技术和平等:倘若利维斯的英语学校有任何一枝独秀的使命的话,那便是向20世纪这三个受到热情追捧的偶像发起挑衅。

利维斯第一次来到唐宁是在1931年他的大学见习讲师职位到期之时。第二年,他被任命为学院的英语研究主任。[141]1936年,他又获得了另一个大学讲师职位,从而使得唐宁可以选他为研究员。唐宁不是一所富裕的学院,但它为利维斯的教学和写作提供了基础。正是在这一时期,人们才有可能说起"唐宁英语",或者用利维斯的话来说,就是"英语学校"。到了20世纪30年代后期,唐宁英语在剑桥独树一帜,在剑桥外也获得了相当的关注:1938年,英语荣誉学位考试第一部分的八个第一名中,有四位是唐宁学生,《旁观者》称之为"唐宁文学流派的胜利";第二年,唐宁人在这一考试第二部分的七个第一名中再次占据了四席。[142] 尽管取得了这些成功,利维斯坚持自己的英语学校并不是为了培养"一流的人"——相反,他将之想象为一个腐败教育体系的对立面,这个体系大体上由一代代精通考试的学生维系着。

1940年开始,利维斯在《细察》的系列文章中提出了他对英语学校的愿景,这些文章于1943年结集出版,全书题为《教育与大学》。[143] 该书提出了战后文学研究和大学改革的议程。第一章"大学的理念"指出了随"文明的技术复杂性"的产生而出现的历史危机,相伴而来的还有"社会文化的解体"。[144] 现代社会专业程度的激增在某种程度上导致了才智的沦丧,这种才智本是社会的指路明灯。这一切导致了无法协调的变化,社会的发展变得漫无目的,变化似乎只是为了促成更多更快的改变。在此过程中,文化传统是珍贵的资源,能为我们提供必要指导。理想的大学应成为延续和弘扬这种传统的场所,但即使是大学也未能幸免于现代文明所特有的专业化与分裂状态。如今的大学并未起到文化中心的作用,也未能将不同的专业有机地联系在一起,其自身即将沦为现代文明机器的另一个附属物。

第二章"英语学校概况"将文学研究置于一所获得拯救的大学的核心。英语之所以占据这一特权地位,并非出于学科的纯粹性,而是因为文学研究必然会导向其他领域。利维斯利用剑桥考试的两部分构成模式,建议学生从其他领域和学科着手来准备英语考试的第二部分。然后,他勾勒出一个以讨论而非讲座为中心的学习模式,评估标准则从和时间赛跑的考试变更为需要投入时间精心撰写的论文形式。由此,文学研究的目的不再是培养对文学史的单纯记忆,也不是鼓励油腔滑调的文化才干,而是切切实实地开展思维训练,并在此过程中培养情感能力——这被视为文学研究,作为对真正意义上的评价的严肃追求,所应当承担的双重任务。在这些进步的特质之外,利维斯的课程强烈抵制民主化倾向:英语学校明确承担着培养精英的任务。"这是一种经过训练的思维能力,"利维斯解释说,"最适合发展成为思想的核心、协调的意识,能够在真正意义上发挥出受教育阶层应有的作用。"[145]

最后一章"文学研究"阐明了利维斯的文学教育思想。这种教育摒弃文学史和死记硬背,甚至不以阐释为旨归,而将重点置于专注的阅读与明智的判断之上。利维斯的文学教育强调对于文学作品进行规范性判断的可能性——也就是说,通过文学教育,人们可以确凿地判断一部作品在创造性方面的成败——这正是利维斯式批评与当今学术批评最为不同的地方。利维斯自己偶尔也会在这一点上有所疏漏,比如有时他会说,学生应该记住"一个正确的概括性意义"(关乎解读,可能是对的,也可能是错的),有时他又会解释说,学生应该追求"真正的判断"(关乎评价,不存在一定标准)。[146] 利维斯在这些迥异的观念之间穿梭自如,而这恰恰表明,在他看来,这两者之间根本不存在任何矛盾或对立。于利维斯而言,解读和评价是同一种行为,两者均是专注阅读的产物,这种阅读在读者心中创造了一种体验——并非对一种体验的理解,而是**一个真实的体验**。利维斯认为,人们曾经在日常生活的习语中以这种方式体验过语言,但自17世纪始,这种与语言的关系就被限制在一个边缘化的传统中。《教育与大学》将大学定位为维系这一传统的所在,并主张文学研究应展现出辨识和回应这一传统的能力。传统、危机、少数派、中心、标准、**生命**——对利维斯的批评者来说,这些都是被晦涩的批判理论过度使用的护身符,但对其盟友而言,这些词汇道明了摆在唐宁英语面前的紧迫使命。

利维斯是在战争期间写的《教育与大学》。他认为战争时期既有威胁(因为战争时文明效能进一步彰显),又有机遇(因为战后重建的机会)。在利维斯的心目中,教育和战争一样重要。政府拒绝为了为战后培训教师而推迟一小部分征兵，让他极为恼火。但他预计教育改革会在战争之后进行，而他写作这本书的目的正在于影响这场教育改革之辩。他的建议受到了热烈的追捧：《泰晤士报文学增刊》宣称，"《教育与大学》应该得到广泛的公众关注。事实上，它的主题正是国家的心理健康"。[147]《泰晤士报教育增刊》(*Times Educational Supplement*)对此表示认同："本文评论者认为利维斯的建议着实令人振奋，并且相信我们没有理由认为这样的实验不可行。"[148] 在重塑战后英国教育的努力上，利维斯赢得了宝贵的盟友。

这一公众支持推动了唐宁英语学校的发展。战后，利维斯认为是时候把唐宁建成他所设想的教育中心了。他抓住每一次机会向理事会的同事们畅谈己见，而当他的想法在学院得到认可时，他也颇感欣慰。[149] 利维斯试图将自己的想法和理念转化为切实可行的制度形式，例如，让学院图书馆收藏足够多的适合英语学校的书籍——因此，当他面对一位拒绝收藏任何小说的图书馆馆员时，便不得不使出浑身解数（然而，这位图书馆员退休离任时，留下了一本收藏目录，足以证明利维斯在此方面获得的成功："1934—1956年间图书馆所藏资料——涉及17世纪英国历史"）。[150] 再比如，在本科招生方面，利维斯亦采用了一种不同寻常的管理方式，即除了其他学院采用的团体考试外，他还为唐宁学院设置了独特的奖学金考试。通过这些考试，利维斯确立了自身在全国各地学校和中学最高年级当中的影响力，因为那些考虑唐宁的校长和学生们需要将《细察》《文化和环境》《教育与大学》中所涉及的课程体系融入自身的课堂。[151] 正式进入唐宁之后，这些学生便可以很快获得导师们的关注，也将收获同龄人之间的同道情谊，还将体会到扮演一个传统的叛离者所带来的巨大满足感——所有这些都源于利维斯颇具感召力的坚定信念：即文学研究是一门关键性的学科，应当占据教育的核心位置。

然而，这一信念也意味着唐宁的英语学生不一定能指望获得名望或取得考试的成功。这并不是说唐宁无法培养出杰出的批评家——毕竟，利维斯本人是英语世界最具影响力的文学评论家之一。但与斯诺在丘吉尔的做法不同的是，利维斯在学院寻求帮助时几乎不考虑对方的国际声誉或学术成绩。于斯诺而言，能与任何一位知名学者扯上关系都会为丘吉尔学院带来好处，但于利维斯而言，在这个堕落的世界里，显赫的声誉本身就是值得怀疑的。因此，他很少在自己的圈子之外寻求他人的帮助——我们很快能了解到，这一习惯使得他与学院在优先事项上不太合拍。此外，利维斯认为考试结果是一个糟糕的衡量指标。唐宁人获得了多项第一，特别是当利维斯作为一名教师于 20 世纪 30 年代崭露头角之时。但考试的成功恰恰证明了一种被利维斯认为是教育之反面的才能。[152] 作为一名考官，他在寻找一些不同的东西。且看他在考卷的页边空白处草草写下的评语："不谙世故"可能是一种恭维，表示这位学生不了解批评趋势，而这一点令人欣慰；"成就和才能"等字眼可能会将一个学生判定为单纯以成绩为目的，相比于唐宁，这位学生可能更适合国王学院（King's）。[153] 他的学生也内化了这种对待考试的漠然态度，或至少表现出了这种利维斯式的漠然："在我的朋友圈里，有一种轻视考试结果的流行态度，"一个学生回忆道，"我们对所谓的'为第一名而努力'尤其嗤之以鼻，我们认为成功的考生只是在玩世不恭地、机械地应试。"[154]

事实上，利维斯很关心学生们的表现——就像他自己哀叹的那样，"我的优等生也只能获评二等。"[155] 另一位之前的学生给出了几种解释：利维斯劝阻他的学生，让他们不要参加他的敌对者关于英语能力的讲座；他要求学生广泛涉猎，将阅读范围扩大至考试所需之外的领域，鼓励他们在第二部分考试的准备中探索英语以外的其他科目。[156] 有一次，利维斯还对考官们表达了失望之情，因为这些考官给了他的优等生差评。同时，对于这些考官经常用到的辩护辞或所谓的"理由"，利维斯也心知肚明[157]——毕竟，体制使然，而唐宁英语就站在那个体制的对立面。

扩张和科学

战后大学生人数的激增以及国家政策对自然科学的过分倚重威胁到了利维斯的大学理念。简言之，他的理念聚焦于维系思想标准的英语学校。当然，标准意味着选择，但最终，脱颖而出的精英们通过综合、协调和维持人类创造力而使整个社会受益：他们为迈着冷酷的前进脚步的现代文明带来智性与情感。尽管利维斯提倡少量的学生、以文学研究为中心，但战后政策使学生人数成倍增加，同时将自然科学列为国家的优先发展领域。然而，将利维斯的立场解释为反对"科学"则是错误的，这是一种类似于"两种文化"的简化论。相反，利维斯坚称他尊重科学家，因为他们与他一样，信守严格的标准。他也始终表示，与"学术人文主义者"相比，他更愿意与科学家讨论大学及其发展。[158] 对利维斯而言，大学扩张是对大学精英化教育原则的漠视，而将科学置于优先地位则带有鲜明的工具主义味道，这本是大学应竭力避免与拒斥的。

与剑桥的许多学院一样，唐宁在 1945 年至 1960 年间经历了大规模的扩张。战后不久，学院允许增加大学生的数量，以容纳回国的军人。[159] 1938 年，唐宁有 228 名在读学生，但到了 1960 年，这个数字已经上升为 360。为了满足学生的需求，一期建筑项目新增了 60 个房间，并翻新了现有建筑，以容纳 23 名额外招收的学生，同时扩建了医务室、礼拜堂和图书馆等设施——这一项目花费了这所本不富裕的学院 20 多万英镑。同一时期，用于奖学金的开支增加了一倍多，研究员人数也从原来的 11 人增加到 21 人。这些变化影响了学院的特质和结构：1955 年，理事会调整了招生政策，允许学生高中毕业后直接入学；1957 年，他们同意将理科学生的比例提高至 50%。[160] 简言之，20 世纪 50 年代的唐宁以扩招、拥挤和扩建为特征。

50 年代即将结束之时，学院开始抵制更大规模的扩建。1960 年，一份为大学委员会编写的报告指出："把彼得豪斯（Peterhouse）（或唐宁）一夜之间变得像三一学院那样并不能建成另一个三一学院，只会得到毫无特色的一团乱麻。"[161] 1958 年 1 月，辅导委员会开始计划缩减学院规模，并预期第二年启动的计划可以使本科人数逐渐缩减，到 1963 年时便可以减少至理事会希望的任何数量。[162] 六天后，理事会同意立即开始减少学生人数，目标是使学生总数降至 350 人（这一数字后来获准增至 365）。[163] 第二年，展望到未来五年学院将面临的变化，理事会决议，必须抵制任何迫使唐宁增加学生人数的尝试。[164] 至于科学，这位资深导师在 1959 年的报告中提到，其他学院正在增加科学家的数量，但他解释道，唐宁学院已经为此努力多年了——如果需要有什么改变的话，他们应该考虑减少学院内科学家的数量。[165] 早在莱昂内尔·罗宾斯的委员会被任命之前，唐宁学院已然经历了扩招和科学转向——事实上，到了 20 世纪 50 年代末，学院觉得自己已经尽到了责任，甚至可能做得有点儿过火了。

在经历了这些变化之后，利维斯也坚信是时候停止扩张了。这不是一个不切实际的梦想：我们现在知道后来出现了罗宾斯委员会，但当时的利维斯和理事会并不知情。从他们的角度来看，扩张是已经发生的事，而如今，学生数量的膨胀也已经得到了控制——尽管不无困难。正如文学学者理查德·斯托尔（Richard Storer）指出的，"学生人数在 20 世纪 50 年代中期已经稳定了下来，而政府似乎也有所变革，这或许可以解释为什么利维斯错误地相信政府认同他的假设"。[166] 利维斯的假设基于这样一个原则，即只有当学生数量控制在一定范围之内时，学生们才有可能从大学教育中受益。这一原则假定大学是一个卓越的精英中心。卓越，而不是准入：对利维斯而言——就像对于丘吉尔学院的创始者一样——这正是大学面临的"问题"。显然，利维斯眼中的"问题"并不是麦克米伦、罗宾斯和其他改革者眼中的问题。

利维斯正是基于这些关于大学未来的设想撰写了他的里士满演讲稿。演讲于 1962 年 2 月初举行，时间正好介于 1961 年罗宾斯委员会成立和 1963 年报告出炉之间——即所谓的"等待罗宾斯"的时期。在挑战了斯诺的权威和论点之后，演讲快结束时，利维斯转向了他对大学的愿景的描绘。他坚持认为，大学不仅仅是一个个专业部门的集合。由于肩负着为我们的文明提供"意识（和良知）"的任务，他理想中的大学将以英语学校为中心。[167] 他解释说，英语学校不只是大量经典书籍的代名词，其维系着"我们传承的文化在当下的生命力——生命就是成长"。[168] 只要大学仍然由斯诺和（后来的）罗宾斯这样的人物主宰，英语学校就必须成为一个存续之地——它所维系的不仅是文化，甚至包括大学理念本身。也就是说，英语学校之于大学必须像利维斯认为《细察》之于剑桥一样："我们曾是剑桥，也知道自己是剑桥——除剑桥之外必不可少的剑桥。"[169] 利维斯尝试着从那些似乎一心想摧毁大学的管理者手中夺回并拯救大学——不是第一次，也绝非最后一次。

利维斯的抗争

利维斯正是在唐宁表明他的上述立场的。他在唐宁的影响力胜过他在剑桥英语系的影响力，毕竟，他与后者积怨颇深。[170]1961年10月，利维斯即将退休，他表达了两点希望，一是他的工作将继续在唐宁展开，二是唐宁将继续成为理想大学的践行之所。[171] 为了这一目标，他开始着手锁定英语学校的继任者。自1953年《细察》停刊以来，他一直在考虑此项任务，当时他担心退休后自己在剑桥所做的工作会渐渐荒废。[172] 十年里，随着时间推进，利维斯对英语的关注和顾虑日益成为唐宁理事会讨论的焦点。[173]1961年，学院委托彼得·格林汉姆（Peter Greenham）为利维斯画像，但利维斯不以为然，表示他更希望理事会能致力于延续他毕生的工作。[174] 几个月后，当他的最后一个学年开始之时,利维斯决定实施一个计划:他将进行一些安排,以便在时机成熟时把他心目中的理想人选成功推选为英语研究主任。[175]

利维斯在唐宁开展这些战斗时,他的行为始终受制于他独特的政治观。针对人们所熟悉的"政治是可能的艺术"的说法,利维斯坚持说,"是*我们*创造了可能"。[176] 我们在第 2 章中讨论过,利维斯对政治的看法与斯诺截然不同。利维斯并不认为政治是组建联盟时的一系列巧妙运作和说教,而将政治比作机器的运转:既然自身并非机器的构成部分,那么,影响机器运作的最好方式便是周期性地敲打机器。也就是说,对利维斯而言,政治是由对抗和挑衅组成的,目的是促成内部人士的认可。这样的态度使他成为一个很难相处的同事,但这种难相处的根源并不是利维斯不理智——相反,他像斯诺一样精明而审慎,只是方式不同罢了。

即将退休时,利维斯同意继续在唐宁担任顾问、考官和荣誉董事。[177] 英语研究主任继任者的问题仍然悬而未决。利维斯自己的候选人是 1953 年毕业于唐宁的莫里斯·沙皮拉。沙皮拉的成绩即使不是一流,也是相当不错的:他进入唐宁时获得了一笔小额奖学金,在第一部分(英语)考试中获得第二名,第二部分(现代和中世纪语言)获得第一名,并在哈佛大学学习了一年。[178] 1957 年,沙皮拉在唐宁被选为为期三年的研究员,他证明了自己是一位尽心尽力的本科生教师,也是利维斯的忠实支持者和拥护者。[179] 1962 年 7 月,在他正式退休的那一刻,利维斯似乎取得了他所追求的胜利:理事会任命沙皮拉为学院的英语研究主任,尽管也向另外两位英语学者承诺如果他们获得大学任命就提供研究员职位。[180]第二个学年伊始，继任似乎是有把握的：利维斯在沙皮拉被提名为英语奖学金考试考官的同一天接受了他的荣誉董事职位。[181]

但事情并未完全解决。唐宁无法授予还未被大学带薪雇佣的人研究员职位。或许是因为沙皮拉将过多的精力投于教学工作——正如他所说，"一周花30至40个小时与思想上的陈词滥调作战"——他甚至还没有拿到博士学位，因此也未得到正式的大学教职。[182]1964年春，在这种局面持续的第二年年底，学院开始采取措施，争取确保一位英语专业研究员。他们向约翰·牛顿（John Newton）抛去了橄榄枝。牛顿是利维斯的学生当中第一个获得大学讲师职位的。但牛顿不想取代沙皮拉，拒绝了这一邀请。[183]理事会随后同意探询另外两位最近获得任命的讲师，其中一位是布莱恩·维克斯。[184]维克斯受邀在唐宁进餐之后，理事会于1964年7月一致选举他为研究员。[185]听到这个任命的消息，利维斯立刻辞去了其荣誉董事职位。[186]理事会对他们脾气暴躁的同事感到颇为无奈和恼怒，他们的反应是不再重新任命沙皮拉，同时减少英语专业的学生人数，并立即着手寻找一名新的研究员。[187]利维斯要求把他的名字从学院书册上删除，从而终止他与唐宁的关系。[188]经过一番来来回回的商谈，1965年夏天，维克斯离开丘吉尔，来到唐宁，担任研究员和英语研究主任。同年2月，校务委员会以16票赞成、0票反对的结果，决定次年不再招收任何英语专业的学生。就这样，在一系列事件之后，理事会终于在学院英语专业的问题上达成了共识。[189]

利维斯终止与唐宁的关系这一举动令人费解，毕竟唐宁是他的英语学校所在之地。利维斯投入了三十多年的精力倾心打造唐宁英语，并在过去的十年里一直致力于保护自己的战果，最后却是草草收场、功亏一篑。理解利维斯行为的一个重要线索是1953年《细察》停刊时他的反应。《细察》的消亡让利维斯深受打击，这是他与妻子运营多年、旨在挑战当今英国主流知识圈文化氛围的一份刊物。当斯诺写信表示哀悼时，利维斯毫不掩饰地将《细察》的命运解读为一种失败：他向斯诺承认，他感到十分悲伤，因为《细察》的结束代表了"生命"得以维系的阵地遭遇了终结。[190] 面对另一位记者时，利维斯沮丧地总结道，事实证明，在剑桥维持一个活跃的中心是不可能的。[191] 然而，随着时间的推移，《细察》的停刊反而变成了对这份刊物自身有力的辩护。毕竟，只要它还在出版，它就仍然面临着腐化堕落的风险，因为对稿件和投稿人的需求可能会迫使利维斯夫妇在标准上做出妥协。停止出版因而有效预防了这种妥协，已出版的二十卷则将永远成为一份明证，指向在批评中保持高标准的可能性。此外，《细察》的终结本身就显示了敌对力量的强大，从利维斯的角度来看，这一失败将迫使世界彻底承认他们所面临的窘迫现实。当剑桥大学出版社同意重印整个系列以出售给图书馆时，利维斯对《细察》停刊一事的看法与1954年时已截然不同。此时的他坚信，《细察》的停刊代表的不是失败，而是一种胜利，它证明了在压倒性的反对势力面前维持一个批评中心的可能性。[192]

同样，于利维斯而言，英语学校的终结也恰恰证实了它在历史上的地位。他辞职之后，英语学校不复存在，因此它永远不会向学院、英语系和大学里日益弥漫的职业风气妥协。利维斯领导下的唐宁代表的是一种迥然不同的风气,英语学校是一个令人刮目相看的存在,其最终的失败映衬了反对势力的强悍。伴随实体的英语学校的消逝,利维斯得以完好地保存了他心目中理想大学的理念。在他使出这极端的最后一招之时,利维斯非常清楚这意味着什么。[193] 他知道自己的退出既是永久性的,也是毁灭性的:在最后一次可怕的力量较量中,利维斯奋力推倒了他身旁唐宁英语学校的院墙。

结语

本章探讨了战后英国大学改革的一段岁月。"二战"之后,大学按照技术官僚体制文化的需求进行了改造。大学仍然建立在等级制度的基础上,但为了国家的生存与发展,这个等级体系开始向更广大的社会公众开放。在此语境下出炉的《罗宾斯报告》具有非凡的意义,报告本身并非一个明确的政策突破,但它见证了一个重要的历史时刻:大学的使命开始被重新斟酌考量了。

在那一刻,各种思想和理念相继登场,瑞德和里士满演讲则分别代表了两种愿景。斯诺将大学设想为一个专业培训机构,其目的在于赋予一代代的英国人他们所需的社会技能,以保证英国在国际社会的不败之地。利维斯则将大学视为社会批评的中心,其目的是抗衡现代文明的专业化和工具主义倾向。这两种关于大学的观点——与经济社会紧密结合的大学(斯诺)和抵制经济社会腐败的大学(利维斯)——同时在思想(通过在公共场合举办的讲座)与政治(通过在学院推行的具体政策)领域展开了斗争。当斯诺和利维斯努力将这些理念转化为切实的制度时，他们的行事作风受制于各自不同的政治观。对斯诺而言，政治包括战术性的运作和联盟构建；而于利维斯而言，政治代表了一种不妥协、不接受调和的明确立场。斯诺因在剑桥学院安插了一位盟友而在制度上取得了成功，但当这个盟友拒绝支持他的工作时，斯诺在意识形态上便败下阵来；利维斯因推倒了他的英语学校而在制度上失败了，但他最终在意识形态上取得了成功，以至于这一制度上的失败被重新解读为胜利的见证。

斯诺和利维斯之间的斗争——以及他们各自理念之间的抗衡——已经超越了学院的体制范畴，并越出了剑桥这一地理空间。两人对他们所理解的现代文明做出了迥异的阐释，并且，正如下一章所示，这些阐释实则与他们对历史的解读相互交织、密不可分。

章后注

[1] C. P. Snow, *The Two Cultures and the Scientific Revolution* (Cambridge University Press, 1959), p. 48.

[2] F. R. Leavis, *Two Cultures? The Significance of C. P. Snow* (London: Chatto and Windus, 1962), p. 29.

[3] 迈克尔·贝尔在《利维斯》一书中对文学研究提出了相关的观点,参考 *The Cambridge History of Literary Criticism, Vol. 7: Modernism and the New Criticism*, ed. A. Walton Litz, Louis Menand, and Lawrence Rainey (Cambridge University Press, 2000), p. 392。

[4] T. W. Heyck, "The Idea of a University in Britain, 1870–1970," *History of European Ideas* 8 (1987), p. 210.

[5] 同上,p. 207。

[6] 同上。

[7] 同上,p. 210。

[8] David Edgerton, *Science, Technology, and the British Industrial "Decline," 1870–1970* (Cambridge University Press, 1996), p. 22

[9] *Scientific Manpower: Report of a Committee Appointed by the Lord President of the Council* (London: HMSO, 1946; cmnd. 6824).

[10] 同上,p. 636。

[11] P. M. S. Blackett, "Summary of Presidential Address to Association of Scientific Workers," 24 May 1947,与 Blackett 的论文一起保存在皇家学会,London: Blackett E.22。

[12] *Higher Education, Appendix Two (A): Students and Their Education* (London: HMSO, 1963; cmnd. 2154–II), p. 17. 学年指的是开学的那一年——例如,"1945"指的是 1945-1946 学年。

[13] 我很感谢 T. W. 海克(T. W. Heyck)分享他关于大学发展的相关意见。

[14] *Higher Education, Appendix Two (A)*, pp. 20, 18.

[15] Stefan Collini, "HiEdBiz," *London Review of Books,* 6 November 2003, p. 5.

[16] Harold Perkin, *Key Profession: The History of the Association of University Teachers* (New York: A. M. Kelley, 1969), p. 218.

[17] *Higher Education, Appendix Two (A)*, p. 22.

[18] 1961 年的具体数字是 937 名理科学生和 369 名英语学生。Robert Dean, "The Tripos of 1961," *Cambridge Review,* 28 October 1961, p. 57.

[19]　*Higher Education, Appendix Two (A)*, p. 24. 工人阶级的学生人数情况与此相近，大约占入学学生总数的四分之一，Peter Clarke, *Hope and Glory: Britain 1900–1990* (London: Allen Lane, 1996), p. 288。

[20]　David Edgerton, *Warfare State: Britain, 1920–1970* (Cambridge University Press, 2006), pp. 175–180. 也可参见 Edgerton, *Science, Technology, and the British Industrial "Decline,"* p.22。

[21]　*Higher Education, Appendix Two (A)*, p.26.

[22]　父亲从事体力劳动的学生进入大学的比例不足 1%。引自 Clarke, *Hope and Glory*, p.288。

[23]　Edgerton, *Warfare State*.

[24]　*The Scientific Civil Service: Reorganisation and Recruitment during the Reconstruction Period* (London: HMSO, 1945; cmnd. 6679)，包含附录，"Report of the Barlow Committee on Scientific Staff," April 1943。也可参见 Edgerton, *Warfare State*, Chapter 3, especially p. 116。

[25]　Collini, "HiEdBiz," p. 5.

[26]　Snow, *The Two Cultures*, pp. 35–36.

[27]　同上，p. 19。

[28]　Harold Macmillan to Snow, 26 January 1961, HRC: Snow 142.9.

[29]　Lionel Robbins to Snow, 31 January 1961, HRC: Snow 172.8.

[30]　Testimony of the National Union of Students, 11 October 1961, pp.240–241；the National Froebel Foundation, 27 September 1961, p. 259；和 J.D.Cockcroft,13 October 1961, pp. 287–288，均出自 *Higher Education: Evidence, Part I, Vol. A* (London: HMSO, 1963; cmnd.2154)；另外，the testimony of Alexander Todd and Solly Zuckerman on behalf of the Advisory Council on Scientific Policy, 5 January 1962, pp. 437–439；以及 the National Association of Head Teachers, 2 October 1961, p. 508，出自 *Higher Education: Evidence, Part I, Vol. B* (London: HMSO, 1963; cmnd.2154)。

[31]　Clarke, *Hope and Glory*, p. 288; *Higher Education: Report of the Committee Appointed by the Prime Minister under the Chairmanship of Lord Robbins, 1961–1963* (London: HMSO, 1963; cmnd. 2154), p. 268.

[32]　这项荣誉为财政部官员、委员会评估员约翰·卡斯韦尔（John Carswell）所获，引自 Noel Annan, *Our Age: English Intellectuals between the World Wars—a Group Portrait* (New York: Random House, 1990), p. 371。

[33]　"新闻通告：政府声明"，1963 年 10 月 24 日，唐宁街发布，副本与剑桥唐宁学院管理机构的补充文件（1962 年 10 月至 1964 年 10 月，D/M/P/9）一并保存。

[34] Clarke, *Hope and Glory,* p. 289.

[35] Sheldon Rothblatt, *The Modern University and Its Discontents: The Fate of Newman's Legacies in Britain and America* (Cambridge University Press, 1997), p. 273.

[36] Annan, *Our Age,* p. 373.

[37] A. H. Halsey, *Decline of Donnish Dominion: The British Academic Professions in the Twentieth Century* (Oxford: Clarendon, 1992), p. 5; Desmond King and Victoria Nash, "Continuity of Ideas and the Politics of Higher Education Expansion in Britain from Robbins to Dearing," *Twentieth Century British History* 12 (2001), p. 188.

[38] Zouyue Wang, "The First World War, Academic Science, and the 'Two Cultures': Educational Reforms at the University of Cambridge," *Minerva* 33 (1995), pp. 107–127.

[39] William Cooper, *Memoirs of a New Man* (London: Macmillan, 1966).

[40] 同上，p. 60。

[41] 同上，p. 59 及各处。

[42] 同上，p. 74。

[43] John Colville, *Footprints in Time* (London: Collins, 1976), pp. 256–258.

[44] 关于丘吉尔学院的起源、创立和个中颇具讽刺意味的故事，感谢马克·戈迪一篇未发表的论文对我的启发，论文题为《丘吉尔学院：起源和背景》（"Churchill College: Origins and Contexts"）。

[45] 转引自 "A 'Churchill' College," *Times,* 15 May 1958。

[46] 转引自 "Churchill College: Churchill's Appeal," *New York Herald Tribune,* 15 May 1958。

[47] John Colville, "A Battle of Britain Still to Win," *Daily Telegraph,* 26 June 1958.

[48] "Churchill Plan for Atom Age," *Daily Herald,* 15 May 1958; "Churchill College," *Liverpool Daily Post,* 15 May 1958; "Churchill College," *Birmingham Post and Gazette,* 15 May 1958.

[49] Goldie, "Churchill College: Origins and Contexts," p. 7.

[50] 丘吉尔学院并不是一个孤立的例子，因为评论员经常把它的命运与牛津的圣凯瑟琳学院（St. Catherine's）和纳菲尔德学院（Nuffield）联系起来："Nuffield College," *Manchester Guardian Weekly,* 29 May 1958; "More Oxford," *Times Education Supplement,* 11 July 1958。

[51] Churchill College Governing Body (CCGB) Archives: CCGB 310/1.

[52] E. M. W. Tillyard, Letter, *Cambridge Review,* 24 May 1958, p. 585.

[53] Goldie, "Churchill College: Origins and Contexts," p. 19；1958 年 11 月 18 日参议院辩论的记录保存在丘吉尔学院档案馆：CCGB316/1。

第 3 章 两所学院的故事

[54] Noel Annan, Letter, *Cambridge Review,* 31 May 1958, pp. 607–608.

[55] Churchill College: CCGB 316/1.

[56] Goldie, "Churchill College: Origins and Contexts," p. 9.

[57] "Cinderella Science Goes to the Ball…at Last," *Evening News*, 15 May 1958.

[58] "Churchill College," *Cherwell*, 17 May 1958.

[59] Richard C. Wald, "New Churchill College Slated to Open at Cambridge Oct. 1," *New York Herald Tribune,* 25 August 1960.

[60] Churchill College: CCGB 316/1, p. 6.

[61] Churchill College: CCGB 310/1.

[62] 参见 Kenneth Rose, "Choosing Technology's Few," *Daily Telegraph* 10 September 1958。

[63] Churchill College: CCGB 316/1, p. 8.

[64] Snow to S. Gorley Putt, 16 March 1941, in Caroline Nobile Gryta, "Selected Letters of C. P. Snow: A Critical Edition," unpublished PhD dissertation, Pennsylvania State University (1988), p. 124.

[65] Snow to Maurice Cranston, 9 December 1955, in Gryta, "Selected Letters of C. P. Snow," p. 166.

[66] 1958 年 6 月 21 日和 28 日，教育政策小组委员会（斯诺是其成员）提出了接纳女性为丘吉尔学院研究生的可能性。这一想法获得了温斯顿·丘吉尔的认可，但遭到热衷于获得同事和捐赠者认可的创始者的否决，他们认为这一想法过于激进。"Churchill College: Admission of Women," CCGB 210/2.

[67] C. P. Snow, "Miasma, Darkness, and Torpidity," *New Statesman*, 11 August 1961, pp. 186–187.

[68] John Stuart Mill, "The Subjection of Women," in *Three Essays* (Oxford University Press, 1975).

[69] Snow to Muggeridge, "Appointment with Sir Charles Snow," 18 August 1961; transcript held in the Harry Ransom Humanities Research Center (HRC): Snow 8.1 (quotation p. 7).

[70] C. P. Snow, *The Masters* (London: Macmillan, 1951); *The Affair* (London: Macmillan, 1960).

[71] Snow, *The Masters*, pp. 301, 300.

[72] Snow, *The Affair*, p. 17.

[73] 各委员会的论文存放在丘吉尔学院档案馆：CCGB 202, CCGB 205, CCGB 204, CCGB 315.

[74] 感谢马克·戈迪分享他在丘吉尔学院的院长和董事的名单。

[75] John Beer, "Pools of Light in Darkness," *Cambridge Review,* 7 November 1959, p. 106; Standing Executive Committee, 9 June 1958, Churchill College: CCGB 316/2. 斯诺出席了这次成立教育政策小组委员会的会议，鉴于他倾向于使用"透明化"一词，委员会的职责可能是由他制定的。

[76] Snow to Harry Levin, 1 January 1960, Harvard University: Houghton Library, Levin papers, MS Am 2461 (918), Storage 342, Box 18, "Snow, C. P."

[77] Snow to J. C. R. Hamilton (Bursar), 3 July 1967, 5 July 1967, HRC: Snow 74.8；奖学金选举人于1967年7月12日批准了这一想法：CCGB 130/1, Paragraph 335。

[78] 对"两种文化"的兴趣出现在报纸报道、委员会工作和大学生活中，例如："Humaner Science," *Sunday Times,* 18 May 1958；the minutes of the Educational Policy Sub-Committee of 21 June 1958, Churchill College: CCGB 204；以及 the schoolmasters' conference on the place of the arts in a science college, 12 March 1966, Churchill College: CCAC 140/2/1。斯诺偶尔出席教育政策小组委员会的会议，也很自然地在会议上发言，但在日常情况下，他对此并没有兴趣多聊。

[79] Snow to Plumb, 21 September 1959, Cambridge University Library: Plumb Papers, File "Snow 1946 to 1968," Box "C. P. Snow + Pam, 1946 to 1968."

[80] Snow to Levin, 23 December 1959, Harvard University: Houghton Library, Levin papers, MS Am 2461 (918), Storage 342, Box 18, "Snow, C. P."

[81] Snow to Plumb, 20 March 1961, HRC: Snow 166.8.

[82] Minutes of the Fellowship Electors, 4 February 1960, Churchill College: CCGB 205/2.

[83] Snow to Levin, 23 December 1959, Harvard University: Houghton Library, Levin papers, MS Am 2461 (918), Storage 342, Box 18, "Snow, C. P."

[84] Snow to Cockcroft, 3February 1960, HRC: Snow 79.9. 有关巴尔赞的评论出自一年后撰写的类似文件：Snow to Cockcroft, 3 March 1961, HRC: Snow 79.10。

[85] Snow to Cockcroft, 3 March 1961, HRC: Snow 79.10.

[86] Snow to Cockcroft, 3 March 1961, HRC: Snow 79.10; Churchill College Fellowship Electors, 18 April 1961, Churchill College: CCGB 130/1.75.

[87] Cockcroft to Fellowship Electors, 26 May 1961, Churchill College: CCGB 130/1.

[88] Snow to Levin, 23 December 1959, Harvard University: Houghton Library, Levin papers, MS Am 2461 (918), Storage 342, Box 18, "Snow, C. P."

[89] Levin to Snow, 28 December 1959, Harvard University: Houghton Library, Levin papers,

MS Am 2461 (918), Storage 342, Box 18, "Snow, C. P."

[90] Snow to Levin, 1 January 1960, Harvard University: Houghton Library, Levin papers, MS Am 2461 (918), Storage 342, Box 18, "Snow, C. P."

[91] Levin to Snow, 6 January 1960, Harvard University: Houghton Library, Levin papers, MS Am 2461 (918), Storage 342, Box 18, "Snow, C. P."

[92] Snow to Levin, 14 January 1960, HRC: Snow 133.15.

[93] Levin to Snow, 21 January 1960, 15 November 1960, HRC: Snow 133.15. 莱文于 1963 年 2 月 14 日在丘吉尔学院的选举人团会议上当选，任期为 1964—1965 年：CCGB 130/1；他于 1967 年春开始定居于此。

[94] Christopher J. Knight, *Uncommon Readers: Denis Donoghue, Frank Kermode, George Steiner and the Tradition of the Common Reader* (University of Toronto Press, 2003).

[95] George Steiner, *Tolstoy or Dostoevsky: An Essay in the Old Criticism* (New York: Knopf, 1959).

[96] C. P. Snow, "Science, Politics, and the Novelist, or, The Fish and the Net," *Kenyon Review* 23 (Winter 1961), pp. 1–17.

[97] 同上，p. 6。

[98] 同上，p. 7。

[99] 同上，pp. 4, 16。

[100] 同上，p. 17。

[101] George Steiner, "The Master Builder," *Reporter,* 9 June 1960, pp. 41–43.

[102] 同上，p. 43。

[103] 同上，pp. 42, 43。

[104] 同上，p. 42。

[105] Appointments Committee, 30 May 1959, 14 July 1959, Churchill College: CCGB 130/1; Fellowship Electors, 14 December 1959, Churchill College: CCGB 130/1.19.

[106] Snow to Cockcroft, 16 March 1960, HRC: Snow 79.9.

[107] Steiner to Snow, 11 February 1960, HRC: Snow 191.3; Snow to Steiner, 4 March 1960, HRC: Snow 191.3.

[108] Snow to Steiner, 4 March 1960, HRC: Snow 191.3.

[109] Snow to Steiner, 27 April 1960, HRC: Snow 191.3.

[110] Steiner to Snow, 29 February 1960, HRC: Snow 191.3. 斯坦纳在 1961 年 1 月 21 日的一封信（HRC: Snow 191.3）中重申了这篇文章与斯诺思想之间的联系："The Retreat from the

Word," *Kenyon Review* 23 (Spring 1961), pp. 187–216。

[111]　Steiner to Snow, 5 September 1962, HRC: Snow 191.3.

[112]　Steiner to Snow, 21 January 1961, HRC: Snow 191.3.

[113]　Steiner to Snow, 15 September 1964, Churchill College: GSNR 1/5.

[114]　Steiner to Snow, 25 June 1965, HRC: Snow 191.5.

[115]　Steiner to J. R. (Jack) Pole, 20 February 1966, Churchill College: CCAC 140/2/1. 巴尔赞在 1963—1964 年为 F 编研究员；1967 年，莱文和霍兰德在这里居住。

[116]　Steiner to Snow, 23 May 1966, HRC: Snow 191.6.

[117]　Steiner to Snow, 27 May 1968, HRC: Snow 191.7.

[118]　Snow to Plumb, 7 March 1962, HRC: Snow 226.12.

[119]　同上。

[120]　同上；Snow to Bernal, 7 March 1962, HRC: Snow 226.13；Plumb, "Letters," *Spectator*, 30 March 1962, p. 396；Bernal, "Letters," *Spectator,* 23 March 1962, p. 365。

[121]　Steiner, 12 March 1962, Churchill College: GSNR 1/5.

[122]　关于计划撰写的文章的消息源于斯坦纳写给父母的信，18 February 1962, Churchill College: GSNR 1/5；这篇文章发表为 "F. R. Leavis," *Encounter*, May 1962, pp. 37–45，再版于 *Language and Silence: Essays on Language, Literature, and the Inhuman* (New York: Athenaeum, 1967)。

[123]　Snow to Steiner, 13 March 1962, HRC: Snow 226.12.

[124]　同上。

[125]　Steiner, 5 March 1962, Churchill College: GSNR 1/5.

[126]　Steiner, 17 March 1962, Churchill College: GSNR 1/5.

[127]　Steiner, 21 September 1962, Churchill College: GSNR 1/5.

[128]　Steiner, "The Master Builder," pp. 41–43.

[129]　Steiner, 21 September 1962, Churchill College: GSNR 1/5.

[130]　Steiner, 27 March 1962, Churchill College: GSNR 1/5.

[131]　Fellowship Electors, 2 March 1960, Churchill College: CCGB 130/1.42; Ian MacKillop, *F. R. Leavis: A Life in Criticism* (London: Allen Lane, 1995), p. 304.

[132]　C. P. Snow, "Education and Sacrifice," *New Statesman,* 17 May 1963, pp. 746–750.

[133]　F. R. Leavis, *Nor Shall My Sword: Discourses on Pluralism, Compassion and Social Hope* (London: Chatto and Windus, 1972), pp. 28–29.

[134]　MacKillop, *F. R. Leavis*, p. 352.

[135] "Churchill College Junior Research Fellowship Election 1964: Brian Vickers," Churchill College: CCGB 133/2/5.

[136] Stanley French, *The History of Downing College Cambridge* (Downing College Association, 1978), p. 82.

[137] 同上，pp. 132, 135–136。

[138] 同上，p. 138。

[139] 同上，p.140。

[140] 同上。

[141] MacKillop, *F. R. Leavis*, p. 153.

[142] 同上，p. 160。

[143] F. R. Leavis, *Education and the University: A Sketch for an "English School"* (London: Chatto and Windus, 1943). 也可参见 Richard Storer, "*Education and the University*: Structure and Sources," in *F. R. Leavis: Essays and Documents*, ed. Ian MacKillop and Richard Storer (Sheffield Academic Press, 1995), Chapter 7。

[144] Leavis, Education and the University, pp. 22–23.

[145] 同上，p. 55。

[146] 同上，pp. 72, 71。

[147] "Readers and Citizens," *Times Literary Supplement*, 15 January 1944, p. 31.

[148] "The Idea of a University," *Times Educational Supplement*, 1 January 1944.

[149] Leavis to Geoffrey Walton, 4 February 1947, Downing College: DCPP/LEA/7 Leavis,F.R.

[150] Robin Williams, "Some Memories of F. R. Leavis and Other Downing Dons in the Early 1950s," Downing College: DCHR/1/2/FRL Leavis, F. R.; Governing Body Minutes, Downing College, Vol. 220, 6 June 1957, p. 418, Minute 7.

[151] 当唐宁大学的独立考试在20世纪50年代受到质疑时，利维斯曾明确反对将唐宁大学的考试与其他大学的考试合并的做法，但此举并未获得成功。"English as a Group Scholarship Subject," 20 January 1953, Downing College: D/M/ P/1. 有关奖学金制度的更多信息，请参见 MacKillop, F. R. Leavis, pp. 154–155。《教育与大学》诞生之前的重要教学文本是与丹尼斯·汤普森(Denys Thompson)一起创作的《文化和环境：批判意识的培养》(*Culture and Environment: The Training of Critical Awareness*) (London: Chatto and Windus, 1933)。

[152] Leavis, *Education and the University*, pp. 45, 50–51.

[153] 正如麦基洛普(MacKillop)在传记中解释的那样，利维斯将旧的学生试卷作为草稿，这些对学生论文的评论摘自给哈佛大学霍顿图书馆(Houghton Library, MS Eng 1218.2)举

办的"细察:一个回顾"展("Scrutiny: A Retrospect")的手稿的背面。

[154] Neil Roberts, "'Leavisite' Cambridge in the 1960s," in *F. R. Leavis: Essays and Documents*, ed. MacKillop and Storer, p. 278.

[155] Williams, "Some Memories of F. R. Leavis"; Leavis to David Matthews, 19 June 1951, Emmanuel College, Cambridge (Emmanuel): ECA COL 9.59a.113.

[156] Williams, "Some Memories of F. R. Leavis." 威廉斯还记录了利维斯自己的解释以及英语系教师对他和他的学生的敌意。

[157] Leavis to Matthews, 19 June 1951, Emmanuel: ECA COL 9.59a.113.

[158] "I would rather discuss the function of the university with a mathematician or a physicist than with an academic humanist." *English Literature in Our Time and the University* (London: Chatto and Windus, 1969), p. 40.

[159] "Admissions," 19 January 1961, Downing College: D/M/P/8.

[160] "Memorandum from Downing College," 6 November 1960, Downing College: D/M/ P/8; Governing Body Minutes, Downing College, Vol. 220, 3 May 1957, p. 410, Minute 22 (e).

[161] "Memorandum from Downing College," 6 November 1960, Downing College: D/M/P/8.

[162] 1958年1月11日导师委员会会议记录,连同1957—1958年理事机构会议记录补编一起保存于唐宁学院:D/M/P/6。

[163] Governing Body Minutes, Downing College, Vol. 220, 17 January 1958, pp. 475–476, Minute 22 (a); Governing Body Minutes, Downing College, Vol. 220, 16 January 1959, pp. 568–569, Minute 7 (b).

[164] Governing Body Minutes, Downing College, Vol. 220, 12 February 1960, p. 680, Minute 8.

[165] 1959年12月5日导师委员会会议记录,连同理事机构会议记录补编一起保存于唐宁学院:D/M/P/7。

[166] Richard Storer, "F. R. Leavis and the Idea of a University," *Cambridge Review*, November 1995, p. 98.

[167] Leavis, *Two Cultures?*, p. 30.

[168] 同上,pp. 28–29。

[169] 同上,p. 29。

[170] 严格来说,任命不是教员委员会的职责,而是由教员组成的任命委员会的职责。从利维斯的角度来看,这几乎是同一件事。截至1961年他的学生和助手均未经此获得任命,在这一点上他没错。Leavis to David Holbrook, 7 September 1961, Downing College: DCPP/LEA/4 Leavis, F. R. (4).

第 3 章 两所学院的故事

[171] Leavis to Stanley French, 5 October 1961, Downing: DCHR/1/2/FRL Leavis, F.R.
[172] MacKillop, *F. R. Leavis*, p. 282.
[173] 同上，p. 311。1960 年 10 月 21 日的会议记录记载，利维斯退休后就英语问题向管理机构发表了讲话——在这样的会议记录中记下一个特定的董事及他所谈论的主题，实属少见。Governing Body Minutes, Downing College, Vol. 221, 21 October 1960, p. 19, Minute 8.
[174] Leavis to Walton, 10 June 1961, Downing College: DCPP/LEA/7 Leavis, F. R.
[175] Leavis to Walton, 7 November 1961, Downing College: DCPP/LEA/7 Leavis, F. R. 对于这段时间有关利维斯的担忧的叙述，见 Dan Jacobson, *Time and Time Again* (New York: Atlantic Monthly Press, 1985), pp. 126–136。
[176] F. R. Leavis, "'Believing In' the University," *The Critic as Anti-Philosopher* (Athens: University of Georgia Press, 1983), p. 172.
[177] Governing Body Minutes, Downing College, Vol. 221, 5 October 1962, p. 159, Minute 4.
[178] Supplements to Governing Body Minutes, 3 February 1956, Downing College: D/M/ P/4.
[179] Governing Body Minutes, Downing College, Vol. 220, 26 July 1957, p. 430, Minute 6. 沙皮拉的研究员职务正式开始于 1957 年 10 月 1 日，他第一次出席理事会会议是在 1957 年 10 月 4 日。然而，麦基洛普将沙皮拉任研究员的起始时间记为 1955 年：*F. R. Leavis*, p. 294。
[180] Governing Body Minutes, Downing College, Vol. 221, 23 July 1962, p. 155, Minute 16. 获得承诺的两位是 G. D. Klingopulos 和 H. A. Mason。这里的重点是导致利维斯与唐宁关系结束的事件；有关他的退休传奇，包括利维斯讲师职务信托机构的起源和命运等，详见 MacKillop, *F. R. Leavis*, Chapter 10。
[181] Governing Body Minutes, Downing College, Vol. 221, 5 October 1962, pp. 159, 162, Minutes 4, 14.
[182] MacKillop, *F. R. Leavis*, p. 347；完整的描述见 pp. 340–350。
[183] Governing Body Minutes, Downing College, Vol. 221, 8 May 1964, p. 280, Minute 7.
[184] 同上，Minute 8。
[185] 同上，22 July 1964, p. 302, Minute 5。
[186] 同上，2 October 1964, p. 309, Minute 4 (b)。这是官方的记录，但麦基洛普认为利维斯一得知维克斯任命的消息就辞职了（第 342 页）。
[187] 同上，23 October 1964, p. 319, Minute 9 (b), (c), (g)。
[188] 同上，27 November 1964, p. 334, Minute 23。
[189] 同上，19 February 1965, p. 354, Minute 7。

[190]　Leavis to Snow, 6 January 1954, HRC: Snow 132.10.
[191]　Leavis to Holbrook, 3 December 1953, Downing College: DCPP/LEA/4 Leavis, F. R. (1).
[192]　F. R. Leavis, "A Retrospect," in Vol. 20 of *Scrutiny: A Quarterly Review* (Cambridge University Press, 1963), pp. 1–24.
[193]　Leavis to David Matthews, 26 September 1964, Emmanuel: ECA COL 9.59.a.116.

第 4 章 英国社会历史学的发轫

人类科学抑或人类面孔？

1962 年，整个三月份，《旁观者》的通信版面充斥着"两种文化"的争论。同年十月，随着利维斯演讲集精装版的出版，这一争论更加趋于白热化。到了年底，这场争斗似乎应该告一段落了，但斯诺仍处于亢奋之中，一直在伺机进行反击。及至 1963 年春，他收到了剑桥大学历史学家彼得·拉斯莱特（Peter Laslett）的来信。[1] 拉斯莱特是从事现代早期政治思想领域研究的著名历史学家，但在 60 年代初，他的研究兴趣从个体思想家转移到了更广泛的社会结构上来。[2] 他的研究在剑桥大学缺少支持，于是他联系上了斯诺，以期取得支持。考虑到在与利维斯的争辩中，拉斯莱特是一个潜在的盟友，斯诺答应给他新建立的剑桥大学人口和社会结构史研究小组提供支持。第二年，拉斯莱特给他寄来了《失去的世界》(The World We Have Lost) 前五章，斯诺喜出望外：这就是耳目一新的社会历史学，运用了社会科学的工具来驳斥批评家们那些富于想象力的谬见。[3] 尽管总体上同意拉斯莱特，但斯诺对第一章倒数第二句不敢苟同，拉斯莱特如是写道："曾经，生活的全部往往都是围绕家庭进行的，周遭全是亲热慈爱的面孔，熟悉珍爱的物件，一切都是为人量身定制的。"这句话后来成了那个时代历史散文中最著名的语句之一，但从中斯诺觉察出了一份怀旧之情，而这正是新社会历史学要根除的对象。[4]

斯诺和拉斯莱特的合作刚好发生在20世纪60年代两大事件的交汇口：历史学的科学化发展和"两种文化"之争。[5]历史学在斯诺—利维斯之辩中以两种方式占据重要地位。首先，在瑞德和里士满演讲中，两人就工业革命提出了针锋相对的看法：斯诺认为工业化是件好事，带来了物质繁荣，给大多数人提供了社会机会，而利维斯对工业化持批判态度，认为它摧毁了有机的社会共同体的最后一丝痕迹和它所维系的语言。两人对工业革命截然不同的阐释在"两种文化"的论辩中至关重要，因为它们代表着关于现状的两种对立观点。[6]其次，上述解释历史的观点之争与同时期历史学科的重新定位有着某种一致性。此时的社会历史学早已开启了研究日常生活的传统，而不再仅仅研究高高在上的政治。然而，到了60年代初，这一领域正被重塑为一门现代的定量社会科学。[7]重塑社会历史学这一行为引发了关于其自身的争议，最著名的要数E. J. 霍布斯鲍姆（E. J. Hobsbawm）、汤普森、T. S. 阿什顿（T. S. Ashton）、R. M. 哈特韦尔（R. M. Hartwell）和其他人之间的"生活水平之辩"（standard of living debate）。

历史科学化和"两种文化"之辩——当斯诺对社会历史学科学化表示支持，而利维斯试图维护该领域的文学倾向时，这两个独立发展的事件不可思议地相交了。有一种解读将之视作人文学科支持

第 4 章 英国社会历史学的发轫

者和自然科学支持者之间的争论，这也与另一种解读相一致，即把"生活水平之辩"*视为乐观的定量历史学家和他们悲观、文学化的同事之间的冲突。然而，进一步审视可以发现，这些分歧最终将走向瓦解，因为新社会历史学联盟的构建更多的是基于意识形态而非学科倾向。在这场冲突的某个特定角落——这里有英国重要的历史学家以及新左派的主要人物——斯诺和利维斯各自联合起强大的盟友，试图将意识形态理念转化为具体的学科形式。

20 世纪 60 年代的社会历史学

1959 年，斯诺发表瑞德演讲时，历史学正处于蓬勃发展之中。福利制度带来了越来越多的学生，经济的繁荣则提供了相应的资源。从 1954 年到 1966 年，接受高等教育的学生人数经历了一个翻倍的过程。1963 年，《罗宾斯报告》的发布进一步保证了这一数据的增长——实际上是加速增长。[8] 正如大卫·坎纳丁（Sir David Nicholas Cannadine）所写："不可否认，20 世纪 40 年代末至 70 年代初实在是英国历史学家的黄金时代，此时的学术界总体上是一个富裕的群体，特别是克利娥（Clio）**享受到从未有过的好待遇。"[9] 与此同时，整个西方的历史学家都在重新思考这一领域的方法和视角。在法国，与费尔南·布罗代尔（Fernand Braudel）和年鉴学派关系密切的历史学家降低了对历史人物和政治事件的重视程度，转而注重对长期的人

---

* 争论的焦点是工业革命究竟提高了还是降低了总体生活水平。
** 原文 Clio，希腊神话中九位缪斯女神之一，此处指代历史学家。

口趋势、气候和地理的分析。在美国，计量历史学家则综合运用新古典经济学、统计分析和数据处理技术来重新研究美国历史的主要问题。在英国，成立于1946年的共产党历史学家小组（Communist Party Historians' Group），包括罗德尼·希尔顿（Rodney Hilton）、克里斯托弗·希尔（Christopher Hill）、汤普森以及霍布斯鲍姆等历史学家，对跨越几个世纪的英国历史面貌展开了重新研究。[10]

1956年国际共产主义动乱之后，该小组的成员开始分道扬镳，但是他们对扩大历史研究范围以及重新定位研究视角的关注预示着社会历史学一个崭新发展领域的到来。最能反映这一趋势的就是他们创办的学术期刊：《过去与现在》（Past and Present）。该杂志将《年鉴》的人口统计学方法引介给英国读者，并提供了一个就从封建主义向资本主义过渡这一议题展开辩论的平台。20世纪50年代期间，经济史、穷人历史和日常生活史三者相结合，共同赋予了日渐增多的社会历史学家一个更为自信的角色。[11] 及至1960年，社会历史学似乎成了年轻历史学者最有前途的领域。1966年，基思·托马斯（Keith Thomas）在《泰晤士报文学增刊》这样表达了这个领域的信心："未来的社会历史学将……不再是一门多余学科，而是一门中心学科，所有其他历史学的分支很有可能都要围绕它组建。"[12] 约翰·布鲁尔（John Brewer）回忆起这些趋势对那个时代大学生的吸引力。彼时，这些趋势似乎意味着挣脱维多利亚时代的禁锢，与大众文化政治和工党修正主义步调一致。[13] 社会历史学则位于这些趋势的前沿，其拥趸和从业人员利用科学现代化的强大魅力进行着研究方法上的创新。

社会历史学与技术创新之间的联系并非一直存在。1903年，

G. M. 特里维廉（G. M. Trevelyan）*［此后他编撰了具有里程碑意义的《英国社会史》（*English Social History*），1942 年出版］向剑桥大学的钦定讲席教授 J. B. 伯里（J. B. Bury）**发难，直指后者所持"历史学是一门科学"的观点。特里维廉坚持认为历史学依然是一门文学事业。在此后的一个世纪里，史学的身份危机长期困扰着学界，他和伯里各执一端。[14] 因为有特里维廉这样的倡导者，社会历史学站在了文学的一边，态度如此坚决，以至于研究伊丽莎白一世的专家约翰·尼尔（John Neale）后来回忆称，"社会历史学"这个术语叫人沮丧，因为它令人联想到"老旧、俗丽、描述性的东西，缺乏智性内涵。"[15] "二战"之后，社会史学家开始向更严苛的社会科学看齐，但在某种程度上，科学很长时期以来就是历史学家的模范。从 19 世纪 70 年代开始，专业化的历史学家就依照自然科学的模子打造自己所从事的领域，这一趋势在 1903 年伯里提出"历史就是一门地地道道的科学"的论断时达到了巅峰。[16] 就此而言，"科学"提供了一个专业化的模式，指向以大学为基础的专业知识生产，受同行的审查，并通过学术期刊进行传播。接着，从 20 世纪 30 年代开始，历史编纂学的实际内容开始受到社会科学的影响：首先是经济学，然后是社会学。[17]《年鉴》将历史学定义为一门社会科学，这个看法于 1952 年在《过去与现在》创刊号中得到了回应："我们认为推理和科学的方法至少可以

---

* 乔治·麦考利·特里维廉（George Macaulay Trevelyan，1876—1962）：英国历史学家和传记作家，旧译屈维廉，著有《英国史》、《英国社会史》等。

** 伯里（John Bagnell Bury，1861—1927）：英国著名历史学家、古典学家，剑桥大学钦定现代史教授。

像应用于地质学、古生物学、生态学或气象学当中一样应用于历史，尽管人类的变化过程要复杂得多。"[18]

此后十五年的时间里，这些趋势愈发明显，并于1966年达到高潮，以在《泰晤士报文学增刊》上发表的一期特刊《历史学研究新方法》为标志。基思·托马斯在他那篇令人振奋的主旨文章中表达了这个领域的信心。[19] 他声称英国历史编撰学终于从长达五十年的业余时代走出来了。他认为，与美国和欧洲其他国家的历史学家相比，英国历史学家依然脱离于社会学，以从事一门技艺而不是科学的方式进行研究，令人深感遗憾。但是最近，社会科学向这一领域注入了新生命。托马斯预测牛津大学和《英国历史评论》(*English Historical Review*)的迂腐历史学家很快就会被晾到一边，被新的一代所取代。他接着说道，历史学第一次变成了对专家们来说极为安全的一门学问，电脑化的分析也不再是经济史学的专利。"所有与大规模群体有关的史学论题，例如社会中的文盲或宗教活动，都可以用这种方法进行处理，事实上也别无他法。"[20] 托马斯的这篇文章是方法论宣言，宣告历史学的未来已经到来——那就是科学的社会史。

不过，这并未否定同时期社会历史学的多样性。特里维廉的《英国社会史》和共产党历史学家小组的作品相差无几，均与托马斯的自由、现代化倾向形成鲜明对比。尽管定量社会科学的魅力特别耀眼，但这不意味着其内部没有异见。在同一期的《泰晤士报文学增刊》里，汤普森就警告道："当定量方法抹除各式各样证据（以"文学"或"非典型"的名义）的时候，我们不能对此没有任何批评。"[21] 这些趋势也遭遇了全然的反对：休·特雷弗-罗珀（Hugh Trevor-Roper）指出要警惕在伴随学科发展的期刊、学术会议和术语中存在的"专业化瘫痪症",杰弗里·埃尔顿(Geoffrey Elton)警告新的研究方法是"假神"。[22]60年代初期不该被视作单一的"社会史"的产生期,而应被视为一个新领域充满多种可能性的时刻,这个领域有着迥然不同的脉络和包罗万象的方法,对一大批从业者而言,这是充满吸引力的。他们有机会影响这个领域的研究方法、研究视角、研究内容,或者说,甚至就是学科定义——这一领域似乎已准备好为下一代人的探索确立起研究的标准。当《罗宾斯报告》强调五年内将本科生人数提高一倍的必要性,承诺增加社会科学和人文科学领域研究生,并支持新设立6所大学的时候,显然这些机会既是机构的机会也是研究者的机会。[23]借用一下特里维廉那句名言,社会史是饱含政治色彩的历史,正是在此语境之下,斯诺和利维斯分别对这个领域提出了各自不同的观点。

文学乐天派

斯诺和拉斯莱特的合作表明前者有意将史学视为一门社会科学,这似乎与人们将"两种文化"之争看作文科支持者和科学倡导者之间的学科之争不谋而合。但实际上斯诺在将社会历史学与社会科学联系在一起之前就已经对社会历史学产生了浓厚的兴趣。他的主要动机并不是把史学扎根于科学方法之上,而是提出自己的观点:工业化带来了物质进步。20世纪60年代初,随着"两种文化"之争的展开，斯诺用科学和现代化的语言来武装这一乐观的历史解读——他倡导一种新的社会历史学，但始终没有忘记自己的主要意图。

早在剑桥大学瑞德演讲的三年前，在第一次发表关于"两种文化"之争的言论时，斯诺就对社会历史学怀着浓厚的兴趣。[24] 在《新政治家》杂志上，他写道：科学家对"传统"文化几乎一点都不感兴趣，却如饥似渴地阅读社会历史学。斯诺所说的"社会历史学"并不是指定量分析，而是"纯粹的生活方式，人类如何饮食、如何建设、如何旅行、如何工作"，还特别提到特里维廉的作品。特里维廉是其友普拉姆的导师。[25] 普拉姆 1933 年到剑桥大学工作，在"二战"中从事密码破译，后于 1946 年被剑桥大学基督学院选为董事。他很快成为社会历史学领域的前沿人物，于 1955 年编辑了《社会史研究》(Studies in Social History)，将其献给特里维廉。这本论文集证明了该时期历史学领域的文学倾向，因为普拉姆在献词中称赞特里维廉"五十年如一日地保持了史学研究的文学传统"。对普拉姆而言，这一传统自然而然地延续进新社会史，他认为，下一代人将在这一领域产生最深刻的洞见。[26]

20 世纪 60 年代初，尽管他们喜欢借用当时的流行用语"社会主义"来指称自己的政治倾向，但是，经过最初的一段激进时期，普拉姆和斯诺在思想上都带有自由主义的倾向。和斯诺一样，普拉姆认为自己中立偏左，有进步思想但并非马克思主义者，支持英国的休·盖茨克尔（Hugh Gaitskell）、哈罗德·威尔逊（Harold Wilson）和美国的约翰·F. 肯尼迪。至于从莱斯特大学调到剑桥大学这一举动，恰好体现了他的人生信条——个体的勤奋与奋斗。他认为，理想社会应该使得个体充分发挥自身的潜能。因此，及至20世纪80年代，当普拉姆欣然接受撒切尔主义时，他的朋友和同事都大跌眼镜，毕竟早在60年代，他的政治立场与工党的现代化和技术专家治国思想是相一致的——他的朋友斯诺就是其中的重要代表。这样的政治立场与两人对历史的解读（与书写）是不可分割的。

斯诺第一次发表"两种文化"文章的同一年，普拉姆出版了《罗伯特·沃波尔伯爵：政治家的成长》（*Sir Robert Walpole: The Making of a Statesman*）。[27]此时的普拉姆在刘易斯·内米尔（Lewis Namier）的影响之下完成了他的博士论文，但几年后他开始认为自己的论文是对内米尔的一个挑战。[28]他的叙事风格与内米尔的结构史学是互相冲突的，他还曾私下对斯诺说："对于我打算做的事，内米尔学派内部有着深深的抵制。"[29]斯诺对内米尔史学有着同样的敌意，因为他认为内米尔的静态分析无法判断出历史是随着时间的推移而进步的。[30]斯诺希望看到内米尔的影响力受到挑战，因为他认为后者的声望和研究方法阻碍了人们对物质条件改善的认识。[31]这种将历史看作进步，但认为是物质条件的逐步改善而非政治自由的推进的观念，或许可以归为"新辉格党主义"——正如辉格党战胜了教皇党、詹姆斯党和法国对英国自由的威胁等重重挑战一样，在新辉格党主义里，追求繁荣的势力也不断地遭受着反动对手的困扰。在瑞德演讲里，斯诺认为此前两个世纪当中的"文学知识分子"便是这种反对物质进步的反动对手，这多少有点令人吃惊。

这种对工业革命的乐观解读是斯诺《两种文化》论点的核心。斯诺认为劳工阶层是热烈拥抱工业化的，他曾如此写道："因为，各个国家，无一例外，数以万计的穷人选择尽快离开农田，走入工厂，只要工厂愿意接纳他们。"[32] 这一立场鲜明、表述清晰的句子后来遭致强烈的反对。在斯诺看来，工人们能够相应地从工业革命中获益："健康、食品、教育；除了工业革命之外没有什么能够把这些资源送至穷人手中。"[33] 他认为这对当前的启示也不言自明："因为有一个事实显而易见，工业革命是穷人唯一的希望。"[34] 斯诺还认为，拒绝承认这一事实就意味着虚假的政治同情。"对于工业革命的不同看法取决于你是从上往下看还是从下往上看"。很有创造力的作家被证明尤其无法正确理解工业化的好处："很多作家不敢碰这个话题……另一些作家，像罗斯金（Ruskin）、威廉·莫里斯（William Morris）、梭罗（Thoreau）、爱默生（Emerson）、劳伦斯，虽然尝试了各种设想，但实际上无非是惊恐的尖叫而已。"[35] 斯诺指出，这些尖叫暴露了他们对工业革命的不解："知识分子，尤其是文学知识分子，就是天生的卢德分子。"而这些反动分子的继承者——20世纪初的现代派作家——也卷入了之后人类史上最严重的罪行："不正是他们所代表的那种影响让人们离奥斯威辛又近了一步吗？"[36] 在《两种文化》中，斯诺试图把对工业革命的解读视为当代道德的试金石。

"新左派青年学者"

在公开场合，斯诺称其对手为"文学知识分子"或"传统文化派"，但私底下，他将敌意与精力对准了新兴的新左派。他写信给雷蒙德·威廉斯，打探他与《大学和左翼评论》（*Universities and Left Review*）

以及《新理性者》(New Reasoner)的关系。很快这两份杂志都并入了《新左翼评论》。在这些激进的刊物中，斯诺发现了一个熟悉的模式：不切实际的知识分子对以往的苦难视而不见，与此同时，他们对当下意义重大的改革派政治则采取逃避态度。他将他们对现代社会的评论——纯粹是"存在层面的不满"(existential discontent)——和自己对实用政治的偏好严格区分开来。[37]斯诺反复向威廉斯建议，恳求他（和理查德·霍加特）读一读伯纳尔的《没有战争的世界》。"当然，我们所认识的工业社会确实存在大量问题，"他写道，"我们应该做的是找到解决这些问题的方法，而不是做梦般把自己带入一个根本不存在的18世纪的迷宫。"[38]1958年的这封请求信提前透露了六个月之后才发表的瑞德演讲的内容，甚至连语言风格都一样："工业化是穷人唯一的希望，过去如此，现在也一样。"[39]为了促成当下有意义的变革，斯诺认为必须拥抱现代以来的进步，而在他看来，新左派在这两点上都犯了错误。

1960年，刚被任命为《评论》(Commentary)杂志编辑的诺曼·波德霍雷茨(Norman Podhoretz)——纽约知识分子中一颗冉冉升起的明星——向他的朋友斯诺索要一篇关于英国新左派的稿子。斯诺答应了，但他告诉波德霍雷茨，自己想扩大话题范畴，从更宽泛的意义上探讨进步政治，包括但不限于《新左派评论》的圈子。"你很容易猜得到，"斯诺写道，"他们中的大多数人对我而言没多大用处。政治并不简单地是——乃至主要是——'存在层面的不满'的问题。"[40]当波德霍雷茨再次向他催这篇稿子时，斯诺的态度变得尖锐起来："我必须阅读一定量的新左派最新的观点，这些观点多少还有点半生不熟。"斯诺写道:"我思考得越多,就越觉得他们是毫无希望的无能之辈。他们与实际政治的关系就同他们与美国职业棒球大联盟的关系相差无几。"[41]斯诺尤其怀疑他们对历史的解读,并且——尽管他尊重威廉斯和霍加特——把他们看成某种社会主义理论的继承人。这套理论源自典型的卢德分子罗斯金和莫里斯,又经由利维斯得以传递。[42]在里士满演讲两年多以前他就注意到了这一点。

斯诺对利维斯持谨慎态度是对的。1962年,在里士满演讲中,利维斯就史学观点直接向斯诺发起挑战。他宣称:"斯诺对历史一窍不通。他对造就了他的"文学文化"的文明的变化毫无概念。"[43]利维斯尤其攻击了斯诺对工业化的解读:"对于工业革命中的人类历史,对人类在那场革命中的重要性……可以毫不夸张地说,斯诺暴露出自满和彻底的无知。"[44]他驳斥了斯诺有关穷人迫切离开土地进入工厂的观点:"这纯属粗暴的断言,冷酷无情,不负责任……假如有人指出历史真相远比那样复杂——这对于了解人类的问题有着重要意义,斯诺就会把他称为'天生的卢德分子。'"[45]他还嘲讽了能够抵御这种指责的粗糙的物质主义:"结果就是如果你坚持要关心任何其它方面的人类未来——它们必然涉及计划、行动和预备,考虑任何其它的顾虑,而不是生产力、物质生活标准、卫生、科技进步,那么你就是卢德分子。"[46]但利维斯坚定地说:"我不是卢德分子。"他的里士满演讲无异于对斯诺本人及其资质和论题的谴责——显然是一场道德审判,只不过是发生在史学领域而已。[47]

尽管斯诺和普拉姆有意驳斥利维斯演讲,将其看成一个被弃的偏执狂的爆发,但他们明白就这些话题持同样意见的对手远远不止利维斯一人。普拉姆把利维斯与威廉斯和霍加特联系在一起,全部归为"危险的手工艺-社会主义一脉——就像切斯特顿、科尔,乃至……莫里斯之流。这些人拒绝工业化,而且和大多数人一样,为自己的态度找历史借口,并且真的从芭芭拉·哈蒙德和 J. L. 哈蒙德夫妇(Barbara and J. L. Hammond)那儿找到了"。[48] 既然如此,他们的回击就需要针对对方的中心人物。在《旁观者》的辩论中,普拉姆刚刚称赞过特里维廉所坚持的史学的文学属性这一特征,此时他援引社会科学(尤其是人类学、心理学和经济学)来回击利维斯对史学不切实际的误读。[49] 与此同时,斯诺向波德霍雷茨保证:"关于新左派青年学者们对 18 和 19 世纪社会语境的误读,英国社会史学家和我一样,都觉得相当厌烦。"[50] 当他后来再次研究"两种文化"时,新社会史学已处于核心地位。[51]

社会历史学再探

《再议两种文化》("The Two Cultures: A Second Look")发表于 1963 年 10 月的《泰晤士报文学增刊》,表明了斯诺在策略上的变化——从历史解释转变到历史方法。斯诺声称他发现了第三种文化的存在,包括各种各样致力于对人类生存状况进行实证调查的学科:社会学、人口学、政治学、国家治理、经济学、医学、心理学、建筑学,还有社会历史学。在瑞德演讲之际,斯诺就已经留意到社会科学。他在演讲中指出,从事社会史和社会学的朋友对被归类为文学知识分子感到愤愤不平。[52] 1959 年,斯诺认为"两种文化"二分法清晰明了,自己的观点从中获益不少,而到了 1963 年,他的目标是动员盟友。《再议两种文化》给予"第三种文化"可观的关注，特别是社会历史学。斯诺肆无忌惮地向批评家发起挑战，要他们提供过去那个黄金时代的证据，如此一来社会史学家就可以一劳永逸地解决这个问题。[53] 他们对工业化效果的研究——斯诺称之为"整个事件的争论点"——要求这些历史学家与他们的科学同行保持联系。[54] 这些历史学家与特里维廉的工作模式大不相同，斯诺在七年前曾将后者与社会历史学联系起来。他们的工作方法是科学的（如果还不能称之为一门科学的话），而且斯诺称赞他们为爱好真理的专业人士，分析事实而不是探寻情感，用"枯燥却清晰得惊人的统计学语言"来传达研究所得。[55] 与他们相对的则是迷思制造者、谎言的贩卖者以及"假社会历史学"的支持者，全部固执地坚守着"五十年前的成见"。[56] 但是，斯诺宣告了第三种文化的时代正在来临，并特地援引法国人口学家和英国拉斯莱特为证。

拉斯莱特是英国最宏大的定量历史分析工程的推动者。他和 E. A. 里格利（E. A. Wrigley）很快成立了剑桥大学人口和社会结构研究小组（Cambridge Group for the History of Population and Social Structure），深入搜集教区记事册，整合从都铎时期一直到维多利亚时期整个社会的出生率、死亡率、婚姻模式等数据。拉斯莱特在申请资金时强调研究小组的科学背景：研究方法将是"系统的"，研究技巧用的是"统计学"。这一研究小组运用现代概念、技巧和方法回答了工业化之前和工业化进程中的社会问题，其作用相当于法国的《年鉴》。拉斯莱特最终的期望是他们的研究发现能够改变剑桥大学乃至其他学校的课程构成。[57] 斯诺在准备回击利维斯的时候被这项研究深深地吸引住了，他问乔治·斯坦纳："你认识彼得·拉斯莱特吗？他在这周的《倾听者》上的那篇文章令我印象深刻。"[58] 斯诺对拉斯莱特方法创新的热情与他的意识形态立场是一致的。"我一直想给你写信，"他之后告诉拉斯莱特，"我觉得（你的人口学研究）是任一社会都至关重要的基础——这个社会正是你、我以及像我们这样的人所想要的。"[59] 显然，这样的社会承认物质进步，并将其归功于工业化，还会把两者输出给全世界。为推进这个计划，他们首先需要赢得历史之争。

然而，1963年，斯诺一众新盟友的前景并不乐观。当他叫拉斯莱特催促研究生加快进度，拉斯莱特只好回答说自己只有一名图书馆助手和三名志愿者，但他们正在申请助学金，他希望斯诺能做他们的推荐人。[60] 第二年，他们的申请面临一个关键的十字路口：拉斯莱特认为他们马上会获得5000英镑，但实际上他们需要的金额是这个数的三倍。斯诺会介入吗？"因为如果我们现在没有成功申请到古尔本基安奖学金，"拉斯莱特沮丧地写道，"那我们至少还要半年才能搞到另一笔资金，达到桑顿现在的水平。到那时，我或许会失去志愿助手们的帮忙，学校也很可能因为没有基金会的资助而认为这个项目不好。"[61] 预料到工党将在接下来的选举中获胜，斯诺此前已主动向该党教育和科学事务发言人理查德·克罗斯曼（Richard Crossman）引荐拉斯莱特。[62] 这时，作为对拉斯莱特最近提出的请求的回应，斯诺强调说资助剑桥大学研究小组符合公共利益。他马上给古尔本基安基金会写信，还开始考虑在美国筹资。[63] 事后证明求助于美国资金并不必要——拉斯莱特告诉斯诺，古尔本基安基金会已经拨给小组8000英镑，尽管没有他们预期的多，但足够让他们在剑桥大学立身了。[64]

该小组的第一项研究成果是拉斯莱特关于前工业化社会的标志性著作——《失去的世界》。[65] 他的研究表明：早期现代家庭更多的是核心家庭而非大家庭，结婚年龄比史学家们所认为的晚，还有证据表明人口流动性大于预期。此外，他还与两大阵线上的对手交锋：马克思主义学者和"印象派"历史学家。拉斯莱特已于1958年宣告"阶级"不再是一个分类，因为"阶级对历史学家来而言正处在消亡之路上，而且进程很快，特别是在英国经济历史学家中间消亡得比任何地方都快。"[66] 到1965年，他对马克思主义完全失去了耐心：《失去的世界》在探讨前工业化社会时完全不用"阶级"一词，摒弃"异化"这一20世纪的术语，坚持英国革命非社会革命的观点，提出历史的主要分界是前工业化和工业化社会（而非封建社会和资本主义社会）。拉斯莱特解释说，实证研究最终摒弃了马克思主义的理论框架，"如果可能，把'绅士阶层的崛起'和'中产阶级的崛起'并列，并将它们恭敬地列入历史学家不断膨胀的过时用语库，事情会好很多"[67]。印象派历史学家——那些依赖文学证据的史学家——也被拉斯莱特批得体无完肤。人口学分析则不依赖只言片语的文学证据，而是把历史学知识建立在事实之上。比如，在研究新娘平均年龄问题上，"（证据）与莎士比亚和其他文学家的印象并不一致。就此事而言，文学家的证据应该被称为系统性的欺骗。最好的办法是看表格中列出的事实证据。"[68]

表格、事实证据、人口学……《失去的世界》宣告历史科学进入了新时代。摒弃了马克思主义的分类方法和文学证据之后，历史学终于成为与统计学、经济学、社会学和人类学并肩的学科。[69]而尽管书名暗含对消失的黄金时代的惋惜,拉斯莱特对工业革命前的人类生活提出了简洁明了的意见:"无法证明工业的到来带来了经济压迫和剥削——它们在此之前就存在了。"[70]在那个消失的世界里,他强调,婴儿死亡率更高、人们寿命更短、生活更艰苦——唯有工业使得20世纪人们享受到的进步成为可能。[71]斯诺读到《失去的世界》第一稿前五章激动得不得了。这就是他私下推动发展、公开表达支持的新兴的"第三种文化"——它运用社会科学的研究工具,与马克思主义和浪漫主义截然不同。不过,对拉斯莱特在第一章下的结论的疑问显示出斯诺心中的轻重缓急:尽管新社会历史学运用了科学术语、创新方法,具有现代化的魅力,但1964年的斯诺对这门学科的兴趣,和他1956年对旧社会历史学的青睐是出于同样因由。科学的社会历史学本身并非目的,而是达成目的的一个重要手段,是一匹特洛伊木马,它将驮着对工业进步的开放解读,进入全英国的教室和演讲厅。

利维斯的另一种"社会"历史学

1965年12月9日的《泰晤士报文学增刊》重点刊发了一篇关于《失去的世界》的幽默批评,题目是《数字之书》。[72]这篇评论开篇就声称:"虽然历史学和社会学很早就宣布订婚了,但得知两者已经举行过婚礼,有些人可能会惊讶……《失去的世界》是这门新科学的宣言。"[73]该文嘲讽了拉斯莱特标榜的科学,质疑他使用的社会科学方法，还为文学证据做了辩护。按照评论者的观点，拉斯莱特的缺陷不在于他使用了法国历史学家提出的人口学方法，而是用得过于草率。"新科学提出的关于社会结构的论述常常太矫揉造作，或者完全不准确。"[74] 拉斯莱特被指责"带点猜测"，被痛斥"对匮乏的数据进行处理的方式不太行，"还被批评处理证据时缺乏"专业性"和"客观性"。[75] 表格混乱、引用文件资料不丰富、文本缺少校对——也就是说，批评文章瞄准了拉斯莱特学术权威的基础：方法的运用能力。这并不是攻击社会历史学，而是呼唤一门不同类型的社会历史学——既不夸大定量证据的作用，也不否定文学证据的价值。这位匿名评论人就是汤普森。[76]

汤普森说《失去的世界》是写给包括斯诺勋爵在内的读者看的，这不是他第一次与斯诺交锋。随着评论家在《文汇》杂志上认真关注"两种文化"的问题，汤普森意识到斯诺的计划里埋下的政治赌注："当赫罗德（自由党人）以改进派科学工作者的身份出现的时候，没有什么能比这更无聊的了。"他于 1960 年写道："因此，北约圈意识形态精神分裂式的特征，亦即'两种文化'：一个是手握原子弹的大该隐，另一个是顺服虔诚的亚伯，露出粗毛制的苦行衣接受责打。"[77] 三年之后，在《英国工人阶级的诞生》（The Making of the English Working Class）一书中，汤普森加入了"两种文化"之争。他说："查尔斯·斯诺爵士告诉我们'穷人无一例外都会尽快离开土地进入工厂，只要工厂愿意接纳他们'，我们和利维斯教授的回应是，关于人类全部问题的'真正的历史'无比复杂，远比他们想象的复杂得多。"[78] 毫无疑问，利维斯和汤普森有共同的文学渊源：汤普森的英语老师深受利维斯的影响，战后汤普森在剑桥念过英语。[79] 但是，在一场以政治为主要分歧的争论中，汤普森（致力于社会主义人文主义）和利维斯（发自肺腑地敌对社会主义）的联合实在是一对奇怪的组合。他们是怎么在反对斯诺和科学社会历史学这件事上结成盟友的呢？

利维斯在他英语学校的基地里提出了另一种社会历史学。他坚持认为了解社会条件和历史变化的源头不是教区而是伟大的作家，历史学家必须仔细关注这一无可匹敌的证据群体。1966年，在康奈尔和哈佛大学演讲时，利维斯指出，狄更斯是伟大的小说家，实际上也是伟大的社会历史学家。第二年，在剑桥大学发表克拉克系列讲座时，他把小说家兼历史学家的名单扩增了，包括从狄更斯到劳伦斯在内的作家。[80] 根据利维斯反物质主义的世界观，文学是衡量任何文明健康程度的最佳工具，通过研究文学作品，历史学家可以被引导去思考书面文字之外的东西：

> 英国，作为一个我们置身其中的文明，在某些特定的时代曾给我们带来了什么呢？当我们从现在回溯过去，我们可以得到怎样的启示呢——关于文明生活的潜能和欲求？是否有可能在某些方面过去的生活比现在还要好？通过研究历史带给我们的启示，我们能够尝试构建一个怎样的理想文明？[81]

要回答上述问题，历史学家需要训练，还得具备不同于人口学家或统计学家的专业技能：细致而敏锐的阅读能力。和斯诺一样，利维斯既提出了一种对历史的特定解读，又提供了实现这种诠释的研究方法。

那些令斯诺非常振奋的社会历史学的发展趋势却令利维斯感到异常灰心。此前，他对特里维廉将文学当作妆点而非证据来源的做法是持批判态度的，尽管如此他还是怀着尊重和欣赏的态度阅读特里维廉的作品。[82]利维斯认为，特里维廉将社会历史学研究整个文明的潜力展现了出来（即使他对文学证据的使用显示出重新考虑文学和历史关系的需要）。但是，下一代的历史学家似乎走错了方向。利维斯就曾猛烈抨击普拉姆，因为后者在工业化的后果问题上站到了斯诺一边，后来，在利维斯奚落一系列开明人士的长篇演讲中，就有了普拉姆的一席之地。[83]哈罗德·珀金（Harold Perkin）也和他起了冲突。尽管利维斯从《现代英国社会的起源》（*The Origins of Modern English Society*）（1969）一书中引用了相关证据，以此反驳斯诺和普拉姆关于穷人进入工厂的观点，但他还是抨击了该书作者——英国首位社会历史学教授，全因他在评价工业革命时"热情洋溢、全盘接受"的态度。[84]Q. D. 利维斯认为珀金暴露出这样一种历史学家的缺陷：特别喜欢新闻式的"事实"而不喜欢创作型作家的证据。[85]正如她先生所言，历史学家忽视文学证据是很危险的："对人性的研究就是对社会中的人性研究，在这方面，心理学家、社会学家和社会历史学家远不及伟大的小说家研究得透彻。"[86]恰如斯诺所期望的，社会历史学家最终加入了心理学家和社会学家的行列，而这正是利维斯所痛恨的。

因此，利维斯对社会历史学的批评也是他批判社会科学的构成部分。他的立场并不是因为对社会科学本身的摒弃：毕竟，Q. D. 利维斯在《小说与阅读公众》(Fiction and the Reading Public)(1932)一书里就采用了大量的社会学分析,利维斯和同事称之为"人类学－文学方法"。[87]《细察》杂志将文学创作与维系(或阻碍)它的社会联系在一起,即使它抵制它所称的马克思主义倾向——将文学视作社会关系的一种表达方式。20世纪40年代初,在面向伦敦政治经济学院(London School of Economics)学生做演讲时,利维斯解释说他的社会概念介于浪漫主义(个体脱离于社会)和马克思主义(个体淹没于社会)之间。他一直寻求把自己置于这些极端中间的地带,承认个体总是社会的一部分,同时又坚持两者的关系是智力和精神维度的,而非物质和经济层面的。[88]战后,利维斯愈发敌视社会学、心理学和语言学领域的新趋势。在他看来,这些学科的研究人员将自己包裹在科学语言和科学外衣之下,与诗人和小说家的洞见隔绝。而尤其令人担忧的,是《罗宾斯报告》提出的观点——对自然科学的人道补充将由这些社会科学完成。[89]利维斯进一步深入话题,最后甚至对斯坦尼斯拉夫·安德烈斯基(Stanislav Andreski)的《作为巫术的社会科学》(Social Sciences as Sorcery, 1972)一书大为赞赏。[90]但是,类似安德烈斯基这一类的批评家实属罕见,而大学对社会科学的重视程度恰好证明**生命**本身所面临的可怕困境。

然而,正如"两种文化"这一二分法无法完美地解释斯诺的立场一样,它同样无法解释利维斯的立场:利维斯的批评并不针对**科学**,而是针对**社会**。在《两种文化》中,斯诺将个人生存状况(最终是悲惨的,因为注定要孤独死去)与社会状况(保留着整体进步的希望)进行对照。于利维斯而言,**个人的**和**社会的**这一二分法榨取了后者的生命属性，形成一个抽象概念，一个被诸如斯诺和罗宾斯的技术官僚操控的集合体。"使用'社会的'这个单词，"他解释道，"就像斯诺爵士那样，就是掏空'社会'，留下一个没有生命的空壳"。[91] 利维斯认为这种社会概念有其历史渊源，肇始于 17 世纪。相反的，他认为"社会"是他所称的"第三领域"（third realm）或"人类世界"各种思想的汇集。这种汇集通过语言成为可能，而语言自身又是一代代人彼此合作，经过打磨后的传承物。这一合作建立在活生生的语言之上，随着时代进行传递，使得进一步的创造成为可能。"人类的生命只存在于个体之中，"利维斯对伦敦政治经济学院的学生如是说道，"我或许说过这么个事实：**社会只能以个体的形式存在**。"[92] 在利维斯看来，个体以外，别无社会，而两者的区分不过是 17 世纪历史进程中另一个令人遗憾的结果。

因此，利维斯对社会科学的敌意源于对现代文明的批判。这也是为什么尽管他和汤普森存在着意识形态上的不同，却在面对斯诺和《两种文化》时能同仇敌忾。利维斯的立场基于一个理想化的过去，他在 20 世纪 60 年代不顾反对，毅然主张设立一所精英大学，对抗民主浪潮；而汤普森作为一名民主社会主义者，其信仰扎根于普通大众。然而，无论是利维斯还是汤普森都意识到，斯诺的立场建立在对工业文明带来进步的乐观信仰之上，因此，他们对斯诺的批判从一左一右的两种进路出发，在此处汇合了。

结语

1970 年，斯诺对社会历史学的期望已经破灭。在关于"两种文化"

的最后一次重要评论中，他表达了惋惜之情：在他看来，自己在《再议两种文化》中提出的实证问题仍然悬而未决。历史学家非但没有证明工业化的好处，反而似乎已经放弃"进步"这个概念本身。[93] 在其他场合斯诺解释说，他已经明白历史不同于科学，因为前者不会"自动进步"：科学总会不自觉地指向时间前行的方向，专业的历史学家则已经放弃历史叙事，转而对边缘效应进行详细研究。[94] 但斯诺已经找到了一个新的领域寄托他的希望：科学史。十年前，他曾指出，科学史或许可以在两种文化之间起到桥梁纽带的作用，现在他的兴趣已经相应地发生转移：科学史的魅力不在于其桥梁作用，而是它看起来显然能够为进步历史叙事提供庇护。[95] 60年代初，斯诺之所以支持科学社会历史学，是因为他希望该学科能够证实自己对历史进步的解读，而1970年他把注意力转移到科学史也是出于同一原因。不管在哪种情况下，斯诺都希望以学科形式实现其乐观的愿景，而且无论在哪种情况下，意识形态的考量都是优先于学科和方法论的。[96]

  本章探讨了20世纪60年代社会历史学发展的一个方面，共分两部分：社会科学方法的发展过程（方法问题）和"生活水平之辩"（内容问题）。这两大发展相辅相成，以至于定量法的支持者和乐观派历史学家在工业化问题上站在了一起，而悲观批评家则为定性方法做着激烈的辩护。先前的论述倾向于将这两类故事混为一谈，描绘出一场科学导向的乐观主义者和文学导向的悲观主义者就社会历史学展开的角逐，但是这种解读因为这些发展与"两种文化"的交织而出现了问题。斯诺、利维斯以及他们各自的盟友当然就工业革命的解读产生了分歧,但这种分歧并不一定完全遵循乐观/悲观和定性/定量的二分法。因此才有斯诺和乐观主义者普拉姆的结盟,两人又都赞同文学派的特里维廉;也才有利维斯与同是悲观主义者的汤普森的结盟,后者又提出(而非质疑)需要"精确"、"客观性"和"社会科学"来批判彼得·拉斯莱特。本章意在从意识形态的泥沼中理清学科倾向与差异,以此揭示并证明学科倾向在服务意识形态时的可塑性。

第 4 章 英国社会历史学的发轫

章后注

[1] Peter Laslett to C. P. Snow, 18 May 1963, Harry Ransom Humanities Research Center (HRC): Snow 132.3.

[2] John Locke, *Two Treatises of Government*, ed. Peter Laslett (Cambridge University Press, 1960).

[3] "我认为这是了不起的成就，它将改变此类研究的整个面貌。" Snow to Laslett, 5 March 1964, HRC: Snow 132.3.

[4] "当你在第一章结尾谈及一种被'亲热熟悉的面孔'所围绕的生活时，我震惊了。在我看来，这几个词语就是主观臆断的情绪体验。" Snow to Laslett, 4 March 1964, HRC: Snow 132.3.

[5] 关于社会历史学发展的著作（按时间先后顺序）：Adrian Wilson, ed., "A Critical Portrait of Social History," *Rethinking Social History: English Society 1570–1920* (Manchester University Press, 1993), pp. 9–58; Miles Taylor, "The Beginnings of Modern British Social History?" *History Workshop Journal* 43 (Spring 1997), pp. 155–176; Jim Obelkevich, "New Developments in History in the 1950s and 1960s," *Contemporary British History* 14 (Winter 2000), pp. 125–142，与 1998 年 4 月 29 日在历史研究所举办的见证研讨会转录文本同时出版； William H. Sewell, Jr., "Whatever Happened to the 'Social' in Social History?" in *Schools of Thought: Twenty-Five Years of Interpretive Social Science*, ed. Joan W. Scott and Debra Keates (Princeton University Press, 2001), pp. 209–226; David Cannadine, "Historians in 'The Liberal Hour': Lawrence Stone and J. H. Plumb Re-Visited," *Historical Research* 75(August 2002), pp. 316–354; E. J. Hobsbawm, *Interesting Times: A Twentieth-Century Life* (London: Allen Lane, 2002), Chapter 17; John Brewer, "New Ways in History, or Talking About My Generation," *Historein* 3 (2001), pp. 27–46。在以下文章中 Cannadine 讨论了社会历史学和"两种文化"："The Age of Todd, Plumb, and Snow: Christ's, the 'Two Cultures,' and the 'Corridors of Power'," in *Christ's: A Cambridge College over Five Centuries*, ed. David Reynolds (London: Macmillan, 2005)。

[6] 见 Stefan Collini, "The Literary Critic and the Village Labourer: 'Culture' in Twentieth Century Britain," *Transactions of the Royal Historical Society* 14 (2004), pp. 93–116, 尤其是 pp. 112–116。

[7] Wilson, "A Critical Portrait of Social History"; Taylor, "The Beginnings of ModernBritish SocialHistory?"

[8] Hobsbawm, "Growth of an Audience," *Times Literary Supplement*, 7 April 1966, p.

283; *Higher Education: Report of the Committee Appointed by the Prime Minister under the Chairmanship of Lord Robbins, 1961–1963* (London: HMSO, 1963; cmnd. 2154).

[9] Cannadine, "The State of British History," *Times Literary Supplement*, 10 October 1986, p. 1139.

[10] 《历史编纂学历史研究》: Georg G. Iggers, *New Directions in European Historiography* (Middletown, Conn.: Wesleyan University Press, 1975); Iggers, *Historiography in the Twentieth Century: From Scientific Objectivity to the Postmodern Challenge* (Hanover, NH: Wesleyan University Press, 1997); 在美国, Michael Kammen, ed., *The Past Before Us: Contemporary Historical Writing in the United States* (Ithaca: Cornell University Press, 1980); 在英国, Dennis Dworkin, *Cultural Marxism in Postwar Britain: History, the New Left, and the Origins of Cultural Studies* (Durham: Duke University Press, 1997), Chapter 1。Taylor 在 "The Beginnings of Modern British Social History?" 一文中提到非马克思主义社会历史学谱系; 霍布斯鲍姆讲述了历史学小组的历史, 见 "The Historians' Group of the Communist Party," in *Rebels and Their Causes*, ed. Maurice Cornforth (London: Lawrence and Wishart, 1978), pp. 21–47。

[11] Wilson, "A Critical Portrait of Social History"; Hobsbawm, "From Social History to the History of Society," *Daedalus* 100 (Winter 1971), pp. 20–45, especially pp. 21–22.

[12] Keith Thomas, "The Tools and the Job," *Times Literary Supplement*, 7 April 1966, p. 276. 关于 1960 年这个领域的主导地位的论断来自 Lawrence Stone, *The Past and the Present Revisited* (London: Routledge, 1987), p. 12。托马斯后来在 "History Revisited," *Times Literary Supplement*, 11 October 2006 一文 [后收入 "The Changing Shape of Historical Interpretation," in *Penultimate Adventures with Britannia: Personalities, Politics, and Culture in Britain*, ed. Wm. Roger Louis (London: I. B. Tauris, 2008), pp. 43–51] 中再次探讨了自己的论文和那一期的文章。

[13] Brewer, "New Ways in History, or Talking About My Generation."

[14] John Neale, "History in the Scientific Age," *Nature* 199 (24 August 1963), pp. 735–737. 特里维廉的论文被收入 *Clio, a Muse: and Other Essays* (New York: Longman's, Green, and Company, 1931)。

[15] Neale, "History in the Scientific Age," p. 736. 关于特里维廉, 参阅 Cannadine, G. M. Trevelyan: *A Life in History* (London: Harper Collins, 1992)。

[16] 摘自伯里就职钦定讲座教授时的演讲, 被 Iggers 引用于 *New Directions in European Historiography*, p. 4。关于英国史专业化进程中的自然科学模式, 参见 T. W. Heyck, *The Transformation of Intellectual Life in Victorian England* (New York: St. Martin's Press, 1982),

Chapter 5。

[17] Stone, *The Past and the Present Revisited*, pp. 11, 15.

[18] "Introduction," Past and Present 1 (February 1952), p. iii.

[19] Thomas, "The Tools and the Job." 布鲁尔在《历史的新方法,或畅谈我辈》("New Ways in History, or Talking About My Generation")一文中回顾了这篇文章的重要影响。

[20] Thomas, "The Tools and the Job," p. 276.(着重系本书作者所加。)

[21] E. P. Thompson, "History From Below," *Times Literary Supplement*, 6 April 1966, pp. 279–280.

[22] Trevor-Roper,转引自 Thomas, "The Tools and the Job," p. 276; Elton,转引自 *Recent Historians of Great Britain: Essays on the Post-1945 Generation*, ed. Walter Arnstein (Ames: Iowa State University Press, 1990), p. 7。

[23] Robbins, *et al.*, *Higher Education*, pp. 259, 279, 284.

[24] Snow, "The Two Cultures," *New Statesman and Nation*, 6 October 1956, pp. 413–414.

[25] 同上,p. 413。

[26] H. Plumb, ed., *Studies in Social History: A Tribute to G. M. Trevelyan* (New York: Longman's, Green, and Company, 1955); 普拉姆关于社会史的前景见第 xiv 页。关于普拉姆,参阅 Cannadine, "Sir John Plumb," *History Today* (February 2002), pp. 26–28; Cannadine, "John Harold Plumb," *Proceedings of the British Academy* 124 (2004), pp. 269–309; "Historians in 'The Liberal Hour'"。

[27] J. H. Plumb, *Sir Robert Walpole: The Making of a Statesman* (London: Cresset, 1956).

[28] 在 "The Age of Todd, Plumb, and Snow" 一文里,坎纳丁探讨了内米尔对普拉姆早期作品的影响,尤其是普拉姆的博士论文:"Elections to the House of Commons in the Reign of William III," unpublished PhD thesis, University of Cambridge (1936)。

[29] Plumb to Snow, 19 April 1956, 28 April 1956, HRC: Snow 166.6. 如欲了解内米尔这一时期遇到的另一挑战,参阅 Herbert Butterfield, *George III and the Historians* (London: Collins, 1957)。

[30] Snow to Plumb, 9 January 1956, Cambridge University Library (CUL): Plumb papers, Box "C.P. Snow + Pam: 1946 to 1968," File "Snow 1946 to 1968."

[31] Snow to Plumb, 25 June 1958, CUL: Plumb papers, Box "C.P. Snow + Pam: 1946 to 1968," File "Snow 1946 to 1968."

[32] Snow, *The Two Cultures and the Scientific Revolution* (Cambridge University Press, 1959), p. 25.

[33] 同上，p.26。

[34] 同上，p.24。

[35] 同上，p.26, 24。

[36] 同上，pp. 21, 7。

[37] Raymond Williams to Snow, 3 December 1959, HRC: Snow 210.1. 更多关于新左派的论述见 Dworkin, *Cultural Marxism in Postwar Britain*; Michael Kenny, *The First New Left: British Intellectuals after Stalin* (London: Lawrence and Wishart, 1995)。

[38] Snow, "Act in Hope," *New Statesman*, 15 November 1958, p. 699.（着重系原书所加。）

[39] 同上。

[40] Snow to Podhoretz, 2 February 1960, HRC: Snow 165.10.

[41] Snow to Podhoretz, 9 March 1960, HRC: Snow 165.10.

[42] "威廉斯和霍加特是真正的严肃人物，但你也看到了，他们那种社会主义主要继承自利维斯眼里的莫里斯和罗斯金，这就表明实际上关联性很小。（威廉斯的情况更复杂些，他努力想同时成为利维斯主义和马克思主义者，结果令自己患上了神经衰弱。）" Snow to Podhoretz, 2 February 1960, HRC: Snow 165:10. 最终斯诺决定连文章都不写了：Snow to Podhoretz, 24 January 1961, HRC: Snow 165.11。

[43] Leavis, *Two Cultures? The Significance of C. P. Snow* (London: Chatto and Windus, 1962), p. 16.

[44] 同上，p. 10。

[45] 同上，p. 24。

[46] 同上，p. 19。

[47] 同上，p. 26。

[48] Plumb to Snow, 1 July 1962, HRC: Snow 166.9.

[49] Plumb, "Letters," *Spectator*, 30 March 1962, p. 396.

[50] Snow to Podhoretz, 25 May 1962, HRC: Snow 165.12.

[51] Snow, "The Two Cultures: A Second Look," *Times Literary Supplement*, 25 October 1963, pp. 839-844; 后面的引用出自其出版物，包括 *The Two Cultures*，见于 *The Two Cultures: and A Second Look* (Cambridge University Press, 1964)。

[52] Snow, *The Two Cultures*, pp. 8-9.

[53] Snow, *The Two Cultures: and A Second Look*, p. 84.

[54] 同上，p. 70。

[55] 同上，p. 83。

[56] 同上，p. 84。

[57] Calouste Gulbenkian Foundation (London), Annual Report for 1964, Entry 43.

[58] Snow to George Steiner, 7 February 1963, HRC: Snow 191.4.

[59] Snow to Laslett, 20 May 1963, HRC: Snow 132.3.

[60] 同上；Laslett to Snow, 27 May 1963, HRC: Snow 132.3。

[61] Laslett to Snow, 28 February 1964, HRC: Snow 132.3.

[62] Snow to Laslett, 20 May 1963, HRC: Snow 132.3.

[63] Snow to Laslett, 5 March 1964, HRC: Snow 132.3.

[64] Laslett to Snow, 4 June 1964, HRC: Snow 132.3.

[65] Peter Laslett, *The World We Have Lost* (London: Methuen, 1965). 拉斯莱特在前言中声明该书不是剑桥研究小组的出版物，但是该书与剑桥大学研究小组的密切联系是无法避免的，例如，1965 年 12 月 9 日《泰晤士报文学副刊》中的评论（下文将作探讨）。

[66] Peter Laslett, "Engels as Historian," *Encounter*, May 1958, pp. 85–86.

[67] Laslett, *The World We Have Lost*, p. 168.

[68] 同上，p. 82。

[69] 同上，p. 239。

[70] 同上，p. 3。

[71] 同上，p. 126, 94, 45。

[72] "The Book of Numbers," *Times Literary Supplement*, 9 December 1965, pp. 1117–1118.

[73] 同上，p. 1117。

[74] 同上。

[75] 同上，p. 1118。

[76] 《泰晤士报文学副刊》百年档案可访问。考虑到汤普森独特的文风，难怪里格利后来回忆称作者的身份很快便大白于天下。

[77] E. P. Thompson, "*Outside the Whale*," in *Out of Apathy* (London: New Left Books, 1960), p.157.

[78] E. P. Thompson, *The Making of the English Working Class* (London: Gollancz, 1963), p.445.

[79] E. P. Thompson, *Making History: Writings on Politics and Culture* (New York: New Press, 1994), p. 254.

[80] F. R. Leavis, *Nor Shall My Sword: Discourses on Pluralism, Compassion and Social Hope* (London: Chatto and Windus, 1972), p. 81; Leavis, *English Literature in Our Time and the University* (London: Chatto and Windus, 1969), pp. 170, 174.

[81] Leavis, "Sociology and Literature," *Scrutiny* 13 (Spring 1945), p. 80.

[82] 同上，pp. 74–81.

[83] "Pluralism, Compassion and Social Hope" 和 "Elites, Oligarchies and an Educated Public" 是利维斯分别于 1970 年和 1971 年在约克大学所作的演讲，收于 *Nor Shall My Sword*。

[84] Harold Perkin, *The Origins of Modern English Society*, 1780–1880 (London: Routledge, 1969); Leavis, *Nor Shall My Sword*, pp. 193–195.

[85] Q. D. Leavis to D. F. Pocock, 10 August 1971, Emmanuel College, Cambridge: ECA COL 9.59a.121.24.

[86] F. R. Leavis, "Anna Karenina: Thought and Significance in a Great Creative Work"，最初发表于 1965 年剑桥季刊第一期，后收入 Leavis, *Anna Karenina and Other Essays* (London: Chatto and Windus, 1967)。

[87] Q. D. Leavis, *Fiction and the Reading Public* (London: Chatto and Windus, 1932). Ian MacKillop, *We Were That Cambridge: F. R. Leavis and the 'Anthropologico-Literary' Group* (Austin: University of Texas, 1993).

[88] F. R. Leavis, "Literature and Society," *Scrutiny* 12 (Winter 1943), pp. 2–11, 重印于 *The Common Pursuit* (London: Chatto and Windus, 1952), pp. 182–194。

[89] 《罗宾斯报告》在以下出版物中反复出现：*English Literature in Our Time and the University*，*Nor Shall My Sword*，以及 *The Living Principle* (London: Chatto and Windus, 1975)。

[90] 利维斯在 *The Living Principle* 的第一章讨论中提及 Stanislav Andreski, *Social Sciences as Sorcery* (London: Deutsch, 1972)。安德烈斯基没能为 *The African Predicament: A Study in the Pathology of Modernisation* (London: Michael Joseph, 1968) 一书找到出版商时，才进入利维斯的视野。该书批评了通过建立西方式的官僚机构来终结非洲的饥荒的计划，参阅利维斯的 *Nor Shall My Sword*, pp. 190–191。关于利维斯和安德烈斯基的学术关系，参阅第六章。

[91] Leavis, *Nor Shall My Sword*, p. 172.

[92] Leavis, *The Common Pursuit*, p. 185.（着重系本书作者所加。）关于"第三领域"或"人类世界"，参阅 Dan Jacobson, *Time and Time Again* (New York: Atlantic Monthly Press, 1985), pp. 126–136，尤其是 pp. 126–127。

[93] Snow, "The Case of Leavis and the Serious Case," *Times Literary Supplement*, 9 July 1970, pp. 737–740.

[94] Snow, "The Role of Personality in Science," University of Texas at Austin, 1970 (n.d.), British Library, National Sound Archive: Cassette 1CA0012643.

[95] Snow, "Recent Thoughts on the Two Cultures," Foundation Oration, Birkbeck College, London, 12 December 1961, British Library: WP 8944/39.

[96] 参见第七章：科学史后来的发展再次令斯诺的希望破灭。

第 5 章 国家"衰落"论的兴起

衰落论

"二战"后英国历史学家面临着富有带来的尴尬。这种"富有"体现在两层意思上,一方面是新近的英国有大量叙事财富可供记述,另一方面则是财富在这些叙事中占据的位置。毕竟,自 1945 之后,英国在诸多方面已经成为一个更加繁荣、包容和民主的社会,在决定就这段时期讲述什么故事的过程中,历史学家或许会选择强调福利制度的设立以及随后生活水平的改善,在国际关系方面从大英帝国到欧盟的转变,或者女性、少数族裔和工人阶级享受到的与日俱增的机会。当然,如果眼光挑剔一些,可能会注意到大量的竞争叙事,诸如以国家效率为名取消部分福利制度,以国家声望为名维持福利国家的身份,或者以民族认同的名义煽动种族主义和仇外情绪,诸如此类。

但历史学家能讲述的故事是有限的,英国战后的历史编纂学倾向于强调国家的衰落。1964 年,佩里·安德森发表于《新左派评论》

的精心之作《当前危机的起源》("Origins of the Present Crisis"),指出英国在经济和政治上衰弱无力的事实,这种状态如此明显以至需要对整个英国历史进行重新解读。[1]衰落论历史编纂学在此后几十年盛行,最著名的是马丁·威纳和科内利·巴尼特(Correlli Barnett)的作品。[2]安德森最近又再提这个话题,将英国了无生气、黯然无光的衰落和法国"壮烈的失败"相比,他指出"英国在世界上的地位的衰落或许本身只能称为普通事件"。战后的英国史看起来如此黯淡,以至于其衰落也只能沦为二等事件了。[3]

关于战后英国历史的叙述中,对这种衰落进行解释主要有两种方法。一种是经济解释法。此种解释认为,关于衰落的讨论反映了物质发展的现状,例如由于英国在世界上贸易份额的下降导致贸易不平衡和货币危机。但是,在引言部分我们已经探讨过,这种解释在诸多场合遭到了历史学家的质疑,以至于经济史学家吉姆·汤姆林森建议"用16、17世纪史学家怀疑'士绅阶层衰落'论的态度来对待"这种衰落论。[4]另一种是文化解释法,不再看重物质因素,而是将"衰落"视为政治话语,其本身就构成对经济变化的解释。[5]关于经济上相对衰落的事实或其显著性或许还存在分歧,相比之下,关于衰落的论述——或者借用历史学家的术语,**衰落论**——在战后的英国文化中则是异常突出的。但是,如果说衰落论并非经济发展状况的简单反映,它究竟怎么得以在战后的英国文化中占据如此重要的地位呢?

确实,20世纪60年代关于衰落的讨论比比皆是,甚至出现在一场有关"两种文化"的辩论中,而这场辩论表面看来是探讨科学和文学知识分子之间关系的。本章将重点探讨斯诺和利维斯的论点和意识形态立场，考察它们如何与全国范围内关于英国的经济和国际形势的讨论交叠。斯诺和利维斯均在不同程度上将自身论点与对国家衰落的有关关注相结合，展示出衰落论引出的一系列不同的假设和焦虑。这些假设和焦虑可以导向不同的——实际上，是完全对立的——结论。衰落论之所以流行一时，部分原因便在于，它为战后英国文化政治中不同立场的支持者提供了一组修辞上的武器。[6]

英国怎么了？

"二战"之后，英国好不容易才站稳了脚跟，这一点都不令人惊讶。这个故事的轮廓听起来很熟悉：战争结束后，美国突然终止了对盟国的借贷，勉为其难地给予英国一笔紧急贷款；此后不久，美国通过杜鲁门主义和马歇尔计划承担起两大重任——遏制共产主义国家，支持欧洲国家的发展。与此同时，克莱门特·艾德礼（Clement Attlee）的工党政府决定研发原子弹，从印度撤军，放弃巴勒斯坦，推进福利制度。有关这一时期英国遭遇的国内外挑战，故事的脉络也是大家熟悉的：进入50年代，温斯顿·丘吉尔继续努力为美国和苏联充当忠诚的协调人，但其努力不尽如人意；安东尼·伊登（Anthony Eden）出手干涉苏伊士运河并因此带来灾难性的后果；其后的首相哈罗德·麦克米伦正式认同了从大英帝国到英联邦的转变。

除了上述变化外，来自普通阶层和精英阶层两方面的相关证据使得不断衰落的叙事趋于复杂化。1951年，英国节（Festival of

Britain）的策划者为国家的未来提出了一个现代、乐观和科学的构想；1953年，女王伊丽莎白二世（Queen Elizabeth II）的加冕典礼让英国人有机会庆祝国家强大的延续——实际上是再次强大。[7] 即使在苏伊士运河事件之后，许多英国人依然为自己国家的国际地位感到自豪，特别是其在欧洲同类国家里的优越地位。肯尼思·摩根（Kenneth Morgan）认为莫斯科方面仍然将英国视为军事和工业强国，甚至苏伊士之耻也没法阻止保守党政府在不到三年之后轻松地再次赢得选举。托利党统治下的英国是富裕的英国，正如麦克米伦在演讲台上的那句名言所述，"从未有过比这更好的时代"。[8] 问题的关键是，尽管海外的发展变化创造了一个衰落讨论盛行的语境，它却并未自然而然地在英国国内引发关于这个国家自身发展的探讨。

如果不是明显经历过衰落，20世纪60年代初期的衰落概念为何变得如此突出？这里有必要区分三个概念："衰落论"、"经济衰退"和"国家衰落"。**衰落论**指的是对与英国经济和国际地位转变相关的焦虑的表达与操纵，是历史学家用于文化现象的术语，给衰退加上双引号也能表达同样的含义。"**国家衰落**"在时间上早于战后数十年这一时期，在大量的讨论中出现，使它成为一个既变幻莫测又经久不衰的概念，在帝国衰退，特别是苏伊士事件之后，引起了格外的共鸣。但这个意义上的国家衰落与更具体的**经济衰退**又有所区别，后者直到50年代才成为政治讨论的中心议题。汤姆林森指出，这个概念唯有在评估经济和政府表现时才可行。诸如消费通胀和工资增长等指标为比较全国经济状况提供了新方法，而**增长**取代**就业率**成为政府表现的重要指标。[9] 分析人士接受了这些衡量指标（这一接受本身就表明经济强劲、有活力），这使得关于经济衰退的讨论成为可能，而在十年前，这还是不可想象的。颇为矛盾的是，经济衰退的概念诞生于世纪最初的几十年里，而在这个世纪结束的时候，经济状况实则比世纪之初要好。[10]

但是，除了可被衡量之外，经济衰退还必须看起来合乎情理。而这种合理性来自一种嫁接，对经济衰退的新焦虑与原先对国家威望的担忧结合起来了。经济的相对衰退由此呈现出更深层次的问题，这两个概念也合并为同一种现象：国家衰落。在1956年苏伊士运河事件到1964年工党赢得大选之间的若干年时间里，对这个问题的痛惜充斥于企鹅出版社的"英国怎么了？"（"What's Wrong with Britain?"）系列丛书、安德鲁·肖恩菲尔德（Andrew Shonfield）的《战后英国经济政策》（*British Economic Policy since the War*）（1958）、迈克尔·尚克斯（Michael Shanks）的《停滞的社会》（*The Stagnant Society*）（1964）、布赖恩·马吉（Bryan Magee）的《新激进主义》（*The New Radicalism*）（1962）、安东尼·桑普森的《解剖英国》（1962）以及安德森的《当前危机的起源》（1964）。[11] 这些作者对英国面临严重的危机深信不疑，但他们的诊断和处方大相径庭，以至于可以说他们探讨的根本不是同一件事。正如对更"科学"的历史的呼唤一样（上一章已对此做了探讨），"衰退"论是如此深入人心，人们将它和各式各样的立场挂起钩来——从肖恩菲尔德批评英国在国际上手伸得太长，到尚克斯对肖恩菲尔德的批评。两人观点的一个共同点就是都提出了"英国出问题了"这一假设。这种感叹如此熟悉，以至于《第三只眼》杂志设计了一张由五条线组成的"多用途'英

第5章 国家"衰落"论的兴起

国怎么了'的图表",从1900年开始,每条线都呈现出稳步下降态势——也就是说,无论从哪个角度衡量,情况一定是每况愈下的。[12] 到60年代中期,衰落论狂潮达到顶峰,但在此之前它已经在公共话语中留下不可磨灭的印记。[13]

关于衰落论最有影响力的论述当属《文汇》杂志的一期特辑。该杂志1963年7月这期全部用于刊登一个主题——"一个民族的自杀?"从匈牙利流亡英国的作家亚瑟·库斯特勒向编辑们提出了这一主题,编辑们干脆邀请他来编辑那一期刊物。库斯特勒召集了17名作家,包括马尔科姆·马格里奇(Malcolm Muggeridge)、西里尔·康诺利、约翰·维齐(John Vaizey),以及尚克斯和肖恩菲尔德,一起探讨英国面临的危机。在开篇文章中,库斯特勒对这些分析所使用的术语进行了定义,并且指出,英国的衰退是经济层面的,而非帝国意义上的,其原因是文化层面的,而非结构性的。"自杀"是一个恰当的术语,因为他们达成了一个共识:英国的未来是由自己断送的——而完全不是一个强大帝国的必经之路。"使英国陷入困境的并非帝国的没落,"库斯特勒称,"而是动力的丧失。"[14]

随着话题的深入,对迂腐的旧制度的控告愈发强烈。英国不是精英治国,而是平庸阶层治国,在这里从事管理的不是专家,而是业余人员。[15] 这些文章要求教育、工业和政府治理领域进行现代化革新,把这些半吊子清除出去,用专家取而代之。当亨利·费尔利(Henry Fairlie)和马尔科姆·马格里奇与众人意见不一时,库斯特勒否决了两人的稿件,称之为"反对稿",并且指出他们的文章背后的思想实际上正是问题本身。[16] 在结论部分,他重申这个问题是文化发展的结果，在这样的文化里，"蓝图"、"技术专家官员"和"效率"（更别提"洗衣机"和"洗涤剂"）被当成"仇恨口号"到处传播。库斯特勒规劝读者接受不可避免的现实："新的社会结构正在成型，这里有经理、技术专家官员、官方规划、铬、汽车旅馆和高速公路。"[17] 通往未来之路就摆在那儿，唯一的问题是英国是否选择它。

"一个民族的自杀"主题讨论表达了技术民族主义现代化的信念，这一信念有着深远而广泛的影响。技术民族主义现代化的理念是，一个民族的成功取决于技术进步，技术进步本身就可以促进社会和经济现代化，而这两者对国内繁荣和国际竞争力都是不可或缺的。成立丘吉尔学院作为科技精英培训基地就是在这种假设的引领下实现的，全国媒体对它的热情欢迎也是一样，它们深信国家存亡和科技之间存在着必然联系。1963年的《罗宾斯报告》也是基于类似的假设，认为大学体系应当扩张，在方向上不断向科技靠拢，以提高国家竞争力。[18] 两年后，物理学家R. V. 琼斯（R. V. Jones）在英国广播公司节目里呼应上述观点："失去殖民地后，我们现有的市场和充足的供应没了。科学和技术是我们恢复元气的主要希望。"[19] 衰落论在50年代关于经济停滞的讨论语境之下诞生，大大助推了对现代化的信念——就这一时代精神来说，没有谁比工党的休·盖茨克尔和（特别是）哈罗德·威尔逊了解得更为透彻了。[20]

白热化

托尼·本恩（Tony Benn）事件充分证明了发起一场科学现代化

运动的政治潜能。1960年11月，上议院议员斯坦斯盖特（Stansgate）一死，本恩这位来自布里斯托东南的年轻英俊的温和派议员便继承了他父亲的头衔，但很快被逐出下议院。1950年就当选下议院议员的他曾试图放弃这个头衔，但是上议院拒绝其请求。1961年，他和选民发起"布里斯托运动"（Bristol Campaign），四处宣传请愿，抗议世袭贵族不得在下议院供职的规定。[21] 很快，布里斯托运动产生了议会议事程序之外的影响：请愿者将取消本恩资格的规定描述为"今日英国痼疾的一个象征，亦即我们的国家无法使自己适应现代生活，害怕未来，宁愿生活在往昔光荣的余晖之中"。这场运动其实就是一个"现代化案例"，其"背景是全球范围的科技、经济和政治变革"。仅仅几个步骤，本恩向旧规定发起的挑战就演变为一场为了"应用人类现有的绝佳的科学机会"的斗争。布里斯托运动扩展了冲突的语境，将个人事件上升为民族危机——这是一个精心设计的策略，正如本恩向斯诺吐露的："我们计划扩大这场运动，向今日英国每一件守旧的事物发起攻击。"[22] 这场斗争持续了两年多，最终于1963年春取得胜利，本恩如愿放弃头衔，得意地重返下议院。布里斯托运动用实例证明了政治力量，这其中有对衰落的感叹、现代化诉求、对科学机会的呼吁——这对当时连续三次落选而晕头转向的工党不无启示。但在后来的那场运动中，存在一个根本的不同之处：本恩能够找到不同政治派别的支持，炫耀温斯顿·丘吉尔的签名，赢得保守党和自由党的默然同意，而在工党手里，现代化变成了一个政党的专属领域。

在新的领袖休·盖茨克尔的领导下，工党的选举前景不断看好。

中间派的民主社会主义运动渗透到选区党各个分部,盖茨克尔还在1961年工党大会上挫败了核裁军倡议者。第二年,他成功代理候任首相一职,直到1963年意外逝世,由来自牛津大学的经济学学者哈罗德·威尔逊继任。威尔逊继承了这个在国有化、税收和单边主义等问题上争论不休的政党。盖茨克尔解决这些冲突的方式是站到党内的右派一边,威尔逊则通过融合社会主义和科学来超越这些冲突。他以拥有统计学家协会会员身份而自豪——恰巧与保守党党魁,第十四代霍姆伯爵(the fourteenth Earl of Home)形成鲜明对比。霍姆坦承自己要借助火柴做算术,引得瞩目。霍姆最近刚接手一个丑闻缠身的政府:在一起流俗的桃色与间谍事件中,麦克米伦接受了约翰·普罗富莫(John Profumo)*的否认辩词,从中折射出过时的绅士价值观。[23] 如果威尔逊独行其是,保守党和工党的选择实则是贵族治国和技术专家治国、传统和现代化、过去和未来之间的抉择。[24]

1963年10月1日,威尔逊在举办于斯卡伯勒(Scarborough)的工党大会上的演讲巩固了他给人的这一印象,这也是英国政治史上最著名的演讲之一。(本恩的胜利、《罗宾斯报告》、"一个民族的自杀"辩论,都发生于这一年,这当然不是一种巧合。)他开篇便重提四年前的吁求——科学和社会主义应该相互融合,让英国为未来做好准备。他以线性历史模式解读阶级语言,把保守党人视为陈旧的贵族,把社会主义者视为进步的精英领导阶层:托利党人视国际制度为"老

---

* 约翰·普罗富莫,生于1915年,英国保守党政治家,1960年被哈罗德·麦克米伦任命为国防大臣,三年后传出他和苏联外交官克里斯廷·基勒的情妇有染,此事引起人们对安全漏洞的担忧,并导致其辞职。

头关系网"，实际上没有哪个国家从此能够赢得更高的地位；托利党人以为自己领导的是"绅士"之国，实际上他们面对的是国际"玩家"。[25] 世界已经进入一个科学和技术进步的时代，威尔逊说道，科技在提高生产力的同时也对就业率构成了威胁。私营企业无法把握这些发展，但社会主义计划可以。威尔逊紧接着提出一个四要素科学计划，包括培养更多的科学家、留他们在国内、让他们从事工业工作并发挥出最大潜能。这个计划需要改革教育，从开放教育途径到增加教育机构，唯有专门的科学部（Ministry of Science）才能完成。威尔逊还从科学革命的角度提到重申社会主义的必要性，这项革命要求英国做出根本性的变革："经过这场白热化革命打造的英国将不再有限制性的做法，也不会再有过时的方法。"[26] 威尔逊声称，白热化的科学革命将与特权、血统和过往水火不容。

第二年，工党的宣言——《新大不列颠》（The New Britain）——读起来就像库斯特勒在《文汇》中的观点和威尔逊在斯卡伯勒的观点的结合体。[27] 它强调要逆转"浪费的十三年衰落期"，严厉抨击"老头关系网"，发誓要通过现代化、科技，特别是计划等办法，带领英国在"科学时代"加速前进。[28] 宣言用大写字母组成的誓言作为结尾，指出要使英国成为**"具有开拓创新精神和目的意识的民族，在一个不断壮大、公正盛行的社会里繁荣昌盛、兴旺发达"**[29]。保守党看到后也意识到这个理念的优异，试图将科学和现代化引入自身的事业。[30] 但最终，他们迟来的努力并没有取得预期效果，1964年，工党首次赢得自1951年以来议会的多数选票。

"衰落"论因此于20世纪50年代后期至60年代初期盛行一时，

成为中间偏左派批评当时英国的言论武器。衰落论者坚持认为，英国正被一帮老头组成的小集团搞得乱七八糟，这些人没有能力应对正席卷全球、改变产业模式的科学革命。为了取代靠火柴做算术的业余绅士，英国需要科技领域的专家治国。这倒不是说英国从来没有欣赏过科学技术，而是它正将这一科技的传统接入一个雄心勃勃的、由专家所引领的现代化项目。[31]套用一句话，从1951年英国节到1964年哈罗德·威尔逊代表工党赢得大选，英国文化经历了技术专家治国论革命白热化的洗礼。斯诺1959年的瑞德演讲正是深化了这些主题。

权力的走廊

斯诺不断地警告步步逼近的衰落对英国的威胁——除非其经济、教育和治理机构发生翻天覆地的转变。这一结论使得他与英国众多的学会和研究机构里其他批评家，诸如亚瑟·库斯特勒、安东尼·桑普森和佩里·安德森等人（以及许许多多其他人士），被归为一类。在斯诺看来，衰落似乎能够解释一切。例如，在试图阐释一代激进知识分子多是主流的保守人士时，他总结道：这种"非典型右派"是社会民主主义的产物，"在外部势力（相对外部世界而言）衰落时，其内在反而变得更加有序。"[32]在另一场合，当斯诺怀着同理心描述一支核科学家队伍时，他没有把衰落说成某种忍受过的经历，而是一个被绕开的障碍，这多亏了英国科学家和行政官员的努力。[33]除了这两个场合外，衰落这个话题是伴随着"两种文化"出现的。在

第5章 国家"衰落"论的兴起

引用昔日帝国衰落的例子来呼吁当下改革时，斯诺在相关文章中解释说英国"正处于把自己骗进自命不凡的西班牙式帝国黄昏的风险之中"。[34] 通常情况下，斯诺援引衰落作为对国运的警告——如果某些改革不兑现，这一命运就会降临在英国头上。尽管间或提及西班牙或瑞典作为例子，但他最喜欢的还是拿威尼斯共和国举例。[35]

为了让衰落论在技术专家治国这一现代化项目中发挥作用，斯诺也同样赞同以"一个民族的自杀"为题对英国历史和文化做出的解读。这些观念派别一致认为英国的经济、社会和政治结构都需要彻底的革新，用专业知识取代绅士行为准则。写到技术专家官员时，斯诺满怀深情地说："正是这样一批充满智慧、想象力又具备才干的人，才是任何一个技术社会需要的人才，他们身上肩负着最艰苦卓绝的使命。"[36] 有了这样的人治理国家，益处也会随之而来，"长期来看，管理型社会是人类社会的希望之源"[37]。对斯诺而言，管理型社会不只是个幻想，他认为大型的科学机构，例如位于哈韦尔的核设施基地就是实现理想社会的一个代表性例子——该机构由称职、公正的技术专家负责运行。[38] 当然，这是一个政治项目——即第1章所探讨的"技术官僚自由主义"——但这个项目最本质的成分是对政治的否定：技术官员拥有的是专业知识而不是意识形态。正因如此，斯诺觉得苏联的官员和美国的行政官员没多大区别，因为他们从事的工作相同，都是借由复杂的现代社会结构解决大问题。

斯诺在其作品中研究了"官僚式人员"，这种人最主要的特征是他能办成事，但这需要调集多方力量，准确了解权力结构，特别是深谙权力游戏规则。正是在这方面（他称其为"封闭的政治"），他自视（也被其他人视为）政治学大师。封闭的政治具有理性和实用的特征，但同时也是无法预测、变化无常的。调集多方力量的过程也很艰难，只要出现一个难以理解的行为，调集工作就没法完成。从定义看，封闭的政治根本没考虑求助于广大公众。相反，这是专家的政治，专家们手握大权，也承担最终责任。上述均为斯诺1960年在哈佛大学所做的戈德金系列演讲的主题，也是以彻韦尔爵士（Lord Cherwell）为主角的警示故事。彻韦尔是"二战"中丘吉尔的科学顾问。斯诺认为，彻韦尔是成功垄断权力的人物，同时又在生死攸关的大事上表现出令人可怕的判断力。斯诺同情彻韦尔的对手亨利·蒂泽德（Henry Tizard），但总的来说还是关心一个单一的"科学霸主"崛起过程中的固有危险——这个问题伴随着专家（了解问题）和政治家（做决策）之间不断扩大的鸿沟而出现。[39]

斯诺在其最受期待的小说《权力的走廊》中探讨了上述问题。[40]小说以罗杰·奎夫（Roger Quaife）为主角——奎夫是20世纪50年代末期一名保守党议员，也是一位冉冉升起的政治明星。奎夫的同事希望他耐心等待，在将来伺机谋得高位——或许是最高职位。但是，奎夫是个实干的人，经与科学专家协商，又在文官事务委员会获得支持后，他启动了一个复杂的计划，最终目标是英国放弃核威慑。斯诺的作品写于核裁军运动（Campaign for Nuclear Disarmament，简称CND）发起之后，选择这样一个时间点是经过深思熟虑的：在不必反对核裁军运动目标的情况下，他想表明建设性的政治行动从来不是来自难以驾驭的社会运动，而是来自权力走廊内受限而又关键性的操作。[41]对斯诺而言，任何个体的行动潜力都微乎其微，只有

第 5 章 国家"衰落"论的兴起

通过一系列个体的推动,某场运动才能实现。有一次奎夫感叹道:"我有时在想,我们当中的任何一个人在决策时到底有多少自由?我指的是政治家。我不知道自由的限度是否比一个人想象的还要严?"[42]在技术专家、科学知识和行政官僚的世界里,大众民主变得毫无意义——正如在书的高潮部分奎夫对下议院说的那样:"我们试图解决的问题非常困难,以致这个国家的大多数人——总体上至少和我们一样聪明——无法建立起对它们的理解。"[43]鉴于人们的无知,议员的职责很明确:"我们试图为他们代言。我们揽了很多事情到自己身上。这一点我们永远不该忘记。"[44]奎夫对同事的请求也是斯诺对专家的信念:问题很复杂,解决办法是有的,责任是重大的。但是到最后,即使奎夫身怀绝技,他也无法与议会的保守势力相抗衡。斯诺这部作品里最扣人心弦的场景是,奎夫失去至关重要的选举后低着头走出议会厅,任凭"辞职!辞职!"的呼声似雨点般倾泻而下。[45]斯诺传达的信息很清楚:只有在权力走廊内工作的个体才有希望完成些什么,但即便是这样的个体,最终也不能指望能够完成太多。

在该小说的一篇富于洞见的评论中,社会学家爱德华·希尔斯(Edward Shils)发现了斯诺全部作品当中的一对矛盾。他写道,作为一名民主人士,斯诺大概对封闭的政治持怀疑态度,但又明显为之深深吸引。[46]20 世纪 50 年代末 60 年代初,越来越多的政治分析人士同时也成为政治活动的参与者。希尔斯发现的这一矛盾随后被几起事件烘托出来,但在这个过程中,另一个问题也得以显现,即希尔斯的评论其实源于一个错误印象。事实上,尽管的确被封闭政治所吸引,但斯诺并不完全是一名民主主义者。

盖茨克尔小组

历史学家长期以来都在试图探究"白热化"的起源。哈罗德·威尔逊将工党定位为一个科学和现代化的政党。肯尼思·摩根在对1914年以前的费边社员（the Fabians）和年轻的H. G. 威尔斯（H. G. Wells）的科学乌托邦主义进行社会科学分析时发现了几名先驱。[47] 加里·沃斯基（Gary Werskey）呼吁关注20世纪30年代的科学社会主义者，比如李约瑟（Joseph Needham）、J. B. S. 霍尔丹（J. B. S. Haldane）、兰斯洛特·霍格本（Lancelot Hogben）、海曼·利维（Hyman Levy），最有代表性的作品是伯纳尔的《科学的社会功能》（*The Social Function of Science*）(1936)。[48] 其他成员包括索利·朱克曼（Solly Zuckerman）30年代的宴会俱乐部"众说纷纭"（Tots and Quots）和战后的科学工作者协会（Association of Scientific Workers）。但是，更近一些的先驱是1956年至1964年间活跃于一系列私人聚会的著名科学家和高级工党政治家。这些聚会是马库斯·布伦韦尔（Marcus Brumwell）提议的，参加的人员包括科学家伯纳尔、雅各布·布罗诺夫斯基、索利·朱克曼和帕特里克·布莱克特（Patrick Blackett），以及政治家哈罗德·威尔逊、吉姆·卡拉汉（Jim Callaghan）和理查德·克罗斯曼。由于工党领袖盖茨克尔从一开始就参与其中，这些聚会被称为"盖茨克尔小组"（The Gaitskell Group）会议。[49]

盖茨克尔小组于1956年7月17日在伦敦改革俱乐部（Reform Club）举行第一次会议，与会的是一批显赫的科学界大佬，有布莱克特、布罗诺夫斯基、朱克曼；卡拉汉以工党科学事务影子协调人的身份参加了会议。[50] 布伦韦尔准备了一份会议议程——《工党与科学》("The Labor Party and Science")。文件称,因未能给科技事业提供资助和指导,英国的工业发展受到了严重的阻碍。[51] 接着,文件指出,英国科学事业资金不足、人员不足、导向不正、协调不良。弥补这个问题需要采取五大措施:支持基础研究,将科技与经济相结合,培养大量科学家,让更多的人接受科学通识教育,为国际科学事业贡献力量。从初次聚会到1958年夏的这段时间里,小组又聚了一次,开始聚焦如何帮助工党赢得选举。正是为了将他们的政策计划变成选举行动计划,布伦韦尔才于1958年6月与斯诺接洽。[52]

科学只与社会主义相容,斯诺回应道。从1958年6月开始,他成为盖茨克尔小组的一名活跃分子。[53] 同年9月,他开始参与一个更精英的小组的聚会——高级科学家小组,集中研究人力问题(作为文官事务委员会一名经验丰富的科学招聘人员)和沟通问题(作为一名成功的小说家和评论家)。[54] 这些科学家开始着手起草文件,来指导未来工党的部长们进行科学事务决策,涉及领域包括科学和技术人员、基础科学、科学与工业、民政事务研究与发展、政府管理机制。斯诺主笔人力问题部分,开篇如下:"此前所有对科学家、工程师、技术专家和技工需求的预估,到头来都被证明存在严重低估。"[55] 斯诺继续写道,科学和技术的进步要求在优先权和资源安排上做出根本改变,同时还应停止英国学校里现有的专业划分。世界正在经历一场从原子能到自动化的科学革命,这就需要增加大量训练有素的人员来满足需求、适应挑战并抓住机会。英国需要更多的科学和技术项目,还应设立更多的大学和技术学院。要实现上述目标意味着必须扩大申请人的范围，不论阶层和性别地收纳人选，充分挖掘其才能。"政治领导层在一定程度上能够改变气候，"这位《权力的走廊》的作者如是总结，"但是少数人的任命可以决定整个国家运行的成功或失败"。[56]斯诺的稿子读起来就像一份公务员版本的瑞德演讲推荐信——事实上也正是如此。

1959年夏，当年大选近在咫尺时，这些文件被装订成一卷红色的文案，名为《工党政府与科学》。这些文件的影响力很快得以彰显，盖茨克尔声称工党一旦赢得职位就将接受这些提议。威尔逊同意了，但尤其吸引他敏锐眼光的则是文件中提到的将工党与科学、计划和开拓精神相结合的说辞。他想阐明工党不是在提出"冷漠无情的技术专家治国论"，而是提出充分利用科学这一观念。他认为，如此一来，就可以在选举中赋予工党"积极正面的形象"。斯诺同意了，主动提出在两周内为他赶出一个小册子。[57]这个小册子成了发布于选举前夕的宣传手册的蓝本，可惜的是，这并不足够。1959年10月8日的选举对工党来说是一次伤心的溃败，工党所获席位较之四年前的选举少了足足19个。[58]

尽管选举失败，布伦韦尔决定盖茨克尔小组的聚会必须继续进行。1960年6月，他们再次聚首，评估现有成就，谋划未来。这次他们反而坚定了科学能够帮助工党最终获胜的信心。布罗诺夫斯基注意到，科学是这段时期的"神奇词汇"，完全可以成为有效宣传工具。负责宣传的高级别政治家威尔逊同意了，甚至抛出了一个提议——就科学主题开展一次电视辩论。[59]虽然选举失败，这些科学家依然士气高涨。但是，两年后，他们失去了耐心。1962年6月5日，布伦韦尔召集开会，诉说了自己的担忧——工党对科学热情不足。[60]负责科学事务的影子部长受到的重视不够，无法对政府的科学政策发起挑战，科学家没能被融进非科学领域的委员会，这些都令上述科学家们深感沮丧。他们抱怨："现在看来，尽管我们总是在口头上强调其重要性，但在现实中，科学得到的重视程度依然很低。"[61]布罗诺夫斯基尤其沮丧——"我看这种虽然轻松却令人沮丧的宴会也没有必要继续进行下去了。"他还四处发牢骚。[62]1962年11月1日，在一封后来被称为"最后通牒"的信中，这个小组直接把抱怨寄给了盖茨克尔。[63]盖茨克尔收到信，虽然态度很热情，但一点也不急于行动。一周后，他淡淡地回复道他会考虑他们的关切的。[64]在聚会了六年之后，工党和科学的结盟前景依旧黯淡，小组的士气降至冰点。

然而，不到三个月的时间，盖茨克尔小组时来运转。1963年1月，盖茨克尔一死，威尔逊取得了工党领袖地位，他马上热忱地与高级科学家结成同盟。"在新形势下（他指的是领袖的变更），"布伦韦尔在给布莱克特的信中写道，"在激发工党对科学的态度方面我们似乎向前迈出了可喜的一大步。"[65]威尔逊一直是该小组与政治界之间的联络人，也是非常热衷科学的一名成员。[66]这时，他任命理查德·克罗斯曼为科学部影子部长，令人满意地解决了科学家们的抱怨。[67]威尔逊和克罗斯曼均参加了随后一次的盖茨克尔小组高级成员聚会。会上，威尔逊阐明了雄心勃勃的计划，涉及经济计划、新部门设置、向财政部提要求，等等。总而言之，他承诺发动一场"大刀阔斧的革命"，将"打破既有政治体制，以便更好地应对科学时代的生活"。[68]

这次聚会确定了七步行动计划，包括一次"工党与科学"大会、一套全新的内阁文件、一个新的工党科学家组织，还有一份聚焦科学的选举宣言——这最后一项任务立马获得了布罗诺夫斯基和斯诺的帮助。[69]

始于1956年盖茨克尔小组聚会的这一旅程如今正通往斯卡伯勒，而旅程的终点将是唐宁街。于斯诺而言，即使他没有志愿为工党帮忙，这些年也是异常忙碌的。1959年的瑞德演讲使他从一名成功的小说家转型为一位国际人物。1960年，他在哈佛大学做了戈德金系列演讲，后在伯克利度过一个学期，1962年又担任圣安德鲁斯大学校长。同年，除了做过两场严重的视网膜脱落外科手术外，他因里士满演讲两次陷入舆论漩涡：一次是演讲发表时，一次是稿子出版时。而这个时候他正忙着筹建丘吉尔学院。因此，在工党科学家最活跃的岁月里，要求斯诺付出时间和精力的事情接二连三，从不间断，这点可以从他经常缺席他们半年一度的聚会里得到印证。

在盖茨克尔小组内部，斯诺一直是备受重视的人物。早在1958年，小组就提议授予他贵族头衔，以便他的才能能够在议会里得到发挥。[70] 倘若1959年工党赢得选举，斯诺便有望在政府部门就职。[71] 三年之后，威尔逊想会见两名高级别科学家，斯诺和伯纳尔一同受邀——斯诺有点尴尬，他提醒布伦韦尔自己并非实践型科学家。[72] 随着威尔逊高升，斯诺离政治职位越来越近，但这似乎并不是他想要的。从某种意义上说，斯诺并不需要靠进入议会来发表自己的意见：在1961年众议院的一次演讲中，威尔逊援用了斯诺最喜欢的对国家衰落的描述："我们迎接现代世界的挑战，"他说，"用的却是衰落的威尼斯共和国式的寡头统治,这样的政府本身就反映出这个国家积重难返的弱点——全靠家庭关系和贵族血统维系着统治"。[73] 按照克罗斯曼的说法,斯诺是威尔逊在科学事务上最信任的人。1964年选举之前,斯诺相当于一个非正式的信息交流中心,为公务员转交他们发给反对党领袖的信息。[74]

威尔逊曾经许诺发起"白热化"科学革命,选举一获胜,他就把斯诺安排在上议院,以表明自己不是说着玩的。[75] 斯诺被任命为技术部的政务次官,这是一个新设立的部门,部长是资深工会成员弗兰克·卡曾斯(Frank Cousins)。斯诺的父亲曾在一家位于莱斯特的工厂里当文员,因此,对普通文员之子斯诺而言,能够成为英国最精英化的团体中的一分子相当令人激动。斯诺男爵在盾徽上纹了一个笔和望远镜相交叉的图案,象征着两种文化。他在1964年11月18日的首次演讲也广受好评。尽管刚开始有所保留,斯诺似乎渐渐喜欢上了自己的新角色。[76] 但是好景不长,莱斯特的斯诺爵士遇到了困难,而这些困难正是作为小说家的斯诺探究过的:回旋的余地小,犯错的空间却很大。

技术部

设立技术部的构想部分来自帕特里克·布莱克特,这是盖茨克尔小组里一名活跃分子。1964年9月,布莱克特向威尔逊提交《设立技术部相关事宜》,认为英国工业的衰落问题源于管理不善。[77] 他说,过去十三年,私人企业的状况表明光靠他们自己不足以实现现代化。布莱克特在文中提到解决这个问题的多种可能性,包括扩大贸易委员会（Board of Trade）或成立工业部（Ministry of Industry），但是工党想要马上出成效，这两个选项都不可行。结果，布莱克特提出设立一个小型的技术部，负责民政事务研究与发展，确定强势和弱势领域，并设定相应的目标。设立这个部门背后的预设包括：（1）管理失败；（2）技术落后；（3）经济衰退；（4）计划低效。1964年10月28日，从技术部宣告成立的那一刻起，其结构和职责便与布莱克特的建议存在着巨大的差别，但作为技术部顾问委员会副主席兼技术部科学顾问，布莱克特依然保持着极大的影响力。[78]

斯诺以上议院政务次官的身份代表着新设立的技术部。他在技术部的红色公文匣里装满了四个行业相关的文件：计算机、机床、电子、航空器，偶尔还包括通信和原子能行业。技术部部长也负责监督指导原子能管理局（Atomic Energy Authority）和英国国家研发公司（National Research Development Corporation）。技术部还开展行业需求相关的技术和经济研究，准备研发项目，指导各层级技术教育，向10个研究实验室提供资助。总之，技术部负责监督指导研发工作。按照斯诺的解释（响应工党宣言）："技术部的总职责是指导和激发全国性的行动，把先进技术和新方法引入英国工业。"[79] 虽然并不特别出彩，但这就是政府官员的生活——一个平淡无奇却又至关重要，由有能力的人和他们的称职工作所组成的世界。

很快斯诺因为完成既定目标的难度之大而变得非常沮丧。他撰写了大量的备忘录，关于规模效益、测量标准，以及行政部门，有些展现了这位小说家的眼力（"我认为我们国家面临的困难如下：我们国家承受不起一场革命，但又不能不革命"），但大部分并非如此

("我怀疑这种类型的人事管理将变得越来越重要")。[80] 他开始把更多的精力投入能够马上出成绩的工作上来：请求威尔逊就公制问题做一次诙谐的演讲，成立一个"小奇思妙想工作部"来征集创意艺术家的观点，举办面向在校生的数学奥林匹克竞赛。他还积极参与政治倡议，比如建议威尔逊就女性问题做点文章，因为他发现即使是一篇温和的女权主义演讲都能令妇女们激动无比。[81] 但这并非表明斯诺在政府部门玩忽职守，相反，他是一名勤勉的官员，只是显然他更喜欢去写——而不是忍受——个人行动受到的限制。

然而，雪上加霜的是，斯诺在短短16个月的任职期内失足不断。错误从他向威尔逊要专车开始（这项福利通常是留给部长的）。1965年4月，他又因为在任职期间还继续收取出场费和评论稿费而遭到批评。1966年，一名记者打电话到他住处，尴尬地证实了他辞职的意图。[82] 他在政策问题上与卡曾斯发生冲突，还称克罗斯曼为部长，令民主意识更强的克罗斯曼尴尬不已。[83] 斯诺并不怎么喜欢克罗斯曼，后者对他也差不多：尽管他对斯诺的《政府部门中的科学》赞赏有加，但他觉得对斯诺的任命"有点疯狂"，还预判这名小说家在政府部门干不出什么名堂。[84] 但不管如何，斯诺显然成功地吸引了威尔逊的注意力，而克罗斯曼也承认他有关科学、技术和教育的言论有实实在在的份量。[85] 这都是些鸡毛蒜皮，或许在热衷于内幕消息和名人不和的政治文化中是不可避免的，但是，斯诺任期里的一个决定性事件——"伊顿事件"则是不能轻易一笔带过的。

1965年2月10日，上议院就政府的综合教育计划展开辩论，突然埃克尔斯子爵（Viscount Eccles）问斯诺为什么把自己的儿子送到伊顿上学。斯诺被问到目瞪口呆，措手不及的他只好给了个糟糕的回复说，让自己的孩子和他的同伴群体接受不同方式的教育就是个错误。这么不明智的解释显然是因为斯诺从来没有认真考虑过这件事情，大多数工党的部长都会把自己的孩子送去私立学校。但不管如何，新闻界开始发动无情的抨击，斯诺文件柜里关于"伊顿事件"的文件很快就成了他任上最厚的一沓。[86]《旁观者》的一名评论员称："我认为，一名公众人物如此糟蹋自己的名声，实属罕见。"他发现，斯诺的回应尤其意味深长，特别是考虑到此前二十年他一直就过时的社会体制做出威吓。这名评论员后来不无调皮地下结论说："现在，我终于明白斯诺爵士的两种文化是什么了。"[87]克里斯托弗·霍利斯（Christopher Hollis）也在《旁观者》上用诗歌的形式表达不屑：

> 这是必然的
> 斯诺爵士说，
> 中下层阶级
> （参见斯诺的言论）
> 通常会
> 去综合性学校念书，
> 在那里两种文化可以混合在一起
> 但答案是不可能混淆的
> C. P. 斯诺
>
> 但是，C. P. 斯诺，

第5章 国家"衰落"论的兴起

> 请你告诉我,
> 去年的斯诺男爵的家人们哪里去了?
> 既然他把最好的时光
> 献给了权力走廊
> 他说他的儿子必须去
> 同伴出身好的地方
> 可怜了年轻的小斯诺。[88]

要么斯诺根本不懂是什么引起了轩然大波,要么他拒绝在原则问题上让步——总之,他面对潮水般涌进办公室的信件都只用两大点为自己辩护,政治敏感性低得令人震惊。首先,他说,社会分化是事实,因此他的儿子确实应该以与他相仿的同龄人采取的方式接受教育。其次,他解释道,他儿子的老师们都说他有特别的前途,甚至还有可能获得奖学金。斯诺向一名愤怒的综合学校老师做出上述回应,还加了一句带有打听性质的话:"顺带问下,离克伦威尔路最近的优质综合中学是哪一所?"[89]斯诺的辩护词随着时间的变化而变化,但并不见得总是有进步:他的妻子称伊顿中学是唯一试图矫正"两种文化"问题的学校。[90]斯诺最终挺过了这场风波,但他的挫折感与日俱增,直到有一次公开宣称:"朝弗兰克·卡曾斯和我扔砖头已经变成了全民运动。"[91]1966年2月10日,距伊顿事件发生那天刚好一周年,斯诺正式提出辞职。为避免有更多分心的事件发生,威尔逊要求他坚持到选举结束,准许他于同年4月5日重返写作事业。[92]

伊顿事件断送了斯诺在技术部的职业生涯。这个部为公关而建，最终也毁在公关手里；初衷是带来大刀阔斧的现代化，结果却极度单调乏味；努力修复阶级分化，到头来反而强化了分化；小说大师成了政治累赘。最重要的是，这个小插曲暴露了希尔斯发现的一个问题：尽管斯诺是一个致力于社会公平的政党的一分子，他自身却不是一个平等主义者。斯诺在上议院诚实却欠妥的呆板回答恰恰说明了这一事实。尽管时不时表现出关注民主、平等、女权主义的姿态，斯诺仍然是一名忠诚的自由主义者，在60年代余下的几年时间里，他的这一立场将变得愈发坚定。

科学与计划

威尔逊和工党遭到了强烈的反对，但这种反对并不抵制科学和现代化。威尔逊的厉害之处在于他成功地将现代化描绘成一个党派话题：工党赞成现代化，保守党反对现代化。然而，事实上，从1960年开始，保守党已经着手于他们自己的经济现代化项目。例如，麦克米伦在写"我们现在已经到了战后历史的一个新阶段，也就是需要着手采取更多激进的措施来应对衰弱的经济"这段话之时，[93] 很可能写的就是关于"一个民族的自杀"的文章。就在工党讨论如何改革和复苏经济的时候，保守党也在努力寻求贯彻他们自己的现代化改革的方式。虽然两党的党员都知道现代化改革的必要性，负责把指导意见转化为政策的部门仍持怀疑态度。结果，正如汤姆林森指出的那样，保守党的现代化政策遭到了官僚的抵制，直到工党在1964年赢得选举，局面才有所改换，从而有了改革的可能性。[94] 不过，

第 5 章 国家"衰落"论的兴起

在 60 年代初期，无论在什么事务上，也不管对于哪个党派而言，现代化都是一个时代议题——正如《第三只眼》讽刺保守党运动海报时所说的那样："托利党的天气是现代天气。"[95]

保守党现代化项目的成果之一是于 1959 年设立了一个新内阁职位：科学部部长。首任部长是黑尔什姆勋爵（Lord Hailsham）昆廷·霍格（Quintin Hogg）。黑尔什姆勋爵没有部办公楼，但他成功地提高了英国科学机构的资金使用效率。事实证明他是上议院里一名充满活力的部长，经常批评那些过时的惯例和技术的死板、低效。[96]他发誓要改革学徒体制，在科学的基础上引进工业培训，还批评工程行业没能采用新技术。[97]可是，盖茨克尔小组非但没有欢迎这名科学部部长及其现代化举措，反而不断加以批评。他们的批评表明，他们的动机并非仅仅是致力于科学和现代化这么简单。

这一时期，分隔左派和右派的主要问题既不是科学也不是现代化（关于这两点，我们已经发现，两党的成员基本上是一致支持的），而是计划。盖茨克尔小组的科学家、官员、政治家主张对科学和技术进行合理、公正、协调的计划，而他们的竞争对手——包括我们所看到的科学部——极力反对集权式计划。盖茨克尔小组，或者更宽泛地说，工党，认为私人公司从根本上缺乏公正、眼界和资源，因此国家有必要指导经济发展。这一认识促成了技术部的设立，它诞生于工业衰落的背景之下，证明了国家对于自身有能力提振工业的信心。能概括这么一种理性的、冷静公正的管理的单词就是**技术官僚**——正是这个术语令库斯特勒晕头转向，叫威尔逊反复无常，让费尔利大发雷霆。

费尔利在关于"一个民族的自杀"的稿件中否决了把专业管理引入政府部门的要求。相比专家和管理人员，他更看中的是个人主义和自由，而且他坚信鼓吹"活力"、"效率"和"伟大"[98]的项目会威胁到个人主义和自由。费尔利发现了这些管理者攻击业余人士背后隐藏的政治策略，他知道他们还有另一个称谓："这些管理者，也就是今天的技术官僚，像每一个自由制度的反对者一样宣称，相比征询普通人的意见，他可以更有效、更有益地管理大家的生活。"[99]他后来发布了一个荒谬的战斗口号："针对他们邪恶的教条，是时候重申我们低效无能的权利了。"[100]在技术官僚论的高潮时期，"低效无能的权利"就像一个不和谐的音符。库斯特勒无情地拒绝了费尔利的投稿，称之为"反对稿"，尽管他的观点中的驳斥成分并不至于多到被拒稿。

同一年，英国科学部部长黑尔什姆勋爵提出反对就科学工作进行计划的观点。在《科学与政治》(*Science and Politics*)一书中，他在阐述自己的部门功能时提出自由的个人主义政治。[101]他说，科学需要资助，但不能被计划，因为研究和发现仰赖科学家个人的主动性和直觉。科学家的自由需要得到保护。"因此，在一个自由社会里，组织安排科学工作的职责与其他重要职责一样，始于个人"，他写道，"政府……不是，也不能是，指导者或者执行者。"[102]在随后的一个章节，黑尔什姆勋爵延续了这个论点，并提出了对《两种文化》的批判。他指出，斯诺的论题——专业化本身是不可避免又无害的——折射出对专业化一词的误解，反映的是学院派人士而非真实世界的态度："无论是从解释性的角度还是从本质上都经不起审视。"[103]黑尔什姆勋爵没有明说，但他发现了斯诺观点背后的技术官僚论动机。否则，我们无法解释，为何一个反对对科学进行政策指导的观点（《科学与政治》）后面会跟着对于文理两分法（两种文化）的讨论；而由此引出对斯诺有关科学和国家技术官僚式现代化呼求的批评，则不足为奇。

在1964年的选举宣言中，工党极力化解有关计划威胁自由的争论。宣言声称，"计划的情况是这样的"，并接着试图回击可能的攻击，"针对托利党有关计划令个人丧失自由的嘲讽，我们的回应就在这份宣言里"。[104] 宣言承诺设立议会监察专员，负责调查政府对个人的权力滥用情况。我们并不清楚设立一名政府官员是否能减少人们对国家力量日趋强大的担忧，不过宣言继续写道："工党坚定地把个人自由放在**首位**。"[105] 在个人自由问题上，工党是有计划的，而至少就在1964年，这已经足够了。

坎坷的计划之路

对主张计划的人士来说，20世纪60年代正当其时，但是黑尔什姆勋爵和费尔利在保卫个人自由的过程中还是找到了一些支持者。"二战"期间和之后，一对自由经济学家，约翰·朱克斯（John Jewkes）和弗里德里希·冯·哈耶克，抨击了以福利制度的形式延续战时管控的做法。单看他们辩论材料的标题，观点就一目了然：《坎坷的计划之路》（*Ordeal by Planning*）给人一种不舒服的感觉，特别是它引导读者朝着《通往奴役之路》的方向去思考。[106] 作者认为经济制度太错综复杂，是无法预料、难以控制的，根本无法进行管理和指导。创新并非源自国家冷漠和无所不知的干预——这样的做法即使不是在阻碍生产力，至少也会导致效率低下——而是源于具有魄力的个体的行动。这些自由派经济学家的思想与迈克尔·波兰尼的科学哲学思想不谋而合。波兰尼认为，科学进步源于对知识总体的调整、修改与增加。这个过程中的关键人物是科学家个人，他们发现问题，进行观察，提供解释，所有这些累积起来改变了现有知识。任何外部的指示或引导，在他看来，都会让科学过程变得复杂化，甚至破坏这个过程。战后，波兰尼把大部分精力投入科学自由协会（Society for Freedom in Science），这是一个反马克思主义的组织，致力于反对科学研究领域的计划干预。[107]

黑尔什姆勋爵、朱克斯、哈耶克和波兰尼均认为对复杂的体系进行干预是愚蠢的行为，并一致致力于保护个人免受国家干预。这个时期，参与这些讨论的主要人物是卡尔·波普尔（Karl Popper），他于1945年出版了《开放社会及其敌人》（*The Open Society and Its Enemies*）。[108] 然而，斯诺和利维斯均很少与波普尔及其思想发生关联：有那么一次，一名评论家援引《开放社会及其敌人》来批评斯诺；利维斯则会在一段相当长的时间里不再表达对哲学的鄙夷之情，乃至以被归为波普尔同类人物为荣幸。[109] 这些蛛丝马迹反映出他们各自对波普尔的立场与这个时期的大环境是相吻合的，但是，为了理解他们对个人和制度关系的看法，我们有必要在两人与这位我们熟悉的公众人物的关系之外，做进一步的探究。

黑尔什姆勋爵、朱克斯、哈耶克和波兰尼在认识论问题上的立场与他们对计划和社会主义的抵制不无联系。他们很可能说过，试图对复杂的体系进行管理是无用的，因此才反对集体主义政治，但是，我们也可以说，他们是因为反对集体主义政治阵线，所以才倾向于对引导知识生产的做法秉持怀疑的态度。无论哪种情况，都说明他们的观点和政治立场之间存在明显的关联，这就有助于解释斯诺同时反对两者的原因了。波兰尼认为科学家创造的知识是不可预测的，因而也是不可指导的，斯诺则认为科学家的工作始于对结论的感知，然后他们再通过研究去证实。[110] 专业上的成功，从这个角度看就是寻找方法来证实头脑中已有的想法——这个过程，斯诺解释道，实际上同政治家的工作相同。正因如此，斯诺既支持科学的行政管理也赞同技术官僚政治论：科学和政治都通过实现目标而前进，因而他认为两者都可以通过合理的管理加以指导——或者，用时下的术语来说，就是可以进行计划。

通过对知识和政治关系的简单考量，我们可以得出以下三个结论。首先，在这些人（比如波兰尼或哈耶克）的认知里，他们的政治理念是与他们对知识生产的感知紧密相联系的。其次，志趣相投者（比如波兰尼和哈耶克），他们的相投是基于知识（反体制化）和政治（反社会主义）观念上的双重一致。再次，在那些产生分歧的人（比如波兰尼和斯诺）之间，他们的不相容同样源自知识和政治两个方面的对立。在这里，重点不在于确认到底是什么因素导致某种一致性或不一致性，我们要看到的是，一致性和不一致性之间交叠的网络不只是巧合。它们是思想的差异、政治的差异，与学科倾向很少有关（如果说还有的话）。亦即，对计划（而非科学）的态度，激活和构建了战后英国的一个重要政治向量。

作为自由主义者的利维斯

一日，在逛剑桥的一家书店时，利维斯偶然看到迈克尔·波兰尼编的论文集。很可能是其中的第三篇文章——《两种文化》最先引起了他的注意。[111] 和斯诺一样，波兰尼此前学的也是物理化学。但学术背景的相同并不能阻止波兰尼批判《两种文化》。他反对斯诺有关科学在现代文化中被边缘化的预设，指出科学的主张和权威无处不在，足以引起警惕。借由弗洛伊德和马克思这两大偶像，波兰尼称，科学主张的解释性权威可能会取代个体的创造性和人类谦虚的本性。科学确实带来了伟大的进步，但是要回归这条路径，人类必须彻底放弃对宏大又复杂的制度实施控制的企图。波兰尼最后总结道："唯有修正科学主张本身才能真正实现人道主义的修正主义。"[112] 而实现这个目标必不可少的第一步，就是摒弃没有个体性的客观性这一理想，波兰尼指出这种思潮17世纪就已出现。

这让利维斯入了迷。这是一个反对斯诺的科学家，批判没有个体性的客观性的理想，反对马克思主义，还把决定性转折点定位在17世纪。利维斯开始向他的学生和读者们介绍波兰尼及其主要评注者兼生物哲学家玛乔丽·格里尼（Marjorie Grene），两人开始成为他作品中的重要人物。[113] 波兰尼在两方面对利维斯特别有帮助。首先，他的科学家身份给了利维斯反击的勇气。来自对手的指责声称利维斯的立场源于他对科学的敌视态度："波兰尼在文学之外的禀性，亦即作为一名杰出科学家,在科学探索上的强烈意愿,使得他成为最得力的同盟。"[114] 但更重要的是,波兰尼强调认知和**存在**之间的不可分割性,这与利维斯对语言的看法相一致。还记得吗?利维斯认为语言是人类创意的体现,是人类共同意识的协作性延伸,并将此观点与语言描述功能说进行对照,后者认为语言就是找到文字来描述事物。他认为,既然人类通过语言思考,那么除了语言之外就没有事物的概念,并进一步解释道,没有抽象标准可供批评家用以评估语言的使用。在利维斯生命的最后时光里,他非常热衷于谈论好友路德维希·维特根斯坦(Ludwig Wittgenstein)如何"对语言……有着相对天真的想法"(毫无疑问是以十分俏皮的方式)。[115] 诗歌不必用某个独立的标准来衡量,关于这一点,这位哲学家寻找评价标准的过程就是一种暗示:它成功与否取决于读者头脑中产生的体验。利维斯在整个职业生涯中都使用了这些概念,最明显的要数1937年他和勒内·韦勒克(Rene Wellek)的交锋,但此后与波兰尼的交集让他有机会进一步形成自己的思想。[116]

利维斯的最后两本书——《鲜活的原则》(1975)和《思想、文字和创意》(1976),最鲜明地体现了格里尼和波兰尼对他的价值。[117] 书中,利维斯分析了自己以往的历史解读的欠缺之处——未能用笛卡尔二元论等相关术语来阐释自己的观点。[118] 他对现代文明的批评长期以来缺乏精准度,导致评论家以为他反对资本主义、民主、工业,甚至科学。利维斯当然对17世纪的转向感到惋惜,但他一直拒绝将这个转向等同于以上任一概念,这并非源自疏忽。为了避免年代错位,我暂且用"现代文明"一词替代了他的批评对象。不过,及至20世纪70年代，在格里尼和波兰尼的帮助下，利维斯的目标更为精确了。在他看来，现代文明的灾难是它在文字和事物之间、语言和现实之间划了一条分界线，这种现象的源头在于引入了与牛顿——特别是与笛卡尔——相关的二元论。"需要强调的是，无论'清晰'、逻辑和笛卡尔取得了怎样的胜利，都是以不可估量的损失为代价的，"利维斯阐述道，"当你屈服于所谓的'清晰'、'有逻辑性'的用语标准之时，你也被迫让自己远离了创造性或启发式的思维能力，而这种能力，或曰潜能，才是至关重要的。"[119] 虽然直到遇到波兰尼后才用上了这些术语，利维斯的这一观点早就渗透在他的评论文章之中——包括，或者说尤其是他对《两种文化》的批评之中。

波兰尼和利维斯思想上的兼容性，以及他们在反对斯诺上的一致性，指向的不仅仅是思想上的协调一致。思想和政治之间的联系错综复杂：波兰尼所写的反对《两种文化》的文章发表于《文汇》杂志，该杂志是"文化自由协会"（Congress for Cultural Freedom）资助的，而两者又都是由美国中央情报局创立并资助的，目的是在冷战时期为自由思想提供一个文化和政治平台。[120] 正如利维斯反感凯恩斯（Keynes），黑尔什姆勋爵效仿朱克斯，这里的重点不是要确定密不可分的关系，而是想说明，这些交织重合的关系并非仅是巧合。利维斯对语言、创意、知识的见解与黑尔什姆勋爵对工业创新的观点、哈耶克和朱克斯对经济创新的看法，以及波兰尼对科学发现的认知都可以归入同一个派别。无论这些人物之间存在什么差别，当我们试图厘定并解释利维斯的意识形态时，我们总是发现自己被反复导向一种叫作个人主义的自由主义的立场。

重塑衰落

尽管生活在一个为人心、思想和领土进行广泛的意识形态斗争的世纪，利维斯围绕传统意义上的政治的著述却少之又少。他纯粹是觉得没必要，在他看来，无论哪个政党，对经济增长和大学扩张的看法都大同小异。虽然压根不是保守党成员，但他倾向于把大部分的抨击瞄准左派而非右派。比如，有一次，他在一封信的边缘空白处写下一句备忘，说自己讨厌马克思、边沁、《卫报》（*Guardian*）和《新政治家》。[121]

或许最重要的是利维斯觉得自己与政治隔绝。他对个人和社会的假设与在"一个民族的自杀"争论期间保守派人士以及托利党基层选民的观点大致相同，但他对既有的社会道德和政治权力的反感过于强烈，以至于无法自视为一名保守派人士。[122] 他援引斯诺的话，解释说自己被排除在剑桥的"权力走廊"之外（更别提威斯敏斯特）。[123] 他偶尔还与政治家有些交集，比如有一次，朋友们安排他和工党的教育部影子部长理查德·克罗斯曼会面。他朗诵了希腊诗歌，令克罗斯曼大为吃惊，不过这次会面并不成功，令他尤为沮丧的是克罗斯曼承诺要"粉碎寡头统治"，这在他看来是毫无意义的。[124] 不过，利维斯确实赢得了一小撮政治人物的支持：黑尔什姆勋爵曾称赞他向所谓的"开明"教育改革家——诸如罗宾斯等人——发起的论战。三名前教育部部长［包括 R. A. 巴特勒（R. A. Butler）］支持他为精英大学而发起的运动。[125]1964 年选战期间，利维斯迈出了不同寻常的一步——他公开称自己打算投票给自由党。遗憾的是，当地的自由党候选人却表示将致力于综合教育。[126] 利维斯最终表示，他不想与党派政治有任何瓜葛。他意识到，"政治家必须以赢得选举为目标。我原以为信任或者试图信任某个政党可以体现我的政治责任感，现在已被迫放弃这个幻想。"[127]

然而，利维斯还是决心想让权力走廊内的人听到自己的声音。他不再支持候选人，也不再为政策背书。他现在与国家政治的关系体现在努力把矛头对准知名人士、戳穿他们的矫揉作态之上。他认为，如果没有一个公众人物承认精英的必要性，如果他们还继续回收利用关于民主的陈词滥调，他将提醒公众注意他们的故作姿态。[128] 他的里士满演讲是一系列反对英国所谓"开明"的正统观念的突袭中的第一次，由此开启了长达十年针对有害陈词滥调的抗议。[129] 里士满演讲取得了一定的反响，但也暴露出一个问题：利维斯的本意是借由斯诺一事揭露一个历史危机，在他看来，正是这一危机成就了斯诺的虚名。然而，随后的讨论却都聚焦于保护斯诺免遭利维斯的攻击。那么，利维斯怎样才能将人们的注意力引到自己关心的话题上来，且不叫人像这般误解自己的观点呢？

在一定程度上，利维斯是通过将自身的评论与对国家衰落的焦虑相关联，才确立了其评论的意义。[130] "这个社会有个弊端，它自己很清楚，"1969年他面对听众说道，"每个人都听说过所谓的缺乏'目标性'"。[131] 按照利维斯的说法，国家危机由两部分组成：在国内缺少目标，在国外面临被超越的危险。他开的处方与斯诺的完全不同。斯诺援引威尼斯的例子为改革争取支持，认为这可以帮助英国维持经济地位。而利维斯发现了另外的机会：传统意义上的"成功"概念而今正面临挑战。"帝国的'伟大'不能是老一套的伟大"，他指出，并以同样的方式驳斥了所谓的"宏大、财富和蛮横的权力"的重要性。[132] 在利维斯看来，一旦摒弃了这些思想，对"目标"的认知终将从物质的生产和满足中解脱出来。利维斯主张对现代文明的基础——唯物主义和物质至上主义——予以再思考。"如果这个国家能够果断地引导民众追寻我所描述的创造力，"他向观众保证，"它将实现在历史上真正的伟大。"[133] 利维斯将一个长远的理念与当下的焦虑挂起钩来。他仍然继续着对现代文明的抨击，但为此，他精准地抓住了国家衰落引发的焦虑情绪，并按照自己的目标对其进行重塑，以此向对手展开攻击。

结语

本章探讨了在"二战"结束后至20世纪70年代早期这段时间内活跃于英国政坛的一些话题，重点落在1956年苏伊士危机到1964年工党赢得选举之间的时期。其时，经济衰退首次成为一个政治问题。但考虑到这个问题的出现恰逢经济空前繁荣之时，因此，我们并不一定要将"经济衰退"看作理解这一时期的关键。衰退的焦虑最初是由主张技术官僚现代化的中间偏左派提出的，他们把英国的经济衰退归咎于业余的统治集团领导无方。由于诸多关于经济表现的新思潮的推波助澜，加上同时期英国刚好处于国际地位的长时段调整之中，衰落论很快成为战后英国历史的叙事中心。

通过探究斯诺和利维斯在这一时期与国家政治的密切联系，两大论点浮出水面。其一，尽管不同派别的政治参与者都相信科学与技术的重要性，他们对计划的态度却反映出鲜明的意识形态差异。的确，在科学问题上的表面团结——比如，保守党政府任命了一名科学部长，同时，工党向盖茨克尔小组征求建议——掩盖了对就科学研究进行集中式计划的截然相反的态度。这些态度差别已经超出了关于国家功能的争论范围，引发了对个人与现代社会复杂制度之间关系的更普遍的思考。其二，衰落论最初出现在反对迂腐制度、倡导现代化的评论家中间，其后，它的盛行则部分缘于它为不同立场的倡导者提供了深厚的资源。衰落焦虑被各方人士援引恰好证明它在这一时期对文化和政治的支配作用。然而，它所支撑的却是各不相同的讨论议程，这一事实又表明，与其说衰落论被视为一种共同的经历，不如说它已成为一种共同的资源。

话说回来，讨论1945年之后英国的"衰落"也需要考虑全球因素。毕竟，随着殖民地一个接一个地获得独立，评论家也就把注意力转向英国与其他国家之间不断变化的关系上来。恰在此时，"两种文化"之争为人们提供了探讨这一问题的绝佳机会。

章后注

[1] Perry Anderson, "Origins of the Present Crisis," *New Left Review* 23 (January–February1964), pp. 26–53.

[2] Martin Wiener, *English Culture and the Decline of the Industrial Spirit*, 1850–1980 (Cambridge University Press, 1981); Correlli Barnett, *The Audit of War: The Illusion and Reality of Britain as a Great Nation* (London: Macmillan, 1986). 如欲进一步了解该文献，请见引言部分。

[3] Perry Anderson, "Degringolade," *London Review of Books*, 2 September 2004, p. 3.

[4] Jim Tomlinson, "Economic 'Decline' in Post-War Britain," in *A Companion to Contemporary Britain, 1939–2000*, ed. Paul Addison and Harriet Jones (Oxford: Blackwell,2005), p. 164. 关于此类争论概述见 Richard English and Michael Kenny,eds., *Rethinking British Decline* (London: Macmillan, 2000); Peter Clarke and CliveTrebilcock, eds., *Understanding Decline:Perceptions and Realities of British Economic Performance* (Cambridge University Press, 1997)。修正主义历史学著作包括（按年代顺序）：D. N. McCloskey, *If You're So Smart: The Narrative of Economic Expertise* (University of Chicago Press, 1990), pp. 40–55；David Edgerton, *England and the Aeroplane: An Essay on a Militant and Technological Nation* (Basingstoke: Macmillan 1991); Edgerton, *Science, Technology, and the British Industrial "Decline", 1870–1970* (Cambridge University Press, 1996); Jim Tomlinson, "Inventing 'Decline': The Falling Behind of the British Economy in the Postwar Years,"*Economic History Review* 49(1996), pp. 731–757；Tomlinson, *The Politics of Decline: Understanding Post-war Britain* (Harlow: Longman, 2001)。

[5] 此处"经济的"和"文化的"这两个术语对应于经济历史学和文化历史学中的普通方法，而非这些辩论中重要人物的自我认同：因此，威纳是一名文化史学家（以经济事实为出发点），而汤姆林森是一名经济史学家（将关于经济发展的解释看作政治辩论的结果）。

[6] 我对 20 世纪 60 年代"衰落"问题的思考与丹尼尔·里切尔（Daniel Ritschel）对 30 年代的"计划"的看法相关。*The Politics of Planning: The Debate on Economic Planning in Britain in the 1930s* (Oxford: Clarendon, 1997). Ritschel 在书中谈及一系列相关辩论，包括 19 世纪 90 年代的"集体主义"，"一战"前的"国家效率"，20 年代的"合理化"改革，以及两次世界大战之间的"重建"。请参见我的文章 "'Decline' as a Weapon in Cultural Politics"，收入 *Penultimate Adventures with Britannia: Personalities, Politics, and Culture in Britain*, ed. Wm. Roger Louis (London:I. B. Tauris, 2008), pp. 201–214。

[7] Becky Conekin, *'The Autobiography of a Nation': The 1951 Festival of Britain*

(ManchesterUniversity Press, 2003). Ross McKibbin 在 *Classesand Cultures: England 1918-1951*(New York: Oxford University Press, 1998), p. 535 中, 把英国节和加冕典礼联系起来。

[8] 这句选自 Kenneth Morgan, *The People's Peace: British History, 1945-1989* (New York: Oxford University Press, 1990)。

[9] Tomlinson, *The Politics of Decline*, 尤其是 Chapter 2。

[10] Tomlinson 在 "Conservative Modernisation, 1960-64: Too Little, Too Late?" *Contemporary British History* 11 (Autumn 1997), p. 18 中, 认为它诞生于 1959 年至 1960 年。

[11] Andrew Shonfield, *British Economic Policy since the War* (Baltimore: Penguin, 1958); Michael Shanks, *The Stagnant Society: A Warning* (Baltimore: Penguin, 1961); BryanMagee, *The New Radicalism* (New York: St. Martin's Press, 1962); Anthony Sampson,*Anatomy of Britain* (London: Hodder and Stoughton, 1962); Anderson, "Origins of thePresent Crisis." 如欲了解关于这些文献的讨论, 参阅 Tomlinson, *The Politicsof Decline*, pp. 21-26; David Edgerton, Warfare State: *Britain, 1920-1970* (CambridgeUniversity Press, 2006), Chapter 5。

[12] Christopher Booker, Richard Ingrams, William Rushton, *et al.*, *Private Eye's Romantic England: The Last Days of Macmilian* (London: Weidenfeld& Nicolson, 1963), p. 31. 该书的副标题故意将英国与罗马帝国进行对比, 衰退说的流行程度由此可见一斑。

[13] Tomlinson, *The Politics of Decline*, p. 21.

[14] Arthur Koestler, "Introduction: The Lion and the Ostrich," *Encounter*, July 1963, p. 8. 如欲进一步了解关于这一期文章的相关探讨, 即同时期回应这些主题相关的作品, 参见 Peter Mandler, *The English National Character: The History of an Idea from Edmund Burke to Tony Blair* (New Haven: Yale University Press, 2006), pp. 215-228。

[15] 除 Koestler 的文章外, 也可以参考 Goronwy Rees, "Amateurs and Gentleman, or The Cult of Incompetence," pp. 20-25; Michael Shanks, "The Comforts of Stagnation," pp. 30-38; AustenAlbu, "Taboo on Expertise," pp. 45-50, 都见于 *Encounter*, July 1963。

[16] Henry Fairlie, "On the Comforts of Anger," pp. 9-13; Malcolm Muggeridge, "England, Whose England?" pp. 14-17, 都见于 *Encounter*, July 1963。

[17] Koestler, "Postscript: The Manager and the Muses," *Encounter*, July 1963, pp. 115, 113.

[18] Desmond King and Victoria Nash, "Continuity of Ideas and the Politics of Higher Education Expansion in Britain from Robbins to Dearing," *Twentieth Century British History 12* (2001), pp. 185-207.

[19] R. V. Jones, "In Search of Scientists-I," *Listener*, 23 September 1965, p. 447.

[20] 关于科学、技术和现代化的时代精神, 参阅 Dominic Sandbrook, *White Heat: A History*

of Britain in the Swinging Sixties (London: Little, Brown, 2006), pp. 41–60。

[21] 关于布里斯托运动的文件和斯诺的文件一起存放于 Harry Ransom Humanities Research Center (HRC): Snow 205.10。下文引言来自本恩准备的一份备忘录，标注日期为1961年3月，也存放于该文档。

[22] Benn to Snow, 27 March 1961, HRC: Snow 205.10.

[23] Dominic Sandbrook, *Never Had It So Good: A History of Britain from Suez to the Beatles* (London: Little, Brown, 2005), Chapter 17.

[24] Morgan, *The People's Peace*, Chapter 6.

[25] Harold Wilson, "Labour's Plan for Science," *Purpose in Politics* (London: Weidenfeld&Nicolson, 1964), pp. 14, 28.

[26] 同上，p. 27。

[27] *Let's Go with Labour for the New Britain: The Labour Party's Manifesto for the 1964 General Election* (London: Victoria House Printing Co., 1964).

[28] 同上，pp. 3, 10, 5，及各处。

[29] 同上，pp. 4, 24。

[30] Tomlinson, "Conservative Modernisation, 1960–64: Too Little, Too Late?".

[31] Edgerton, *England and the Aeroplane*; Frank Miller Turner, "Public Science in Britain,1880–1919," *Isis* 71 (December 1980), pp. 589–608.

[32] C. P. Snow, "The Irregular Right: Britain without Rebels," *Nation*, 24 March 1956, p. 239.

[33] C. P. Snow, "The Men of Fission," *Holiday*, April 1958, pp. 95, 108–115.

[34] C. P. Snow, "Britain's Two Cultures: A Study of Education in a Scientific Age," *Sunday Times*, 10 March 1957, p. 12.

[35] 参见 Snow, *The Two Cultures and the Scientific Revolution*，此外，还可参见 Snow, "Phase of Expansion," *Spectator*, 1 October 1954, p. 406; Snow, "New Minds for the NewWorld," *New Statesman*, 8 September 1956, pp. 279–282; Snow, "Miasma, Darkness, and Torpidity," *New Statesman*, 11 August 1961, pp. 186–187; Snow, *Variety of Men* (London: Macmillan, 1967), p. 152。

[36] C. P. Snow, "Industrial Dynamo," *New Statesman*, 16 June 1956, p. 703.

[37] C. P. Snow, "The Corridors of Power," *Listener,* 18 April 1957, p. 620.

[38] Snow, "The Men of Fission."

[39] C. P. Snow, *Science and Government* (Cambridge, Mass.: Harvard University Press,1960).

[40] C. P. Snow, *Corridors of Power* (London: Macmillan, 1964); 这些引言来自斯诺作品集

Strangers and Brothers (New York: Scribner's, 1972), vol. iii. 斯诺对诺曼·波德霍雷茨说，这部小说与戈德金系列演讲的联系是他有意安排，见 Snow to Podhoretz, 9 March 1960, HRC: Snow 165.10。

[41] 斯诺一直拒绝核裁军运动代表提出的支持。HRC:Snow 68.8–68.9。

[42] Snow, *Strangers and Brothers,* pp. 162–163。

[43] 同上，p. 263。

[44] 同上。

[45] 同上，p. 265。

[46] Edward Shils, "The Charismatic Centre," *Spectator*, 6 November 1964, pp. 608–609。

[47] Morgan, *The People's Peace*, p. 232。

[48] J. D. Bernal, The Social Function of Science (London: Routledge, 1939); Gary Werskey,*The Visible College* (London: Allen Lane, 1978)。

[49] 盖茨克尔小组记录的副本与 P. M. S. 布莱克特的文件一起保存在皇家学会（伦敦）：Blackett E.24–E.34。"盖茨克尔小组"这个说法来自布莱克特。也可参见 Mary Jo Nye, Blackett: *Physics, War, and Politics in the TwentiethCentury* (Cambridge, Mass.: Harvard University Press, 2004), pp. 158–159。

[50] Gaitskell Group, 17 July 1956, Royal Society: Blackett E.24。

[51] "The Labour Party and Science (Notes to start a discussion, 17 July 1956)," Royal Society: Blackett E.25。

[52] Brumwell to Snow, 20 June 1958, HRC: Snow 65.10; Brumwell to Blackett, 4 September1959, Royal Society: Blackett E.29。

[53] Gaitskell Group, 27 June 1958, Royal Society: Blackett E.26。

[54] Senior Scientists Group, 26 September 1958, Royal Society: Blackett E.27。

[55] "Scientific and Technical Manpower," in "A Labour Government and Science: Papersfor Mr. Gaitskell," p. 3, Royal Society: Blackett E.28。

[56] 同上，pp. 8–9。

[57] Gaitskell Group, 27 August 1959, Royal Society: Blackett E.28。

[58] 通过检索助手查阅的布莱克特文章,Royal Society, p. 218。在"Progress Report on 'Labour and Science'," Royal Society: BlackettE.30 这一文档中得到证实。

[59] Gaitskell Group, 27 June 1960, Royal Society: Blackett E.30。

[60] Gaitskell Group, 5 June 1962, Royal Society: Blackett E.32。

[61] "Science and the Labour Party," Royal Society: Blackett E.33。

第 5 章 国家"衰落"论的兴起

[62] Bronowski to Brumwell, 13 July 1962, Royal Society: Blackett E.32.
[63] Gaitskell Group to Hugh Gaitskell, 1 November 1962, Royal Society: Blackett E.33.
[64] Letter from Gaitskell, 8 November 1962, Royal Society: Blackett E.33.
[65] Brumwell to Blackett, 27 February 1963, Royal Society: Blackett E.33.
[66] 1961 年 6 月 23 日的会议记录很有代表性:"哈罗德·威尔逊强调工党现在具有科学意识。"见 Gaitskell Group, 23 June 1961, Royal Society: Blackett E.31。
[67] Brumwell to Blackett, 27 February 1963, Royal Society: Blackett E.33.
[68] Gaitskell Group, 24 June 1963, Royal Society: Blackett E.34.
[69] 同上。
[70] Cecil Gordon to the Gaitskell Group, 18 September 1958, Royal Society: Blackett Papers.
[71] Snow to J. H. Plumb, 15 September 1959, Cambridge University Library (CUL): Plumb papers, File: "Snow 1946 to 1968," Box "C. P. Snow + Pam, 1946 to 1968."
[72] Brumwell to Snow, 10 July 1962, HRC: Snow 65.10; Snow to Brumwell, 12 July 1962, HRC: Snow 65.10.
[73] 这段选自威尔逊 1961 年 8 月 18 日的演讲,保存在皇家学会:Blackett E.40。(着重系本书作者所加。)
[74] Plumb to Snow, May 1963, HRC: Snow 166.10; Snow to Barzun, 21 July 1964,转引自 Caroline Nobile Gryta, "Selected Letters of C. P. Snow: A Critical Edition," unpublished PhD dissertation, Pennsylvania State University (1988), pp. 310–311。
[75] *Times Literary Supplement*, "Technology and Humanism," 29 July 1965, pp. 641–642.
[76] Philip A. Snow, *A Time of Renewal: Clusters of Characters, C.P. Snow, and Coups* (London: Radcliffe, 1998), pp. 86–88.
[77] Blackett, "The Case for a Ministry of Technology," Royal Society: Blackett E.49.
[78] 通过检索助手查阅的布莱克特文章,*Royal Society*, p. 228。关于布莱克特的建议与现实中的技术部之间的区别,参阅 Edgerton, *Warfare State*, Chapter 6。
[79] Snow to Harry Mitchell, 26 May 1965, HRC: Snow 106.11.
[80] Snow to Frank Cousins, 16 August 1965, HRC: Snow 106.12; Snow to Cousins,12 January 1965, HRC: Snow 106.11.
[81] Snow to Wilson, 1 June 1965, HRC: Snow 106.11.
[82] HRC: Snow 106.14.
[83] Snow to Cousins, 28 May 1965, HRC: Snow 106.11;克罗斯曼的这段轶事来自一则 Alan Watkin 给斯诺写的讣告:"Laureate of Meritocracy," *Observer*, 6 July 1980。

[84] Richard Crossman, "Secret Decisions," *Encounter*, June 1961, pp. 86-90; Crossman, *The Diaries of a Cabinet Minister: Volume One, Minister of Housing, 1964-1966* (London: Hamish Hamilton and Jonathan Cape, 1975), p. 42. 克罗斯曼后来承认自己"严重怀疑"斯诺（p. 117）。克罗斯曼和威尔逊对斯诺在政治上的表现不屑一顾，参见 David Cannadine, "C. P. Snow, 'The Two Cultures,' and the 'Corridors of Power' Revisited," in *Yet More Adventures with Britannia*, ed. Wm. Roger Louis (London: I. B. Tauris, 2005), p. 110。请比较斯诺的回忆，参见 John Halperin, *C. P. Snow: An Oral Biography, Together with aConversation with Lady Snow (Pamela Hansford Johnson)*(New York: St. Martin's Press, 1983), p. 188。时任内政大臣 Roy Jenkins 称斯诺是部长兼工会会员弗兰克·卡曾斯身边摇尾乞怜的桑丘·潘沙式的副手，见 *A Life at the Center: Memoirs of a Radical Reformer* (New York: Random House, 1991), p. 171。

[85] Plumb to Snow, May 1963, HRC: Snow 166.10. 据克罗斯曼回忆，在一次会议上，斯诺令威尔逊赞叹不已，见 *The Diaries of a Cabinet Minister*, p. 42。

[86] HRC: Snow 225.1.

[87] "Spectator's Notebook," *Spectator*, 19 February 1965, p. 225.

[88] Christopher Hollis, "Snows of Tomorrow Year," *Spectator*, 26 February 1965, p. 254.

[89] Snow to Brian Bastin, 26 February 1965, HRC: Snow 225.1.

[90] Pamela Hansford Johnson to Harry Levin, 17 August 1965, Harvard University: Houghton Library, Levin papers, MS Am 2461 (918), Storage 342, Box 18, "Snow, C. P."

[91] 转引自 John Stevenson, "When a Man is Sick of Power," *Daily Sketch*, 24 February1966, p. 6。

[92] Philip A. Snow, *A Time of Renewal*, p. 105.

[93] Macmillan, "Modernization of Britain," 3 December 1962, Public Records Office (Kew): CAB 129/111, 转引自 Tomlinson, "Conservative Modernisation, 1960-64," p. 18。

[94] Tomlinson, "Conservative Modernisation, 1960-64," pp. 18-19, 33-34.

[95] Booker, *et al.*, *Private Eye's Romantic England*, p. 56.

[96] Quintin Hogg (Baron Hailsham of St. Marylebone), *A Sparrow's Flight* (London: Collins, 1990), pp. 330-331.

[97] "Science and the Nature of Politics," *Nature*, 27 October 1962, p. 301.

[98] Henry Fairlie, "On the Comforts of Anger," *Encounter*, July 1963, p. 10.

[99] 同上，p11。

[100] 同上。

[101] Quintin Hogg, *Science and Politics* (London: Faber and Faber, 1963).

[102]　同上，p. 19。

[103]　同上，p. 33。

[104]　Labour Party, *Let's Go with Labour for the New Britain*, p. 3.

[105]　同上，p. 4。

[106]　John Jewkes, *Ordeal by Planning* (New York: Macmillan, 1948); Friedrich von Hayek, *The Road to Serfdom* (University of Chicago Press, 1944).

[107]　关于波兰尼政治著作，参见 Jessica Reinisch, "The Society for Freedom in Science, 1940–1963," unpublished MSc thesis, University of London (2000), p. 19。另参阅 Mary Jo Nye, "Michael Polanyi (1891–1976)," HYLE 8 (2002), pp. 123–127。

[108]　Karl Popper, *The Open Society and Its Enemies* (London: Routledge, 1945).

[109]　Israel Shahak, "Letters," *Spectator*, 2 May 1969, p. 596.

[110]　C. P. Snow, "Less Fun Than Machiavelli," *New Statesman*, 9 January 1970, p. 50. 斯诺当时正在审核一本声称解释复杂的政治制度运行原理的书，这也是为什么他暂时不提自己对计划的偏好了。

[111]　Michael Polanyi, "The Two Cultures," *Knowing and Being: Essays*, ed. Marjorie Grene (London: Routledge, 1969), pp. 40–46. 这篇文章最初发表于《文汇》杂志，见 *Encounter*, September 1959, pp. 61–64。

[112]　同上，p. 46。

[113]　F. R. Leavis, *Nor Shall My Sword: Discourses on Pluralism, Compassion and Social Hope* (London: Chatto and Windus, 1972); Leavis, *The Living Principle: "English" as a Discipline of Thought* (London: Chatto and Windus, 1975).

[114]　Leavis, *The Living Principle*, p. 39.

[115]　同上，p. 13。

[116]　F. R. Leavis, "Literary Criticism and Philosophy: A Reply," *Scrutiny* 6 (June 1937), pp. 59–70，重印于 *The Common Pursuit* (London: Chatto and Windus, 1952)。

[117]　F. R. Leavis, *Thought, Words and Creativity: Art and Thought in Lawrence* (New York: Oxford University Press, 1976).

[118]　利维斯在 *Nor Shall My Sword* 提到过这个术语，并在后来的 *The Living Principle* 一书中大量援引。

[119]　Leavis, *The Living Principle*, p. 97.

[120]　Frances Stonor Saunders, *Who Paid the Piper? The CIA and the Cultural Cold War* (London: Granta Books, 1999).

[121]　Leavis to A. I. Doyle, 9 September 1965, Downing College: DCPP/LEA/2 Leavis, F. R.

[122]　E. H. H. Green, *Thatcher* (London: Hodder Arnold, 2006), pp. 41–46, 191–193.

[123]　Leavis to D. F. Pocock, 25 July 1961, Emmanuel College (Emmanuel): ECA COL 9.59a.121.20.

[124]　Ian MacKillop, *F. R. Leavis: A Life in Criticism* (London: Allen Lane, 1995), p. 374. 这次会面安排在理查德·古德和琼·古德（Richard and Jean Gooder）的家中，感谢他们与我分享这段经历。

[125]　G. Singh, *F. R. Leavis: A Literary Biography* (London: Duckworth, 1995), p. 193.

[126]　F. R. Leavis, *English Literature in Our Time and the University* (London: Chatto and Windus, 1969), p. 30.

[127]　Leavis, *English Literature in Our Time and the University*, p. 30.

[128]　Leavis to David Holbrook, 12 December 1968, Downing College: DCPP/LEA/4 Leavis, F. R. (5).

[129]　Leavis, *Nor Shall My Sword*.

[130]　Leavis, *English Literature in Our Time and the University,* Chapter 6; *Nor Shall My Sword*, Chapters 4, 5, 7.

[131]　Leavis, *English Literature in Our Time and the University*, p. 183.

[132]　同上 p. 35。

[133]　Leavis, "'English', Unrest, and Continuity," in *Nor Shall My Sword*, p. 133.

第6章 后殖民主义的发展

构想的地带

"两种文化"之争原可能只是成为关于艺术和科学的又一场争论，但它与同时进行的关于大学使命、对历史的解读和国家现状的争论交织在了一起。之所以有如此广泛的联系，是因为在20世纪60年代初，"两种文化"所提倡的"科学"经常被视为制度现代化的必要组成部分。科学、现代化和现有机构之间的这种联系表明，在这些讨论中有更大的因素在起作用，而不仅仅是拥抱"科学"本身。更确切地说，科学现代化的倡导者是他们所处社会的支持者：这些人认为，不管英国和西方的社会有什么缺点，它为大多数人提供了物质利益和社会福利；他们主张进行现代化改革，是因为他们希望看到这个社会能进一步繁荣昌盛，同时将其模式推广到国外。同理，他们的反对者不仅批判"科学"，也批评他们自身所处的社会，因此他们对这些关于社会复兴和国际拓展的建议提出了质疑。当前的这些对立观点建立在对历史的截然不同的解读之上。"两种文化"之争之所以能被点燃，部分原因正在于它被这些更广泛议题上的分歧所激化。

逐渐消亡的大英帝国成为这些关于过去、现在和未来的争论汇合的终极地带。在瑞德和里士满演讲中，斯诺和利维斯对出现在英国的新文明给出了截然相反的评价，也对该文明是否应该扩展到整个亚洲和非洲的问题给出了全然相反的答案。斯诺敦促这一进程向前发展：在《两种文化》中，他认为工业革命促进了英国社会的全面繁荣，中国和苏联最近也设计了自己的工业化路径，而英国和西方世界有责任推动世界其他国家沿着同样的道路发展。"从技术上说，"他宣称，"五十年内，在印度、非洲、东南亚、拉丁美洲和中东进行科学革命是完全可能的。"[1] 正是这个规划让利维斯充满恐惧。利维斯长期以来都在谴责在他看来出现于17世纪的英国文明，他的里士满演讲否决了斯诺进一步延伸这种文明的建议。他质问道："谁敢断言，现代社会的一个普通成员，能比一个具有非凡艺术天赋、技能及生存智慧的布须曼人、印第安农民，或一个艰辛幸存下来的原始民族的成员更具人性或更具生命力呢？"[2] 斯诺的捍卫者，如历史学家普拉姆，嘲笑这一说法不仅缺乏真诚，还是错误的；而利维斯的捍卫者，如历史学家汤普森，则心存希望，认为在英国历史领域失败了的战斗仍然可能在其他地方取得胜利。[3] 在这些争论中，"亚洲"和"非洲"在一定程度上被认为是想象出来的地带：英国的过去、西方的现在，以及世界的未来，一些看似相互矛盾的愿景都汇聚在了这方土地之上。[4]

这些将历史视为线性过程的解读与美国社会科学中的"现代化

理论"遥相呼应，尽管有这些相似之处，但我们不应将发生于英国的争论与发生在其他背景下的相关讨论混为一谈。[5] 也就是说，正如斯诺和利维斯之间的交流不应该因为表面上的相似主题而被嵌入更长的历史传统之中，发生于英国的争论也不应该因为时间上的巧合而陷入过于宽泛的讨论范畴。我们可以通过对比冷战在辩论中扮演的不同角色来理解这一点，尤其是考察在美国关于这场争论最知名的一次探讨：莱昂内尔·特里林于1962年6月在《评论》杂志上发表的一篇文章（这篇文章本身不能与现代化理论家的著作混为一谈）。[6] 特里林的分析很快成为讨论斯诺—利维斯争议的试金石，但斯诺本人在《再议两种文化》中坦言，他并不能完全理解特里林的论点。[7] 斯诺之所以感到困惑，是因为他和特里林谈论的表面上是同一个话题，实际上是全然不同的事情。对于住在伦敦、在剑桥讲学的斯诺来说，《两种文化》显然是在探讨英国前殖民地的未来；然而对于居住在纽约、在哥伦比亚大学任教的特里林来说，《两种文化》显然也同样与美国和苏联之间的对峙相关。不过，这些论点确实有一个重要的相似之处：在两种观点中，更广阔的世界都为发生于本土的争论提供了想象的空间。

来自纽约的观点

斯诺认为，可以通过文化交流和相互理解来弥合冷战的分歧。在他看来，共产主义的东方和资本主义的西方代表的并非全然对立的制度，而是现代社会的不同迭代。他似乎愿意缓解冷战焦虑。不过总体而言，他避免使用冷战相关言辞，在《两种文化》里，斯诺只是将美国和苏联视为英国的天然比较对象。然而，这种三位一体的分析并不总是适用于美国语境，斯诺对于英国、美国和苏联之间的划分往往会瓦解成人们更熟悉的东西方对立的二元结构。

一些评论人士迫不及待地对这场辩论进行了冷战式的解读。美国著名的保守派知识分子威廉·F. 巴克利（William F. Buckley）在《国家评论》（National Review）杂志上批评了斯诺在一次采访中的表态。当时斯诺称自己无论是在俄国抑或美国，都会有宾至如归的感觉。[8]巴克利向他的读者介绍了斯诺，他解释说，斯诺的讲座"两种文化"已经成为"上流社会的谈资"。巴克利写道，斯诺的声誉一直在稳步上升，直到最终受到"一个脾气暴躁的牛津大学教授 F. H. 利维斯（原文如此）"的挑战。利维斯抨击了斯诺的自命不凡，但巴克利认为问题还需要更彻底的解读。他认为，斯诺信奉一种令人憎恶的相对论，认为美国和苏联在道德上是对等的。巴克利指责这种相对主义。首脑峰会、文化交流以及白宫对莱纳斯·鲍林（Linus Pauling）的邀请都成为巴克利眼里"通往 C. P. 斯诺之路的台阶"，也就是说在朝着这样一个社会前进：这个"殉道者们每天都被杀害、被机关枪的子弹所阻挡"的社会会告知他的臣民，"西方世界与他们所逃离的世界没有区别，且正濒临灭亡"。对于巴克利和其他许多人来说，《两种文化》提供了一个表达自身不满情绪的绝佳机会。

巴克利把赞誉莱纳斯·鲍林与谋杀政治难民混为一谈，这是冷战论辩中典型的二元式思维，但它仍然提醒人们他写作时所处的政治背景。从斯诺 1956 年对"两种文化"的最初评论到利维斯 1962 年的反驳，即使是这么一条短短的时间轴，也能传达出这一时期纽约地缘政治中的利害关系：1956年苏联入侵匈牙利；1957年苏联发射人造卫星；1958年赫鲁晓夫要求从柏林撤军；1959年菲德尔·卡斯特罗（Fidel Castro）领导古巴革命；1960年一架美国间谍飞机在苏联领土上空被击落；1961年柏林墙开始修建——事实上，在斯诺的访谈节目播出后的第二天，柏林墙就开始修建了。[9]从巴克利的角度来看，这些事件发生在一个东西方对立的世界里，但事实上，这些所谓的霸权集团内部存在着显著的差异。英国也有自己的冷战斗士，而且（我们将看到）他们也批评斯诺；但是同样在这个地方，权力机构的报纸也可以在回应尤里·加加林的太空飞行时对集中式计划取得的成就予以认可。[10]在美国的背景下，则没有多少回旋的余地，关于这点我们不是由巴克利热切的辩论当中看出来，而是从莱昂内尔·特里林更为深思熟虑的保留意见——然而终归是保留意见——中窥见一二。

特里林的文章《科学、文学和文化：对利维斯—斯诺争论的评论》（"Science, Literature, and Culture: A Comment on the Leavis-Snow Controversy"）发表于1962年6月的《评论》杂志上。《评论》是一份有影响力的政治和文化期刊，其观点大体上是倾向于自由主义的（尽管它后来成为新保守主义的前沿期刊）。该杂志的编辑是少年老成的诺曼·波德霍雷茨，我们在前文中已提到过这些人物。特里林是哥伦比亚大学的英语教授，在20世纪50年代，波德霍雷茨是他最出色的学生之一。波德霍雷茨随后在剑桥跟随利维斯研习英语，然后回到纽约，从1960年开始在《评论》做编辑。1955年，特里林热情地评论了斯诺的小说《新人》，认为虽然斯诺可能永远写不出一部伟大的小说，但他的创作正渐入佳境；1958年，波德霍雷茨就《富人的良知》发表了一篇好评文章，称赞斯诺的小说充满智慧和洞察力。[11]正是在这一时期，斯诺夫妇与波德霍雷茨夫妇和特里林夫妇（以及特里林在哥伦比亚大学的同事雅克·巴尔赞）结下了友谊。在跨越大西洋的旅行中，这几对夫妇总能合理安排行程，以便相聚并共进晚餐。[12]不过，波德霍雷茨也一直与利维斯保持着友好关系，因而他的前任老师对他新朋友的攻击使他陷入了尴尬的境地。夹在导师和朋友之间的波德霍雷茨尽了自己最大的努力：他帮助《评论》杂志获得了特里林就这场争论写下的评论，并为利维斯和斯诺提供了回应的机会。[13]但是，利维斯和斯诺最终都没有接受他的提议，前述种种关系也因而变得紧张起来。[14]

特里林的文章以其特有的风格展开：以一系列有说服力的观察开始，接着抽丝剥茧、层层深入，最后得出一个鲜明通透的结论。他首先将斯诺和利维斯之间的争论与之前一个世纪里托马斯·赫胥黎和马修·阿诺德之间的讨论联系起来，认为"科学的新力量也许可以证明维多利亚时代的问题在当代的复兴是正确的"。[15]然后，他以倒叙的方式探讨斯诺的瑞德演讲，以《旁观者》上的喧嚣作为起始，并花了较多笔墨谈论利维斯的演讲，以表达对其"不恰当的语气"感到的不适。[16]这一介绍性的开场白之后便是对《两种文化》本身的详细探讨。特里林指出，斯诺最初不偏不倚的悲叹实际上提出了一种对文学的道德控诉，这种控诉是无法持久的；斯诺关于传统文化统治着西方世界的主张是错误的；斯诺对科学家间进行国际合作的信任，暴露了他天真的政治观。特里林认为，面对斯诺的主张，利维斯本应承担起为文学的道德功能辩护的任务，然而尽管他的批评非常激烈，却未能击中斯诺观点中的预设的本质。

特里林将这种不寻常的批评失利视为一个契机，让他得以重新思考斯诺和利维斯之间到底有多少共同之处。他指出，他们都致力于创造一个新的社会阶层，一个基于品位而非特权的社会阶层。然而，在现代这个"广告主导的时代"，这种对品位的追求揭示了"文化"作为判断基础的局限性。"在我们感到异常沮丧之时，"特里林写道，"我们可能会问这样一个问题：一个人通过自己对道德、政治、文学或城市规划的某种理念来定义自己，与通过穿上没有褶皱的裤子来定义自己，这两者之间是否真的有所区别。"[17] 他接着说，从这个角度来看，斯诺对科学家生活方式的偏爱，利维斯对 D. H. 劳伦斯的偏爱，以及《旁观者》的读者对斯诺或利维斯的偏爱，都印证了"文化思维模式"的范畴与局限性。[18] 特里林最后表示，这些局限性提醒他，需要找到另一种评估基础，即"心智的理念"——一种相对不受时间地点限制的判断基础。[19]

特里林认识到政治在这场争论中的核心地位。他写道："如果我们同意参与到对旧争论的新的辩证考查中去，我们就必须意识到，我们不是在讨论教育理论的问题，也不是在讨论什么样的知识对人的灵魂最具亲和力这样的抽象问题。我们处理这些问题只是为了通过它们到达政治的彼岸。"[20] 斯诺和特里林很可能就此达成一致，不过，他们对"政治"这一概念的不同理解很快显现出来。在特里林的陈述中，斯诺的论据转向了两个支点：首先是在他谈到人类的境况时，不偏不倚的分析变成了对文学知识分子的控诉；其次是当他转向全球视角时，关于文学弊病的探讨被科学带来的充满希望的未来所取代。特里林认为，在斯诺的演讲中，科学家之间的共同文化甚至超越了最棘手的分歧。"因为《两种文化》传递的真正信息，"他写道，"是科学家的文化可以实现西方世界和苏联之间的相互理解，它超越了人为的民族和意识形态差异。"[21] 因此，特里林将斯诺的"真实信息"解读为一种超越冷战的诉求——一种他无法赞同的对政治的否定："我们完全可以肯定的是，否认这个世界的现实并不能拯救世界。在这些现实之中，政治就是其中之一。"[22] 他这样总结自己的分析："简而言之，通过寻求推进西方世界和苏联之间的谅解进程，查尔斯爵士似乎在说，只要我们努力去设想，这种谅解便可以达成……并且政治就不能被评判（因为它实际上并不真正存在）。"[23] 特里林认为这种立场从根本上是错误的。

特里林的批评让斯诺大吃一惊，但事实上，特里林的这一态度多年来已显而易见。1955 年，特里林称《院长》是"政治生活的典范"，这种正面的评价激发了斯诺的事业和他们的友谊。[24] 然而，同一篇评论也指出，即使是那些看起来显然罪有应得的人物，斯诺也不愿意责难。斯诺对 20 世纪 30 年代站在共产主义一边的激进科学家表示同情，这直接引发了特里林的抗议："我不禁想到因善意而引发的思维僵化、因科学思维的懒惰而导致的对不充分证据的误读，以及因傲慢而认为'政治和人类的善是如此容易理解'的天真。"[25] 1955 年，特里林毫不犹豫地承认了自己"令人不快"的责备冲动，并在比较之下称赞了斯诺宽恕的海量。然而，到了 1962 年，特里林对斯诺不愿做出判断的保留态度已经演变为对斯诺明显拒绝承认政治存在的实质性担忧。

次年，斯诺在《再议两种文化》中回应了特里林的批评。他显得有些义愤填膺：他写过的关于政治的文章和任何在世的人一样多——特里林怎么会认为他否认政治的存在呢？他试图对特里林的论点抽丝剥茧，以理解这个难题。他解释说，在特里林这样的批评家那里，"所谓的'政治'是一种更为狭义的东西，我们大多数人并不认同……他们眼中的政治亦即……冷战的发动"[26]。斯诺并未对这一狭义的政治观本身展开反驳："特里林的批评相当于在说，我没有把这场演讲与1959年发动的冷战联系起来：或者，更要不得的是，我没有将冷战视为我们这个时代及将来所有时代的首要事物。我当然没有。"[27] 简而言之，特里林正确地观察到了斯诺拒绝从冷战的视角来解读国际政治，而个中原因恰好解释了斯诺为何拒绝从冷战的视角来解读这场争论，而是选择了后帝国时代的英国这一视角。

超越冷战

斯诺对冷战分歧极不耐烦，且努力将注意力转移到亚洲、非洲和其他地方，这与他在《两种文化》中的论点是密切相关的。他在瑞德演讲中建议英国和西方各国向世界各地输送资本和人才，以促进经济发展。"科学家们，"斯诺向他的听众保证，"会给整个亚洲和非洲都带去益处。"[28] 他的雄心壮志是推动不发达国家沿着一个历史的连续脉络前进，最终实现工业发展和经济繁荣。这个计划有赖于对历史的线性解读，而斯诺在《再议两种文化》中将这种解读呈现得更为清晰。[29] 他解释说，地球就像"一个巨大的社会学实验室，人们可以在其中观察从新石器时代到先进工业时代的各种社会"，而来自现代法国早期的教区登记册讲述了一个正在亚洲和拉丁美洲发生的故事。[30] 从这个角度看，冷战造成了两类问题：首先，它掩盖了工业化国家之间相同多于相异的现实；其次，它忽视了处于不同发展阶段的国家之间实质性的、可悲的差异。因此，当斯诺把注意力转向国际事务时，他希望处理两方面的分歧：关于东西方国家间政治分歧的假设，以及南北之间真切存在的经济差异。

第一个目标促使斯诺试图缓和冷战的紧张局势。他与苏联文学评论家瓦伦蒂娜·伊瓦舍娃（Valentina Ivasheva）交上了朋友，并在1961年吐露心声，表示希望他最近的小说《丑闻》能引起苏联读者的共鸣。"这就是我尽一切办法想说的，"他解释道，"如果有人在写导言时指出了这一点，那么也许这部小说将被视为一本希望之书。"[31] 他指的是一段描述路易斯·艾略特为一位被指控科学欺诈的同行进行辩护的文字。艾略特敦促学院的司法委员会不要将人与政治混为一谈："无论是在现实中还是思想意识层面，将世界一分为二难道不是我们这个时代所面临的长期威胁吗？"[32] 艾略特担心"偏见的迷雾"已经变得"如此之浓，以至于双方都不再认为对方和自己属于同一物种"。他希望安理会能透过截然不同的意识形态窥见共同的人性。[33] 斯诺希望《丑闻》能在苏联被解读为来自一位西方友好作家的善意的展现，也能被视为对超越政治对抗的一种畅想。

斯诺在美国和苏联两地获得的文学上的成功促使他将自己视为连接两国的桥梁。正是基于此，他谢绝了哈罗德·麦克米伦的邀请，拒绝加入莱昂内尔·罗宾斯的高等教育委员会。"美国人非常重视我的书，"斯诺告诉首相，"而且，非常奇怪的是，我的书在莫斯科也颇受欢迎。"[34]斯诺想利用这个机会尝试与双方对话，为了获得更多的听众，他继续结交苏联知识分子。他最感兴趣的人物是作家而非科学家，是当权派人物而非持不同政见者。除了伊瓦舍娃，他还结交了（后来的诺贝尔文学奖得主）米哈伊尔·肖洛霍夫。苏联作家联盟（The Soviet Writers' Union）是社会主义现实主义（Socialist Realism）文学手法的重要倡导者，该联盟邀请斯诺参观他们在莫斯科的办公室。自从那次访苏回国之后，斯诺便开始在英国宣传苏联作家。[35]他开始与《苏联文学》（Soviet Literature）的编辑瓦西里·阿扎耶夫（Vasili Azhayev）通信。斯诺承诺，他将在英国推广苏联文学，而阿扎耶夫则随时将斯诺的小说在苏联被接受的情况报告给作者本人。[36]很难评估这种努力对冷战的影响，但努力终究带来了回报：1963年，斯诺被罗斯托夫国立大学（Rostov State University）授予荣誉博士学位；1965年，莫斯科方面召开了一次关于斯诺小说的会议，以此庆祝他的六十大寿。[37]

斯诺还试图说服他的出版商成为苏联文学在英国的主要出版机构。1967年底，他对艾伦·麦克莱恩（Alan Maclean）说："我非常希望麦克米伦出版社能成为苏联文学的主要联络者。"[38]他敦促麦克莱恩派一个编辑到《苏联文学》的办公室去，但是麦克莱恩礼貌地保持着距离，称公司无法接受员工一个月以上时间的出差。[39]斯诺随后向哈罗德·麦克米伦提出了这个建议，麦克米伦向他保证，他愿意尽其所能提供帮助。[40]第二年年初，当欧内斯特·海明威的苏联译者做出访问伦敦的计划时，斯诺试图安排该译者与出版公司的会面。[41] 由于种种原因，这些努力最终都白费了。尽管如此，事实证明，因此而建立起来的友谊是历久弥新的。1968 年 3 月，伊瓦舍娃给斯诺寄去了一封英国出版商寄给她的退稿信，信上还附着一段极富戏剧性的题词："你是否记得曾经说过，我们的余生都将致力于架起我们两个伟大国家之间的桥梁？"[42] 正是在这种理想主义和自身利益的共同驱动下，瑞德演讲后的二十年间，斯诺不断倾注心力，建造着那些友谊之桥。

不过，斯诺对苏联的"纵容"也招致了批评。1960 年，作家兼评论家约翰·韦恩（John Wain）从苏联旅行归来，驳斥了斯诺对苏联情况的积极评价。在发表于《观察者》的《致俄罗斯东道主的一封公开信》中，韦恩直截了当地评价了苏联的出版业、旅游业和教育业……认为所有这些都是由国家控制的宣传手段，其目的是给轻信的西方人留下好印象。[43] 次年，在复审俄罗斯短篇小说集的一个版本时（该版本的引言由斯诺夫妇撰写），《旁观者》杂志拒绝了斯诺严格区分艺术和政治的做法，认为当代俄国小说无一不受社会主义现实主义的束缚。[44]1962 年，利维斯的里士满演讲使斯诺对公众的批评越来越敏感，斯诺对伯纳德·莱文（Bernard Levin）提起了诽谤诉讼（并赢得了诉讼），指控莱文曾暗示他是一个同路人。[45] 斯诺认为自己是亲俄的，而非亲共产主义的，这一区别是他对冷战失去耐心的核心原因。

专家的重任

如果说斯诺关注的国际议题一部分是在冷战期间求同存异，那么他的另一个雄心壮志便是动员知识分子和政治力量支持经济发展。斯诺在冷战问题上的立场在此方面意义重大，并不是因为这一立场具有普遍的代表性，而是因为它使传统的分析框架复杂化了。也就是说，他否认东西方之间存在有实质意义的差异，这有悖于冷战思维的二分法，揭示出某些看起来具有支配性的话语，其内部实则也是有分化的。[46] 斯诺对后殖民世界的立场也有至关重要的意义，不过个中原因恰恰相反：不是因为它是非典型的，而是因为它极具代表性。他对非殖民化时期亚洲和非洲的看法，为讨论大英帝国解体后英国国际地位的变化提供了一个切入点。[47]

若从帝国衰落而非冷战的角度来看，国际政治便呈现出一幅截然不同的面貌。1956年之后的岁月对英国人和美国人来说都是多事之秋：这是一段由"茅茅"（Mau Mau）*、"变革之风"（wind of change）和快速去殖民化组成的时期。[48] 迪安·艾奇逊（Dean Acheson）所谓的"英国已经失去了一个帝国，但还没有找到一个合适的角色"并不能准确地反映这种关系的状况：英国也许正在失去帝国，但人们对其角色的熟悉假想依然存在。这一角色的形式可能已经从主人转变为支持者、从管理转变为教育、从剥削转变为援助，但改变之下，旧的习惯和思维方式依然存在。英国经常被描绘成已达至经济、社会和政治发展的高级阶段，人们对英国未来地位的期待也基于这一

---

* 茅茅运动，20世纪50年代肯尼亚人民反对英国殖民者的武装斗争运动。

事实。在过去,这一地位是通过政治管理获得的,但在未来,它将来自教育和发展。但无论在哪种情况下——同时也适用于任何意识形态——(前)殖民者的利益被认为与(前)被殖民者的需求是一致的。斯诺对于后帝国时代英国国际地位的评判就与这一立场密切相关。

围绕"两种文化"的争论成了讨论这些问题的极佳场所。讲座结论部分的副标题是"富人和穷人",这个主题是斯诺论点的核心,他甚至考虑过将其用作整个讲座的题目。[49]斯诺认为,世界上富国和穷国之间的差距是当代道德和政治领域最紧迫的问题。正如我们看到的,斯诺认为这种差距之所以存在,是因为一些经济体已经工业化,而另一些经济体还没有工业化——他向听众保证,这种状况不会,也不应该持续太久。英国,乃至整个西方国家面临的问题便在于他们是否愿意迎接挑战,帮助印度、非洲、东南亚、拉丁美洲和中东走上它们必然选择的工业发展和经济繁荣之路。这种对工业而非农业发展的承诺,使斯诺与许多晚期殖民主义知识分子和政治阶层产生了分歧——这也提醒人们,即使是在看似取得广泛认同的"发展"的倡导者之间,也存在着具体观点上的差异。[50]就斯诺而言,他狂热地相信"科学革命"能指导工业化,并在其中找到了全球危机和"两种文化"问题之间的联系:在他看来,以英国的教育体系为代表,更广泛地说则是西方世界的教育体系,未能培养出完成这项任务所需的人才。当时,教育改革只是迈向更大目标的一步:在《两种文化》中,斯诺呼吁英国和西方世界向世界各地输送资金和人员,以促进工业化。

第 6 章 后殖民主义的发展

瑞德演讲后的几年里,斯诺还时常提及这一论点。1960 年,他在美国科学促进会(American Association for the Advancement of Science)发表演讲时,敦促听众与核战争、饥饿和人口过剩等全球危机作斗争。[51] 三年后,在《再议两种文化》一书中,他坚持认为,科学技术能缓解全世界的贫困和苦难:"应用科学有可能帮助数十亿人免遭不必要的痛苦,我们不能回避这一认知。"[52] 斯诺解释说,他指的是给病人提供治疗、给饥饿的人提供食物和住所、防止人口过剩等。他坚称,我们有现成的知识和能力应对上述问题,唯一的障碍是未能或拒绝承认**发展**与**进步**之间的关系。斯诺提出了一项比单纯的财政援助更为雄心勃勃的计划:他希望随着经济的发展,工业经济和现代社会的体制结构也会随之变革。他所指的是"贸易联盟、集体交易,或曰现代工业的整套装置",他认为这个装置本身就是一样好东西:"我认为没有人知道这些自由是如何依赖于我们既有的政治、社会和经济体制,与其密不可分。"[53] 简而言之,在经济、社会和政治方面,斯诺认为世界是有问题的,但西方有解决办法;而若说到西方文明自身的问题,那便是缺乏在全球复制自己的意愿。

斯诺在倡导西方援助国际发展方面不乏同仁。根据约瑟夫·摩根·霍奇的说法,"无论是对科学、技术,以及国家和国际组织在管理人类的发展和进步方面能力的自信和信念,都达到了前所未有的程度"[54]。这一项目的思想教父——H. G. 威尔斯——是斯诺心目中的英雄。威尔斯的《公开阴谋》(*Open Conspiracy*)(1928)呼吁通过科学、技术和工业的规划和发展,引导世界的"落后种族"走向物质进步。[55] 这一立场得到了英国左翼知识分子的支持,诸如伯纳尔的《没有战争的世界》（1958年）和彼得·沃斯利（Peter Worsley）的《出于冷漠》（*Out of Apathy*）（1960）等著作都响应了该立场。[56]最受尊敬的支持者之一是斯诺的朋友帕特里克·布莱克特。布莱克特享有非同寻常的地位——同时拥有来自工党内部、他的科学同行和政治左派的尊重。[57]1957年，布莱克特在一篇题为《技术与世界进步》("Technology and World Advancement"）的文章中预见了斯诺的观点，这篇文章在《自然》和《倾听者》上再次刊发，并在《观察者》和《经济学家》上引发了热烈的讨论。[58]斯诺瑞德演讲十年后，时任英国皇家学会主席的布莱克特在包括尼赫鲁演讲（Nehru Lecture）（1968）、甘地纪念演讲（Gandhi Memorial Lecture）（1969）和瑞德演讲（1969）在内的一系列的演讲中反复呼吁发展经济以减轻世界各地的贫困。[59]

斯诺通常避免使用"现代化"这一术语，而且英国的皇家工程也不应该与美国的冷战野心混为一谈，但这些关于发展的想法确实与现代化理论有着共同的假设。第二次世界大战之后，现代化理论在美国社会科学领域蓬勃发展，并于20世纪60年代在白宫产生了一定的政治影响。该理论假定了构成"现代性"的特定标准，如经济增长、社会流动性、政治参与和世俗化等。通过论证这些属性和其他属性的达成（或缺失），人们可以将国家放在一个连续体上，其最终目标是实现所谓的现代性。这些文献中有一篇关键性的文章来源于在斯诺瑞德演讲前一年剑桥大学举办的一系列讲座，即W. W. 罗斯托（W. W. Rostow）的《经济增长的阶段》（*The Stages of Economic Growth*）。[60]麻省理工学院经济史教授罗斯托以英国的工业革命为模型，确定了走向现代性的步骤。他后来在肯尼迪和约翰逊政府任职，他的书在 1960 年至 1972 年间售出了 26 万册之多。书的副标题是"非共产主义宣言"，反映了这些思想盛行背后的冷战语境：现代化理论为旨在推动"第三世界"国家沿着发展道路前进的政策提供了一个思想基础，这种政策试图推动这些国家沿着西方而非苏联的路线走向现代化。[61]

在前帝国内部，各种形式的发展也受到了政治领袖和科学知识分子的推崇。事实上，对许多民族主义领导人来说，殖民地国家对农业改革的重视阻碍了更为紧迫也更具希望的工业发展。独立的其中一个目标便是夺取对国家的控制权，以便使国家将主要精力投向工业发展。[62] 理论物理学家、1979 年诺贝尔奖获得者阿布杜斯·萨拉姆（Abdus Salam）是工业化的有力倡导者。萨拉姆于 1926 年出生在旁遮普省（Punjab）的西部，"二战"后在剑桥大学获得了博士学位，然后在巴基斯坦的政府学院（Government College）和拉合尔大学（University of Lahore）短暂地教授了一段时间的数学课程。1954 年，萨拉姆回到剑桥担任讲师；从 1957 年起，他开始担任伦敦帝国理工学院（Imperial College London）理论物理专业的教授，同时在任职期间创建了里雅斯特国际理论物理中心（International Centre for Theoretical Physics，简称 ICTP）并担任指导。[63] 萨拉姆坚定地相信科学、技术和经济发展之间的联系，并于 1961 年在达卡举行的"巴基斯坦科学大会"上发表了一篇振奋人心的演讲。该演讲呼应了斯诺的《两种文化》，引用了罗斯托的《经济增长的阶段》，并在报告的结尾处呼吁将科学发展与经济繁荣的目标相结合。萨拉姆预见到了两年后哈罗德·威尔逊在工党大会上的言论，他宣称："我们必须明确地认识到我们正试图开创的革命的本质是什么。这是一场技术和科学的革命，因此当务之急是将科学技术技能的大规模发展放在最优先的位置。"[64] 萨拉姆将这些技能的发展与消除贫困联系在一起，他最后呼吁巴基斯坦的增长速度应与俄国和中国保持一致。

由于自己的观点得到了左翼政治人物、英美建制派和英联邦的响应，斯诺几乎识别不出他的工业化提议与推行帝国主义的旧逻辑之间有什么相似之处。事实上，他注意到了欧洲干涉其他民族事务的传统。"从圣弗朗西斯·泽维尔（St. Francis Xavier）到施韦策（Schweitzer），许多欧洲人都把自己的一生奉献给了亚洲人和非洲人，他们高尚，又像父亲一样。"他在《两种文化》中说。但他坚持说他在倡导一种不同的东西："现在亚洲人和非洲人不会欢迎这些欧洲人。他们需要的是能像同事一般一起共事的人，这些人把自己知道的知识技能传授给他们，诚实地完成技术工作，然后离开。"[65] 斯诺认为，科学家非常适合从事这项工作，因为他们拥有必要的技术知识，而且科学工作中的国际合作使科学家们相对而言没有种族偏见。斯诺本人对种族主义没有耐心：在20世纪60年代后期，他在英国上议院发表讲话，谴责了那些安慰罗德西亚（Rhodesia）白人定居者或美国南方白人的言论。[66] 在斯诺看来，《两种文化》拒绝了家长式、种族主义和帝国主义的旧模式，提供了他所认为的技术统治、民主和发展的新方案。

然而，这一指导方针背后的设想暴露了上一个时代的思维习惯。在这种观念下，英国有责任帮助其前殖民地国家，为他们提供技术培训，甚至语言培训，并引导他们走向经济、社会和政治发展的都市化阶段。在充分掌握了知识和能动性的情况下，现代化的发展计划让英国再次扮演起了一个本已熟悉的角色，把它们带给帝国时期管辖过的领土和人民。关于英国与其前殖民地国家关系的看法似乎已根深蒂固。在《两种文化》里，如同在去殖民化高峰时期出现的相关讨论中一样，这些观念并未彻底改变，最多只不过是得到了些许更新而已。[67]

对发展的异议

利维斯并未像斯诺那样有机会接触英国首相和苏联知识分子，但在里士满演讲和随后的发言中，他也将自己的论点与去殖民化和发展问题联系了起来。事实上，这一立场很好地解释了他在里士满演讲中一个令人费解的评论："如果你已经开悟，"他翘着眉头说，"你便会发现，所谓的智慧就在于确保刚果人、印度尼西亚人、布须曼人（不，不是布须曼人——他们的人数还不够）、中国人、印度人能加快进度,源源不断地产出我们所需的果酱。"[68] 利维斯将"布须曼人"排除在外是一个颇具讽刺意味的说法，个中含义可以通过他对社会和经济发展的看法来理解。斯诺主张用干预的方式改善整个亚洲和非洲的物质条件，利维斯却发现了一个可以阻止英国和西方国家把事情搞糟的机会。1962 年的"两种文化"论争中，几乎没有人支持这一立场，但到了 60 年代末，对发展的批判在知识话语中已不再那么边缘了。与其说这一事实证明了利维斯的影响力，不如说，它见证了一种意识形态的转变，正是在这种转变之下，利维斯一直以来倡导的立场变得更易为人所接受了。

尽管利维斯和斯诺之间存在着分歧，他们在国际事务方面却有着相通的想法。两人都认为冷战与其说是敌对体制之间的冲突，不如说是一个文明内部的分裂；他们都认定历史发展的线性解读，认为亚洲和非洲将成为英国过去的那些冲突势力斗争的下一个战场。他们的相似之处甚至延伸到了战术层面，因为他们都试图利用英国人对美国崛起感到的焦虑。斯诺在他的瑞德演讲中警告说："这个国家将是飞地中的飞地。"利维斯则抓住机会，利用英国人对一个由美国主导的世界感到的不安。[这两点都呼应了吉米·波特在《愤怒的回首》(Look Back in Anger)中的话："生活在美国时代是相当沉闷的——当然，除非你是美国人。"][69] 简而言之，当斯诺和利维斯将他们的注意力转向英国以外的世界时，他们不约而同地聚焦在了前帝国而非冷战，并且为了说服读者遵循他们的思路，两人都描绘了这样一个前景：英国仍然在世界舞台上发挥着重要作用。

然而，在这一相似的框架之内，斯诺和利维斯对历史走向的评估存在着深刻的分歧。斯诺将当代危机解释为工业化出口的失败，而利维斯担心工业化出口这项工作正在以令人恐惧的速度进行。具体而言，两人在物质进步是否构成合适的社会政治目标这一问题上存在分歧，但更为根本的是，对于在一个社会中发展起来的要素是否可以抑或应该移植到异域的土地上这一问题，两人无法达成一致。例如，在《两种文化》中，斯诺提议派遣英语教师、科学家及技术人员到亚洲和非洲各地，而在 1970 年，当两人的争论最后一次爆发的时候，利维斯宣称自己"一点也不想把英语看作在所谓劣等民族间传播福音的使者,似乎没有我们的教导,他们便无法自我救赎一般"。[70] 后来,在《再议两种文化》中斯诺再次表示,整个工业社会的装置将造福于发展中国家,但根据利维斯的说法,认为非洲或印度能够把强加于他们的西方式民主或官僚政府体制维系下去是"极不合理且极为可笑的"。[71] 关于以语言为载体的文化转移和以体制制度为核心的社会发展,斯诺的想法是通过外部因素推动并促成内部的转变,利维斯则希望捍卫文化和社会内部的完整性。正是基于这一根本性的差异,他们一再发现彼此在现代化问题上的对立与分歧。

当"两种文化"之争于20世纪60年代初映射出这些问题时,舆论的天平落在了斯诺的一边。作为对《两种文化》的回应,著名生物学家C. H. 瓦丁顿(C. H. Waddington)回忆了他以前在尼日利亚的经历。他说,工业文明的技术在尼日利亚几乎看不到,因此,即使是日常生活中的普通器皿都是非凡工艺的产物。"普通人使用的几乎每一件物品都是美丽的。"瓦丁顿深情地写道。但他仍然相信,那些工匠们更愿意接受西医的治疗:"如果让这些人选择,让他们活两倍的时间,不患沙眼、丝虫病、昏睡病、黄热病和其他疾病,有谁还能认真地争辩说,如果他们选择这种生活而将对工艺品的追求置于次要的位置上,这样的选择是错误的?"[72] 利维斯在里士满演讲中对这一立场提出异议,认为倾注在这些工艺品之中的技能和智慧不可轻易言弃。此时,斯诺盟友们的回应明确地表明了他们的信念,即他们对现代化的支持促进了穷人的利益。例如,普拉姆问:"利维斯博士见过印度农民、布须曼人或原始人运用他们'重要的'智慧吗?"[73] 他猜想利维斯没有,否则他不可能认为他们的生活能在某些方面比现代社会的普通人要好。在斯诺、瓦丁顿和普拉姆等人看来,支持土著民族,和支持自身工业文明的推广,两者可以说是同一件事。

利维斯则不承认斯诺和他的盟友"支持"土著民族而他"反对"这些民族的说法,但为了证明这一观点,他需要推翻**发展**与**进步**之间的必然联系。对利维斯而言,发展意味着强行置入一种破坏性文明,一种以牺牲文化连续性为代价的重物质的文明——对于被侵犯的民族而言,这一过程不应该被冠以"进步"之名。在 20 世纪 60 年代初,斯诺的立场更容易获得公众的支持,不过到了 60 年代末,利维斯开始觉察到了潮流的转向。1970 年,饱受批评的斯诺承认"自从瑞德演讲赢得一致认同至今……时代气候已然发生了转变"。[74] 他特别指出了 20 世纪 60 年代末美国社会和文化的动荡及其以各种形式在英国产生的回响,诸如工会强悍的姿态、性滥交问题、学生骚乱和女权运动等。[75] 这些事态发展都没有得到利维斯的赞同。他对"进步主义"价值观的质疑促使他强烈谴责移民进入英国,并拷问英国是否真的愿意成为一个"多种族"的社会。[76] 但是,尽管极其厌恶社会文化层面出现的各类问题,他仍然相信,这些问题证实了他的预言,即仅仅提高物质生活水平是远远不够的,物质繁荣永远满足不了人类的渴望。

与此同时,对工业发展的乐观评估也受到了来自其他方面的抨击。1968 年 4 月,三十位知识分子齐聚罗马讨论新的全球危机,罗马俱乐部(the Club of Rome)随后开始努力在国际范围内对增长施加限制。"我们必须做好自我约束和自律的准备,"俱乐部主席兼创始人奥雷里奥·佩切伊(Aurelio Peccei)说,"将我们的知识和技术用于保护自然或尚存于自然的东西,保护其他形式的生命,而不是过度开采和利用它们"[77]。1972年,联合国在斯德哥尔摩召开了一次"人类环境会议",试图调和发展主义和环境主义之间显而易见的矛盾。[78]20世纪70年代,在人文社科领域,现代化理论日益受到依附理论(dependency theory)批判视角的挑战。[79]利维斯当然意识到了生态平衡和工业社会发展之间的冲突。他的一个学生回忆起他在1964年说过的话:"现在你看不到那么多蝴蝶了。他们正用杀虫剂杀死它们。"说着,他还不忘挖苦斯诺:"他们关心的只是工业社会——并不是说我反对工业,但他们只是冷酷无情的野兽,对了,他叫什么来着?噢,权力走廊勋爵!"[80]斯诺也认识到唯发展主义和环境保护主义之间的紧张关系,不过,他毫不隐瞒自身的倾向:1969年,当他受邀参加上议院关于环境的辩论时,斯诺尖锐地回答说,他此刻正全神贯注于更重要的问题。[81]这种怀疑和不屑是相互的:由 E. F. 舒马赫(E. F. Schumacher)所著的《小而美》(*Small is Beautiful*)(1973)从环境的角度对不可持续的经济增长提出异议,作者在该书中立场鲜明地控诉了斯诺和他的《两种文化》。[82]

尽管有同样的不满声音出现,利维斯仍须努力寻找真正的盟友。直到70年代初,他的盟友才开始陆续出现了。1976年,利维斯在他最后一本书的结尾处高度称赞了伦敦政治经济学院备受争议的经济学家 P. T. 鲍尔(P. T. Bauer)。鲍尔和利维斯一样,自诩为传统智慧的鞭子,在一系列出版物中,他对外国援助能刺激经济增长的假设提出了质疑。[83]利维斯认为鲍尔是一个有缺陷的预言家("鲍尔当然是一个经济学家,但他是一个聪明的经济学家"),但他欣赏鲍尔发现传统观念中的"谬误、虚假、欺诈、矛盾和荒谬"的智慧眼光。[84]鲍尔被认为是以国家为中心的发展模式的杰出批判家，也是经济思想中新自由主义转向的关键人物。另一位得到利维斯认可的非正统学者是波兰出生的社会学家斯坦尼斯拉夫·安德烈斯基。安德烈斯基是《非洲困境：现代化病理学研究》(*The African Predicament: A Study in the Pathology of Modernisation*)一书的作者。此书颇具争议地将"非洲困境"的责任从外部原因（如欧洲的帝国主义）转移到非洲社会的内部机理。[85]他破旧立新的论点及对内部分析的偏爱表明利维斯已找到一个志同道合的盟友。安德烈斯基的下一本书也证实了这一点。《作为巫术的社会科学》挑战了当代社会科学的"科学化"倾向——比如表面上的客观姿态和定量分析——及与之相伴的自命不凡的态度。利维斯格外欣赏该书对抽象思维的批判，开始在约克大学的研讨课上布置学生阅读此书。[86]

利维斯对非洲政策并不特别感兴趣，但他被鲍尔和安德烈斯基的书吸引也是有道理的：在这一时期的都市知识分子中，"非洲"可以作为一个想象的地带，有关他们自身社会的争论在此汇聚。正如我们所见，利维斯认为现代文明首先出现在英国，其特征是语言和思想之间的断裂，而这一断裂正开始向全世界弥漫。利维斯支持安德烈斯基对抽象思维的批判，赞同鲍尔和安德烈斯基对发展所持的怀疑态度，这有助于人们理解他里士满演讲中令人困惑的言论。利维斯曾说过："如果你已经开悟，你便会发现，所谓的智慧便在于确保刚果人、印度尼西亚人、布须曼人（不，不是布须曼人——他们的人数还不够）、中国人、印度人能加快进度，源源不断地产出我们所需的果酱。"[87] 利维斯想说，只有当这些民族的人口数量足够多时，他们才会成为一个被纳入考虑的民族——而"布须曼人"的数量太少，因而无法被纳入。这是在赤裸裸地嘲弄那些虚伪的知识分子和政客（比如斯诺之流），他们在拓展自身的文明时声称一切都是为了普通人，而实际不然。利维斯长期以来一直反对现代文明，反对其抽象化的倾向及其背后自以为是的体制机构。在这个特殊的历史时刻，"非洲"成为这些论点的汇聚之处。

结语

英军在苏伊士溃败后的十五年里，人们关于帝国的想象并不一定会随着帝国本身消逝。新的问题出现了：在亚洲、非洲和其他地方，那些曾在前大英帝国统治下的新兴国家是否应该推行工业发展政策？斯诺、利维斯和他们各自的盟友在瑞德演讲、里士满演讲及随后的公开辩论中，就这一问题产生争执，他们将对英国历史的不同解读投射到了对非西方世界未来的畅想之上。

然而，在争论的过程中，他们身处的意识形态语境开始发生变化。斯诺曾把对世界贫困人口的关心等同于对工业发展的支持，但到了20世纪60年代末，工业化计划的可持续性遭到质疑。1968年，斯诺在密苏里州的富尔顿（Fulton, Missouri）发表了一场演讲；一代人之前，温斯顿·丘吉尔曾在富尔顿发表"铁幕"讲话。斯诺演讲的主题是自由主义者信仰的瘫痪，在他看来，这让他们无从应对世界的危机。他还警告说，一种危险的新的反主流文化正在出现，这种反主流文化似乎对批评社会而非改善社会更感兴趣。[88]两年后,斯诺把自己之前十年的演说文章收集成册,从"两种文化"到"围困之国"(The State of Siege),并计划再往里面增加一些关于自由主义未来发展前景的内容。最终,斯诺于1971年出版了《公共事务》(Pubic Affairs)一书,但关于自由主义的乐观结论似乎并未出现。[89]

利维斯质疑发展也有其理由,这种理由并不包括对反文化的同情。但长期以来对现代文明的批判为他赢得了一些令人难以置信的新盟友。1972年,《卫报》的一位作家指出,"思想时尚"已经"追上了"利维斯,出现了诸如生态焦虑、对增长的批评和对技术官僚的怀疑等种种关切。尽管利维斯十年前已从剑桥退休,但这位作家预计他的声望会再度飙升。[90]四年后,理查德·霍加特在评论利维斯最后一本书时称:"针对西方国家推广的粗糙而毫无深度的发展计划,发展中国家内部出现了相当强烈的抵制。"霍加特指出,有些国家正在抵制西式建筑,取而代之的是当地传统风格的建筑,此外,西方有关进步、发展和增长的观念原本一直受到这些国家的欢迎,但眼下它们正遭遇着前所未有的质疑和挑战。[91]

无论是斯诺还是利维斯都未曾改变自己的立场,但在不断变化的时代语境下,他们旧有的立场都呈现出了崭新的面目。1959年,斯诺曾颇为自信地将科学、工业化和进步的政治等同起来,但十年之后,这样的简单化关联遭遇了激进左派的挑战。这种意识形态立场的重新洗牌反映了"六十年代"复杂的发展形势。在下一章中,我们将通过追踪斯诺和利维斯在"两种文化"论战期间及之后的相关言论来重点阐释这一问题。

第 6 章 后殖民主义的发展

章后注

[1] C. P. Snow, *The Two Cultures and the Scientific Revolution* (Cambridge University Press, 1959), p. 43.

[2] F. R. Leavis, *Two Cultures? The Significance of C. P. Snow* (London: Chatto and Windus, 1962), p. 26.

[3] J. H. Plumb, "Letters," *Spectator*, 30 March 1962, p. 396; E. P. Thompson, *The Making of the English Working Class* (London: Gollancz, 1963), p. 13. 在 p. 445，汤普森对利维斯表达了认同；关于他们相互的支持，以及历史在这场辩论中的作用，参见第 4 章。汤普森在两年之后表达了与此相关联的观点，认为这类伦理经济中的某些规则在英格兰和法国直至 18 世纪晚期仍存在，而在亚洲和非洲的某些地方至今仍在起作用。Thompson, "The Peculiarities of the English," *Socialist Register, 1965*, ed. Ralph Miliband and John Saville (New York: Monthly Review Press, 1965), p. 354.

[4] 本章主要考察英国知识分子中的此类意识形态立场，而并不分析殖民与后殖民世界对这些政策的运用。这类主题属于此领域专家的考察关注点，不在本书的考察范围之内。

[5] 关于现代化理论，参见 Nils Gilman, *Mandarins of the Future: Modernization Theory in Cold War America* (Baltimore: Johns Hopkins University Press, 2003)。

[6] Lionel Trilling, "Science, Literature, and Culture: A Comment on the Leavis-Snow Controversy," *Commentary*, June 1962, pp. 461–477.

[7] C. P. Snow, "The Two Cultures: A Second Look," *Times Literary Supplement*, 25 October 1963, pp. 839–844，出版为 *The Two Cultures: and A Second Look* (Cambridge University Press, 1964)。

[8] William F. Buckley, Jr., "The Voice of Sir Charles," *National Review*, 22 May 1962, p. 358. 本段的引文均摘自此文。

[9] 马尔科姆·马格里奇，"与查尔斯·斯诺爵士之约"。该电视访谈节目日在 1961 年 8 月 18 日播出。访谈节目的文字稿保存在哈里·兰塞姆人文研究中心（Harry Ransom Humanities Research Center, HRC: Snow 8.1）。

[10] "The Plough and the Stars," *Times*, 26 April 1961, p. 15.

[11] Lionel Trilling, "The Novel Alive or Dead," *Griffin*, February 1955, pp. 4–13; Norman Podhoretz, "England, My England," *New Yorker*, 10 May 1958, pp. 143–146.

[12] 这些关系的发展在他们的通信中得到了很好的记载，见 Snow/Trilling in HRC: Snow 197.21, Snow/Podhoretz in HRC: Snow 165.10–165.13, Snow/Barzun in HRC: Snow 56.1–56.7。

波德霍雷茨的回忆录记载了这一时期纽约文学文化、新保守主义出现与发展的轨迹以及他与莱尔内尔和戴安娜·特里林之间的关系，见 Podhoretz, *Making It* (New York: Random House, 1967)；Podhoretz, *Breaking Ranks* (New York: Harper and Row, 1979)；Podhoretz, *Ex-Friends* (New York: Free Press, 1999)。

[13] "Podhoretz to Snow", 22 May 1962, HRC: Snow 165.12.

[14] 同上；Snow to Podhoretz, 13 March 1980, HRC: Snow 165.13。关于斯诺和波德霍雷茨的关系轨迹，包括在斯诺生命的最后他们恢复通信，见第 7 章。特里林与利维斯的关系也同样紧张，尽管他尽了最大努力，这令他相当沮丧：Richard Hoggart, *A Measured Life: The Times and Places of an Orphaned Intellectual* (New Brunswick: Transaction, 1994), p. 291。

[15] Trilling, "Science, Literature and Culture," p. 462.

[16] 同上，pp. 463–464。

[17] 同上，p. 476。

[18] 同上，p. 477。

[19] 同上，pp. 476–477。有关当代对特里林观点的批判，也就是斯诺在私下和公开场合所表达的观点，参阅 Martin Green, "Lionel Trilling and the Two Cultures," *Essays in Criticism* 13 (1963), pp. 375–385。受《两种文化》的启发，已经成年了的格林开始学习科学知识，并在 1960 年与斯诺取得了联系。最开始，斯诺与格林保持着距离。但在与利维斯的争论中，格林成为斯诺坚定的盟友，并取得了他的信任，参见 HRC: Snow 109.1–109.3。

[20] Trilling, "Science, Literature and Culture," p. 462.

[21] 同上，p. 469。

[22] 同上，p. 470。

[23] 同上，p. 471。

[24] Trilling, "The Novel Alive or Dead," p. 9.

[25] 同上，p. 10。

[26] Snow, *The Two Cultures: and A Second Look*, p. 97.

[27] 同上。

[28] Snow, *The Two Cultures*, p. 46.

[29] 关于这种表面上的后帝国主义、自由主义计划的殖民和军事起源，参见 Priya Satia, "Developing Iraq: Britain, India, and the Redemption of Empire and Technology in the First World War," *Past and Present* 197 (November 2007), pp. 211–255。此外，值得注意的是，斯诺致力于对历史进行线性解读——这也是现代化理论的倡导者们所共有的特征——这个计划却起源于一组非常不同的设想。"发展美索不达米亚，"萨迪亚写道，"是一种修复而非改

第 6 章 后殖民主义的发展

造的行为，是通过现代技术对其进行重新改装，以恢复其在现代世界中的传统角色"（p. 231）。

[30] Snow, *The Two Cultures: and A Second Look*, pp. 81, 83.
[31] "Snow to Valentina Ivasheva", 15 May 1961, HRC: Snow 123.7.
[32] C. P. Snow, *The Affair* (London: Macmillan, 1960), p. 327.
[33] 同上。
[34] "Snow to Harold Macmillan", 26 January 1961, HRC: Snow 142.9.
[35] HRC: Snow 199.11.
[36] "Snow to Vasili Azhayev", 11 August 1961, HRC: Snow 55.7; "Azhayev to Snow", 4 May 1962, HRC: Snow 55.7.
[37] "Tribute to Lord Snow," *Soviet News* (London), 15 October 1965.
[38] "Snow to Alan Maclean", 29 November 1967, HRC: Snow 143.9.
[39] "Maclean to Snow", 5 December 1967, HRC: Snow 143.9.
[40] "Macmillan to Snow", 15 December 1967, HRC: Snow 142.10.
[41] "Snow to Maclean", 4 January 1968, HRC: Snow 143.9.
[42] "Ivasheva to Snow", 25 March 1968, HRC: Snow 123.11.
[43] John Wain, "An Open Letter to My Russian Hosts," *Observer*, 7 August 1960, p. 13；斯诺在后一期刊物中做出了回应。
[44] Ronald Bryden, "With a Difference," *Spectator*, 15 December 1961, p. 908.
[45] Bernard Levin, "My Concern Is Not the Play But What Is Behind It," *Daily Mail*, 7 September 1962, p. 3; *Times*, 1 August 1963, p. 8. 这件事在保罗·博伊廷克的书中亦有所记载，见 Paul Boytinck, *C. P. Snow: A Reference Guide* (Boston: Hall, 1980), B581。
[46] 关于冷战的历史书写有很多，但与冷战时期的英国有关的议题和历史文献，请参阅 Harriet Jones, "The Impact of the Cold War," in *A Companion to Contemporary Britain, 1939–2000*, ed. Paul Addison and Harriet Jones (Oxford: Blackwell, 2005), pp. 23–41。
[47] 这种观点——殖民的南北轴心，而不是冷战的东西轴心——在这一时期的法国也占有重要地位：Joseph Morgan Hodge, *Triumph of the Expert: Agrarian Doctrines of Development and the Legacies of British Colonialism* (Athens: Ohio University Press, 2007), p. 209。托尼·朱特谈到并警告说，许多美国学者在这个时期通过华盛顿视角来解读欧洲事务，参见 *Postwar*, pp. 281–282。
[48] 正如数量庞大的冷战历史文献一样，学界也有大量关于去殖民化的历史记载；Bill Schwarz 在 "The End of Empire," in *A Companion to Contemporary Britain, 1939–2000*, ed. Paul

Addison and Harriet Jones, pp. 482-498 中为读者提供了一篇解释性的介绍和一篇文献综述。另参阅 Wm. Roger Louis, *The Ends of British Imperialism: The Scramble for Empire, Suez, and Decolonization* (London: I. B. Tauris, 2006)。

[49]　Snow, *The Two Cultures*, pp. 38-48.

[50]　Hodge, *Triumph of the Expert*, p. 267. 关于殖民"发展"的最初概念的介绍，参见 Satia, "Developing Iraq," 尤其是 pp. 213-215, 254-255。

[51]　C. P. Snow, "The Moral Un-neutrality of Science" (1960)，重刊于 *Public Affairs* (New York: Scribner's, 1971)。

[52]　Snow, *The Two Cultures: and A Second Look*, p. 78.

[53]　同上，p. 89; Snow, "The Cold War and the West," *Partisan Review*, Winter 1962, p. 82。

[54]　Hodge, *Triumph of the Expert*, p. 267.

[55]　H. G. Wells, *The Open Conspiracy: Blue Prints for a World Revolution* (London: Gollancz, 1928)，尤其是 pp. 113-114。20 世纪 30 年代，因为威尔斯被忽略，斯诺对剑桥的英国学位考试提出了质疑。60 年代，斯诺又以一种欣赏的态度饶有兴味地研究了威尔斯。参见 *The Two Cultures* (Cambridge University Press, 1993), pp. xxiii-xxv，科林尼的导读，以及 Snow, *Variety of Men* (London: Macmillan, 1967), pp. 63-85。

[56]　J. D. Bernal, *World Without War* (London: Routledge and Paul, 1958); Peter Worsley, "Imperial Retreat," in *Out of Apathy*, ed. E. P. Thompson (London: New Left Books, 1960), pp. 139-140。

[57]　Mary Jo Nye, *Blackett: Physics, War and Politics in the Twentieth Century* (Cambridge, Mass.: Harvard University Press, 2004).

[58]　P. M. S. Blackett, "Technology and World Advancement," *Advancement of Science*, September 1957, pp. 3-11, 重刊于 *Listener* (5 September 1957)、*Discovery* (September 1957)、*Nature* (7 September 1957)、*Science and Culture* (October 1957)，以及 *Bulletin of the Atomic Scientists* (November 1957);《经济学人》(1957年9月7日号)、《观察者》(1957年9月8日号) 也讨论了此文。

[59]　贾瓦哈拉尔·尼赫鲁于 1968 年发表纪念演讲，出版为 "Science and Technology in an Unequal World," *Jawaharlal Memorial Lectures, 1967-1972* (Bombay: Bharatiya Vidya Bhavan, 1973); 甘地于 1969 年发表题为纪念演讲，出版为 *Reflections on Science and Technology in Developing Countries* (Nairobi: East African Publishing House, 1969); 瑞德讲座于 1969 年在剑桥举办，出版为 *The Gap Widens* (Cambridge University Press, 1970)。

[60]　W. W. Rostow, *The Stages of Economic Growth: A Non-Communist Manifesto* (Cambridge

University Press, 1960).

[61] 吉尔曼（Gilman）强调，罗斯托与马克思主义的接触比简单的对立更为复杂：*Mandarins of the Future*, pp. 199–202。关于美国的现代化理论，参见 Howard Brick, *Age of Contradiction: American Thought and Culture in the 1960s* (Ithaca: Cornell University Press, 1998), pp. 44–65。在《专家的胜利》一书中，霍奇把英国和美国分开，而且根据英国的情况来重新书写帝国历史。有关"发展"范式兴衰的历史叙述，包括对这一主题的史学文献的征引，参阅 Barbara Weinstein, "Developing Inequality," *American Historical Review* 113 (February 2008), pp. 3–9。

[62] Hodge, *Triumph of the Expert*, p. 266.

[63] 1997 年，ICTP 被重新命名为阿卜杜勒·萨拉姆国际理论物理中心。关于萨拉姆，包括他与斯诺的关系，参阅 Alexis de Greiff, "The International Centre for Theoretical Physics, 1960–1979: Ideology and Practice in a United Nations Institution for Scientific Cooperation and Third World Development," unpublished PhD thesis, University of London (2001); T. W. B. Kibble, "Salam, Muhammad Abdus (1926–1996)," *Oxford Dictionary of National Biography* (Oxford University Press, 2004)。

[64] Salam, "Technology and Pakistan's Attack on Poverty"，在 1961 年达卡举办的巴基斯坦科学大会上的发言，HRC: Snow 177.8。

[65] Snow, *The Two Cultures*, p. 45.

[66] Snow, "Speech to the House of Lords", 18 June 1968, *Parliamentary Debates*, Lords, 5th ser., vol. 293 (11 June 1968–28 June 1968), cols. 539–548.

[67] 关于晚期殖民和后殖民发展计划之间的人员和思想上的连续性，参见霍奇的《专家的胜利》第 254—276 页。詹姆斯·弗农在《饥饿：现代史》中提出了一个相关的观点，参见 *A Modern History* (Cambridge, Mass.: Harvard University Press, 2007), pp. 272–273。

[68] Leavis, *Two Cultures?*, p. 25.（着重系本书作者所加。）

[69] Snow, *The Two Cultures*, p. 47（着重系原书所加）；F. R. Leavis, *Nor Shall My Sword: Discourses on Pluralism, Compassion and Social Hope* (London: Chatto and Windus, 1972); John Osborne, *Look Back in Anger, A Play in Three Acts* (London: Faber and Faber, 1957)，转引自 David Edgar, "Stalking Out," *London Review of Books*, 20 July 2006, p. 10。

[70] 在瑞德讲座中，斯诺呼吁更多"来自这个国家和美国的科学教师，此外，英语教师也是必需的……"：《两种文化》，第 46 页。利维斯在"Pluralism, Compassion and Social Hope"一文中进行了回应，见 *Nor Shall My Sword*, quotation p. 186。关于他们 1970 年论争的进一步讨论，见第 7 章。

[71] Snow, *The Two Cultures: and A Second Look*, p. 89; Leavis, *Nor Shall My Sword*, pp. 190–191.

[72] C. H. Waddington, "Humanists and Scientists: A Last Comment on C. P. Snow," *Encounter*, January 1960, p. 72. 大卫·里斯曼赞同斯诺在 "The Whole Man" 中提出的发展维度, 见于 *Encounter*, August 1959, pp. 70–71。

[73] Plumb, "Letters," p. 396.

[74] Leavis, *Nor Shall My Sword*, p. 179.

[75] 同上, pp. 179–181。

[76] 同上, pp. 169, 190–191。

[77] Aurelio Peccei, 转引自 Willem L. Oltmans, ed., *On Growth: The Crisis of Exploding Population and Resource Depletion* (New York: G. P. Putnam's Sons, 1974), p. 474。

[78] Hodge, *Triumph of the Expert*, p. 270. 另参阅 Holger Nehring, "The Growth of Social Movements," in *A Companion to Contemporary Britain, 1939–2000*, ed. Paul Addison and Harriet Jones, pp. 395–397。

[79] Weinstein, "Developing Inequality," pp. 3–4.

[80] Neil Roberts, "'Leavisite' Cambridge in the 1960s," in *F. R. Leavis: Essays and Documents*, ed. Ian MacKillop and Richard Storer (Sheffield Academic Press, 1995), p. 268.

[81] "Lord Byers to Snow", 12 February 1969; "Snow to Byers", 14 February 1969, HRC: Snow 224.7.

[82] E. F. Schumacher, *Small is Beautiful: Economics as if People Mattered* (New York: Harper and Row, 1973), pp. 80–82. 关于舒马赫, 以及英国环保主义的起源, 请参见 Meredith Veldman, *Fantasy, the Bomb, and the Greening of Britain: Romantic Protest, 1945–1980* (Cambridge University Press, 1994)。关于美国语境中 "现代性" 和发展理论的批评的产生, 见 Brick, Age of Contradiction, pp. 58–65; Weinstein, "Developing Inequality," pp. 3–9. 吉尔曼认为现代化理论命运的转变及支撑这一转变的理论假设主要出现在 1965 年到 1975 年间。他写道: "20 世纪 70 年代初, 现代化理论几乎遭到了四面八方的攻击。"(Gilman, *Mandarins of the Future*, p. 205; 有关转变与增长之间的比较, 参见 p. 251)。大都市关于科学、技术和发展的观念的转变是他论述的焦点, 但现实社会发生的事件对发展理论家所设立的前提和描绘的前景提出了挑战: 例如, J. S. Hogendorn and K. M. Scott, "The East African Groundnut Scheme: Lessons of a Large-Scale Agricultural Failure," *African Economic History* (1981), pp. 81–115. 关于花生的计划在以下地方亦有讨论: Hodge, *Triumph of the Expert*, pp. 209–214。

[83]　Keith Tribe, "Bauer, Peter Thomas, Baron Bauer (1915–2002)," *Oxford Dictionary of National Biography* (Oxford University Press, 2006). P. T. Bauer, *Dissent on Development: Studies and Debates in Development Economics* (London: Weidenfeld & Nicolson, 1971).

[84]　F. R. Leavis, *Thought, Words and Creativity: Art and Thought in Lawrence* (New York: Oxford University Press, 1976), p. 147.

[85]　Stanislav Andreski, *The African Predicament: A Study in the Pathology of Modernisation* (London: Michael Joseph, 1968). 利维斯在 *Nor Shall My Sword,*（p. 191）中对其大加赞赏。

[86]　Andreski, *Social Sciences as Sorcery* (London: Deutsch, 1972); Leavis, *The Living Principle: "English" as a Discipline of Thought* (London: Chatto and Windus, 1975), pp. 25–26.

[87]　Leavis, *Two Cultures?*, p. 25.（着重系本书作者所加。）

[88]　Snow, "The State of Siege," in *Public Affairs*, pp. 199–221.

[89]　计划写作的部分被命名为"立足之地"。Snow to Maclean, 28 October 1970, HRC: Snow 143.14. 斯诺的确写了一个简短的后记，并在其中表达了自己的绝望。谈到未来时，他说他预计"困难将是长期的，期间虽不会出现大规模的饥荒，但偶尔的饥荒还是会出现，虽不会有大规模的战争，但还是会有动荡。为了避免情况变得更糟，人们需要更多的远见和更强的意志力"（p. 224）。最后，他把希望寄托在了下一代人身上。他对下一代人的描述几乎和他在《两种文化》中描绘的科学家形象一样。在他看来，他们会超越种族和民族的偏见，但将面临几乎不可逾越的经济和政治困难。

[90]　W. L. Webb, "New Year's New Reading II," *Guardian*, 13 January 1972.

[91]　Richard Hoggart, "Persuaded into Words," *Guardian*, 26 August 1976.

第 7 章 精英统治时代的消逝

来自平等的威胁

1970 年的春天,斯诺终于迎来了公开反驳的机会。利维斯此时着手于一组"高阶评论"的创作,即一系列讲座,谴责困扰当前教育讨论的民主原则,认为这些原则有百害而无一益。他经常将普及大众教育类比于让计算机撰写诗歌:在他看来,两者都源于功利主义思维,而功利主义思维本身就是问题所在,他将这种思维定名为"技术－边沁主义"。[1] 很快,《泰晤士报文学增刊》刊登了一篇这样的讲稿,其中包括几处对斯诺的批评。该杂志编辑阿瑟·克鲁克(Arthur Crook)私底下敦促斯诺做出回应。[2] 对于利维斯的抨击,斯诺虽然一直以来表现得极为克制,从未正面回应,却实则倍感恼火。现在,他终于发现了一个无法抗拒的机会:利维斯曾说过,其他评论家认为狄更斯只不过提供了颇具"娱乐价值"的小说,而事实上这样的评论就出自利维斯自己的著作《伟大的传统》。[3] 在他最后一次关于"两种文化"的重要论述中,斯诺着手在历史事实、文学解释和职业道德等问题上向他的对手发起反击。

不过，他写作的这篇《利维斯和一种严重情形》("The Case of Leavis and the Serious Case")与 1959 年所写文章侧重点截然不同。[4]《两种文化》中的精彩内容——科学家和人文学者之间的彼此不理解、他们对工业革命截然不同的评价及在全球工业化必要性问题上的分歧，等等，在此文中均无涉及。现在，斯诺把"两种文化"之间的区别简化为科学的进步性和人文学科的静态性之间的差异，但在更多时候，他根本没谈到"两种文化"。文章开头部分的结论是赞同真理而不是道德相对主义，而正文的大部分都在为培养精英的必要性辩护。十年前，斯诺在《两种文化》(1959)、《再议两种文化》(1963)中宣称相对于其文学同行而言，科学家在思想上是左倾的，他们反对种族偏见、同情穷人。利维斯则用他反现代的批判回应了斯诺的论点，他反对教育民主化的呼声，坚持认为应当培养一个重要的少数群体。到 1970 年，斯诺和利维斯都没有放弃这些立场，但随着环境的变化，他们的论点都呈现出了不同的面貌：出于对穷人的关注，斯诺转向为精英阶层辩护，认为是精英们养活了穷人；利维斯对"现代文明"唯物主义倾向的抨击则为他赢得了不受待见的盟友——来自文化和政治左派的支持者。

这些不断变化的盟友为我们探索在"六十年代"（这是一个为了方便起见的称谓，指的是一直延续至 70 年代的一系列发展形势）巨大社会变动中出现的一个断层提供了机会。20 世纪 60 年代和 70 年代是一个重要的历史时期，而"六十年代"又是一种运动，其意义扑朔迷离，诸多相关历史研究仍在进行中。[5]20 世纪的一个显著特点是，对于那些碰巧生活在富足西方世界的人而言，实现经济和社会平等可以视为一个务实的计划。这种状况是由多种动机（左派认为是社会主义思想的成熟；右派认为是缓和社会动荡的需要）和手段(一个有能力在全国范围内重新分配财富的国家)共同促成的。[6] 这些动机和手段之间的交汇在"六十年代"达到了高潮，当时开展的一些运动向"不平等是无法根除的"一说发起了挑战。这些挑战反过来又激起了一些回应，这些回应在这个世纪余下的时间里对政治文化产生了深远的影响：在右派方面，以市场竞争理念的形式出现的修正理论重新解释了社会不平等现象；在左派方面，注意力从唯物主义分析转向了文化批判。如果说可以将"六十年代"理解为遭受平等理念威胁的时期（或者至少可以说平等理念被视为提出了某种威胁），那么左派的策略是试图解释问题究竟出在了哪里，而右派则试图确保这种情况不再发生。

上述有关"六十年代"的思想洗牌的阐述比较抽象，我们可以通过考查特定个人在特定时间对特定问题做出的反应来加以详细说明。正如我们所了解的，尽管斯诺和利维斯有诸多不同之处，但他们都致力于建立一个流动的社会等级制（fluid social hierarchy）。他们希望打破世袭的等级制，取而代之以才能的等级制——而不是一个人人平等的社会。由于认为不平等是固有且不可避免的，他们都赞同教育应该认可并发展(而不是否认)人与人之间天赋禀性的差异。然而，在 20 世纪 60 年代和 70 年代，这种精英体制的理念似乎遭到了来自平等主义理念的威胁。后者正推动着全面化教育和大学的扩张。斯诺和利维斯以他们的精英论辩回应了这一挑战，两人均坚持认为社会等级制度是不可避免的，并坚决捍卫维系等级制度的社会体制，但两人的论辩将他们各自引上了不同的道路。当争论的尘埃落定，政治领域被市场理念而非精英理念主导时，斯诺和利维斯蓦然发现身边出现了一些令他们自身都深感诧异的新盟友。[7]

理性的沉睡

斯诺对科学实践提出了一种高度道德主义的观点。20世纪30年代在剑桥大学的经历，以及后来在战争期间招募科学家的经历，使他有机会接触到众多科学家。[8]在此期间，他收集了大量非正式的调研资料，内容包括科学家对阶级、国家和种族观念的厌恶，以及他们作为丈夫和父亲的优良品质和优异表现（斯诺在考察科学家群体时，直接忽略了"妻子和母亲"这一群体，由此，我们不需要借助科学社会学便可窥见本世纪中叶"科学家"这一职业的性别定位）[9]。斯诺认为，科学家因训练有素而变得诚实可靠、因本能的追求而崇尚进步。"在科学活动的核心内嵌着一个道德的组件，"他声称，"寻找真相的渴望本身就是一种道德冲动……对于在这种环境中成长的科学家来说，一切就像呼吸一样自然。"[10]真理的确定性迫使人诚实，对真理的探索促进了合作，两者的结合产生了一种其他职业无法匹敌的道德倾向——这一特征使得斯诺将科学与左派联系起来，尤其是在《两种文化》一书中。

斯诺对科学与左派之间特定联系的看法源于他本人1930年至1960年间的经历。他认为，任何这种联系都不是科学实践与进步政治之间的必然联系，而是这一特定时期的政治语境使然。众所周知，20世纪30年代，科学界左派在剑桥大学颇负盛名。[11]科学机构、科学工作者和很多人一起，在战争中获得了反法西斯的称号，之后英国一些最著名的知识分子，如伯纳尔和布莱克特，在实验室和在左翼阵营里感到同样自在。伯纳尔是马克思主义者，布莱克特则不是，他们能在实验室和平共处这一事实表明：这一时期左派在科学、技术和工业的价值上达成了普遍共识——这一信条在1963年工党与科学结盟时得到了高度的肯定。当然，斯诺认定科学家和左派之间存在着必然的亲缘关系，这可能有浪漫化之嫌，尤其是考虑到科学、军事和国家之间存在的密切联系，但他提到的"在本世纪中叶，左派普遍赞成由科学、技术和工业相结合所带来的经济和历史发展"这一结论大体是正确的。[12]

斯诺本人触及了战后左派政治中的诸多裂痕。他深知科学事业能为一个非特权出身的天才儿童带来经济、社会和专业机会，他很快将此归功于科学（而非专业机会的拓展）。[13]他坚信国家应当开放渠道，广撒大网，挖掘人才——这一立场促使他借用民主的语言进行表述，但实际上，他的立场最终是服务于精英管理制的。[14]例如，他一贯倡导妇女教育：并不一定是因为致力于妇女解放，而是因为他希望看到英国最大限度地发挥妇女群体的才能。[15]他指出自己是一个自由主义者，但总是投票给工党；他偶尔称自己为社会主义者，但从不支持社会主义制度。[16]简而言之，尽管斯诺的言论和姿态偶尔令人联想到激进左派，但他信仰的是流动的社会等级制度及其相关配套体制。斯诺认为科学是一个可以大施拳脚的领域，因为它的运作方式符合这些原则。

然而，在20世纪60年代，左翼的潜在分歧日益加剧。从1945年起，实行自由派大佬们的政策的社会主义政府获得了广泛的同盟者。50年代后期开始，新左派对英国制度展开了激烈的批判，与此同时，日益变化的人口结构也给这些制度施加了压力。1944年的《教育法案》颁布之后，符合高等教育条件的学生人数激增，而综合性学校计划则重新点燃了一直备受争议的中等教育主题。受教育机会的扩大使更多体力劳动者的子女进入职业领域，在职业领域，阶级差异既不等同于职业等级，也不会在职业等级面前消失。20世纪60年代，最能改变英国社会的两大趋势势头强劲：联邦移民和妇女平等。所有这些都是在两极分化（且伴随核武器化）的冷战格局和越南战争——一场英国随时可能加入的战争——的背景之下展开的。虽然不应夸大60年代之前存在的"共识"，但我们仍然可以认为，这些发展势头向在此之前那些未言明的预设和并不牢固的联盟施加了巨大的压力。

发表瑞德演讲时，斯诺一边公开谈论着民族国家的问题，一边私下为工党建言献策，也就是说，他一如既往地参与着政治活动。此时已经出现了一些将对他的立场发出考验的问题。核裁军运动（CND）始于1958年，但每当其代表联系斯诺要求他发言或签名时（他们经常这样做），斯诺都会礼貌地拒绝。[17] 与此同时，新左派正在复兴一场运动，该运动曾在国内失利，在国际范围内也遭遇了幻灭。斯诺从一开始就对这个所谓的新左派持谨慎态度，他向雷蒙德·威廉斯转达了对他们政治观点的疑虑。[18] 于斯诺而言，全国民主联盟和新左派代表了运动型政治和社会批评,他对这两件事均无甚耐心。于是,他着手写作《权力的走廊》(1964),以此探讨并传达一种他认为更现实、更负责任的政治变革方式。与此同时,他不知疲倦地就现代社会的益处撰写文章、发表演说。[19] 简而言之,斯诺不想质疑现代社会,他想进一步拓展现代社会,这一立场促使他坚决反对正在兴起的激进政治。

除了对运动型政治的敌意,斯诺还发自内心地厌恶所有质疑礼仪和习俗的做法。斯诺这一代人不懂地方口音,他们丢失了地方口音,这便是他所处的中部地区口音的命运。对于刘易斯·艾略特而言,情况亦是如此。"除了像沃尔特·卢克(Walter Luke)这样古怪的科学家,"艾略特说,"我们的先辈在进入职业生涯时,往往试图让自己听起来像是权威阶层。"这是一个半无意识的过程,与政治无关。"[20] 20 世纪 30 年代,和蔼可亲的斯诺在剑桥大学磨练出了他在社交方面的天赋,这帮助他日后在社会和职业道路上步步高升。但在 50 年代,当金斯利·艾米斯的粗野作风被解读为一种政治声明时,斯诺大为光火。他私下里把埃米斯的"下层礼仪"和"上层政治"与他自己的上层礼仪和进步政治进行了对比;在他的小说中,他将埃米斯塑造成了莱斯特·因斯(Lester Ince)这一角色。因斯喜欢穿休闲服装,脏话连篇。在斯诺看来,这恰恰体现了他的非政治风格。[21] 有一次,艾略特提醒他的儿子注意越轨行为和进步政治之间的区别:"我提起了一句古老的格言:当年轻人反抗社会礼仪时,最终他们除了礼仪本身什么也反抗不了。"他的儿子对这句话置之不理,让艾略特颇为不安:"这些人真的是我们的继任者吗?他们有能力接手吗？"[22]

年轻激进分子的天真和社会对他们的纵容成为斯诺1968年至1972年期间小说的一个突出主题。"刘易斯·艾略特系列"小说倒数第二部的名字"理性的沉睡"（1968）就表达了他对这个时代的看法。[23]1963年至1965年间，在一个臭名昭著的事件中，有三个孩子在曼彻斯特（Manchester）附近的荒野遭遇杀害。1966年，斯诺和帕梅拉·约翰逊出席了被告的审判。[24]约翰逊很快写出了《论罪孽：荒野谋杀案审判中的一些个人思考》（*On Iniquity: Some Personal Reflections Arising out of the Moors Murder Trial*，1967），书中充满了对"一个日益宽容的社会"的焦虑，这个社会"就像一摊腐烂的堆肥，丑陋的杂草可以在其中茁壮成长"。[25]约翰逊将色情与法西斯主义联系起来，从大量的性和暴力事件中，她认为她发现了在之前导向了奥斯维辛集中营的趋势。[26]她坚称，变态的性行为、被美化的文盲及对宗教的漠视共同造就了这些时代的怪物。《时代》（*Time*）杂志可能刚刚为"摇摆的伦敦"（Swinging London）摇旗呐喊，约翰逊却担心英国城市目前的气氛"可能会对我们的社会健康造成严重的危害"。[27]她认为，战后的英国开始变得像魏玛时期的德国，事态如此令人沮丧，怎么形容都不为过。"好吧，"她写道，"那之后出现了什么呢？希特勒！"[28]约翰逊的书充满了对犯罪的遗传基础、前卫美学与道德沦丧之间关系的思考，以及对痴迷于平等主义的左派的失望之情。这些也正是她的丈夫深为忧心的问题。[29]

作为对荒野事件审判的回应，斯诺撰写了小说《理性的沉睡》，通过两个女同性恋因谋杀一个小男孩而受审的故事，探究了这一事件的意义。斯诺认为，凶手的行为可能是不理智的，但也并非无法解释。他将自己笔下的人物描绘成一种极端自由主义信条的体现，这种信条主张个人行为不应受到社会规范的约束。斯诺将这种观念与社会对个人的纵容联系在一起。书中的恶棍被塑造为女同性恋的形象，看似毫无道理，却与斯诺早期将科学和科学家描绘成异性恋和男性化的形象是一致的（见第1章）。对他而言，异性恋和男性阳刚之气构成了规范的界限，而超出这些界限就是背离理性本身。斯诺之前曾说过，文学知识分子在培育反社会风气时拒绝了理性，由此将众人引向奥斯维辛集中营，而如今他宣称，当这些恶棍人物信奉的自由主义信条引导他们放弃社会约束和规范时，他们亦是在走向奥斯维辛集中营。斯诺想将逃避理性的行为污名化，在他看来，逃避理性正是当下时代的特点。也正是为了表明这一点，他将他的人物设定为女同性恋者——存在于"正常"行为界限之外的一群人。小说的次要情节围绕着一所新建大学的副校长维护学术标准的艰难努力而展开，在此过程中，他孤身奋战，对抗着来自教职员和学生的双重压力。其中一位被告上法庭的是该校的一名学生。引言部分，弗朗西斯科·戈雅（Francisco Goya）的题词将如此种种串联起来，呈现出斯诺本人的观点："理性的沉睡会孕育怪物。"

斯诺意识到自己在莱斯特时也是一个不安分的年轻人，现在家中还有个十几岁的儿子，也颇具才华。因此，斯诺对年轻人本无敌意——事实上，他在接下来的两部小说中用饱含同情的笔触刻画了一群怀抱理想主义的年轻人。[30] 但他迫切希望下一代能够摒弃他眼中虚无的激进主义，转而拥抱他崇尚的实用主义政治。不过，总体而言，斯诺在为年轻人的活力和理想主义喝彩之时，也像许多处于不确定时代的特定年龄的人一样，无法压抑自身对年轻人带来的文化变革的焦虑与不安。

精英的卓越才能

虽然斯诺对这些趋势十分不安，但它们并没有给他带来任何心理上的危机。他认为核裁军运动并未产生效果，新左派仍然是边缘化的，愤怒的年轻一代属于反动的，虚无主义是非理性的，而年轻的激进分子也是不成熟的。所有这些发展趋势在他看来都如同令人恼火的作秀或杂耍，就像刘易斯·艾略特对托尔金（J. R. R. Tolkien）的作品所作的评论那样：梦想家的奇异念头和幻想，也许能莫名地激起激情，但终归没有意义。[31] 了解世界是如何运转的，并努力让世界变得更好，是斯诺作为一个小说家、管理者和公众人物的信条——正如他所解释的那样，"如果你想有朝一日让世界运转得更好的话，你必须先了解这个世界究竟是如何运转的"[32]。这一信条隐含着斯诺最珍视的原则：这个世界上**有些人**是能够理解世界如何运转的，而这些人有责任和义务让世界变得更好。这一观点的基础是人类天然的差异，而斯诺也一贯主张对现有机构进行改革，以便更好地发现和利用人才。尽管知识分子和小说家们各抒己见、莫衷一是，这一观念也是不可动摇的，唯有一个原则让斯诺觉得既无法调和又不能忽视，那便是"平等"。

在斯诺生命的最后十五年里——即从1965年他在上议院遭到攻击到1980年在伦敦去世——没有什么比捍卫等级制更能激发斯诺

的兴趣了。这并不是说斯诺反对旨在使大多数人的生活更为平等的实际措施——相反，他一直都致力于在英国和全世界创造社会机会、减少贫困。困扰斯诺的不是经济或社会平等的**事实**，因为他不相信这一事实的存在；他抵制的是所谓平等的**原则**。在他看来，平等原则是对人与生俱来的差异的蓄意否认。他认识到，无论其背后的动机多么令人钦佩，也无论其目标多么不切实际，对平等主义的拥护已然威胁到了固有的关于卓越才能的理念。也就是说，斯诺之所以反对平等的原则，是因为该原则威胁到了他的精英世界观所赖以存在的基础假设——人与人之间的差异。

这种反对通常采取的形式便是证明各种类型精英的存在和其存在的必要性。其实这一思路并不新奇：自由主义者长期以来一直为此进行着辩护和抗争。早在1938年，斯诺就将他的系列小说描述为一项对人类发展中先天因素与后天环境因素的探讨。[33] 他并不是唯一的拥护社会不平等的人：正如导言中所提到的，战后几十年，英国社会和文化的特点便是对精英等级制的普遍认可。例如，在建立丘吉尔学院的提案中，对精英的需求被认为是理所当然的：丘吉尔学院的设立不是为了培养科学家（单个学院的贡献太小，无法在全国范围内产生影响），而是为了培养科学界的领导者。[34] 类似的思路在战后文化中反复出现，从戏剧节目到间谍小说，再到政治运动——毕竟，最能防止一个民族"自杀"的策略便是发现和培养各个领域的专家。[35] 简言之，斯诺认为一个繁荣昌盛的社会需要精英，这种想法无可厚非，绝无任何邪恶或神秘可言——相反，这是1945年后英国教育、政治和文化的一个基本预设。[36]

随着事态的发展，精英制及其预设遭遇了挑战，斯诺也相应地调整了自己的论点。《两种文化》表明，英国教育过分倾向于培养极少数的精英，而迟至1963年，斯诺开始考虑扩大教育的必要性。[37] 可以肯定的是，此时的斯诺是认可精英存在的必要性的，而他主张扩大教育，是因为他认为此举并不会威胁到这一原则。随后的事态发展并未改变他对大众教育必要性的认识，但它们迫使他重新斟酌自己的优先事项和论点。他开始因平等主义的理念威胁到精英制而深陷焦虑。1965年在上议院的那次关于送儿子去伊顿公学的争论可谓醍醐灌顶，很显然，他的社会民主理念与工党的平等理念互不相容。[38] 在为精英制的预设辩护时，斯诺指出了成就差异源于环境差异这一论断中的双重威胁。在接下来的讨论中，他同时阐述了两方面论点：坚持精英制的必要性，并质疑"不平等是由环境因素造成的"这一观念。

教育领域成了争论的主战场。斯诺坚持认为高校应致力于发现和培养有才华的学生，这似乎违背了大众教育的初衷。然而在斯诺看来，认为学生都有着相同的起点显然是错误的，而教育理应发展而非否定每个人不同的禀赋。"在传递基因时，"他认为，"上帝或命运会给每个人一手牌：教育所能做的便是教人正确地玩好它。"[39] 1966年12月，斯诺在上议院发表讲话，将英国"人才外流"的原因归结为不愿认可精英。他同时提议建立"精英中心"（centers of excellence）来应对这场危机。当诺埃尔·安南对这一建议提出质疑时，斯诺向其保证自己支持平等，但又忍不住加上了一句："我确实愈发觉得，我们决不能允许这种（平均主义）破坏我们对真正美好事物的判断力（原文如此），也不能允许它破坏我们闻名世界的制度体系（当然，这种世界声誉也有历史机遇的因素）。"[40] 有时，斯诺似乎认为对精英的尊重和认可是万能的。比如他向一个政府委员会提议说，建立一个更全面、更综合的公务员制度的最好办法是建立一个更精英化的公务员制度，这与人们的直觉恰恰相反。他解释说，任何拥有二等学位的人实际上都可以成为一名称职的行政人员，但由于各种原因，这些人并不渴望担任公务员职务。因此，招募他们的最佳方式是建立一个精英高管阶层，从而使这个职业整体上更具吸引力。[41]

斯诺抓住每一个机会为关于卓越才能的理念抗争。在为《泰晤士报文学增刊》评估新文学时，他向有抱负的小说家提出，精英之于当代社会的意义就如同阶级之于维多利亚时代的意义一样。也就是说，它们绝非任何邪恶或诡诈的东西，而是一个不可避免的社会现实，因此值得小说家们关注。[42] 作为得克萨斯大学（University of Texas）英国研究项目的创始成员，斯诺就三个主题发表了演讲：《两种文化》、《院长》以及"英国的精英教育"。[43] 就在去世前两年，他在丘吉尔学院面向苏格拉底学会（the Socratic Society）发表了关于精英主义的演讲。[44] 事实上，在整个20世纪70年代，在斯诺为《金融时报》（Financial Times）撰写的评论中，为精英辩护是一个主旋律：任何贬低"政界要员"或"精英主义"的作者都会受到斯诺毫不留情的攻击。[45] 再举一个例子。如前所述，1970年，斯诺将精英理论加入其关于"两种文化"的论辩中，从而引起了莱昂内尔·罗宾斯的回应。罗宾斯同意斯诺的观点，认为有必要在研究生教育领域强调卓越才能的重要性，但他坦承自己对初级教育领域"按能力区分学生"这一做法持有怀疑。斯诺重申了对天才儿童进行特殊教育的观点,然后透露了自己更深层次的动机。"真正的原因更复杂,"他向罗宾斯坦言,"我觉得我们必须进行一场艰苦卓绝的斗争,才能让人们继续认可学术上的卓越性本身的重要意义。"[46] **卓越性本身**,正是对不平等原则的捍卫激发了斯诺的灵感。这些确实是根本性的区别,毕竟,安南和罗宾斯都不是狂热的左派,但事实证明,即使是自由派人士,其思想也可能比斯诺更左倾。

本质上的不平等

斯诺立场的第二个方面促使他挑战这样一个观念,即不平等是由环境因素而非先天因素造成的。此方面的努力将斯诺引向了出人意料的方向。在《两种文化》及相关的陈述中,斯诺解释说,科学家最显著的特征之一是对国家和种族这类身份概念不以为然。由于科学家从事的是国际事业,他们的视野超越了那些从事地方性工作的人。由此,他断言,科学家们深信两点:一,他们在亚洲和非洲的同行和他们一样有能力;二,亚洲和非洲国家肯定会发展他们的经济。他接着说道,由于科学家们认识到不同国家和种族的人在潜能上是平等的,因此他们欣然地接受了目前的状况——不仅如此,科学家们的进步倾向和同理心促使他们渴望推动国际发展。

斯诺从未放弃他在种族平等问题上的立场,但是通过不断调整完善他的论点,渐渐的,他钦佩科学与其说是因为科学支持平等,不如说是因为它能证实**不平等**。遗传学成了这场讨论的关键领域。

斯诺曾受过物理化学的训练，他对物理学也痴迷已久，但在遗传学方面并没有任何专业知识积淀。然而及至20世纪70年代，他在评论和演讲中频频提及遗传学，其频率不亚于化学或物理学。[47] 与探讨这些问题的其他思想家不同的是，斯诺从未声称某个特定种族群体是弱势的，相反，他更喜欢通过指出犹太人的智力成就来阐明自己的观点，这一点令人钦佩。[48] 然而，这种逻辑隐含着令人不快的推论：倘若成功可以用先天的遗传因素来解释的话，那么失败也该如此。但斯诺没有进一步发展这样的论点。考虑到他在整个职业生涯中对种族问题所做的陈述，他肯定会拒绝这些说法。他的目的不是要抬高或诋毁任何特定的群体，而是要肯定某些东西的存在，这些东西有助于一个人取得成就，**却不受环境的影响**。然而，斯诺很快就发现，将遗传学与精英体制相结合的做法很容易引起争议。

1969年，斯诺在接受希伯来联合学院（Hebrew Union College）荣誉博士学位时发表了一场演说。在该演说中，斯诺就种族基因库提出了一系列观点。据他推测，种族基因库或许可以解释犹太人的智力成就，他还指出，在决定一个人达成的成就方面，基因遗传的影响也许比环境或运气更胜一筹。[49] 斯诺在八年前就大胆地提出过有关环境与遗传的看法，但那时的他强调**环境**因素的决定性作用，同时告诫人们：**任何形式的种族思想都是在贬低人性**。[50] 然而到了1969年，他的工作重心发生了变化，于是在希伯来联合学院的演讲中，他的观点变成了"遗传比环境因素更能决定成就"。回到英国后，工党政府的教育和环境部长立即谴责了这位工党同道的说法，认为其观点与政府教育政策的原则相抵触。这一回应引发了一场激烈的争论，包括《旁观者》上的两篇专栏文章和一系列信件。[51]斯诺介入了这场争论，表示生物遗传学如今备受争议，正如一个世纪前达尔文受到争议那样。他在即将到来的战斗中把他的批评者塑造成了威尔伯福斯主教那样的不幸角色。指控不断升级，而且就像此类公开辩论中经常出现的情况一样，对终极修辞武器的争夺开始了。随后一封来自耶路撒冷的以色列·沙哈克（Israel Shahak）的信件恰如其分地将斯诺与纳粹联系在一起（斯诺可能意识到自己在这次争辩中输了，没有回信）。另一位作家在最后的评论中指出了这些辩论中存在的一种失衡："当科学家试图证明在决定可衡量的智力方面环境比遗传更重要，自由主义者认为这是可以接受的，但如果论证结果相反，事情就变得不可接受了。"[52]斯诺原本应该会同意这一点，但他未曾这么说。

打破等级

事态的发展从根本上挑战了斯诺的世界观。斯诺与不同阶层和群体似乎都产生了隔阂，包括工党、左翼知识分子、工人阶级、同性恋权利倡导者，甚至整个文化——虽然原因各异，方式不同。[53]和他的朋友普拉姆一样，斯诺也常常被激进的理想主义者和易怒的知识分子惹恼：这些人谴责现代社会的"结构"，却未能意识到这是迄今已然出现的最好的社会。[54] 20世纪60年代末，斯诺开始抱怨所谓的"自由一揽子协议"（liberal package deal），意指那些崇尚自由人士毫无保留地支持的一系列措施。他最初用这个词来指代对综合教育的支持，但随着时间的推移，"自由一揽子协议"逐渐囊括了教育配额、废除审查法、禁止谈论遗传学，以及"社会弊病根植于环境"的信念。[55]

斯诺仍然是工党的一员，但1976年，这一终身的政治立场也遭遇了考验。那一年，政府通过了《1976年教育法案》（the 1976 Education Act），迫使地方教育当局提交计划，按照综合路线重组中学。[56] 当年10月[距离英国首相詹姆斯·卡拉汉在罗斯金学院（Ruskin College）的重要演讲不到两周的时间]，一场关于政府在教育中的角色的辩论在全国范围内展开。当时，斯诺给教育和科学部长雪莉·威廉斯写了一封激情满满的信。[57] 斯诺解释说，他是为自己写的，也是"为那些努力成为社会民主主义者，同时又从事着某种知识性或创意活动的人所写……这些人一辈子只投过工党的票，但如今，他们对政府的教育政策深感震惊"。他说，他是为艾里斯·默多克（Iris Murdoch）、J. B. 普里斯特利（J. B. Priestley）和他自己这样的人在说话，所有这些人都相信精英的存在及其必要性。斯诺坚称："精英应该得到培养，得到社会的尊重。""所有现行的政策都显示，政治理念正在向相反的方向强化。"含蓄地威胁要在投票箱前叛变之后，斯诺进一步加大了火力：他提醒威廉斯，英国已经签署了《人权宣言》（the Declaration of Human Rights），为了保护宗教教育，该宣言保证了公民在国家制度之外受教育的权利。他指出，"独立教育将继续存在"，并补充道，"它还将进一步加强"。他坚持认为，想让孩子接受高质量教育的专业人士并非自私——事实上，他解释说，他们已经设立了奖学金，这样其他孩子也能够进入这些精英私立学校。"这是专业人士应响应的号召",斯诺带着浓厚的阶级自豪感宣称。他最后承认,奖学金的推广将是循序渐进的,但这是他唯一可以支持的一种教育改革:在扩大入学机会的同时,继续崇尚卓越。

斯诺走的是这一时期许多自由主义者的路线,也即在美国语境中被称为"新保守主义"的右倾路线。[58]"新保守主义者"是自由知识分子,他们在20世纪60年代拒绝激进主义,后来在70年代改变了他们的政治方向,并于80年代拥抱了罗纳德·里根。[59]1966年,《评论》杂志编辑诺曼·波德霍雷茨开始关注到新左派的反美主义,并在1970年宣布《评论》从此将反对激进运动。正如历史学家霍华德·布里克(Howard Brick)解释的那样,波德霍雷茨的宣言代表了"自由主义者和前激进分子的阵营开始动摇的最初迹象,首先是在文化事务上,几年后是在政治和经济事务上,然后逐步走向注定会在七十年代蓬勃发展的'新保守主义'"[60]。面对美国国内机构和国际政策所面临的挑战,新保守主义者认识到,他们的同情和忠诚是指向这些机构和政策的。因此,除了在国外推广美国理念的政策之外,他们还主张在国内保留现行的体制机构。在国际事务中,他们以理想主义者和鹰派的姿态出现:对国际机构持怀疑态度,对以色列的支持毫不动摇,对苏联的批评也毫不留情。他们被称为"保守派",这在一定程度上是一种误导,因为他们理想主义的、具有变革性的全球视野实则是一种强有力的自由主义(尽管他们不再像以前的同道者那样宽容和谨慎)。

新保守主义通常指的是一种美国现象,但它与斯诺的经历有着密切的关系,这一点很有启示意义。虽然斯诺远非冷战时期的鹰派人物，但他相信自己所处社会的美德和承诺，当他遇到采取更为批判性观点的激进分子时，他发现自己正逐步而坚定地向着右派靠拢。但是，斯诺和新保守主义者之间的联系不仅仅是思想上的亲近：斯诺和波德霍雷兹从 1958 年起就是朋友，斯诺还与欧文·克里斯托（Irving Kristol）通信。波德霍雷兹 1960 年成为《评论》的编辑后，继续和斯诺探讨政治和文化。波德霍雷兹还要求斯诺写一篇关于新左派的文章，而这是斯诺非常害怕写的。[61] 然而，"两种文化"的争论给他们的友谊施加了压力。波德霍雷兹告知斯诺，他拒绝了利维斯提出的在《评论》上发表他的里士满演讲稿的建议，但与此同时他向莱昂内尔·特里林索求了一篇文章，后来证明这篇批判性的文章颇具影响力。[62] 更糟糕的是，当波德霍雷兹给斯诺提供回应的空间时，他又觉得有必要说明他一直与剑桥自己过去的老师利维斯保持着友好的关系。[63] 这种背叛性的行为，再加上波德霍雷兹未能公开替斯诺出面干预，使得他们的友谊最终难以维系，因此在接下来的十几年里，斯诺和波德霍雷兹分道扬镳了。

然而，在斯诺生命的最后时刻，他再次与波德霍雷兹取得了联系。斯诺回顾了梅尔文·拉斯基（Melvin Lasky）1976 年为《金融时报》撰写的《乌托邦与革命》（*Utopia and Revolution*，1976），他将波德霍雷兹和《评论》视为右翼长期以来迫切需要的潜在思想基地。[64] 此后不久，他直截了当地写道："你一直以来努力塑造一种受人尊敬的新保守主义，而我也一直密切关注着。"斯诺继续写道，"对于其中的大部分内容……我深表赞同，事实上，我一直是这么说的"。[65] 他指出自己对平权行动（在英国并不存在）的反对，将此作为一个共识，但对波德霍雷兹激进的军事立场持保留态度。然后，在1980年2月，斯诺对波德霍雷兹的回忆录《打破等级》（Breaking Ranks）给予了好评。他称赞波德霍雷兹"才华横溢"，并将新保守主义的立场与右翼对福利国家的攻击严格区分开来，笔触饱含同情。尽管《打破等级》是以美国为背景写成的，但斯诺还是为英国读者总结出了一些经验教训："大多数英国读者会从《打破等级》中得到一些警示，尤其是从《评论》因反对'自由主义一揽子协议'的愚蠢条款而发起的运动中获得警醒。"[66]

斯诺于1980年7月1日去世，此时距他发表上述言论还不到五个月的时间。《观察者》刊登了他的讣告，标题恰如其分："精英政治的桂冠人物"。[67] 他的确名副其实：作为一名小说家、评论家和公众人物，斯诺终其一生都在倡导一个能够发现、培养和尊重人才的社会。他相信，这样一个社会不仅能使个人实现自身的能力，还能保证所有人都过上体面的生活。斯诺认为，工业社会代表了实现这一精英制愿景的最佳出路。然而，在他生命的最后十五年里，这种愿景遭到了无情的攻击，这让斯诺十分恼火。虽然我们不可能确切地知道，如果他还活着，他是否可能已经成为社会民主党（Social Democratic Party）的创始成员，但是不难想象，斯诺会和他来自莱斯特的老朋友普拉姆一起踏上最后的旅程——在80年代，踏上走向撒切尔主义的艰难征程。

向右撤退

如果说战后英国文化和政治史上的故事之一是新右翼的崛起，

那么另一个故事便是新左派的出现。这段历史的第一部分已经有了清楚的描述：它始于1956年社会主义知识分子从共产党中大量出走，接着是1960年《新左派评论》中北方活动家和以牛津为基地的年轻一代的结合，最后在以佩里·安德森（Perry Anderson）为首的理论倾向派发起的编辑部清洗运动中达到高潮。[68]这个故事听起来之所以令人满意，部分原因在于它既是离散的又是连贯的：它是马克思主义历史上的一个插曲，又有着明确的开始和结束。然而，从更广泛的意义上讲，它也是1945年以来左翼知识分子和政治人士的历史的一部分，这段历史既不那么离散，也不那么连贯。它不是一种对"兴衰"的刻画，而是对突变的描述，强调从唯物主义分析到文化批判的转变。这种转变对利维斯立场的命运产生了意外的影响。[69]

自1962年退休以来，利维斯取得了一系列令人瞩目的胜利。1963年，剑桥大学出版社重印了全套的《细察》（最后一期出版于十年前）；1965年，其作品被翻译成日语、意大利语和瑞典语；1966年，和妻子Q.D.利维斯访问了哈佛大学和康奈尔大学；1967年，在剑桥做了"克拉克讲座"。[70]在利维斯职业生涯的这一阶段（与之前的阶段很相似），他经历了一系列戏剧性的交锋。对这些冲突的叙述常常带有讽刺意味，其情节往往遵循以下两种剧本之一：利维斯可能会受到欢迎，对此，他的回应便是谴责他的崇拜者；他可能会发表激烈的谴责，而这将得到热情的欢迎。以他与约克大学的关系为例：利维斯认为大学扩张是在抹杀维系"生命"的标准的道路上更进一步，于是约克为他提供了一个教授职位。这种模式也有例外，比如遭受敌人恶意的回应（像斯诺那样），但大体上，围绕斯诺的种种关系是沿着这些线路发展的。虽然学者和参与者（通常以参与者－学者这样的身份出现）为这类情况的出现提供了心理学上的解释，但实际上它们都是20世纪60年代特有的产物，见证了各类联盟和对抗的风云变换。

利维斯与学生激进运动的关系可谓这一过程的又一佐证。在利维斯的整个职业生涯中，他把自己想象为一个**卓越**的反建制人物：20世纪20年代，内政部曾调查过他，因为他试图进口一份《尤利西斯》的复印版，这是他传奇故事的一部分。这一事件激发了一份本科杂志的灵感，该杂志设立了"利维斯色情文学奖"（Leavis Prize for Pornography）。[71] 利维斯夫妇将《细察》视为一项叛逆事业，利维斯也倾向于将自己的文学判断描述为对所谓公认观点的公然冒犯。在那个较为拘谨的年代，利维斯以他的开领衬衫闻名；当课堂权威成为社会权威时，利维斯便可以将学生视为平等的合作者。[72] 事实上，在20世纪60年代初他与英语系教师的斗争中，利维斯深知本科生肯定会支持他，而他也相信这种支持将赋予他一定的道德权威性。[73] 然而，在那个年代后期，当本科生们开始对大学提出抗议时，利维斯便不想再与他们有任何瓜葛。无论他对考试制度有多挑剔，他都反对学生们试图改革考试制度的努力；无论他有多憎恨学术建制，他都选择站在副校长一边反对学生领袖；无论他对当代社会有多厌恶，他都认为反主流文化更令人厌恶。[74] 诺曼·波德霍雷茨和雷蒙德·威廉斯都注意到了利维斯和学生激进分子之间的相似之处，但利维斯本人将这些学生视为标准和大学的敌人，并对他们予以谴责。[75]

利维斯从不缺乏谴责的对象，但退休后，他谴责的目标尤其之多，包括平均主义、民主、工会、移民、女性主义、马克思主义和性解放。

在政客中，他对哈罗德·威尔逊和爱德华·希思（Edward Heath）怀有同样的敌意；他以长篇大论抨击的建制派人物包括诺埃尔·安南、莱昂内尔·罗宾斯、亚历克斯·托德和普拉姆（除了斯诺之外）。晶体管收音机、宾果游戏厅、西班牙度假套餐都是他嘲笑的对象。他将"多元主义、同情和社会希望"解读为令人沮丧的萎靡不振的标语。[76] 利维斯认为，这些目标中的每一个都证明了优先事项的错位：平等主义将平等置于精英之上，民主将参与置于指导之上，工会将工资置于有意义的劳动之上，不一而足。利维斯认为，政治家们被限制到不能谈论重要问题的地步，因此他们只是口头上支持他们不可能持有的平等主义原则。与此同时，建制派人物（如安南和斯诺）重复着关于"多元主义"和"社会希望"的陈词滥调，对这些承诺之空洞浑然不觉。简言之，当利维斯考察20世纪60年代的社会、文化和政治场景时，他看到了一个远比走错轨道的社会更可怕的东西：这个社会走在错误轨道上的时间太长了，以至于它已无法认识到自己所处的困境。利维斯努力通过演讲、教学和写作等方式唤醒人们，让他们认识到既有观念对智力、辨别力和创造力所构成的威胁。

利维斯借助各种场合描述这种威胁，尤其是在剑桥英语学院。雷蒙德·威廉斯在这一时期占据了左翼知识分子的至高地位，从1961年起，他也是利维斯在剑桥大学英语学院的同事。威廉斯并不讳言自己从利维斯那里获得过启发，同时也承认两人截然不同的政治立场。种种迹象表明，两人之间有着一种冷淡却彬彬有礼的工作关系。[77] 但在私下，利维斯很快就开始和威廉斯保持距离。他极具洞察力地指出威廉斯的作品和他自己的作品之间存在的对立关系。

例如，如威廉斯所承认的，他在本科生中开展的关于小说的讲座让利维斯的《伟大的传统》一书遭到了持久的批评。[78]利维斯偶尔会明确指出威廉斯所代表的非主流观点。他评论说，在人们看来，威廉斯在教师中发挥了一种"马克思主义"的影响。[79]

敌意往往是相互的。在1968年的《新左派评论》中，佩里·安德森发表了一篇颇为眩目的文章——《民族文化的组成部分》（"Components of the National Culture"），这是一份关于英国学术学科的调查报告。[80]在这篇文章中，安德森探讨了一个在他看来普遍困扰着英国知识分子的问题，即批判性视角的缺失，而批判性视角在欧洲大陆是颇为盛行的。"英国社会的文化是围绕着一个子虚乌有的中心组织起来的，"他写道，"对自身的全面描述，既可以是古典社会学，也可以是民族马克思主义。"[81]这样一个核心的缺失造就了一个真空地带，于是，利维斯把他那自我标榜的文学批评推入了这个真空之中："这种主张当然是英国独有的——没有任何其他国家产生过这种自命不凡的批评学科。"[82]安德森接着说，在20世纪30年代，利维斯和《细察》已经击溃了庸俗的马克思主义，随后在利维斯替代性理论的刺激下，英国出现了为数不多的文化批评和社会主义理论著作——最著名的便是威廉斯的《文化与社会》（Culture and Society）（1958）和《长期革命》（The Long Revolution）（1961）。[83]安德森一方面承认了利维斯的成就，同时又认为这一成就本身便是一个需要超越的难题。[84]

随着旧的争吵卷土重来，新的对抗也出现了。利维斯认为19世纪的女权主义"与自然背道而驰"，但到了1976年，女权运动直接引起了他的愤怒。[85]在里士满演讲中,他嘲笑了"平等"的理想,并引用劳伦斯的话来说明,差异,而非平等,才是人性最基本的特征。利维斯引用了《恋爱中的女人》中伯金(Birkin)的话,"从抽象和数学的层面上来讲我们都是平等的,但在精神层面上,我们存在着纯粹的差异,所谓的平等和不平等其实都不重要"[86]。在1976年的一场辩论中(该辩论的时间点与斯诺反对综合教育的运动相一致,其观点也有相通之处),利维斯再次批评了女权主义,认为女权主义为了自身的平等理念而否认了自然差异的事实。[87]利维斯还引用了劳伦斯的另一句名言作为反击:"男人或女人,每一个都是一种液体,一种流动的生命。没有彼此,我们就不能流动,就像河流没有河岸就不能流动一样。女人是我生命之河的一岸,世界是另一岸。"他认为"追求平等的激情"只不过是"平等主义宗教"的产物,并指出任何一个正常运转的社会都需要各种各样的社会差异(例如,权力、权威和机会)。[88]利维斯称,女权主义试图否认这一现实:它"宣称……男女'平等',然而,**差异**才是根本事实"。[89]利维斯坚称这个问题"不是不平等或'弱势地位'的问题",而是"差异"这一自然的、不可避免的、必然的事实。[90]斯诺以培养个人才能和防止国家衰落为由,表达了他反平等主义的观点,而天生不讲究策略的利维斯则将他的矛头直指平等理念本身。

即使在利维斯退休后,对抗也从未停止。利维斯在他人生的最后二十年里遇到了许多令人不快的事情,从学生激进运动到马克思主义批判,再到女权主义的复兴。他以自己一贯的方式——利用文学批评和社会批评的武器——进行着斗争,但即使如此,他倾力打造的学科也正离他远去。这并不是说利维斯在战场上失去了方向：他的书大有读者追捧；《泰晤士报》刊登了他的信件；他的教学和演讲也依然很受欢迎。然而，尽管他在批评生涯中致力于发现那些展现"生命"本质的作家和传统，到了1970年，这方面的研究似乎问题重重。[91]在后来的几代学生眼里，利维斯使用的词汇就像他关心的事物一样让人感觉陌生，于是最终，他与这门学科过去的那些大师一样，面对着被取代的命运。

隐藏的网络

正当利维斯在自己的领域逐渐沦为陌生人之际，人文学科的发展趋势却又使得他立场当中的一些要素变得比以往任何时候都更为重要。1976年，马尔科姆·布拉德伯里（Malcolm Bradbury）探讨了一名学生的论文《如果你是弗兰克，我就是卡尔》（"If You'll Be Frank, I'll Be Karl"）。这名学生回忆了他在约克大学读本科时利维斯给他留下的印象。他说，即使当时马克思主义正一步步地占领该领域的中心地位，利维斯仍然是一个灵感来源。从利维斯到马克思的转变带来了一种紧张感，但两者并不一定矛盾。正如布拉德伯里所称："在目前的秩序和学院体制下，那些意识到文学'反叛建制'这一特性的学生，除了走向马克思主义之外，还能去往何处呢？"[92]他解释说，在这种情况下，《细察》下一代接班人已经为此转向做了大量的工作"。[93]对布拉德伯里而言，这种认可揭示了"利维斯本人持续的力量"。特里·伊格尔顿在《文学理论》（Literary Theory）中也呼应了这样的观点："如今在英国的英国学生都是'利维斯学派'的，无论他们自己是否意识到这一点。"[94] 伊格尔顿这一断言的挑衅之处在于,他预期读者会认为,今天的文学批评占据的意识形态地位与本世纪中叶的情形已大不相同。[95] 而实际上,在他看来,这一领域从未发生过彻底的改变,因为文学学者们一如既往地围绕着既定的社会和文化批评范式工作——这一范式承袭自打造了它们的前一代批评家。

通过追踪这一时期利维斯思想的命运,我们可以发现批评学科转变过程中的连续性。利维斯的思想主要通过三种方式得以延续。一是通过体制和人员。他的学生们一直未能在剑桥获得大学教职,利维斯对此十分愤慨。1965年,他决定脱离唐宁,但仍然致力于在其他地方继续战斗。[96]1962年,《观察者》杂志上刊发了一篇题为《隐藏的利维斯网络》("The Hidden Network of Leavisites")的专题文章,文章开头是:"伟大的思想家和诸如马克思和弗洛伊德这样的创新者,从来不会孤立无援。"文章称,利维斯的"信徒"已遍布世界各地,尤其聚集于英国的中小学和大学中。这篇文章直接点出了一批利维斯的"信徒",包括耶奥维尔学校校长丹尼斯·汤普森（Denys Thompson）、卡迪夫大学高级讲师G. D. 克林贡普洛斯（G. D. Klingopulos）、莱斯特大学的准教授G. H. 班托克（G. H. Bantock）、班戈大学讲师弗兰克·W. 布拉德布鲁克（Frank W. Bradbrook）、曼彻斯特大学的高级讲师R. G. 考克斯（R. G. Cox）等人。不过,利维斯的影响不仅限于课堂之内:他的信徒戴维·霍尔布鲁克（David Holbrook）是一位杰出的诗人,安多尔·戈梅（Andor Gomme）和L. G. 塞林格（L. G. Salingar）是校外辅导员,鲍里斯·福特（Boris Ford）是《鹈鹕英国文学指南》(*Pelican Guide to English Literature*)的编辑。

利维斯还被认为影响了理查德·霍加特、雷蒙德·威廉斯和英国的新左派。虽然这篇文章言词虚浮（文章一度暗示，无论在什么情况下，若有三四个人以他的名义聚集在一起，利维斯都在其中），但它仍然证明了利维斯深远的影响力。[97]

正是这种"隐藏网络"的存在，助推了利维斯与唐宁的决裂。利维斯加速（或默许）了唐宁英语学校的终结，并非因为他希望看到自己毕生的成果在瞬间付之东流，而是因为他已然意识到，他的机会在别处。具有讽刺意味的是，机会竟来自大学的扩张。1965年，利维斯将注意力转移到约克大学，在那里，曼彻斯特文法学校（Manchester Grammar School）前高级校长、新大学的首任副校长埃里克·詹姆斯（Eric James）聘请他担任客座教授。1963年，约克大学刚刚打开大门，对于大学扩张的主要批评者来说，约克大学并不是一个合适的选择。但利维斯在那里过得很开心，每周二坐火车前往，一直待到周五。[98]他在约克大学享有显赫的地位，除了教书，没有其他义务，他认为自己的责任是让大学不丢失它自己的目标。[99]约克大学的英语教学采用了类似《教育与大学》中提出的跨学科模式，学生们有两周的时间来完成他们的考试（在剑桥大学，考试时间是三个小时）。[100]

但其实早在学生们进入大学课堂之前，利维斯就已经对他们的教育产生了影响。正如弗雷德·英格利斯（Fred Inglis）在1967年所写的："过去的几年里，中等学校英语教学的主旋律都在发生着变化，如今已变得面目全非。"[101]英格利斯指的是利维斯和丹尼斯·汤普森潜移默化的影响，体现为A级论文、O级改革、CSE工作、中等学校英语教学和全国英语教学协会（National Association for the Teaching of English）。利维斯很早就意识到他在这方面的影响，因为他在唐宁学院主导的奖学金考试让他得以与这些学校取得联系。二十年后，利维斯和唐宁之间的紧张关系成为报纸争相报道的话题。《星期日泰晤士报》报道称，校长们已经把他们最好的学生送到了省级大学，那里的英语教师曾受过利维斯的指导和培训。[102]

正如彭登尼斯所言，利维斯的影响已经超越了教育领域。《剑桥季刊》（Cambridge Quarterly）、《人类世界》（Human World）和《新大学季刊》（New Universities Quarterly）三家期刊将致力于继续推进《细察》未完成的工作。利维斯的学生在国家资助的剧院获得了职位，其中包括皇家莎士比亚剧团（Royal Shakespeare Company）的两位未来的导演彼得·霍尔（Peter Hall）和特雷弗·纳恩（Trevor Nunn）[事实上，一位观察家声称在奥利维尔（Olivier）主演的一部作品中发现了利维斯对《奥赛罗》的诠释]。[103] 据诺埃尔·安南称，《卫报》对利维斯式批评颇为欢迎，师从利维斯的卡尔·米勒（Karl Miller）后来先后担任了《倾听者》的编辑，以及《旁观者》和《新政治家》的文学编辑，最后成了《伦敦书评》（London Review of Books）的创刊编辑。[104] 此外，前面提到的鲍里斯·福特的《鹈鹕英国文学指南》读起来就像一份门生与合作者名录：根据福特的计算，七卷书中大约有三分之一的供稿人为《细察》撰写过稿件。[105] 简言之，利维斯影响深远，他留给后世的远非"如何识别语句的修辞手法"之类的技巧，他的学生和追随者们在其后几十年的时间里将他的思想和风格带入了中等学校、高校和各类文化机构。

利维斯之所以影响深远，第二个方面的原因与学科有关。他在英语世界的文学研究史上的重要性是毋庸置疑的。利维斯是剑桥大学第一代学习英语文学的本科生之一，他在确立一门时常（在其他地方）被摒弃为"软学科"的学科的资质方面发挥了关键作用。[106]他不仅证明了文学研究需要标准、严谨和智慧，还坚持维护文学研究在大学的核心地位——不仅是文科的中心，还是整个人文教育的核心。利维斯在这个问题上展现了非凡的决心，但他绝不是唯一有这种雄心壮志的人：在美国，新批评派们断言批评家拥有独特专长，而在英国，T. S. 艾略特的声望为树立批评家的文化权威提供了强有力的支持。如今，英语系及其教职员工在英国大学中占据着显赫位置，"细读"被赋予了与历史学家查阅档案同等的方法论地位。这些发展并不是必然的——它们之所以发生，与这一代教师和评论家们的主观努力密不可分。

利维斯的学术遗产不仅存在于英语系。《小说与阅读公众》（1932）和《文化和环境》（1933）是《细察》背景下的两个关键性文本。[107]Q. D. 利维斯的《小说与阅读公众》提出了一种"社会学"的文学研究方法，将文学文本与其赖以产生的社会和文化联系起来，《文化和环境》则以教学手册的形式，指导教师和中小学校长们训练学生将比如说，广告，视为所属文明的产物去阅读。虽然人们有时会将利维斯与新批评家混为一谈，但利维斯式批评的重心在词语上，不同于新批评派对文本的关注。与新批评派不同的是，利维斯、Q. D. 利维斯、汤普森以及他们的同事们发展了一套批判性地"阅读"文化的方法和基本原理，并由此影响了后来新兴的文化研究领域。[108]

当代文化研究中心（Centre for Contemporary Cultural Studies，简称 CCCS）于 1964 年在伯明翰成立，其第一任主任是理查德·霍加特。利维斯夫妇对霍加特的影响是显而易见的——甚至利维斯本人也十分清楚，他甚至极不友好地（且错误地）将霍加特的《读写何用》(*The Uses of Literacy*)（1957）斥为《小说与阅读公众》的衍生作品。[109] 1969 年，新主任斯图尔特·霍尔（Stuart Hall）把当代文化研究中心带向了一个更为激进的方向，将其焦点从霍加特和威廉斯代表的"左翼利维斯主义"（left-Leavisism）转移开，但几十年后，伊格尔顿终究还是在霍尔那里发现了"利维斯的残余"。[110]

利维斯式批判产生影响的另一个领域是科学史和科学社会学。在两次世界大战之间的几十年里，利维斯对启蒙运动的遗产颇怀敌意，他将科学和技术带来的"进步"描绘成一个破坏性文明的加速发展，因此这种进步是不受欢迎的。当他在文学领域发展这一立场时，欧洲大陆上与法兰克福学派（Frankfurt School）相关的哲学家和政治理论家也在批判启蒙的理性主义精神。[111] 在英国，启蒙运动的早期批评声很少，但从 20 世纪 70 年代开始，对科学实践之预设的批判倾向在科学史和科学社会学中找到了立足之地。这并不是说科学史和科学社会学起源于利维斯的思想（它们的发展很大程度上归功于两次世界大战之间马克思主义科学史学家的工作，而非利维斯的），但其假设和方法与利维斯的许多思想是一致的。[112] 这些发展得到了鲍勃·杨（Bob Young）的大力推动，体现于他在 1973 年编辑的《科学史视角的变化》(*Changing Perspectives in the History of Science*)一书及爱丁堡大学（Univeristy of Edinburgh）的"科学知识的社会学"（Sociology of Scientific Knowledge，简称 SSK）项目中。[113]原来，科学家们在追寻真理和知识的同时还在追求炼金术、优生学和权力，这些发现使他们作为进步先锋的公众形象变得复杂。[114]事实上，对于历史学家而言，科学的胜利有时还不如科学家的预设和想法更引人入胜。[115]而这些预设与想法也有它们自己的历史，因此，历史学家对于它们的拷问最终往往超越科学史本身，而进入了社会史领域。[116]因此，虽然《两种文化》确保了斯诺在科学史上的被引率胜过利维斯，但在很大程度上，利维斯的观点是更广为人知的。

不过，是利维斯对语言的强调，奠定了他在思想史发展过程中的影响力，即使是看似水火不相容的思潮，亦难逃其影响。第 2 章讨论了语言在利维斯关于 17 世纪以来的历史、文学和文化的思想中的核心地位：他认为丰富的语言遗产在当时已经发生断裂，导致在**语言**与**现实**之间出现了一种错误的二分法——利维斯认为这种二分法是现代西方思想的特征。他在里士满演讲中批评了这种错误的二元对立。他指出，"人类世界"先于科学家创造的任何思想大厦而存在——毕竟，自然观只有通过他们继承的语言才得以成为可能。[117]利维斯在里士满演讲之后继续发展这些观点，到了 20 世纪 70 年代初，他将批判的目标确定为"笛卡尔二元论"。[118]其思想与斯诺差异显著。1960 年斯诺写道，事实是"具有催眠效果的……客观中立的……单纯而不夹杂偏见的……"，而在其倒数第二本书中，利维斯坚称，事实永远无法与价值观、经验，尤其是语言，分割开来。[119]虽然接下去的事态发展让利维斯的很多思想变得日益陌生，然而，他一生对于语言对经验的重要性的坚持——也就是说，他坚持语言总是先于人类经验，并因此塑造人类经验——在诸如后结构主义等后续的理论发展思潮中得到了回响。[120]

利维斯产生深远影响的第三个原因与意识形态相关。在某种程度上，利维斯与后来的文化批评家同仇敌忾——西方文明和马克思主义的唯物论同为两者的攻击对象。如前所述，利维斯认为现代文明起源于17世纪，其最显著的特征之一便是对唯物论的盲目崇拜。由于利维斯对这种文明嗤之以鼻，对唯物论亦然，这使他对优先考虑经济关系的思想立场（如马克思主义）和优先考虑物质生活水平的政治议程（如国内的福利国家理论和国外的发展理论）持批判态度。在他看来，这类立场和议程体现出现代文明已经发展到了何种地步。他也希望通过自己的文学和社会批评，来揭露并反对将进一步推动该文明进程的相关思想假设和政治野心。这一意识形态立场使利维斯陷入了一系列的论战，包括20世纪30年代反对马克思主义的论战和60年代对发展理论的质疑与挑战。20世纪70年代伊始，新一代的文学和文化评论家进一步反思西方文明，批判地继承和发展了马克思主义，最终拓展出一系列后殖民和后现代批评理论。然后，他们发现这些利维斯早已触及。或者，更准确地说，他们在文学研究学科中找到了一个和谐的阵营，这正是利维斯努力建立起来的社会和文化批评阵营。

总之，虽然文学批评这门学科在20世纪下半叶经历了巨大的变化，但它同时也显示出了重要的连续性。即使利维斯奋力介入此学科的时代已成过去时，但他的立场在诸多方面都保持着经久不衰的影响力。诚然，那个时代已经逝去，利维斯式的批评方法也不再如

20世纪中叶那般受人追捧，但是，我们仍然可以从学术机构和人员状况（中小学校、大学、公共文化）、学科谱系（文学研究、文化研究、科学研究），以及意识形态（现代文明、马克思主义的唯物主义）等方面窥见利维斯的影响。利维斯本人也许并不会接受他的新盟友，就像后者也并不希冀得到利维斯的认可一样，但无论如何，与利维斯式批评相关的批判立场和意识形态观念继续以不同的形式、在不同的地方、被各式各样的继承者们向前推进着。

从价值到市场

斯诺和利维斯最后的命运揭示了两人之间的诸多共同之处。他们都娶了才华横溢的女性，她们都在一个不太包容的社会中从事学术事业，与伴侣的关系既是职业关系又是夫妻关系，因为两对夫妇都合作出版过作品；在文学方面，斯诺和利维斯均痛斥布鲁姆斯伯里团体（Bloomsbury Group），此团体是他们对抗的终极内部人士；此外，两人都不约而同地鄙视金斯利·艾米斯这位"时代风云人物"——在他们看来，此人的成功只是证明了文学潮流的肤浅；他们都支持狄更斯，认为狄更斯在历史重要性上可与莎士比亚相提并论。[121]在政治上，他们认为苏联和美国在本质上是相似的；在英国国内，他们认为工党和保守党之间没有什么实质性的区别；此外，他们都与英国的新左派保持着距离。[122]人们有时甚至无法区分他们的言辞："在大众媒体的影响下，数百万人显得快乐而又被动。百分之九十五的人快乐而毫不费力地活着。现在的人，宁可观看一场精彩的比赛，也不愿意自己去打一场糟糕的比赛。观赏性体育，足球博彩，赌博。酒精。性。精神空虚。"这听上去像极了利维斯在某所新成立大学演讲时说的话，但实际上，这段话出自斯诺发表在《金融时报》上的一篇文章。[123]

斯诺和利维斯最重要的共同点在于他们都致力于精英管理体制的理念，同时也对平等主义诉求抱有相应的敌意——这两点都表现在他们对精英阶层的捍卫上。斯诺在1970年反驳利维斯时指出："就我个人而言，我至少会像关注有潜力的运动员一样关注智力超群的天才。"至少在这一点上，他们之间没有任何区别。[124] 同年，利维斯在一次演讲中坚定表示"'精英'总是会有的"，他认为"进步主义"知识分子否认这一点是虚伪的，或曰"时尚的虚伪"。"精英有各种类型，如科学家精英、飞行员精英、军人精英和社会精英（最优秀的那批人），"他解释道，"底层大众也知道职业足球运动员和BBC播音员都是精英。"[125] 在利维斯看来，精英是不可否认的，也是必然存在的，他将精英与在战后英国社会和理想精英制下的专业型社会中占据重要地位的专家相提并论。然而，"精英主义"一词于利维斯而言则是一种指控，否认了这种社会现实，并对精英管理制本身提出了挑战。他警告称："当涉及摧毁文法学校或使大学'综合化'等问题时，'精英主义'这个词有它自身的特殊用途（暗含军事意味）。"[126]

斯诺和利维斯对综合教育的相似立场表明，两人都反对平等主义改革。他们于新世纪的最初五年出生于中产阶级家庭，在某种程度上已经内化了精英制思想。也就是说，他们深信，在这样一个社会里，个体可以获得与其才干相匹配的职位：这种立场可谓既激进又保守，其激进反映在对特权的攻击上，其保守则体现于对平等的敌视中。

1945年之后的三十年里，精英制理念预设了人与人之间的天赋不平等，却承诺了社会机会的均等。斯诺预测，这三十年将被后人视为一个黄金时代。[127]这一立场体现了长期以来自由主义思想中自由与平等之间紧张而微妙的关系。[128]正如政治理论家谢尔顿·沃林（Sheldon Wolin）在探讨不平等给19世纪的自由主义者带来的问题时所说的那样："**精英主义为自由主义将贵族统治带入后革命世界提供了渠道。这里需要的是对贵族阶层的重新定义，贵族并不是指一个拥有继承特权的社会团体，而是一种教养之下的品位、公共服务与慈善理念及与之相称的优越性的集合**"[129]。在斯诺眼里，社会等级制度不再是"继承的特权"的产物，而是集"教养与品位、公共服务与慈善理念及与之相称的优越性"于一体，由此，精英主义为民主时代的不平等提供了合理性。沃尔特·白哲特（Walter Bagehot）认为，接受这种解释需要依顺的习惯，但精英主义和依顺的习惯是可以与精英管理制理念共存的，只要其中的差异被理解为能力的差异。[130]实际上，这种融合了**教养之下的品位及应得的优越性**的精英主义构成了斯诺和利维斯式精英制的基本原则。

然而，20世纪60年代后期，平等主义诉求的挑战日趋严峻。毕竟，在一个并不完美的世界里，现存的社会不平等很可能不是天赋差异的结果，而是环境强加的产物。因此，一个真正的精英管理体制需要不断回应结构性不平等的问题——而倘若认真对待这一迫切诉求，就需要格外强调社会机会的均等，甚至不惜以牺牲对特殊天赋的培养为代价。正是基于此，全面教育、大学扩招和性别平等的呼声日益高涨，向精英管理制度施压。[131] 斯诺和利维斯从这些诉求中意识到，他们的世界观所依赖的原则已遭到史无前例的挑战，于是，他们开始谴责平等主义，以此捍卫精英制。然而，随着时间的推移，他们的论争遭到越来越多的敌视，这一点可以从他们据理力争的语调中窥见一二。以此看来，维系自由主义的精英主义的预设正受到前所未有的侵蚀，此时，迫切需要一个修正理论来证明社会不平等的合理性。

这种理论在 20 世纪的最后二十五年间出现了。在玛格丽特·撒切尔取代爱德华·希思成为保守党领袖前后，**市场**取代了价值，成为自由主义政党对持续存在的不平等的首选解释。从这个意义上说，"市场"指的不是买卖行为，而是无数个体决策的综合产物。[132] 这种范式转变——从专家精英统治到消费者市场导向——为不平等的事实提供了一种修正的解释。如果精英统治的问题在于永远无法确定不平等是源于内在素质还是外部条件，那么将不平等的原因从个人能力转移到市场裁决，这一根源问题便在很大程度上被消解了。以教育为例：在一个以市场思维为中心的社会和文化中，不同的中学之所以为大学输送了不同比例的学生，可能不是因为各种资源的差异，而是家长、教师、管理人员和理事会做出的无数决定使然。这种解释将责任从一个机构本身转移到了一个抽象的概念之上——这的确是一个精明的做法，因为抽象概念很难判别，改进或纠正就更难了，尤其是与学校这样的具体事物相比（学校作为国家机构，需要花费更多的钱财来解决自身的问题）。这并不是说在 1975 年之前不存在市场理论的倡导者，也不是说 1975 年之后关于人才价值的主张就此消失了——实际上，如今的剑桥肯定比半个世纪前更加"任人唯贤"。但是，**市场作为一种文化理念，驾驭着人们对各种社会实践的理解**，其之于撒切尔时代的意义就如同价值之于斯诺时代的意义。

综上所述，斯诺和利维斯致力于谴责平等主义、捍卫精英主义，但由于彼此立场的分歧，他们对市场范式做出了截然不同的反应。斯诺力证国家对精英的需求，盛赞犹太人的基因遗传，以此表明他所捍卫的是此类资赋上的不平等。他不是自由放任主义的理论家，但对市场价值也无敌意——例如，他曾暗示，"金钱"为有抱负的作家提供了一个有价值的主题。[133]在这种情况下，他的终身朋友杰克·普拉姆在80年代接受新自由主义政治也就不足为奇了。同理，将其小说改编为舞台剧的剧作家罗纳德·米勒（Ronald Millar）后来成为撒切尔演讲的撰稿人，也同属意料之中。[134]与此相反，利维斯长期以来对市场价值秉持敌对态度。在他看来，资本主义的出现是17世纪的可悲产物，更为可悲的是，大众市场的品位逐步取代了批评家的判断，并威胁到了对持续创造至关重要的鉴赏能力。因此，利维斯不可能跟随市场理念的大潮，事实上，他一贯以来的批评最终为他赢得了左翼知识分子的支持。

结语

阿格涅斯卡·霍兰德（Agnieszka Holland）的电影《欧罗巴，欧罗巴》（*Europa, Europa*）（1990）以第二次世界大战期间的中欧为背景：两艘运送犹太难民的船只相向而行，擦肩驶过。一艘船似乎正在逃离苏联，另一艘则似乎正在逃离纳粹，两艘船上的乘客都无法理解对面船上的人正在进行的自杀之旅。[135]20世纪60年代初，斯诺和利维斯也开始了他们各自的旅程，尽管他们面临的形势没有如此危急。斯诺曾以科学的名义，从左翼的角度攻击英语系，引起"两种文化"的争论，但十年之后，他又援引科学来证明平等主义的理想是徒劳无益的。利维斯从文明的角度出发反驳斯诺，认为斯诺之流正是当下堕落文明的产物，但十年之后，利维斯对现代文明的批评在左翼知识分子中产生了共鸣。尽管两人的人生轨迹截然不同，但他们的动机是相似的：斯诺和利维斯都在竭力逃离社会平等的阴影。试想如果他们在路上擦肩而过，会是多么有趣的事情，也许两人都感到有些迷失了方向。

本章对两人的思想历程进行了探索式的跟踪，以此阐释20世纪60年代整个社会文化政治语境的转变。本章的论点并不在于证明斯诺和利维斯二人思想的转变，因为在很大程度上他们其实并未改变。从20世纪30年代到70年代，斯诺始终对能力与环境的关系问题甚感兴趣，而利维斯对马克思主义者的主张和政客陈词滥调的敌意也同样未曾改变。真正发生变化的是他们强调这些思想中的哪些方面，以及他们和什么群体站在一起。没有什么比以社会平等为目标的言辞和政策更加强烈地促成了这些改变，因为平等主义的理想威胁到了机会平等和能力不平等之间的微妙平衡，而这正是精英管理制赖以存在的基础。面对此种威胁，斯诺坚持社会等级制度的必然性，利维斯则奋力抨击平等主义的理念。斯诺的观点使他与其他自由派人士为伍，这些自由主义者在60年代的激进政治洪流中转向了右翼；

与此相对，利维斯一贯的反市场立场则与后来对以市场为中心的社会的批判不谋而合。当然，20世纪六七十年代的社会运动最终并未根除不平等，但它们确实迫使人们修正了与此相关的理论根基。

章后注

[1] F. R. Leavis, "'Literarism' versus 'Scientism': The Misconception and the Menace," *Times Literary Supplement*, 23 April 1970, pp. 441–444, 重印于 *Nor Shall My Sword: Discourses on Pluralism, Compassion and Social Hope* (London: Chatto and Windus, 1972), pp. 137–160。

[2] 有时候克罗克自己也会成为利维斯嘲笑的对象，但他对这场论战也表现出了兴趣。他向斯诺提供了《泰晤士报文学增刊》的一个特殊的"科学"编号来对付利维斯。Snow to George Steiner, 26 March 1970, HRC: Snow 191.8; Crook to Snow, 6 May 1970, HRC: 196.14. 另参阅 Derwent May, *Critical Times: The History of the Times Literary Supplement* (London: Harper Collins, 2001), pp. 364–365。

[3] 斯诺经常在想，不回应利维斯是否明智。例如，在1966年10月11日写给哈里·莱文的一封信里，斯诺就提及此事（HRC: Snow 133.16）。斯诺曾指出利维斯评论中的一个问题：利维斯曾写道，"狄更斯是一个伟大的天才，他永远属于经典，这是可以肯定的。但他拥有的是一个娱乐作家的天赋，因而他在很大程度上并不应该承担比此描述所暗示的更多的作为一个创造性艺术家的责任"。*The Great Tradition* (London: Chatto and Windus, 1948), p. 19.

[4] C. P. Snow, "The Case of Leavis and the Serious Case," *Times Literary Supplement*, 9 July 1970, pp. 737–740, 重印于 *Public Affairs* (New York: Scribner's, 1971), pp. 81–97。

[5] Arthur Marwick, *The Sixties: Cultural Revolution in Britain, France, Italy, and the United States, c.1958–c.1974* (Oxford University Press, 1998); Dominic Sandbrook, *Never Had It So Good: A History of Britain from Suez to the Beatles* (London: Little, Brown, 2005); Sandbrook, *White Heat: A History of Britain in the Swinging Sixties* (London: Little, Brown, 2006). 关于美国的故事，除了马威克的相关章节，请参阅 Howard Brick, *Age of Contradiction: American Thought and Culture in the 1960s* (Ithaca: Cornell University Press, 1998)。

[6] 这个由两部分组成的历史因果模型源自 Daniel Headrick, *Tools of Empire: Technology and European Imperialism in the Nineteenth Century* (New York: Oxford University Press, 1981）。

[7] 通过描绘这种社会、政治和知识上的转变，我试图探寻约翰·吉约利（John Guillory）和大卫·霍林格颇富启发意义的见解。吉约利认为，"虽然这种以保守主义为主的政治批评倾向一直持续到20世纪60年代，但这一取向在十年的时间里完全颠倒了，这主要是外部因素（所有被'六十年代'唤起的事物）所致。人文教授的政治取向从右翼大量转向左翼，与此同时，科学教授在某种程度上变得去政治化（或者在某些领域被推向右

翼）。经过了很长一段时间的中断之后，文化批评在七八十年代重新兴起。这使得大学教师之间的冲突重新出现，并再次演变为左翼和右翼之间的矛盾，但两种文化的政治归属发生了逆转。"见Guillory, "The Sokal Affair and the History of Criticism," *Critical Inquiry* 28 (Winter 2002), p. 503. 霍林格写道："斯诺触及了一个要害，正当此时，一些文学评论家正在反思他们自己对经典现代主义的疑虑……有人可能会说，这群文人中的一些人退出了，随后进行重组，并于几年后在米歇尔·福柯和后现代主义理论的掩护下对科学进行了攻击，将科学本身视为神秘法西斯主义，并声称文学是民主、平等和人类尊严的象征。" Hollinger, "Science as a Weapon in Kulturkämpfe in the United States During and After World War II," *Isis* 86 (September 1995), p. 449.

[8]　C. P. Snow, "The Moral Un-neutrality of Science," *Public Affairs* (New York: Scribner's, 1971), p. 187. 最初于1960年提交给美国科学促进会。

[9]　关于种族和阶级，见 C. P. Snow "New Minds for the New World," *New Statesman*, 8 September 1956, pp. 279−282；Snow, "The Age of Rutherford," *Atlantic Monthly*, November 1958, pp. 76−81。关于家庭生活的主张出自 "The Moral Un-neutrality of Science," pp. 187−188。关于"二战"前、期间和之后英国科学界的女性，参见 David Edgerton, Warfare State: Britain, 1920−1970 (Cambridge University Press, 2006), pp. 172−180。

[10]　Snow, "The Moral Un-neutrality of Science," p. 192.

[11]　Gary Werskey, *The Visible College: The Collective Biography of British Scientific Socialists of the 1930s* (London: Allen Lane, 1978); J. G. Crowther, *The Social Relations of Science* (New York: Macmillan, 1941). 另参阅 Werskey, "The Marxist Critique of Capitalist Science: A History in Three Movements?", www.human-nature.com/science-as-culture/werskey.html。

[12]　关于科学、国家和政治权利之间的联系，参见 David Edgerton, *England and the Aeroplane: An Essay on a Militant and Technological Nation* (Basingstoke: Macmillan, 1991); Edgerton, *Warfare State*; S. Waqar H..Zaidi, "Barnes Wallis and the 'Strength of England'," *Technology and Culture* 49 (2008), pp. 62−88。

[13]　Harold Perkin, *The Rise of Professional Society: England since 1880* (London: Routledge, 1989), Chapter 9. 在这方面，有趣的是，斯诺的主人公刘易斯·艾略特不是通过科学而是通过法律提升了自己的社会和专业地位，而鉴于艾略特可以看作斯诺的另一个自我，这表明斯诺可能确实把自己的社会阶层流动归功于进入一个普通意义上的职业领域，这个领域并不一定是科学。

[14]　斯诺在教育问题上的立场在他在唐宁学院的里士满演讲中得到了明确的阐述。利维斯在上一年、在同一地点也发表了一次演讲：《教育与牺牲》("Education and

Sacrifice"），见 *New Statesman*, 17 May 1963, pp. 746–750。

[15] 斯诺真诚地期望能培养女性的才能。这一愿望甚至出现在他为休·盖茨凯尔撰写的政策文件中。见 "A Labour Government and Science: Papers for Mr. Gaitskell," 31 July 1959, Royal Society: Blackett E.28。

[16] 当 S. 戈尔莉·帕特作为自由党人竞选国会议员时，斯诺抱怨说他本应该作为工党候选人参加竞选；普特觉得这很奇怪，因为斯诺自己就是一个自由主义者，但在斯诺的心目中，作为自由主义者和给工党投票之间并没有矛盾——事实上，这是他一生所遵循的路线。Snow to Putt, 5 August 1945, HRC: Snow 134.8.

[17] HRC: Snow 68.8–68.9.

[18] Williams to Snow, 3 December 1959, HRC: Snow 210.1. 同时参见第 4 章。

[19] C. P. Snow, *Corridors of Power* (London: Macmillan, 1964).

[20] C. P. Snow, *Last Things* (London: Macmillan, 1970)，重印于 *Strangers and Brothers* (New York: Scribner's, 1972), vol. iii, p. 807。斯诺的经历（像艾略特一样）是典型的：Perkin, *The Rise of Professional Society*, pp. 267–268。在得克萨斯州奥斯汀的哈里·兰塞姆人文研究中心（Harry Ransom Humanities Research Center）和伦敦的国家声音档案馆（National Sound Archive）可以找到斯诺的音频。

[21] Snow to Harry Hoff, 1 November 1960, HRC: Snow 118.3.

[22] Snow, *Last Things*, p. 693.

[23] C. P. Snow, *The Sleep of Reason* (London: Macmillan, 1968).

[24] David Shusterman, "C. P. Snow," *Dictionary of Literary Biography, Vol. 15: British Novelists, 1930–1959; Part 2: M–Z*, ed. Bernard Oldsey (Detroit: Gale, 1983), pp. 484–485.

[25] Pamela Hansford Johnson, *On Iniquity: Some Personal Reflections Arising out of the Moors Murder Trial* (New York: Scribner's, 1967), p. 11.

[26] 同上，p. 26。

[27] 同上，pp. 34, 37, 129, 45。

[28] 同上，pp. 50–51。

[29] 同上，pp. 29、87–88、118–119。约翰逊是个基督徒，斯诺则不信教。

[30] Snow, *Last Things*; Snow, *The Malcontents* (London: Macmillan, 1972).

[31] Snow, Last Things, p. 792

[32] Snow, "Science, Politics, and the Novelist," *Kenyon Review* 23 (Winter 1961), p. 15.

[33] David Wootton, "Liberalism," *The Oxford Companion to Twentieth-Century British Politics*, ed. John Ramsden (Oxford University Press, 2002), pp. 380–381. 威廉·库珀记载了斯诺致力于

通过写小说探索这些问题的努力，见 "C. P. Snow," in British Writers, ed. Ian Scott-Kilvert (New York: Scribner's, 1984), vol. vii , p. 333。

[34] 参见第 3 章。

[35] Arthur Koestler, ed., *Suicide of a Nation? An Enquiry into the State of Britain Today* (London: Hutchinson, 1963).

[36] Becky Conekin, Frank Mort, and Chris Waters, eds., *Moments of Modernity: Reconstructing Britain, 1945–1964* (London: Rivers Oram, 1999), pp. 14–15 and *passim*.

[37] "当然，在快到 18 岁的孩子当中我们所教的学生只占很小的比例：那些攻读大学学位的孩子占比则更小。培养少数精英的传统模式从未被打破，尽管它略有变化。" Snow, *The Two Cultures*, p. 32. 参见他的里士满讲座 "Education and Sacrifice," p. 747。

[38] 参见第 5 章。

[39] C. P. Snow, "review of J. B. S. Haldane", *The Man with Two Memories* (London: Merlin Press, 1976), typescript in HRC: Snow 34.2.

[40] Snow, "The Brain Drain," *House of Lords*, 20 December 1966; Annan to Snow, 21 December 1966; Snow to Annan, 29 December 1966, HRC: Snow 224.3.

[41] Snow to T. J. Pitt (Research Secretary of the Labour Party), 4 October 1966, HRC: Snow 131.4.

[42] C. P. Snow, "In the Communities of the Elite," *Times Literary Supplement*, 15 October 1971, pp. 1249–1250.

[43] Wm. Roger Louis, ed., *Yet More Adventures with Britannia: Personalities, Politics, and Culture in Britain* (London: I. B. Tauris, 2005).

[44] HRC: Snow 74.10.

[45] HRC: Snow, Boxes 33–34, *passim*. 见 *The Civil Servants* (London: Macmillan, 1980) 及 Brian Sedgemore, *The Secret Constitution* (London: Hodder and Stoughton, 1980), HRC: Snow 33.3。

[46] Snow to Robbins, 4 August 1970，作为对罗宾斯 1970 年 7 月 9 日信件（HRC: Snow 172.8）的回应。.

[47] Snow, "Two Addresses by Lord C. P. Snow," Pace University, 26–27 April 1977, HRC: Snow 35.6; "The Two Cultures and Medicine," November 1978, HRC: Snow 35.7.

[48] 例如，在一份有关 *The French Right*, ed. J. S. McClellan (London: Cape, 1970) 的评论中，文本见 HRC：Snow 33.5。

[49] Reconstructed from George Gale, "Saying the Unsayable," *Spectator*, 25 July 1970,

pp. 65-66.

[50] Snow, introducing Arnold Rogrow, *The Jew in a Gentile World* (New York: Macmillan, 1961), pp. xv-xvii.

[51] Denis Brogan, "Inequality and Mr. Short," *Spectator*, 18 April 1969, p. 505；通信从 1969 年 5 月 2 日持续到 1969 年 6 月 14 日。

[52] Gale, "Saying the Unsayable," p. 66. Philip A. Snow 在 *Stranger and Brother: A Portrait of C. P. Snow* (London: Macmillan, 1982), pp. 174-175 中再次讨论了这个话题。

[53] 斯诺与工党之间的问题源于本章中讨论的他们关于国家综合教育的计划；他与左派的分歧在他反对新左派的运动中表现得很明显，第 4 章对此进行了研究；他对工人阶级的失望从他对约翰·朱利叶斯·诺维奇的评论 [见 *Venice: The Rise to Empire* (London: Allen Lane, 1977), vol. I] 中可以窥见。斯诺在书中将当代英国的工业关系与威尼斯军火库工人对国家和民族的忠诚进行了对比（HRC: Snow 34.7）。斯诺并不仇视同性恋者，但他不满那些将自己的作品看作"男同性恋公关部门"的作家。在抱怨当代文化时，他认为"宽容的社会"才是罪魁祸首。"Review of Brian Finney", *Christopher Isherwood* (New York: Oxford University Press, 1979), typescript in HRC: Snow 33.3.

[54] "Plumb to Snow", 25 August 1970, HRC: Snow 166.13. 抱怨社会"结构"的天真也是 *Last Things* 里讨论到的主题。.

[55] "Snow to Amis", 5 July 1967, HRC: Snow 51.14；Snow, "Two Addresses by Lord C. P. Snow"；"Review of Norman Podhoretz", *Breaking Ranks, Financial Times*, 16 February 1980（在下文中亦有讨论）。

[56] Roy Lowe, "Education," in *A Companion to Contemporary Britain, 1939-2000*, ed. Paul Addison and Harriet Jones (Oxford: Blackwell, 2005), p. 288.

[57] "Snow to Shirley Williams", 7 October 1976, HRC: Snow 210.1；威廉斯随后在 1976 年 10 月 25 日的信中予以回应：October 25, 1976, HRC: Snow 210.1. 后方引文摘自斯诺 10 月 7 日的信。

[58] John de la Mothe 在 *C. P. Snow and the Struggle of Modernity* (Austin: University of Texas, 1992) 中探讨了让斯诺日益沮丧的政治。

[59] 欧文·克里斯托尔认为，这个术语是他的批评者在 20 世纪 80 年代创造的。但他认为这个术语很贴切，并在随后的文章采用了这个术语。见 Kristol, *Neoconservatism: The Autobiography of an Idea* (New York: Free Press, 1995)。关于这场运动的历史记载仍然很少，大多相关历史叙述都是来自参与者或记者；约瑟夫·多尔曼的纪录片《争论世界》是一个有深刻见解的历史记录，见 Joseph Dorman, *Arguing the World* (New York: First Run/Icarus

Films, 1997)。又见 Peter Steinfels, *The Neoconservatives: The Men Who Are Changing American Politics* (New York: Simon and Schuster, 1979); John Ehrman, *The Rise of Neoconservatism: Intellectuals and Foreign Affairs, 1945–1994* (New Haven: Yale University Press, 1995); Godfrey Hodgson, *The World Turned Right Side Up: A History of the Conservative Ascendancy in America* (Boston: Houghton Mifflin, 1996)。关于美国保守主义的一部重要作品是乔治·纳什（George Nash）的《自 1945 年以来美国保守知识分子运动》(*The Conservative Intellectual Movement in America, since 1945*)（New York: Basic Books, 1976），不过该书收尾略显仓促，没有充分讨论新右派群体。

[60] Brick, *Age of Contradiction*, p. 176.

[61] 参见第 4 章。

[62] Lionel Trilling, "Science, Literature, and Culture: A Comment on the Leavis-Snow Controversy," *Commentary*, June 1962, pp. 461–467（在第六章有讨论）。

[63] "Podhoretz to Snow", 22 May 1962, HRC: Snow 165.12.

[64] Snow, "review of Melvin Lasky", *Utopia and Revolution* (London: Macmillan, 1977), typescript in HRC: Snow 34.7.

[65] "Snow to Podhoretz", 13 November 1978, HRC: Snow 165.13.

[66] Snow, "review of Podhoretz", *Financial Times*, 16 February 1980.

[67] Alan Watkins, "Laureate of Meritocracy," *Observer*, 6 July 1980.

[68] Dennis Dworkin, *Cultural Marxism in Postwar Britain: History, the New Left, and the Origins of Cultural Studies* (Durham: Duke University Press, 1997); Michael Kenny, *The First New Left: British Intellectuals after Stalin* (London: Lawrence and Wishart, 1995).

[69] 关于这一转变，请见 Dworkin, *Cultural Marxism in Postwar Britain*。关于利维斯的批评、思想和实践的保守维度，参阅 Anne Samson, *F. R. Leavis* (University of Toronto Press, 1992); Francis Mulhern, *The Moment of "Scrutiny"* (London: New Left Books, 1979)。

[70] 康奈尔大学和哈佛大学的讲座，连同 Q. D. 利维斯的讲座，都被整理成书，见 *Lectures in America* (London: Chatto and Windus, 1969)；克拉克讲座则整理为 *Our Time and the University* (London: Chatto and Windus, 1969)。

[71] Ian MacKillop, *F. R. Leavis: A Life in Criticism* (London: Allen Lane, 1995), pp. 88–91. 关于法律的细节，见 A. D. Harvey, "Leavis, Ulysses, and the Home Office," *Cambridge Review*, October 1993, pp. 123–128。

[72] "他拥有一个同时代伟人所没有的真正的秘密武器——学术民主的直觉。他将特雷弗·纳恩（Trevor Nunn）、西蒙·格雷和约翰·克里斯等青少年看作与自己平等的，或

潜在的平等的对手。" John Ezard, "The Max Miller of the Lecture Circuit," *Guardian*, 18 April 1978.

[73] "Leavis to Harding", 27 November 1963, Emmanuel College, Cambridge (Emmanuel): ECA COL 9.59a.129.

[74] 关于利维斯对约克大学的副校长反对"学生反抗"运动的支持,参见"Leavis to Holbrook", 12 December 1968, Downing College: DCPP/LEA/4 Leavis, F. R. (5)。

[75] Raymond Williams, "A Refusal to be Resigned," *Guardian*, 18 December 1969; Norman Podhoretz, "F. R. Leavis: A Revaluation," *The Bloody Crossroads: Where Literature and Politics Meet* (New York: Simon and Schuster, 1986); Leavis, *Nor Shall My Sword*, *passim*.

[76] 这份名单只列举了利维斯的一部分目标对象,但著作《利剑永不沉眠》中包含他针对的所有目标。

[77] Fred Inglis, *Raymond Williams* (London: Routledge, 1995), pp. 182–183.

[78] Williams, 转引自 Inglis, Raymond Williams, p. 183。

[79] Leavis, "The State of English" (letter), *Times Literary Supplement*, 3 March 1972.

[80] Perry Anderson, "Components of the National Culture," *New Left Review* 50 (July–August 1968), pp. 3–57, 重印于 *English Questions* (London: Verso, 1992), pp. 48–104。

[81] Anderson, *English Questions*, p. 103.

[82] 同上,p. 96。

[83] Raymond Williams, *Culture and Society, 1780–1950* (London: Chatto and Windus, 1958); *The Long Revolution* (London: Chatto and Windus, 1961).

[84] 关于这一点,请参阅 Mulhern, *The Moment of "Scrutiny"*。

[85] Neil Roberts, " 'Leavisite' Cambridge in the 1960s," in *F. R. Leavis: Essays and Documents*, ed. Ian MacKillop and Richard Storer (Sheffield Academic Press, 1995), p. 268.

[86] F. R. Leavis, *Two Cultures? The Significance of C. P. Snow* (London: Chatto and Windus, 1962), p. 21.

[87] F. R. Leavis, *Thought, Words and Creativity: Art and Thought in Lawrence* (New York: Oxford University Press, 1976).

[88] 同上,pp. 141–142。

[89] 同上,p. 142(着重系本书作者所加)。

[90] 同上。

[91] 迈克尔·贝尔(Michael Bell)解释了成就这种发展的时机和原因:"60 年代末,马克思主义式的分析日益占主导地位,女权主义和少数族裔写作的影响,以及文学传播和创

作的全球化，所有这些都使利维斯的方法和关注点显得过时和狭隘。" Bell, "F. R. Leavis," in *The Cambridge History of Literary Criticism*, Volume 7; *Modernism and the New Criticism*, ed. A. Walton Litz, *et al.* (Cambridge University Press, 2000), p. 420.

[92] Malcolm Bradbury, "The Tip of Life," *New Statesman*, 1 October 1976, p. 453.

[93] 同上。

[94] 同上；Terry Eagleton, *Literary Theory: An Introduction* (Minneapolis: University of Minnesota Press, 1983), p. 31。关于利维斯的执着，参见 Dworkin, *Cultural Marxism in Postwar Britain*, Chapter 3；Gary Day, *Re-reading Leavis: Culture and Literary Criticism* (New York: St. Martin's Press, 1996)；Bill Reading, *The University in Ruins* (Cambridge, Mass.: Harvard University Press, 1996)。

[95] 关于这一历史转变，参见 Guillory, "The Sokal Affair and the History of Criticism"; Hollinger, "Science as a Weapon in Kulturkämpfe in the United States During and After World War II"。一个以更长远视角聚焦于美国故事（就像 Guillory 和 Hollinger 那样）的案例，参阅 Gerald Graff, *Professing Literature: An Institutional History* (University of Chicago Press, 1987)。

[96] "Leavis to D. F. Pocock", 7 May 1965, Emmanuel: ECA COL 9.59a.121.22.

[97] "The Hidden Network of Leavisites," *Observer*, 11 March 1962. 利维斯在剑桥英语学院的同事格雷厄姆·霍夫勉强同意这一观点："大学的数量比以往任何时候都多；英语系蓬勃发展；利维斯博士的学生们在这些大学的大多数英语系中都占据着重要的位置，不仅在英国，而且在世界各地，从墨尔本到纽约。然而，世界还是如此。" Hough, "The Ordered Carnival," *New Statesman*, 5 December 1969, pp. 817-818. 关于学生在利维斯的社会网络中游走的一个简洁而迷人的例子，见 Roberts, " 'Leavisite' Cambridge in the 1960s," p. 271。

[98] 马可洛普在《利维斯》第 11 章中讲述了利维斯对新环境的不适应。

[99] "Leavis to Denys Harding", 8 October 1967, Emmanuel: ECA COL 9.59a.83.

[100] Brian MacArthur, "The Outsider," *Guardian*, 13 June 1966.

[101] "Inglis", in *New Society*, 16 November 1967, p. 700.

[102] "The Politics of Why Leavis Quit," *Sunday Times*, 1 November 1964.

[103] Noel Annan, *Our Age: English Intellectuals Between the World Wars—a Group Portrait* (New York: Random House, 1990), p. 322; Ezard, "The Max Miller of the Lecture Circuit."

[104] Annan, *Our Age*, p. 322.

[105] Boris Ford, "Round and about the Pelican Guide to English Literature," in *The Leavises: Recollections and Impressions*, ed. Denys Thompson (Cambridge University Press, 1984), p. 110.

[106] 关于利维斯在剑桥英语发展过程中的角色，参阅 Stefan Collini, "Cambridge and the

Study of English," in *Cambridge Contributions*, ed. Sarah J. Omrod (Cambridge University Press, 1998), pp. 42–64。

[107] Q. D. Leavis, *Fiction and the Reading Public* (London: Chatto and Windus, 1932); F. R. Leavis and Denys Thompson, *Culture and Environment: The Training of Critical Awareness* (London: Chatto and Windus, 1933).

[108] 利维斯对文化研究的影响在 1995 年他诞辰 100 周年的回顾会上被频繁提及：例如，Malcolm Bradbury, "Whatever Happened to F. R. Leavis?" *Sunday Times*, 9 July 1995；Gary Day, "A Pariah in the Republic of Letters," *Times Higher Education Supplement*, 4 August 1995, p. 21。

[109] Richard Hoggart, *The Uses of Literacy: Aspects of Working-Class Life with Special Reference to Publications and Entertainments* (London: Chatto and Windus, 1957).

[110] Terry Eagleton, "The Hippest," *London Review of Books*, 7 March 1996, p. 3. 关于当代文化研究中心的起源、建立和管理，见 Dworkin, Cultural Marxism in Postwar Britain, Chapter 3。

[111] Theodor Adorno and Max Horkheimer, *Dialektic der Aufklärung: Philosophische Fragmente* (Amsterdam: Querido, 1947); Martin Jay, *The Dialectical Imagination: A History of the Frankfurt School and the Institute of Social Research, 1923–1950* (Boston: Little, Brown, 1973).

[112] 参见 Werskey, "The Marxist Critique of Capitalist Science"。

[113] 展现这些发展的著作包括：Thomas Kuhn, *The Structure of Scientific Revolutions* (University of Chicago Press, 1962); Robert Young and Mikulas Teich, eds., *Changing Perspectives in the History of Science: Essays in Honor of Joseph Needham* (London: Heinemann Educational, 1973)。关于库恩观点的批判史，请参见 Steve Fuller, *Thomas Kuhn: A Philosophical History for Our Times* (University of Chicago Press, 2000)。爱丁堡学院的主要人物包括大卫·布罗尔和巴里·巴恩斯；早期的主要作品包括 Barnes, *T. S. Kuhn and Social Science* (London: Macmillan, 1982); Bloor, *Wittgenstein: A Social Theory of Knowledge* (New York: Columbia University Press, 1983)。关于杨和 20 世纪英国的科学研究，参见 Werskey, "The Marxist Critique of Capitalist Science"。

[114] 例如（按时间顺序）：Paul Forman, "Weimar Culture, Causality, and Quantum Theory, 1918–1927," *Historical Studies in the Physical Sciences* 3 (1971), pp. 1–116；Betty Jo Teeter Dobbs, *The Foundations of Newton's Alchemy: or, "The Hunting of the Greene Lyon"* (New York: Cambridge University Press, 1975); Spencer Weart, *Scientists in Power* (Cambridge, Mass.: Harvard University Press, 1979); Stephen Jay Gould, *The Mismeasure of Man* (New York: Norton,

1981); Donald MacKenzie, *Statistics in Britain, 1865–1930: The Social Construction of Scientific Knowledge* (Edinburgh University Press, 1981); Stephen Kern, *The Culture of Time and Space, 1880–1914* (Cambridge, Mass.: Harvard University Press, 1983)。

[115]　Simon Schaffer, "Godly Men and Mechanical Philosophers: Souls and Spirits in Restoration Natural Philosophy," *Science in Context* 1 (1987), pp. 55–85; Steven Shapin, "The House of Experiment in Seventeenth-Century England," *Isis* 79 (September 1988), pp. 373–404; Shapin, " 'The Mind Is Its Own Place': Science and Solitude in Seventeenth-Century England," *Science in Context* 4 (1990), pp. 191–218; Shapin, *A Social History of Truth: Civility and Science in Seventeenth-Century England* (University of Chicago Press, 1994); Theodore Porter, *Trust in Numbers: The Pursuit of Objectivity in Science and Public Life* (Princeton University Press, 1995); Andrew Warwick, *Masters of Theory: Cambridge and the Rise of Mathematical Physics* (University of Chicago Press, 2003)。

[116]　Steven Shapin and Simon Schaffer, *Leviathan and the Air-Pump: Hobbes, Boyle, and the Experimental Life* (Princeton University Press, 1985); Stephen Toulmin, *Cosmopolis: The Hidden Agenda of Modernity* (New York: Free Press, 1990); Bruno Latour, *Pandora's Hope: Essays on the Reality of Science Studies* (Cambridge, Mass.: Harvard University Press, 1999)。

[117]　"有一个围绕合作创造的更原初的人类成就，它是人类头脑最为基础的工作（比思考更基础），没有它，就不可能成功地建立起科学的大厦：它就是，人类世界的产生，包括语言的创造。" Leavis, *Two Cultures?*, p. 27.

[118]　Leavis, *Nor Shall My Sword*; Leavis, *The Living Principle: 'English' as a Discipline of Thought* (London: Chatto and Windus, 1975); Leavis, *Thought, Words, and Creativity* (1976)。

[119]　C. P. Snow, *The Affair* (London: Macmillan, 1960), p. 315; Leavis, *The Living Principle*, p. 34 and *passim*。

[120]　Day, *Re-reading Leavis*。

[121]　斯诺一开始称赞《幸运的吉姆》这本书，并且直到1967年他都对艾米斯很友好，但私下里，他对艾米斯的轻蔑之意逐渐滋生，所以将其塑造成为莱斯特·因斯这样一个讽刺性的人物。

[122]　斯诺终其一生支持工党，并最终成为一名工党成员。人们惊讶于斯诺没有认清工党和保守党之间的差别，但斯诺本人在接受马尔科姆·马格里奇采访时表示过他就是这么认为的（就像他还表达过美国和苏联之间的相似之处）。参见"Appointment with Sir Charles Snow," 18 August 1961, HRC: Snow 8.1。

[123]　Snow, "review of Ralph Glasser," *Leisure: Penalty or Prize*? (London: Macmillan, 1970),

typescript in HRC: Snow 34.1.

[124] Snow, "The Case of Leavis and the Serious Case," p. 739.

[125] Leavis, "Pluralism, Compassion and Social Hope," in *Nor Shall My Sword*, p. 169.

[126] 同上。

[127] "Snow to I. S. Cooper", 9 September 1975, 转引自 Caroline Nobile Gryta, "Selected Letters of C. P. Snow: A Critical Edition," unpublished PhD dissertation, Pennsylvania State University (1988), p. 372。

[128] David Wootton, "Liberalism," *The Oxford Companion to Twentieth-Century British Politics*, ed. John Ramsden (Oxford University Press, 2002), pp. 380-381.

[129] Sheldon Wolin, *Tocqueville between Two Worlds: The Making of a Political and Theoretical Life* (Princeton University Press, 2001), p. 9 (emphasis mine). 感谢 Greg Downs。

[130] Walter Bagehot, *The English Constitution* (1867), ed. Paul Smith (Cambridge University Press, 2001); 斯密关于尊重的讨论，参见该书第 20—27 页。

[131] 关于这三个运动的介绍，以及关于 20 世纪英国社会运动的学术研究，请参阅 Holger Nehring, "The Growthof Social Movements," in *A Companion to Contemporary Britain, 1939-2000*, ed. Paul Addison and Harriet Jones (Oxford: Blackwell, 2005), pp. 389-406。在同一卷中，Janet Fink 在 "Welfare, Poverty and Social Inequalities" 一文（pp. 263-280）中分析了社会不平等以及解决此问题所做的努力。

[132] 霍布斯鲍姆和 S. M. 阿曼蒂（S. M. Amadae）看到了相关的转变。霍布斯鲍姆讨论了"市场主权"的兴起。他认为在市场主权中"消费者取代了公民"，"私人偏好"取代了"共同或群体利益"。通过引用霍布斯鲍姆，阿曼蒂明晰了市场主体中的一个转变，即从"熟悉的公民语言"到强调"消费者的选择"。霍布斯鲍姆、阿曼蒂与笔者均探讨过 20 世纪晚期的文化变迁。参见，Hobsbawm, "Democracy Can Be Bad for You," *New Statesman*, 5 March 2001, p. 26; Amadae, *Rationalizing Capitalist Democracy: The Cold War Origins of Rational Choice Liberalism* (University of Chicago Press, 2003), p. 4。关于文化变迁的进一步讨论，见 Nils Gilman, *Mandarins of the Future: Modernization Theory in Cold War America* (Baltimore: Johns Hopkins University Press, 2003), pp. 244-249。

[133] C. P. Snow, "The Pursuit of Money," *Sunday Times*, 23 January 1949.

[134] Philip A. Snow, *Stranger and Brother*, p. 121.

[135] 简·格罗斯（Jan Gross）提到当时流传着一个相关的故事："这个时期有一个可疑的故事。它讲述了两辆满载犹太人的火车在苏德边境相向而行；两列火车上的乘客会向另一列火车上的乘客疯狂地做手势，试图告诉对方他们一定是疯了才会去往自己刚逃离的

地方。"见，*Revolution from Abroad: The Soviet Conquest of Poland's Western Ukraine and Western Belorussia* (Princeton University Press, 2002), p. 207。

结论

写在最后的话

如今,斯诺和利维斯两个名字永远地被历史定格在了"两种文化"的争论框架之内,这或许是他们都不愿见到的事实。斯诺曾经希望他的创作能流芳百世,但在他仙逝二十五年后的今天,其名声主要由瑞德演讲维系着。《两种文化》仍在刊印,且极受欢迎:1993年以来,坎图(Canto)版本已售近三万册,且截至目前已被译成17种语言。[1]极具讽刺意味的是,确保斯诺在思想史上占有一席之地的那场瑞德讲座,最终却使他的文学地位岌岌可危。1962年可谓斯诺人生中极为悲惨的一年——这一年里,利维斯发表了里士满演讲(斯诺不得不再三忍受对方的攻击,一次是在讲座当天,另一次则是讲座文稿刊出的那天);这一年里,他历经了一次诽谤诉讼,忍受了两次磨人的眼科手术。[2]诚然,那年之后,斯诺仍是一个公众人物,甚至一度任职于政府部门,担任部长级要职;他也继续从事创作,发表演说,并收获了诸多荣誉学位;70年代,他还应邀为知名的财经杂志《金融时报》撰文。[3]然而，斯诺的名声一落千丈，今非昔比。据说，私底下，斯诺还责怪利维斯让他无缘诺贝尔文学奖。斯诺的小说虽在开始的几年还在热卖，但1968年之后便日益不受待见了。[4]1978年，利维斯驾鹤西归，随后斯诺妻子约翰逊坦言，利维斯的里士满讲座令她丈夫的声名受到了损害。三年后，利维斯的妻子Q. D. 利维斯仙逝，约翰逊特地保存了讣告的剪报。[5]因此可以说，从历史的角度来看，1962年是斯诺的转折之年，此前，他是集万千宠爱于一身的知名作家，此后，他的身份变成了《两种文化》的作者。

1962年于利维斯而言亦是意义非凡的一年。那年春天，他正式从剑桥荣退，此后便致力于公共演讲和社会批评。里士满讲座可谓标志性的转折点，为利维斯吸引了众多听众。同年起，他受聘于多所高校，一系列访问学者和荣誉学者头衔接踵而至。其中，他对于约克大学之行最为津津乐道。1966年，他与妻子一同前往美国，在哈佛和康奈尔做了多场讲座，颇受欢迎。[6]事实上，退休后的利维斯仍然十分高产，出版著作的数目堪比此前的三十年，只不过因为文学风向的转变，他日益被边缘化了。1978年，也就是他去世那年，他被授予荣誉勋爵封号这一至高荣誉。如同他职业生涯中的诸多事件一样，这一荣誉姗姗来迟，代表了一个负义的当权政府对他的最终认可。直至今日，利维斯在剑桥英语专业仍占有一席之地，学生们仍可能被要求从"女性主义、利维斯主义、马克思主义"等批评视角分析某个篇章。[7]利维斯夫妇过世后不久，人们在他们原先在剑桥布尔斯特罗德花园的房子上装了一块纪念匾，颇似一个大型墓碑：匾上写着，"这是F. R. 利维斯和Q. D. 利维斯于1962年至1981年间的住所"。"他们的骨灰就撒在这所住房附近。"[8]

此书开篇便提出了这样一个问题：一个看似老掉牙的关乎科学和艺术关系之争的话题为何能在 20 世纪 60 年代的语境下一石激起千层浪？随后，此书各章节向读者们展示了这一历史话题背后的现实意义。斯诺和利维斯对现代文明的理解可谓大相径庭：斯诺认为现代文明塑造了一个令人艳羡的社会，为绝大多数人带来了物质繁荣和社会机遇；而在利维斯看来，现代文明造就了一个令人憎恶的社会，有赖于具备批判思维的少数群体加以抵制。正是这一立场上的差异，最终导致了"两种文化"之辩，而"两种文化"本身又与一系列其他话题互相交织，后者包括大学的使命、对历史的解读、国家政治议程，以及前大英帝国的未来。在科学现代化诉求呼声渐高的大背景之下，斯诺和他的同盟倡导的是技术官僚自由主义，利维斯和他的盟友则对此给予激烈批判——由此，"两种文化"之争日趋白热化，并带动了 60 年代一系列的文化政治议题。不过，尽管两人之间存在诸多分歧，他们的争论却始终脱离不了精英制度的范畴。60 年代后期，在更大范围的意识形态转型变化之下，精英制开始遭遇前所未有的挑战，从此，斯诺和利维斯们的地位也被逐步边缘化了。

新的方向

关于哪方观点更胜一筹这个问题，历史学家莫衷一是。多米尼克·桑德布鲁克认为"若没有利维斯的激烈回应，斯诺略显愚笨的论点也许早就被人遗忘了"，但戴维·埃哲顿所说的"若没有斯诺，利维斯就不会为普通民众所知"也不无道理。[9] 在某种程度上，"两种文化"之辩让斯诺和利维斯两位主角在两条历史线上都占据了一席之地：战后英国史和有关科学与艺术的论争的历史。虽然利维斯的攻击让斯诺遍体鳞伤，但我们仍需承认这样一个事实：是斯诺确立了争论的框架，正是在这一框架之下，不仅仅是他们的论述，还有上述两条历史线，才得以清晰呈现。因此，当我们修正了对于"两种文化"之辩的解读，在某种程度上，我们也就修正了对于这两条历史线的解读。

在斯诺看来，英国社会的统治阶层一贯将艺术置于科学之上，这种陈腐的做法令英国前景堪忧。这一观点实则反映了斯诺技术官僚自由主义的意识形态立场：深信国家应当有能力将有才华的个体培养成技术精湛的专家，这些技术专家将借助既有体制和机构的力量来造福全社会。在《两种文化》中，斯诺将这一立场与对英国经济衰退的焦虑联系在一起——这种焦虑始于50年代，盛行于60年代。诚然，经济衰退的话语并非斯诺的创造，但他十分赞同并竭力推崇这一论调。与斯诺持相同观点的还有安东尼·桑普森和亚瑟·库斯特勒。他们的社会评论专著包括《解剖英国》(1962)、《一个民族的自杀？》(1963)、《两种文化》(*The Two Cultures*)(1959)以及《再议两种文化》(*The Two Cultures: and A Second Look*)(1964)。这些著作对战后英国史的撰写产生了深远影响——作为一个最显著的例子，马丁·威纳将这一批评思路融入了其写作的自1850年以来的现代英国文化史专著中。[10]也就是说，关于英国经济衰退的历史述说并非由客观的经济数据支撑，而是扎根于对战后社会的技术官僚式批评。[11]本书并未采用衰退史学的这种批评思路，而是深挖了相关论调背后的意识形态立场。

不过，斯诺的"两种文化"范式影响深远，其影响绝不仅限于战后英国史这一领域。各类书评、编辑通信稿、广播谈话、思想论坛、学术期刊和学术专著在之后的很长一段时间里继续援引斯诺关于"两种文化"的论点，以此阐发某个观点、解释某种立场或是发起新的讨论。[12]《两种文化》之所以当下仍然在印，很大程度上是科学与艺术这一二元对立的潜在价值使然（而非其他原因，如斯诺对于文学现实主义的推崇）——这从现行版著作的标题上便可见一斑，这个标题已经删除了对"……科学革命"的经典引述。本书着重剖析了斯诺的观点及紧随其后的争论，强调了两者的重要意义。同时，由于本书将分析置于战后英国社会的大背景之下，在某种程度上也质疑了将"两种文化"本身作为分析框架的非历史性阐释。是的，"两种文化"甚至无法概括20世纪60年代的斯诺和利维斯之争，更不用说那些八九十年代发生的，乃至一切将来可能出现的相关争论。鉴于这一熟悉的说法实则囊括了繁多的议题，当我们说起"两种文化"，我们不应将它当作一种对思想界面貌的描述，或相关论辩的解释，而要将它作为一次契机，借此拨云见月，一探纷繁的学术争论背后的故事。

章后注

[1] C. P. Snow, *The Two Cultures*, introduction by Stefan Collini (Cambridge University Press, 1993).

[2] Philip A. Snow, *Stranger and Brother: A Portrait of C. P. Snow* (London: Macmillan, 1982), p. 143; *A Time of Renewal: Clusters of Characters, C. P. Snow, and Coups* (London: Radcliffe Press, 1998), p. 75; Pamela Hansford Johnson, *Important to Me* (New York: Scribner's, 1974), pp. 217–221; C. P. Snow, *Last Things* (London: Macmillan, 1970).

[3] 斯诺希望收获尽可能多的荣誉学位,最终他得到了三十个(其中一个是他去世之后授予的),参见 P. Snow, *Stranger and Brother*, pp. 193–194。David Cannadine 认为,利维斯的演讲在短期内没有造成什么损害:"C. P. Snow, 'The Two Cultures,' and the 'Corridors of Power' Revisited," *Yet More Adventures with Britannia*, ed. Wm. Roger Louis (London: I. B. Tauris, 2005), p. 108。

[4] P. Snow, *Stranger and Brother*, pp. 173, 169, 177.

[5] P. Snow, *A Time of Renewal*, p. 19& Q. D. 利维斯的讣告最终收录于得克萨斯大学哈里·兰塞姆人文研究中心(HRC)馆藏的约翰逊书信论文集:Snow, Addition to His Papers, 7.4。

[6] F. R. and Q. D. Leavis, *Lectures in America* (London: Chatto and Windus, 1969).

[7] 此例采自 1994 年 5 月的英语专业考题:"请撰写一段两位持不同立场(如女性主义、利维斯主义、马克思主义)的文学批评家的对话,探讨考题 22 中的两段文字,也可选取任意一段加以探讨。"理查德·斯托勒(Richard Storer)在一篇精彩的文章中讨论了利维斯幽灵般的存在,参见 "The After-life of Leavis," Loughborough University, 20 April 2002。

[8] 转引自未经证实的剪报:Emmanuel College, Cambridge: ECA COL 9.59a.132。

[9] Dominic Sandbrook, *White Heat: A History of Britain in the Swinging Sixties* (London: Little, Brown, 2006), p. 49; David Edgerton, *Warfare State: Britain, 1920–1970* (Cambridge University Press, 2006), p. 204.

[10] Anthony Sampson, *Anatomy of Britain* (London: Hodder and Stoughton, 1962); Arthur Koestler, ed., *Suicide of a Nation? An Enquiry into the State of Britain Today* (London: Hutchinson, 1963); Martin Wiener, *English Culture and the Decline of the Industrial Spirit* (Cambridge University Press, 1981; 2nd edn., 2004).

[11] 还可参见以下论述:D. N. McCloskey, *If You're So Smart: The Narrative of Economic Expertise* (University of Chicago Press, 1990), pp. 40–55; David Edgerton, "The Prophet Militant and Industrial: The Peculiarities of Correlli Barnett," *Twentieth Century British History* 2 (1991),

pp. 360–379; Jim Tomlinson, "Inventing 'Decline': The Falling Behind of the British Economy in the Postwar Years," *Economic History Review* 49 (1996), pp. 731–757。

[12] Michiko Kakutani, "Seduction and Reduction on a British Campus," *New York Times*, 5 June 2001; Mark S. Roulston, "Two Cultures" (letter), *Independent*, 3 May 2002; M. Lythgoe, "The New Two Cultures," Radio 4, 18 April 2007; W. Rüegg, ed., *Meeting the Challenges of the Future: A Discussion between 'The Two Cultures'* (Florence: Leo S. Olschki, 2003); Wai Chee Dimock and Priscilla Wald, "Literature and Science: Cultural Forms, Conceptual Exchanges," *American Literature* 74 (December 2002), pp. 704–715; Lennard J. Davis and David B. Morris, "Biocultures Manifesto," *New Literary History* 38 (2007), pp. 411–418; Ullica Segerstrale, ed., *Beyond the Science Wars: The Missing Discourse about Science and Society* (Albany: SUNY Press, 2000), pp. 15–28, 102–105, 185–187; Elizabeth Spiller, *Science, Reading, and Renaissance Literature: The Art of Making Knowledge, 1580–1670* (Cambridge University Press, 2004).

参考文献

不包括给编辑的信、匿名专栏和书评。完整的引用文档见章后注。一次文献和二次文献基于它们在本书文本中的用法进行区分。需要时,个人对合作性文档的贡献会在整卷文档的条目之外单独列出。

手稿收藏

British Library.

British Broadcasting Corporation Written Archives Centre, Reading (BBC WAC).

Calouste Gulbenkian Foundation, London.

Cambridge University Library (CUL).

Cambridge University Press (CUP).

Churchill College, Cambridge.

Downing College, Cambridge.

Emmanuel College, Cambridge.

Harry Ransom Humanities Research Center, Austin, Texas (HRC).

Houghton Library, Harvard, Cambridge, Massachusetts.

Reading University.

Royal Society, London.

已发表的一次文献

Adorno, Theodor and Horkheimer, Max, *Dialektic der Aufklärung: Philosophische Fragmente* (Amsterdam: Querido, 1947).

Albu, Austen, "Taboo on Expertise," *Encounter*, July 1963, pp. 45 – 50.

Allen, Walter, *et al.*, "A Discussion of C. P. Snow's Views," *Encounter*, August 1959, pp. 67 – 73.

Amis, Kingsley, *Lucky Jim* (London: Gollancz, 1954).

Anderson, Perry, "Components of the National Culture," *New Left Review* 50 (July – August 1968), pp. 3 – 57.

"Origins of the Present Crisis," *New Left Review* 23 (January – February 1964), pp. 26 – 53.

Andreski, Stanislav, *The African Predicament: A Study in the Pathology of Modernisation* (London: Michael Joseph, 1968).

Social Sciences as Sorcery (London: Deutsch, 1972).

Arnold, Matthew, "Literature and Science," in *The Complete Prose Works of Matthew Arnold*, ed. R. H. Super (Ann Arbor: University of Michigan Press, 1974), vol. X, pp. 53 – 73.

Bagehot, Walter, *The English Constitution* (1867), ed. Paul Smith (Cambridge University Press, 2001).

Bantock, G. H., "A Scream of Horror," *Listener*, 17 September 1959, pp. 427 – 428.

Bauer, P. T., *Dissent on Development: Studies and Debates in Development Economics* (London: Weidenfeld & Nicolson, 1971).

Beer, John, "Pools of Light in Darkness," *Cambridge Review*, 7 November 1959, pp. 106 – 109.

Bernal, J. D., *The Social Function of Science* (London: Routledge, 1939).

World Without War (London: Routledge and Paul, 1958).

Blackett, P. M. S., *The Gap Widens* (Cambridge University Press, 1970).

Reflections on Science and Technology in Developing Countries (Nairobi: East African Publishing House, 1969).

"Science and Technology in an Unequal World," *Jawaharlal Memorial* Lectures, 1967–1972 (Bombay: Bharatiya Vidya Bhavan, 1973).

"Technology and World Advancement," *Advancement of Science*, September 1957, pp. 3–11.

Booker, Christopher, Ingrams, Richard, Rushton, William, *et al.*, *Private Eye's Romantic England* (London: Weidenfeld & Nicolson, 1963).

Bowden, F. P. and Snow, C. P., "Photochemistry of Vitamins A, B, C, D," *Nature*, 14 May 1932, pp. 720 – 721.

"Photochemistry of Vitamins A, B, C, D," *Nature*, 25 June 1932, p. 943.

Bradbury, Malcolm, "The Tip of Life," *New Statesman*, 1 October 1976, pp. 453–454.

Brogan, Denis, "Inequality and Mr. Short," *Spectator*, 18 April 1969, p. 505.

Bronowski, Jacob, "Architecture as a Science and Architecture as an Art," *Royal Institute of British Architects Journal* 62 (March 1955), pp. 183–189.

——— *The Common Sense of Science* (Cambridge, Mass.: Harvard University Press, 1951).

——— *Science and Human Values* (New York: Harper and Row, 1956).

Bronowski, Jacob and Mazlish, Bruce, *The Western Intellectual Tradition: From Leonardo to Hegel* (London: Harper and Row, 1960).

Bryden, Ronald, "With a Difference," *Spectator*, 15 December 1961, p. 908.

Buckley, Jr., William F., "The Voice of Sir Charles," *National Review*, 22 May 1962, p. 358.

Butterfield, Herbert, *George III and the Historians* (London: Collins, 1957).

Colville, John, "A Battle of Britain Still to Win," Daily Telegraph, 26 June 1958. Conquest, Robert, "Letters," Spectator, 30 March 1962, pp. 395–396.

Cooper, William, "C. P. Snow," in *British Writers*, ed. Ian Scott-Kilvert (New York: Scribner's, 1984), vol. VII, pp. 321–341.

——— *Memoirs of a New Man* (London: Macmillan, 1966).

——— "Reflections on Some Aspects of the Experimental Novel," in *International Literary Annual*, ed. John Wain (London: John Calder, 1959).

——— *Scenes from Provincial Life* (London: Jonathan Cape, 1950).

Cornelius, David K. and St. Vincent, Edwin, eds., *Cultures in Conflict: Perspectives on the Snow–Leavis Controversy* (Chicago: Scott Foresman and Co., 1964).

Crosland, Anthony, *The Future of Socialism* (London: Jonathan Cape, 1956).

Crossman, Richard, *The Diaries of a Cabinet Minister: Volume One, Minister of Housing, 1964–1966* (London: Hamish Hamilton and Jonathan Cape, 1975).

——— "Secret Decisions," *Encounter*, June 1961, pp. 86–90.

Crowther, J. G., *The Social Relations of Science* (New York: Macmillan, 1941).

Dean, Robert, "The Tripos of 1961," *Cambridge Review*, 28 October 1961, p. 57.

Dzhagarov, Georgi, *The Public Prosecutor: A Play*, trans. Marguerite Alexieva, adapted for the stage by C. P. Snow and Pamela Hansford Johnson (London: Owen, 1969).

Eliot, T. S., *Selected Essays* (New York: Harcourt Brace, 1932).

Fairlie, Henry, "On the Comforts of Anger," *Encounter*, July 1963, pp. 9–13.

Ford, Boris, ed., *The Modern Age: Volume 7 of the Pelican Guide to English Literature* (Baltimore: Penguin Books, 1963).

Fuller, Roy, "The Critic and the Weekly," *New Statesman*, 14 July 1972, p. 56.

Galbraith, John Kenneth, *The Affluent Society* (Boston: Houghton Mifflin, 1958).

Gale, George, "Saying the Unsayable," *Spectator*, 25 July 1970, pp. 65 – 66.

Gardner, Helen, "The World of C. P. Snow," *New Statesman*, 29 March 1958, pp. 409 – 410.

Gerhardi, William, "Sir Charles Snow, Dr. F. R. Leavis, and the Two Cultures," *Spectator*, 16 March 1962, pp. 329 – 331.

Green, Martin, "Lionel Trilling and the Two Cultures," *Essays in Criticism* 13 (1963), pp. 375 – 385.

von Hayek, Friedrich, *The Road to Serfdom* (University of Chicago Press, 1944).

Heilbron, I. M. and Morton, R. A., "Photochemistry of Vitamins A, B, C, D," *Nature*, 11 June 1932, pp. 866 – 867.

Hogg, Quintin (Baron Hailsham of St. Marylebone), *Science and Politics* (London: Faber and Faber, 1963).

Hoggart, Richard, "Persuaded into Words," *Guardian*, 26 August 1976.

The Uses of Literacy: Aspects of Working-Class Life with Special Reference to Publications and Entertainments (London: Chatto and Windus, 1957).

Hollis, Christopher, "Snows of Tomorrow Year," *Spectator*, 26 February 1965, p. 254.

Hough, Graham, "The Ordered Carnival," *New Statesman*, 5 December 1969, pp. 817 – 818.

Huxley, Aldous, Literature and Science (London: Harper and Row, 1963).

Huxley, T. H., "Science and Culture," *Science and Education: Essays* (New York: D. Appleton, 1896), pp. 134 – 159.

Jewkes, John, *Ordeal by Planning* (New York: Macmillan, 1948).

Johnson, Pamela Hansford, *This Bed Thy Centre* (London: Chapman and Hall, 1935).

Important to Me (New York: Scribner's, 1974).

On Iniquity: Some Personal Reflections Arising out of the Moors Murder Trial (New York: Scribner's, 1967).

"The Sickroom Hush over the English Novel," *List*, 11 August 1949.

Jones, R. V., "In Search of Scientists – I," *Listener*, 23 September 1965, p. 447.

Kakutani, Michiko, "Seduction and Reduction on a British Campus," *New York Times*, 5 June 2001.

Koestler, Arthur, "Introduction: The Lion and the Ostrich," *Encounter*, July 1963, pp. 5–8.

"Postscript: The Manager and the Muses," *Encounter*, July 1963, pp. 113–117.

ed., "Suicide of a Nation?" *Encounter*, July 1963.

ed., *Suicide of a Nation? An Enquiry into the State of Britain Today* (London: Hutchinson, 1963).

Labour Party, *Let's Go with Labour for the New Britain: The Labour Party's Manifesto for the 1964 General Election* (London: Victoria House Printing Co., 1964).

Laslett, Peter, "Engels as Historian," *Encounter*, May 1958, pp. 85–86.

The World We Have Lost (London: Methuen, 1965).

Leavis, F. R., "Afterword," *The Pilgrim's Progress*, by John Bunyan (New York: New American Library, 1964).

"Anna Karenina" and Other Essays (London: Chatto and Windus, 1967).

"Anna Karenina: Thought and Significance in a Great Creative Work," *Cambridge Quarterly* 1 (Winter 1965–1966), pp. 5–27.

"'Believing In' the University," *The Critic as Anti-Philosopher* (Athens: University of Georgia Press, 1983), pp. 171–185.

The Common Pursuit (London: Chatto and Windus, 1952).

"Critic and Leviathan: Literary Criticism and Politics," *Politics and Letters* 1 (Winter–Spring 1948), pp. 58–61.

The Critic as Anti-Philosopher: Essays and Papers, ed. G. Singh (Athens: University of Georgia Press, 1983).

D. H. Lawrence: Novelist (London: Chatto and Windus, 1955).

Education and the University: A Sketch for an "English School" (London: Chatto and Windus, 1943).

"Elites, Oligarchies and an Educated Public," in *Nor Shall My Sword*, pp. 201–228.

English Literature in Our Time and the University (London: Chatto and Windus, 1969).

"English Poetry in the Eighteenth Century," *Scrutiny* 5 (June 1936), pp. 13–31.

"English Poetry in the Seventeenth Century," *Scrutiny* 4 (December 1935), pp. 236–256.

"'English', Unrest, and Continuity," in *Nor Shall My Sword*, pp. 103–133.

For Continuity (Cambridge: Minority Press, 1933).

The Great Tradition: George Eliot, Henry James, Joseph Conrad (London: Chatto and Windus, 1948).

"In Defence of Milton," *Scrutiny* 7 (June 1938), pp. 104–114.

"Introduction," in John Stuart Mill, *Mill on Bentham and Coleridge* (London: Chatto and Windus, 1950).

"'Lawrence Scholarship' and Lawrence," *Sewanee Review* 71 (January–March 1963), pp. 25–35.

" 'Literarism' versus 'Scientism': The Misconception and the Menace," in *Nor Shall My Sword*, pp. 137–160.

"'Literarism' versus 'Scientism': The Misconception and the Menace," *Times Literary Supplement*, 23 April 1970, pp. 441–444.

"Literary Criticism and Philosophy: A Reply," *Scrutiny* 6 (June 1937), pp. 59–70.

"Literature and Society," *Scrutiny* 12 (Winter 1943), pp. 2–11.

The Living Principle: "English" as a Discipline of Thought (London: Chatto and Windus, 1975).

"Luddites? or There Is Only One Culture," in *Nor Shall My Sword*, pp. 77–99.

"The Marxian Analysis," *Scrutiny* 6 (September 1937), pp. 201–204.

Mass Civilisation and Minority Culture (Cambridge: Minority Press, 1930).

"Milton's Verse," *Scrutiny* 2 (September 1933), pp. 123–136.

"Mr. Eliot and Milton," *Sewanee Review* 57 (Winter 1949), pp. 1–30.

New Bearings in English Poetry: A Study of the Contemporary Situation (London: Chatto and Windus, 1932).

Nor Shall My Sword: Discourses on Pluralism, Compassion and Social Hope (London: Chatto and Windus, 1972).

"Pluralism, Compassion and Social Hope," in *Nor Shall My Sword*, pp. 163–198.

"Restatements for Critics," *Scrutiny* 1 (March 1933), pp. 315–323.

"A Retrospect," *Scrutiny: A Quarterly Review* (Cambridge University Press, 1963), vol. XX, pp. 1–24.

"Retrospect of a Decade," *Scrutiny* 9 (June 1940), pp. 70–72.

Revaluation: Tradition and Development in English Poetry (London: Chatto and Windus, 1936).

"Saints of Rationalism," *Listener*, 26 April 1951, p. 672.

"Sociology and Literature," *Scrutiny* 13 (Spring 1945), pp. 74–81.

Thought, Words and Creativity: Art and Thought in Lawrence (New York: Oxford University

Press, 1976).

"The Two Cultures? The Significance of C. P. Snow," *Spectator*, 9 March 1962, pp. 297–303.

Two Cultures? The Significance of C. P. Snow, with an essay on "Sir Charles Snow's Rede Lecture" by Michael Yudkin (London: Chatto and Windus, 1962).

"Under Which King, Bezonian?" *Scrutiny* 1 (December 1932), pp. 205–215.

Valuation in Criticism and Other Essays, ed. G. Singh (Cambridge University Press, 1986).

Leavis, F. R. and Leavis, Q. D., *Dickens the Novelist* (London: Chatto and Windus, 1970).

Lectures in America (London: Chatto and Windus, 1969).

Leavis, F. R. and Thompson, Denys, *Culture and Environment: The Training of Critical Awareness* (London: Chatto and Windus, 1933).

Leavis, Q. D., *Fiction and the Reading Public* (London: Chatto and Windus, 1932).

Levin, Bernard, "My Concern Is Not the Play But What Is Behind It," *Daily Mail*, 7 September 1962, p. 3.

Locke, John, *Two Treatises of Government*, ed. Peter Laslett (Cambridge University Press, 1960).

Lovell, A. C. B., "A Unified Culture," *Encounter*, August 1959, p. 68.

MacArthur, Brian, "The Outsider," *Guardian*, 13 June 1966.

Magee, Bryan, *The New Radicalism* (New York: St. Martin's Press, 1962).

Mill, John Stuart, *Mill on Bentham and Coleridge*, with an introduction by F. R. Leavis (London: Chatto and Windus, 1950).

Three Essays (Oxford University Press, 1975).

Muggeridge, Malcolm, "England, Whose England?" *Encounter*, July 1963, pp. 14 – 17.

Neale, John, "History in the Scientific Age," *Nature* 199, 24 August 1963, pp. 735 – 737.

Newquist, Roy, *Counterpoint* (New York: Rand McNally, 1964).

Nott, Kathleen, "The Type to Which the Whole Creation Moves? Further Thoughts on the Snow Saga," *Encounter*, February 1962, pp. 87 – 88, 94 – 97.

Oltmans, Willem L., ed., *On Growth: The Crisis of Exploding Population and Resource Depletion* (New York: G. P. Putnam's Sons, 1974).

Osborne, John, *Look Back in Anger, A Play in Three Acts* (London: Faber and Faber, 1957).

Parsons, Ian, "Letters," *Spectator*, 23 March 1962, p. 365.

Plumb, J. H., "Letters," *Spectator*, 30 March 1962, p. 396.

Sir Robert Walpole: The Making of a Statesman (London: Cresset, 1956).

ed., *Studies in Social History: A Tribute to G. M. Trevelyan* (New York: Longman's, Green, and

Company, 1955).

"Welfare or Release," *Encounter*, August 1959, pp. 68–70.

Podhoretz, Norman, *Breaking Ranks* (New York: Harper and Row, 1979).

"England, My England," *New Yorker*, 10 May 1958, pp. 143–146.

Polanyi, Michael, *Knowing and Being: Essays*, ed. Marjorie Grene (London: Routledge, 1969).

"The Two Cultures," *Encounter*, September 1959, pp. 61–64.

Popper, Karl, *The Open Society and Its Enemies* (London: Routledge, 1945).

Putt, S. Gorley, "Technique and Culture: Three Cambridge Portraits," *Essays and Studies* 14 (1961), pp. 17–34.

Read, Herbert, "Mood of the Month – X," *London Magazine*, August 1959, pp. 39–43.

Rees, Goronwy, "Amateurs and Gentleman, or The Cult of Incompetence," *Encounter*, July 1963, pp. 20–25.

Richards, I. A., *Practical Criticism: A Study of Literary Judgment* (London: Harcourt Brace, 1929).

Principles of Literary Criticism (London: Kegan Paul, 1924).

Science and Poetry (London: Kegan Paul, 1926).

Riesman, David, "The Whole Man," *Encounter*, August 1959, pp. 70–71.

Rogrow, Arnold, *The Jew in a Gentile World*, with an introduction by C. P. Snow (New York: Macmillan, 1961).

Rose, Kenneth, "Choosing Technology's Few," *Daily Telegraph*, 10 September 1958.

Rostow, W. W., *The Stages of Economic Growth: A Non-Communist Manifesto* (Cambridge University Press, 1960).

Russell, Bertrand, "Snobbery," *Encounter*, August 1959, p. 71.

Russell, Leonard, "Billiard-Room Talks," *Sunday Times*, 6 March 1960, p. 18.

Sampson, Anthony, *Anatomy of Britain* (London: Hodder and Stoughton, 1962).

Anatomy of Britain Today (London: Hodder and Stoughton, 1965).

Sayers, Dorothy, *Gaudy Night* (London: Victor Gollancz, 1935).

Schumacher, E. F., *Small is Beautiful: Economics as if People Mattered* (New York: Harper and Row, 1973).

Shahak, Israel, "Letters," *Spectator*, 2 May 1969, p. 596.

Shanks, Michael, "The Comforts of Stagnation," *Encounter*, July 1963, pp. 30–38.

The Stagnant Society: A Warning (Baltimore: Penguin, 1961).

Shils, Edward, "The Charismatic Centre," *Spectator*, 6 November 1964, pp. 608–609.

Shonfield, Andrew, *British Economic Policy since the War* (Baltimore: Penguin, 1958).

Sitwell, Edith, "Sir Charles Snow, Dr. F. R. Leavis, and the Two Cultures," *Spectator*, 16 March 1962, p. 331.

Snow, C. P., "Act in Hope," *New Statesman*, 15 November 1958, pp. 698–700.

The Affair (London: Macmillan, 1960).

"The Age of Rutherford," *Atlantic Monthly*, November 1958, pp. 76–81.

"Britain's Two Cultures: A Study of Education in a Scientific Age," *Sunday Times*, 10 March 1957, p. 12.

"The Case of Leavis and the Serious Case," in *Public Affairs*, pp. 81–97.

"The Case of Leavis and the Serious Case," *Times Literary Supplement*, 9 July 1970, pp. 737–740.

"Challenge to the Intellect," *Times Literary Supplement*, 15 August 1958, p. 2946.

"The Cold War and the West," *Partisan Review*, Winter 1962, p. 82.

The Conscience of the Rich (London: Macmillan, 1958).

"The Corridors of Power," *Listener*, 18 April 1957, pp. 619–620.

Corridors of Power (London: Macmillan, 1964).

"Cult of the Atrocious," *Sunday Times*, 16 October 1949.

Death under Sail (London: Heinemann, 1932).

"Education and Sacrifice," *New Statesman*, 17 May 1963, pp. 746–750.

George Passant (London: Faber and Faber, 1940). Originally titled *Strangers and Brothers*.

Homecomings (London: Macmillan, 1956).

"In the Communities of the Elite," *Times Literary Supplement*, 15 October 1971, pp. 1249–1250.

"Industrial Dynamo," *New Statesman*, 16 June 1956, p. 703.

"The Irregular Right: Britain Without Rebels," *Nation*, 24 March 1956, pp. 238–239.

Last Things (London: Macmillan, 1970).

"Less Fun Than Machiavelli," *New Statesman*, 9 January 1970, p. 50.

"Liberal Communism: The Basic Dogma, the Scope for Freedom, the Danger in Optimism," *Nation*, 9 December 1968, pp. 617–623.

The Light and the Dark (London: Faber and Faber, 1947).

The Malcontents (London: Macmillan, 1972).

"Man in Society," *Observer*, 13 July 1958, p. 12.

The Masters (London: Macmillan, 1951).

"The Men of Fission," *Holiday*, April 1958, pp. 95, 108–115.

"Miasma, Darkness, and Torpidity," *New Statesman*, 11 August 1961, pp. 186–187.

"The Moral Un-neutrality of Science," in *Public Affairs*, pp. 187–198.

New Lives for Old (London: Victor Gollancz, 1933) (anonymously).

The New Men (London: Macmillan, 1954).

"New Men for a New Era," *Sunday Times*, 24 August 1958, p. 12.

"New Minds for the New World," *New Statesman*, 8 September 1956, pp. 279–282.

"On Magnanimity," *Harper's*, July 1962, pp. 37–41.

"Phase of Expansion," *Spectator*, 1 October 1954, p. 406.

Public Affairs (New York: Scribner's, 1971).

"The Pursuit of Money," *Sunday Times*, 23 January 1949.

"A Revolution in Education," *Sunday Times*, 17 March 1957, p. 5.

"Science and Government," in *Public Affairs*, pp. 99–149.

Science and Government (Cambridge, Mass.: Harvard University Press, 1960).

"Science, Politics, and the Novelist, or, The Fish and the Net," *Kenyon Review* 23 (Winter 1961), pp. 1–17.

The Search (London: Victor Gollancz, 1934; New York: Scribner's, 1958).

The Sleep of Reason (London: Macmillan, 1968). "The State of Siege," in Public Affairs, pp. 199–221.

Strangers and Brothers (London: Faber and Faber, 1940). Subsequently retitled *George Passant*.

Strangers and Brothers (London: Macmillan, 1972; New York: Scribner's, 1972), 3 vols.

"Technological Humanism," *Nature*, 8 February 1958, p. 370.

Time of Hope (London: Faber and Faber, 1949).

Trollope (London: Macmillan, 1975).

"The Two Cultures," *New Statesman and Nation*, 6 October 1956, pp. 413–414.

The Two Cultures, with an introduction by Stefan Collini (Cambridge University Press, 1993).

"The Two Cultures and the Scientific Revolution," *Encounter*, June 1959, pp. 17–24; July 1959, pp. 22–27.

The Two Cultures and the Scientific Revolution (Cambridge University Press, 1959).

"The Two Cultures: A Second Look," *Times Literary Supplement*, 25 October 1963, pp. 839–844.

The Two Cultures: and A Second Look (Cambridge University Press, 1964).

"The 'Two-Cultures' Controversy: Afterthoughts," *Encounter*, February 1960, pp. 64–68.

"Valedictory," *Sunday Times*, 28 December 1952, p. 7.

Variety of Men (London: Macmillan, 1967).

Steiner, George, "F. R. Leavis," *Encounter*, May 1962, pp. 37–45.

"The Master Builder," *Reporter*, 9 June 1960, pp. 41–43.

"The Retreat from the Word," *Kenyon Review* 23 (Spring 1961), pp. 187–216.

Tolstoy or Dostoevsky: An Essay in the Old Criticism (New York: Knopf, 1959).

Stevenson, John, "When a Man is Sick of Power," *Daily Sketch*, 24 February 1966, p. 6.

Storr, Anthony, "Sir Charles Snow, Dr. F. R. Leavis, and the Two Cultures," *Spectator*, 16 March 1962, pp. 332–333.

Thomas, Keith, "The Tools and the Job," *Times Literary Supplement*, 7 April 1966, p. 276.

Thompson, E P., "The Book of Numbers," *Times Literary Supplement*, 9 December 1965, pp. 1117–1118 (anonymously).

"History from Below," *Times Literary Supplement*, 6 April 1966, pp. 279–280.

Making History: Writings on Politics and Culture (New York: New Press, 1994).

The Making of the English Working Class (London: Gollancz, 1963).

ed., *Out of Apathy* (London: New Left Books, 1960).

"Outside the Whale," in *Out of Apathy*, pp. 141–194.

"The Peculiarities of the English," *Socialist Register*, 1965, ed. Ralph Miliband and John Saville (New York: Monthly Review Press, 1965), pp. 311–362.

Trevelyan, G. M., Clio, *a Muse: and Other Essays* (New York: Longman's, Green, and Company, 1931).

English Social History (London: Longmans, 1942).

Trilling, Lionel, *The Liberal Imagination* (New York: Viking, 1950).

Matthew Arnold (New York: Norton, 1939; London: George Allen and Unwin, 1955).

"The Novel Alive or Dead," *Griffin*, February 1955, pp. 4–13.

"Science, Literature, and Culture: A Comment on the Leavis–Snow Controversy," *Commentary*, June 1962, pp. 461–77.

Waddington, C. H., "Humanists and Scientists: A Last Comment on C. P. Snow," *Encounter*,

January 1960, pp. 72–73.

Wain, John, "21 Years with Dr. Leavis," *Observer*, 27 October 1963.

"An Open Letter to My Russian Hosts," *Observer*, 7 August 1960, p. 13.

Wald, Richard C., "New Churchill College Slated to Open at Cambridge Oct. 1," *New York Herald Tribune*, 25 August 1960.

Watkins, Alan, "Laureate of Meritocracy," *Observer*, 6 July 1980.

Webb, W. L., "New Year's New Reading II," *Guardian*, 13 January 1972.

Wells, H. G., *The Open Conspiracy: Blue Prints for a World Revolution* (London: Gollancz, 1928).

Williams, Raymond, *Culture and Society, 1780–1950* (London: Chatto and Windus, 1958).

The Long Revolution (London: Chatto and Windus, 1961).

"A Refusal to be Resigned," *Guardian*, 18 December 1969.

Wilson, Angus, "Fourteen Points," *Encounter*, January 1962, pp. 10–12.

"If It's New and Modish, Is It Good?" *New York Times Book Review*, 2 July 1961, p. 1.

"A Plea Against Fashion in Writing," *Moderna Sprak* 55 (1961), pp. 345–350.

Wilson, Harold, *Purpose in Politics* (London: Weidenfeld & Nicolson, 1964).

Worsley, Peter, "Imperial Retreat," in *Out of Apathy*, ed. E. P. Thompson, pp. 101–140.

Wyndham-Goldie, Grace, *et al.*, *The Challenge of Our Time* (London: P. Marshall, 1948).

Young, Michael, *The Rise of the Meritocracy, 1870–2033: An Essay on Education and Equality* (London: Thames and Hudson, 1958).

Yudkin, Michael, "Sir Charles Snow's Rede Lecture," originally published in the *Cambridge Review*, and reprinted in F. R. Leavis, *Two Cultures? The Significance of C. P. Snow* (London: Chatto and Windus, 1962).

二次文献

Addison, Paul, "The Impact of the Second World War," in *A Companion to Contemporary Britain, 1939–2000*, ed. Paul Addison and Harriet Jones, pp. 3–22.

Addison, Paul and Jones, Harriet, eds., *A Companion to Contemporary Britain, 1939–2000* (Oxford: Blackwell, 2005).

Amadae, S. M., *Rationalizing Capitalist Democracy: The Cold War Origins of Rational Choice Liberalism* (University of Chicago Press, 2003).

Anderson, Perry, "D'egringolade," *London Review of Books*, 2 September 2004, pp. 3, 5–9.

English Questions (London: Verso, 1992).

Annan, Noel, *Our Age: English Intellectuals between the World Wars – a Group Portrait* (New York: Random House, 1990).

Arnstein, Walter, ed., *Recent Historians of Great Britain: Essays on the Post-1945 Generation* (Ames: Iowa State University Press, 1990).

Baldick, Chris, *The Social Mission of English Criticism, 1848–1932* (New York: Oxford University Press, 1983).

Barnes, Barry, *T. S. Kuhn and Social Science* (London: Macmillan, 1982).

Barnett, Correlli, *The Audit of War: The Illusion and Reality of Britain as a Great Nation* (London: Macmillan, 1986).

  "How Britain Squandered Her Post-war Chance," *Independent*, October 18, 2001.

  The Lost Victory: British Dreams, British Realities, 1945–1950 (London: Macmillan, 1995).

Bateson, F. W., *Essays in Critical Dissent* (London: Longman, 1972).

Bell, Michael, "F. R. Leavis," in *The Cambridge History of Literary Criticism, Vol. 7: Modernism and the New Criticism*, ed. A. Walton Litz, Louis Menand and Lawrence Rainey (Cambridge University Press, 2000), pp. 389–422.

  R. Leavis (London: Routledge, 1988).

Bernstein, George, *The Myth of Decline: The Rise of Britain since 1945* (London: Pimlico, 2004).

van Beusekom, Monica and Hodgson, Dorothy, "Lessons Learned? Development Experiences in the Late Colonial Period," *Journal of African History* 41 (2000), pp. 29–33.

Black, Lawrence, *The Political Culture of the Left in Affluent Britain, 1951–64: Old Labour, New Britain?* (Basingstoke: Palgrave Macmillan, 2003).

Black, Lawrence and Pemberton, Hugh, eds., *An Affluent Society? Britain's Post-war "Golden Age" Revisited* (Aldershot: Ashgate, 2004).

Bloor, David, *Wittgenstein: A Social Theory of Knowledge* (New York: Columbia University Press, 1983).

Booth, Alan, "The Manufacturing Failure Hypothesis and the Performance of British Industry during the Long Boom," *Economic History Review* 56 (2004), pp. 1–33.

Boytinck, Paul, *C. P. Snow: A Reference Guide* (Boston: Hall, 1980).

Bradbury, Malcolm, "Whatever Happened to F. R. Leavis?" *Sunday Times*, 9 July 1995.

Brand, J. C. D., "The Scientific Papers of C. P. Snow," *History of Science* 26 (June 1988), pp. 111–127.

Brewer, John, "New Ways in History, or Talking About My Generation," *Historein* 3 (2001), pp. 27–46.

Brick, Howard, *Age of Contradiction: American Thought and Culture in the 1960s* (Ithaca: Cornell University Press, 1998).

Briggs, Asa, *Victorian People: A Reassessment of Persons and Themes, 1851–1867*, rev. edn. (University of Chicago Press, 1972).

Broadberry, S. N. and Crafts, N. F. R., "British Economic Policy and Industrial Performance in the Early Post-war Period," *Business History* 38 (1996), pp. 65–91.

——— "The Post-war Settlement: Not Such a Good Bargain after All," *Business History* 40 (1998), pp. 73–79.

Budge, Ian, "Relative Decline as a Political Issue: Ideological Motivations of the Politico-Economic Debate in Post-war Britain," *Contemporary Record* 7 (Summer 1993), pp. 1–23.

Burnett, D. Graham, "A View from the Bridge: The Two Cultures Debate, Its Legacy, and the History of Science," *Daedalus* 128 (Spring 1999), pp. 193–218.

Cannadine, David, "C. P. Snow, 'The Two Cultures,' and the 'Corridors of Power' Revisited," in *Yet More Adventures with Britannia*, ed. Wm. Roger Louis (London: I. B. Tauris, 2005), pp. 101–118.

——— *G. M. Trevelyan: A Life in History* (London: Harper Collins, 1992).

——— "Historians in 'The Liberal Hour:' Lawrence Stone and J. H. Plumb Re-Visited," *Historical Research* 75 (August 2002), pp. 316–354.

——— "John Harold Plumb," *Proceedings of the British Academy* 124 (2004), pp. 269–309.

——— "Sir John Plumb," *History Today*, February 2002, pp. 26–28.

——— "The State of British History," *Times Literary Supplement*, 10 October 1986, p. 1139.

Catterall, Peter, "What (If Anything) is Distinctive about Contemporary History?" *Journal of Contemporary History* 32 (4) (October 1997), pp. 441–452.

Chainey, Graham, *A Literary History of Cambridge* (Cambridge: Pevensey, 1985).

Christiansen, Rupert, "Footsteps from the Floor Above," *Spectator*, 8 July 1995, p. 33.

Clarke, Peter, *Hope and Glory: Britain, 1900–1990* (London: Allen Lane, 1996).

——— *Liberals and Social Democrats* (Cambridge University Press, 1978).

Clarke, Peter and Trebilcock, Clive, eds., *Understanding Decline: Perceptions and Realities of British Economic Performance* (Cambridge University Press, 1997).

Coates, David, *The Question of UK Decline: State, Society, and Economy* (London: Harvester

Wheatsheaf, 1994).

Collini, Stefan, *Absent Minds: Intellectuals in Britain* (Oxford University Press, 2006).

Arnold (Oxford University Press, 1988).

"Cambridge and the Study of English," in *Cambridge Contributions*, ed. Sarah J. Omrod (Cambridge University Press, 1998), pp. 42–64.

"HiEdBiz," *London Review of Books*, 6 November 2003, pp. 3, 5–9.

"Introduction," in C. P. Snow, *The Two Cultures* (Cambridge University Press, 1993).

"The Literary Critic and the Village Labourer: 'Culture' in Twentieth-Century Britain," *Transactions of the Royal Historical Society* 14 (2004), pp. 93–116.

"On Highest Authority: The Literary Critic and Other Aviators in Early Twentieth-Century Britain," in *Modernist Impulses in the Human Sciences, 1870–1930*, ed. Dorothy Ross (Baltimore: Johns Hopkins University Press, 1994), pp. 152–170.

Colville, John, *Footprints in Time* (London: Collins, 1976).

Conekin, Becky, *The Autobiography of a Nation: The 1951 Festival of Britain* (Manchester University Press, 2003).

"'Here is the Modern World Itself': The Festival of Britain's Representations of the Future," in *Moments of Modernity: Reconstructing Britain, 1945–1964*, ed. Becky Conekin, Frank Mort and Chris Waters, pp. 228–246.

Conekin, Becky, Mort, Frank and Waters, Chris, eds., *Moments of Modernity: Reconstructing Britain, 1945–1964* (London: Rivers Oram, 1999).

Conquest, Robert, *The Dragons of Expectations: Reality and Delusion in the Course of History* (New York: Norton, 2005).

Cooper, Frederick and Packard, Randall, eds., *International Development and the Social Sciences: Essays on the History and Politics of Knowledge* (Berkeley: University of California Press, 1997).

Cooper, William, "C. P. Snow," in *British Writers*, ed. Ian Scott-Kilvert (New York: Scribner's, 1984), vol. VII, pp. 321–341.

Corfield, Penelope J., *Power and the Professions in Britain, 1700–1850* (London: Routledge, 1995).

Cornforth, Maurice, ed., *Rebels and Their Causes* (London: Lawrence and Wishart, 1978).

Crafts, N. F. R., "The Golden Age of Economic Growth in Western Europe, 1950–1973," *Economic History Review* 48 (1995), pp. 429–447.

Cronin, James, *Labour and Society* (New York: Schocken, 1984).

Darnton, Robert, *The Great Cat Massacre, and Other Episodes in French Cultural History* (New York: Vintage, 1985).

Daunton, Martin, *Just Taxes: The Politics of Taxation in Britain, 1914–1979* (Cambridge University Press, 2002).

Daunton, Martin and Rieger, Bernhard, eds., *Meanings of Modernity: Britain from the Late-Victorian Era to World War II* (Oxford: Berg, 2001).

Davis, Lennard J. and Morris, David B., "Biocultures Manifesto," *New Literary History* 38 (2007), pp. 411–418.

Davis, Natalie Zemon, *The Return of Martin Guerre* (Cambridge, Mass.: Harvard University Press, 1983).

Day, Gary, "A Pariah in the Republic of Letters," *Times Higher Education Supplement*, 4 August 1995, p. 21.

Re-reading Leavis: Culture and Literary Criticism (New York: St. Martin's Press, 1996).

Dimock, Wai Chee and Wald, Priscilla, "Preface: Literature and Science: Cultural Forms, Conceptual Exchanges," *American Literature* 74 (December 2002), pp. 705–714.

Dobbs, Betty Jo Teeter, *The Foundations of Newton's Alchemy: or, "The Hunting of the Greene Lyon"* (New York: Cambridge University Press, 1975).

Dworkin, Dennis, *Cultural Marxism in Postwar Britain: History, the New Left, and the Origins of Cultural Studies* (Durham: Duke University Press, 1997).

Eagleton, Terry, "The Hippest," *London Review of Books*, 7 March 1996, pp. 3–5.

Literary Theory: An Introduction (Minneapolis: University of Minnesota Press, 1983).

Edgar, David, "Stalking Out," *London Review of Books*, 20 July 2006, pp. 8–10.

Edgerton, David, "C. P. Snow as Anti-Historian of British Science: Revisiting the Technocratic Moment, 1959–1964," *History of Science* 43 (June 2005), pp. 187–208.

England and the Aeroplane: An Essay on a Militant and Technological Nation (Basingstoke: Macmillan, 1991).

"The Prophet Militant and Industrial: The Peculiarities of Correlli Barnett," *Twentieth Century British History* 2 (1991), pp. 360–379.

"Science and the Nation: Towards New Histories of Twentieth-Century Britain," *Historical Research* 78 (February 2005), pp. 96–112.

Science, Technology, and the British Industrial 'Decline', 1870–1970 (Cambridge University

Press, 1996).

Warfare State: Britain, 1920–1970 (Cambridge University Press, 2006).

Ehrman, John, *The Rise of Neoconservatism: Intellectuals and Foreign Affairs, 1945–1994* (New Haven: Yale University Press, 1995).

English, Richard and Kenny, Michael, eds., *Rethinking British Decline* (London: Macmillan, 2000).

Ezard, John, "The Max Miller of the Lecture Circuit," *Guardian*, 18 April 1978.

Feinstein, C., "Benefits of Backwardness and Costs of Continuity," in *Government and Economies in the Post-war World: Economic Policies and Comparative Performance*, ed. Andrew Graham and Anthony Seldon (London: Routledge, 1990), pp. 275–293.

"Structural Change in the Developed Countries during the Twentieth Century," *Oxford Review of Economic Policy* 15 (1999), pp. 35–55.

Ferns, John, *F. R. Leavis* (New York: Twayne, 2000).

Fink, Janet, "Welfare, Poverty and Social Inequalities," in *A Companion to Contemporary Britain, 1939–2000*, ed. Paul Addison and Harriet Jones, pp. 263–280.

Ford, Boris, "Round and about the Pelican Guide to English Literature," in *The Leavises: Recollections and Impressions*, ed. Denys Thompson, pp. 103–112.

Forman, Paul, "The Primacy of Science in Modernity, of Technology in Post-modernity, and of Ideology in the History of Technology," *History and Technology* 23 (March/June 2007), pp. 1–152.

"Weimar Culture, Causality, and Quantum Theory, 1918–1927," *Historical Studies in the Physical Sciences* 3 (1971), pp. 1–116.

French, Stanley, *The History of Downing College Cambridge* (Downing College Association, 1978).

Fuller, Steve, *Thomas Kuhn: A Philosophical History for Our Times* (University of Chicago Press, 2000).

Geertz, Clifford, "Deep Play: Notes on the Balinese Cockfight," *Daedalus* 100 (Winter 1971), pp. 1–38.

The Interpretation of Cultures: Selected Essays (New York: Basic Books, 1973).

Gilman, Nils, *Mandarins of the Future: Modernization Theory in Cold War America* (Baltimore: Johns Hopkins University Press, 2003).

Goldie, Mark, "Churchill College: Origins and Contexts," unpublished paper (2001).

Gould, Stephen Jay, *The Mismeasure of Man* (New York: Norton, 1981).

Graff, Gerald, *Professing Literature: An Institutional History* (University of Chicago Press, 1987).

Green, E. H. H., *Thatcher* (London: Hodder Arnold, 2006).

Gross, Jan, *Revolution from Abroad: The Soviet Conquest of Poland's Western Ukraine and Western Belorussia* (Princeton University Press, 2002).

Guillory, John, "The Sokal Affair and the History of Criticism," *Critical Inquiry* 28 (Winter 2002), pp. 470 – 508.

Gunnarsson, Bo, The Novels of William Gerhardie (Abo Akademi University Press, 1995).

Halperin, John, *C. P. Snow: An Oral Biography, Together with a Conversation with Lady Snow (Pamela Hansford Johnson)* (New York: St. Martin's Press, 1983).

Halsey, A. H., *Decline of Donnish Dominion: The British Academic Professions in the Twentieth Century* (Oxford: Clarendon, 1992).

Harvey, A. D., "Leavis, Ulysses, and the Home Office," *Cambridge Review*, October 1993, pp. 123 – 128.

Headrick, Daniel, *Tools of Empire: Technology and European Imperialism in the Nineteenth Century* (New York: Oxford University Press, 1981).

Heyck, T. W., "The Idea of a University in Britain, 1870 – 1970," *History of European Ideas* 8 (1987), pp. 205 – 219.

The Transformation of Intellectual Life in Victorian England (New York: St. Martin's Press, 1982).

Hobsbawm, E. J., *The Age of Extremes: A History of the World, 1914–1991* (New York: Pantheon, 1994).

"Democracy Can Be Bad for You," *New Statesman*, 5 March 2001, pp. 25–27. "From Social History to the History of Society," Daedalus 100 (Winter 1971), pp. 20–45.

"Growth of an Audience," *Times Literary Supplement*, 7 April 1966, p. 283.

"The Historians' Group of the Communist Party," in *Rebels and Their Causes*, ed. Maurice Cornforth, pp. 21–47.

Interesting Times: A Twentieth-Century Life (London: Allen Lane, 2002).

Hodge, Joseph Morgan, *Triumph of the Expert: Agrarian Doctrines of Development and the Legacies of British Colonialism* (Athens: Ohio University Press, 2007).

Hodgson, Godfrey, *The World Turned Right Side Up: A History of the Conservative Ascendancy in America* (Boston: Houghton Mifflin, 1996).

参考文献

Hogendorn, J. S. and Scott, K. M., "The East African Groundnut Scheme: Lessons of a Large Scale Agricultural Failure," *African Economic History* (1981), pp. 81 – 115.

Hogg, Quintin (Baron Hailsham of St. Marylebone), *A Sparrow's Flight* (London: Collins, 1990).

Hoggart, Richard, *A Measured Life: The Times and Places of an Orphaned Intellectual* (New Brunswick: Transaction, 1994).

Hollinger, David, "The Knower and the Artificer," *American Quarterly* 39 (Spring 1987), pp. 37 – 55.

"Science as a Weapon in Kulturkämpfe in the United States During and After World War II," *Isis* 86 (September 1995), pp. 440–454.

Holroyd, Michael, "Gerhardie, William Alexander (1895 – 1977)," *Oxford Dictionary of National Biography* (Oxford University Press, 2004).

Iggers, Georg G., *Historiography in the Twentieth Century: From Scientific Objectivity to the Postmodern Challenge* (Hanover, NH: Wesleyan University Press, 1997).

New Directions in European Historiography (Middletown, Conn.: Wesleyan University Press, 1975).

Inglis, Fred, *Raymond Williams* (London: Routledge, 1995).

Jacobson, Dan, *Time and Time Again* (New York: Atlantic Monthly Press, 1985).

James, Clive, *May Week Was in June* (London: Cape, 1990).

Jay, Martin, *The Dialectical Imagination: A History of the Frankfurt School and the Institute of Social Research, 1923–1950* (Boston: Little, Brown, 1973).

Jenkins, Roy, *A Life at the Center: Memoirs of a Radical Reformer* (New York: Random House, 1991).

Jones, Harriet, "The Impact of the Cold War," in *A Companion to Contemporary Britain, 1939–2000*, ed. Paul Addison and Harriet Jones, pp. 23 – 41.

Jones, Harriet and Kandiah, Michael, eds., *The Myth of Consensus: New Views on British History, 1945–1964* (New York: St. Martin's, 1996).

Judt, Tony, *Postwar* (New York: Penguin, 2005).

Kammen, Michael, ed., *The Past Before Us: Contemporary Historical Writing in the United States* (Ithaca: Cornell University Press, 1980).

Kellner, Peter and Lord Crowther-Hunt, *The Civil Servants* (London: Macmillan, 1980).

Kenny, Michael, *The First New Left: British Intellectuals after Stalin* (London: Lawrence and Wishart, 1995).

Kermode, Frank, *Romantic Image* (London: Routledge and Paul, 1957).

Kern, Stephen, *The Culture of Time and Space, 1880–1914* (Cambridge, Mass.: Harvard University Press, 1983).

Kernan, Alvin, *In Plato's Cave* (New Haven: Yale University Press, 1999).

Kershaw, Baz, "Oh for Unruly Audiences! Or, Patterns of Participation in Twentieth-Century Theatre," *Modern Drama* 44 (Summer 2001), pp. 133 – 154.

Kibble, T. W. B., "Salam, Muhammad Abdus (1926 – 1996)," *Oxford Dictionary of National Biography* (Oxford University Press, 2004).

Kinch, M. B., Baker, William and Kimber, John, *F. R. Leavis and Q. D. Leavis: An Annotated Bibliography* (New York: Garland, 1989).

King, Desmond and Nash, Victoria, "Continuity of Ideas and the Politics of Higher Education Expansion in Britain from Robbins to Dearing," *Twentieth Century British History* 12 (2001), pp. 185 – 207.

Knight, Christopher J., *Uncommon Readers: Denis Donoghue, Frank Kermode, George Steiner and the Tradition of the Common Reader* (University of Toronto Press, 2003).

Koeneke, Rodney, *Empires of the Mind: I. A. Richards and Basic English in China, 1929–1979* (Stanford University Press, 2004).

Kristol, Irving, *Neoconservatism: The Autobiography of an Idea* (New York: Free Press, 1995).

Kuhn, Thomas, *The Structure of Scientific Revolutions* (University of Chicago Press, 1962).

Kynaston, David, *Austerity Britain: 1945–1951* (London: Bloomsbury, 2007).

LaCapra, Dominick, *History and Criticism* (Ithaca: Cornell University Press, 1985).

Landes, David, *The Unbound Prometheus: Technological Change and Industrial Development in Western Europe from 1750 to the Present* (Cambridge University Press, 1969).

Latour, Bruno, *Pandora's Hope: Essays on the Reality of Science Studies* (Cambridge, Mass.: Harvard University Press, 1999).

Lepenies, Wolf, *Between Literature and Science: The Rise of Sociology* (Cambridge University Press, 1988).

Litz, A. Walton, Menand, Louis and Rainey, Lawrence, eds., *The Cambridge History of Literary Criticism, Vol. 7: Modernism and the New Criticism* (Cambridge University Press, 2000).

Louis, Wm. Roger, *The Ends of British Imperialism: The Scramble for Empire, Suez, and Decolonization* (London: I. B. Tauris, 2006).

——— ed., *Penultimate Adventures with Britannia: Personalities, Politics, and Culture in Britain*

(London: I. B. Tauris, 2008).

ed., Yet More Adventures with Britannia: Personalities, Politics, and Culture in Britain (London: I. B. Tauris, 2005).

Lowe, Roy, "Education," in *A Companion to Contemporary Britain, 1939–2000*, ed. Paul Addison and Harriet Jones, pp. 281‐296.

MacKay, Marina, "'Doing Business with Totalitaria': British Late Modernism and the Politics of Reputation," *ELH* 73 (2006), pp. 729‐753.

Modernism and World War II (Cambridge University Press, 2007).

MacKenzie, Donald, *Statistics in Britain, 1865–1930: The Social Construction of Scientific Knowledge* (Edinburgh University Press, 1981).

MacKillop, Ian, *F. R. Leavis: A Life in Criticism* (London: Allen Lane, 1995).

We Were That Cambridge: F. R. Leavis and the 'Anthropologico-Literary' Group (Austin: University of Texas, 1993).

MacKillop, Ian and Storer, Richard, eds., *F. R. Leavis: Essays and Documents* (Sheffield Academic Press, 1995).

Maclean, Alan, "Johnson, Pamela Helen Hansford [married name Pamela Helen Hansford Snow, Lady Snow] (1912‐1981)," *Oxford Dictionary of National Biography* (Oxford University Press, 2004).

Mandler, Peter, "Against 'Englishness': English Culture and the Limits to Rural Nostalgia, 1850‐1940," *Transactions of the Royal Historical Society*, 6th series, 7 (1997), pp. 155‐175.

"The Consciousness of Modernity? Liberalism and the English National Character, 1870–1940," in *Meanings of Modernity: Britain from the Late-Victorian Era to World War II*, ed. Martin Daunton and Bernhard Rieger, pp. 119–144.

The English National Character: The History of an Idea from Edmund Burke to Tony Blair (New Haven: Yale University Press, 2006).

Marr, Andrew, *A History of Modern Britain* (London: Macmillan, 2007).

Marwick, Arthur, *The Sixties: Cultural Revolution in Britain, France, Italy, and the United States, c.1958–c.1974* (Oxford University Press, 1998).

May, Derwent, *Critical Times: The History of the Times Literary Supplement* (London: Harper Collins, 2001).

McCloskey, D. N., *If You're So Smart: The Narrative of Economic Expertise* (University of

Chicago Press, 1990).

McGucken, William, *Scientists, Society, and State: The Social Relations of Science Movement in Great Britain, 1931–1947* (Columbus: Ohio State University Press, 1984).

McKibbin, Ross, *Classes and Cultures: England 1918–1951* (New York: Oxford University Press, 1998).

Metzger, Linda and Straub, Deborah H., eds., "Hoff, Harry S(ummerfield),*" Contemporary Authors*, New Revision Series (Detroit: Gale, 1987), vol. XX, pp. 231–232.

Morgan, Kenneth, *The People's Peace: British History, 1945–1989* (New York: Oxford University Press, 1990).

de la Mothe, John, *C. P. Snow and the Struggle of Modernity* (Austin: University of Texas, 1992).

Mount, Ferdinand, "Ration Book," *Times Literary Supplement*, 15 June 2007, pp. 7–8.

Mulhern, Francis, *The Moment of "Scrutiny"* (London: New Left Books, 1979).

Nash, George, *The Conservative Intellectual Movement in America, since 1945* (New York: Basic Books, 1976).

Nehring, Holger, "The Growth of Social Movements," in *A Companion to Contemporary Britain, 1939–2000*, ed. Paul Addison and Harriet Jones, pp. 389–406.

Nye, Mary Jo, *Blackett: Physics, War and Politics in the Twentieth Century* (Cambridge, Mass.: Harvard University Press, 2004).

"Michael Polanyi (1891–1976)," *HYLE* 8 (2002), pp. 123–127.

Obelkevich, Jim, "New Developments in History in the 1950s and 1960s," *Contemporary British History* 14 (Winter 2000), pp. 125–142.

Olendorf, Donna, "Gerhardie, William Alexander," in *Contemporary Authors*, ed. Linda Metzger and Deborah A. Straub, New Revision Series (Detroit: Gale, 1986), vol. XVIII, pp. 179–181.

Ortner, Sherry B., ed., "The Fate of 'Culture': Geertz and Beyond," *Representations* 59 (Summer 1997).

Ortolano, Guy, " 'Decline' as a Weapon in Cultural Politics," in *Penultimate Adventures with Britannia*, ed. Wm. Roger Louis, pp. 201–214.

"Human Science or a Human Face? Social History and the 'Two Cultures' Controversy," *Journal of British Studies* 43 (October 2004), pp. 482–505.

"The Literature and the Science of 'Two Cultures' Historiography," *Studies in History and Philosophy of Science* 39 (March 2008), pp. 143–150.

"Two Cultures, One University: The Institutional Origins of the 'Two Cultures' Controversy," *Albion* 34 (Winter 2002), pp. 606–624.

Pegg, Mark Gregory, *The Corruption of Angels: The Great Inquisition of 1245–1246* (Princeton University Press, 2001).

Perkin, Harold, *Key Profession: The History of the Association of University Teachers* (New York: A. M. Kelley, 1969).

The Origins of Modern English Society, 1780–1880 (London: Routledge, 1969).

The Rise of Professional Society: England since 1880 (London: Routledge, 1989).

The Third Revolution: Professional Elites in the Modern World (London: Routledge, 1996).

Pinch, Trevor, "Scientific Controversies," in *International Encyclopedia of the Social and Behavioral Sciences*, ed. N. J. Smelser and P. B. Baltes (Oxford: Elsevier, 2001), pp. 13719–13724.

Podhoretz, Norman, *The Bloody Crossroads: Where Literature and Politics Meet* (New York: Simon and Schuster, 1986).

Breaking Ranks (New York: Harper and Row, 1979).

Ex-Friends (New York: Free Press, 1999).

Making It (New York: Random House, 1967).

Pollard, Sidney, *The Wasting of the British Economy: British Economic Policy from 1945 to the Present* (London: Croom Helm, 1982).

Porter, Roy, "The Two Cultures Revisited," *Cambridge Review*, November 1994, pp. 74–80.

Porter, Theodore, *Trust in Numbers: The Pursuit of Objectivity in Science and Public Life* (Princeton University Press, 1995).

Rabinovitz, Rubin, *The Reaction against Experiment in the English Novel, 1950–1960* (New York: Columbia University Press, 1967).

Reading, Bill, *The University in Ruins* (Cambridge, Mass.: Harvard University Press, 1996).

Rebellato, Dan, *1956 and All That: The Making of Modern British* Drama (London: Routledge, 1999).

Reynolds, David, ed., *Christ's: A Cambridge College over Five Centuries* (London: Macmillan, 2005).

Ritschel, Daniel, *The Politics of Planning: The Debate on Economic Planning in Britain in the 1930s* (Oxford: Clarendon, 1997).

Roberts, Neil, " 'Leavisite' Cambridge in the 1960s," in *F. R. Leavis: Essays and Documents*, ed.

Ian MacKillop and Richard Storer, pp. 264–279.

Rothblatt, Sheldon, *The Modern University and Its Discontents: The Fate of Newman's Legacies in Britain and America* (Cambridge University Press, 1997).

Rubinstein, W. D., *Capitalism, Culture, and Economic Decline in Britain, 1750–1990* (London: Routledge, 1993).

Rüegg, W., ed. *Meeting the Challenges of the Future: A Discussion between the "Two Cultures"* (Florence: Leo S. Olschki, 2003).

Russo, John Paul, *I. A. Richards: His Life and Work* (Baltimore: Johns Hopkins University Press, 1989).

Salingar, Leo, *Cambridge Quarterly* 25 (1996), pp. 399–404.

Samson, Anne, *F. R. Leavis* (University of Toronto Press, 1992).

Sandbrook, Dominic, *Never Had It So Good: A History of Britain from Suez to the Beatles* (London: Little, Brown, 2005).

White Heat: A History of Britain in the Swinging Sixties (London: Little, Brown, 2006).

Satia, Priya, "Developing Iraq: Britain, India, and the Redemption of Empire and Technology in the First World War," *Past and Present* 197 (November 2007), pp. 211–255.

Saunders, Frances Stonor, *Who Paid the Piper? The CIA and the Cultural Cold War* (London: Granta Books, 1999).

Schaffer, Simon, "Godly Men and Mechanical Philosophers: Souls and Spirits in Restoration Natural Philosophy," *Science in Context* 1 (1987), pp. 55–85.

Schwarz, Bill, "The End of Empire," in *A Companion to Contemporary Britain, 1939–2000*, ed. Paul Addison and Harriet Jones, pp. 482–498.

Scott, Joan W. and Keates, Debra, eds., *Schools of Thought: Twenty-Five Years of Interpretive Social Science* (Princeton University Press, 2001).

Sedgemore, Brian, *The Secret Constitution* (London: Hodder and Stoughton, 1980).

Segerstrale, Ullica, ed., *Beyond the Science Wars: The Missing Discourse about Science and Society* (Albany: SUNY Press, 2000).

Sewell, Jr., William H., "Whatever Happened to the 'Social' in Social History?" in *Schools of Thought: Twenty-Five Years of Interpretive Social Science*, ed. Joan W. Scott and Debra Keates, pp. 209–226.

Shapin, Steven, "The House of Experiment in Seventeenth-Century England," *Isis* 79 (September 1988), pp. 373–404.

参考文献

"'The Mind Is Its Own Place': Science and Solitude in Seventeenth-Century England," *Science in Context* 4 (1990), pp. 191–218.

A Social History of Truth: Civility and Science in Seventeenth-Century England (University of Chicago Press, 1994).

Shapin, Steven and Schaffer, Simon, *Leviathan and the Air-Pump: Hobbes, Boyle, and the Experimental Life* (Princeton University Press, 1985).

Shusterman, David, "C. P. Snow," *Dictionary of Literary Biography, Vol. 15: British Novelists, 1930–1959; Part 2: M-Z*, ed. Bernard Oldsey (Detroit: Gale, 1983), pp. 472–490.

Singh, G., *F. R. Leavis: A Literary Biography* (London: Duckworth, 1995).

Snow, Philip A., *Stranger and Brother: A Portrait of C. P. Snow* (London: Macmillan, 1982).

A Time of Renewal: Clusters of Characters, C. P. Snow, and Coups (London: Radcliffe Press, 1998).

Spiller, Elizabeth, *Science, Reading, and Renaissance Literature: The Art of Making Knowledge, 1580–1670* (Cambridge University Press, 2004).

Steedman, Carolyn, "State-Sponsored Autobiography," in *Moments of Modernity: Reconstructing Britain, 1945–1964*, ed. Becky Conekin, Frank Mort and Chris Waters, pp. 41–54.

Steiner, George, *Language and Silence: Essays on Language, Literature, and the Inhuman* (New York: Athenaeum, 1967).

Steinfels, Peter, *The Neoconservatives: The Men Who Are Changing American Politics* (New York: Simon and Schuster, 1979).

Stone, Lawrence, *The Past and the Present Revisited* (London: Routledge, 1987).

Storer, Richard, "The After-life of Leavis," paper delivered at Loughborough University, 20 April 2002.

"Education and the University: Structure and Sources," in *F. R. Leavis: Essays and Documents*, ed. Ian MacKillop and Richard Storer, pp. 129–146.

"F. R. Leavis and the Idea of a University," *Cambridge Review*, November 1995, p. 98.

"Richards, Ivor Armstrong (1893–1979)," *Oxford Dictionary of National Biography* (Oxford University Press, 2004).

Supple, Barry, "Fear of Failing: Economic History and the Decline of Britain," *Economic History Review* 47 (1994), pp. 441–458.

Taylor, Miles, "The Beginnings of Modern British Social History?" *History Workshop Journal* 43 (Spring 1997), pp. 155–176.

Thomas, Keith, "The Changing Shape of Historical Interpretation," in *Penultimate Adventures with Britannia: Personalities, Politics, and Culture in Britain*, ed. Wm. Roger Louis, pp. 43–51.

Thompson, Denys, ed., *The Leavises: Recollections and Impressions* (Cambridge University Press, 1984).

Tomlinson, Jim, "Conservative Modernisation, 1960–64: Too Little, Too Late?" *Contemporary British History* 11 (Autumn 1997), pp. 18–38.

"The Decline of the Empire and the Economic 'Decline' of Britain," *Twentieth Century British History* 14 (2003), pp. 201–221.

"Economic 'Decline' in Post-war Britain," in *A Companion to Contemporary Britain, 1939–2000*, ed. Paul Addison and Harriet Jones, pp. 164–179.

"Inventing 'Decline': The Falling Behind of the British Economy in the Postwar Years," *Economic History Review* 49 (1996), pp. 731–757.

The Politics of Decline: Understanding Post-war Britain (Harlow: Longman, 2001).

Toulmin, Stephen, *Cosmopolis: The Hidden Agenda of Modernity* (New York: Free Press, 1990).

Tribe, Keith, "Bauer, Peter Thomas, Baron Bauer (1915–2002)," *Oxford Dictionary of National Biography* (Oxford University Press, 2006).

Turner, Frank Miller, *Contesting Cultural Authority: Essays in Victorian Intellectual Life* (Cambridge University Press, 1993).

"Public Science in Britain, 1880–1919," *Isis* 71 (December 1980), pp. 589–608.

Veldman, Meredith, *Fantasy, the Bomb, and the Greening of Britain: Romantic Protest, 1945–1980* (Cambridge University Press, 1994).

Vernon, James, *Hunger: A Modern History* (Cambridge, Mass.: Harvard University Press, 2007).

Wang, Zouyue, "The First World War, Academic Science, and the 'Two Cultures': Educational Reforms at the University of Cambridge," *Minerva* 33 (1995), pp. 107–127.

Warwick, Andrew, *Masters of Theory: Cambridge and the Rise of Mathematical Physics* (University of Chicago Press, 2003).

Watson, Ivar Alastair, "'The Distance Runner's Perfect Heart': Dr. Leavis in Spain," *Cambridge Review*, November 1995.

Weart, Spencer, *Scientists in Power* (Cambridge, Mass.: Harvard University Press, 1979).

Weinstein, Barbara, "Developing Inequality," *American Historical Review* 113 (February 2008), pp. 1–18.

Weintraub, Stanley, "Snow, Charles Percy, Baron Snow (1905 – 1980)," *Oxford Dictionary of National Biography* (Oxford University Press, 2004).

Werskey, Gary, "The Marxist Critique of Capitalist Science: A History in Three Movements?" www.human-nature.com/science-as-culture/werskey.html.

——— *The Visible College: The Collective Biography of British Scientific Socialists of the 1930s* (London: Allen Lane, 1978).

White, Paul, *Thomas Huxley: Making the "Man of Science"* (Cambridge University Press, 2003).

Wiener, Martin, *English Culture and the Decline of the Industrial Spirit, 1850–1980* (Cambridge University Press, 1981; 2nd edn., 2004).

Williams, Raymond, "Seeing a Man Running," in *The Leavises: Recollections and Impressions*, ed. Denys Thompson, pp. 113 – 122.

Wilson, Adrian, ed., *Rethinking Social History: English Society 1570–1920* (Manchester University Press, 1993).

Winder, Simon, *The Man Who Saved Britain: A Personal Journey into the Disturbing World of James Bond* (New York: Farrar, Straus and Giroux, 2006).

Wolin, Sheldon, *Tocqueville between Two Worlds: The Making of a Political and Theoretical Life* (Princeton University Press, 2001).

Wood, James, "Don't Mess with the Don," *Guardian*, 21 July 1995.

Wootton, David, "Liberalism," in *The Oxford Companion to Twentieth-Century British Politics*, ed. John Ramsden (Oxford University Press, 2002), pp. 380 – 381.

Young, Robert and Teich, Mikulas eds., *Changing Perspectives in the History of Science: Essays in Honor of Joseph Needham* (London: Heinemann Educational, 1973).

Zaidi, S. Waqar H., "Barnes Wallis and the 'Strength of England'," *Technology and Culture* 49 (2008), pp. 62 – 88.

广播节目

Briggs, Asa, "Matters of Moment: Art and Sciences in the Schools," October 22, 1959, BBC WAC: MF "MAT," T331.

Lythgoe, M., "The New Two Cultures," 18 April 2007, BBC Radio 4.

Snow, C. P., "The Imperatives of Educational Strategy," September 8, 1959, BBC WAC: MF T491.

"Ten O'clock News," March 1, 1962, BBC Home Service, BBC WAC: Microfilm "Ten": T539 –

540.

纪录片及电影

Arguing the World, dir. Joseph Dorman, First Run/Icarus Films, 1997.
Europa, Europa, dir. Agnieszka Holland, Central Cinema Company Film, 1990.

政府出版物

Higher Education: Report of the Committee Appointed by the Prime Minister under the Chairmanship of Lord Robbins, 1961–1963 (London: HMSO, 1963; cmnd. 2154).
Higher Education: Evidence, Part I, Vol. A (London: HMSO, 1963; cmnd. 2154).
Higher Education: Evidence, Part I, Vol. B (London: HMSO, 1963; cmnd. 2154).
Higher Education, Appendix Two (A): Students and Their Education (London: HMSO, 1963; cmnd. 2154 - II).
Parliamentary Debates, Lords, 5th ser., vol. 293, 11 June 1968 - 28 June 1968.
The Scientific Civil Service: Reorganisation and Recruitment during the Reconstruction Period (London: HMSO, 1945; cmnd. 6679).
Scientific Manpower: Report of a Committee Appointed by the Lord President of the Council (London: HMSO, 1946; cmnd. 6824).

论文

de Greiff, Alexis, "The International Centre for Theoretical Physics, 1960 - 1979: Ideology and Practice in a United Nations Institution for Scientific Cooperation and Third World Development," PhD thesis, University of London (2001).
Gryta, Caroline Nobile, "Selected Letters of C. P. Snow: A Critical Edition," PhD thesis, Pennsylvania State University (1988).
Leavis, F. R., "The Relationship of Journalism to Literature: Studied in the Rise and Earlier Development of the Press in England," PhD thesis, University of Cambridge (1924).
Perrin, Nicola M. R., "Discovery: A Monthly Journal of Popular Knowledge," MSc thesis, University of London (1999).
Plumb, J. H., "Elections to the House of Commons in the Reign of William III," PhD thesis, University of Cambridge (1936).

Reinisch, Jessica, "The Society for Freedom in Science, 1940 – 1963," MSc thesis, University of London (2000).

网络资源

Oxford Dictionary of National Biography, online edition: http://www.oxforddnb.com.

Times Literary Supplement Centenary Archive: http://www.tls.psmedia.com.

索引

（索引页码系原书页码，即本书页边码。斜体数字指内容见于该页脚注，因本书将原书脚注排至章后，请在对应章后注中查询。）

1959 election，1959 年选举，164，175

1960s，20 世纪 60 年代，参见"六十年代"

1964 election，1964 年选举，165，168—70，178，183，185，190，192

Acheson, Dean，迪安·艾奇逊，206

Affair, The (CPS)，《丑闻》，45，95，115，121—122，202

Africa，非洲，2，23，48，55，96，194，195，201，205，206，211，212，214，216，217，231

Alderman Newton's Grammar School，牛顿高级市政官文法学校，29，31

Allen, Walter，沃特·艾伦，28

Amadae, S. M.，S. M. 阿曼蒂，*252*

Ambler, Eric，埃里克·安布勒，*10*

American Academy of Arts and Sciences，美国艺术与科学院，120

American Association for the Advancement of Science，美国科学促进会，207

Amis, Kingsley，金斯利·艾米斯，52，225，249

Lucky Jim，《幸运的吉姆》，51，57，120，*249*

Anderson, John，约翰·安德森，58

Anderson, Perry，佩里·安德森，83，161—162，170

and *New Left Review*，与《新左派评论》，237

"Components of the National Culture"，《民族文化的组成部分》，240

"Origins of the Present Crisis"，《当前危机的起源》，*13*，161，165

Andreski, Stanislav，斯坦尼斯拉夫·安德烈斯基，*158*，216

African Predicament, The，《非洲困境》，216

Social Sciences as Sorcery，《作为巫术的

社会科学》, 158, 216

Angry Young Men, 愤怒的年轻一代, 参见查尔斯·珀西·斯诺、特定作者名字条目下方的内容

Annan, Noel, 诺埃尔·安南, 85, 110, 112, 113, 118, 230, 239, 244

anthropology, 人类学, 154

architecture, 建筑, 151

Arnold, Matthew, 马修·阿诺德, 4, 6, 25, 87, 88, 199

Ashton, T. S., T. S. 阿什顿, 141

Asia, 亚洲, 2, 23, 48, 55, 96, 194, 195, 201, 202, 205, 211, 212, 217, 231

Associated Electrical Industries, 英国联合电气工业公司, 110

Association of Scientific Workers, 科学工作者协会, 104, 173

Athenaeum, 雅典娜神庙, 97

Atlantic Monthly, 《亚特兰大月刊》, 54

Atomic Energy Authority, 原子能管理局, 179

Attlee, Clement, 克莱门特·艾德礼, 163

Auden, W. H., W. H. 奥登, 44

Augustan Age, 奥古斯都时代, 80

Auschwitz, 奥斯威辛, 3, 6, 57, 148, 226, 227

Azhayev, Vasili, 瓦西里·阿扎耶夫, 203

Bacon, Francis, 弗朗西斯·培根, 126

Bagehot, Walter, 沃尔特·白哲特, 251

Balchin, Nigel, 奈吉尔·鲍尔钦, *10*

Balzac, Honore de, 巴尔扎克, 41, 121, 125

Bantock, G. H., G. H. 班托克, 63, 243

Barlow Report, 《巴洛报告》, 20, 103—104, 114

Barlow, Alan, 阿兰·巴洛, 103, 106

Barnett, Correlli 科内利·巴尼特, *13*, 161

Barzun, Jacques, 雅克·巴尔赞, 44, 118, 123, 124, 198

Basic Books, 基础图书出版公司, 60

Bauer, P. T., P. T. 鲍尔, 215—216, 216

BBC, 参见英国广播公司

Beer, John, 约翰·比尔, 59, 64

Bell, Michael, 迈克尔·贝尔, 77, 79, *242*

Benn, Tony, 托尼·本恩
   Bristol Campaign, 布里斯托运动, 167—168

Bennett, Arnold, 阿诺德·班纳特, 72

Bentham, Jeremy, 杰里米·边沁, 86—87, 190

Berlin Crisis, 柏林危机, 197

Berlin Wall, 柏林墙, 197

Bernal, J. D. J. D. 伯纳尔, 3, 34, 97, 124, 223
   and Gaitskell Group, 和盖茨克尔小组, 174, 177
   Social Function of Science, The, 《科学的社会功能》, 173
   World Without War, 《没有战争的世界》, 55, 149, 208

biochemistry, 生物化学, 34

biogenetics，生物遗传学，232

Birkbeck College London，伦敦大学伯贝克学院，50，61

Birmingham Post and Gazette,《伯明翰邮报》和《公报》，111

Blackett, P. M. S.，P. M. S. 布莱克特，34，103—104，223

    and Gaitskell Group，和盖茨克尔小组，174，176

    and international development，和国际发展，208

    and Ministry of Technology，和技术部，178—179

    Gandhi Memorial Lecture (1969)，甘地纪念演讲，208

    Nehru Lecture (1968)，尼赫鲁演讲，208

    Rede Lecture (1969)，瑞德演讲，208

Blake, William，威廉·布莱克，80

Bloomsbury Group，布鲁姆斯伯里团体，88—89，249

Bond, James，詹姆斯·邦德，*19*，19

Bowden, F. P.，F. P. 鲍登，31，32

Bradbrook, F. W.，F. W. 布拉德布鲁克，243

Bradbury, Malcolm，马尔科姆·布拉德伯里，242

"brain drain"，"人才外流"，230

Braine, John，约翰·布雷恩，51

Braybrooke, Neville，内维尔·布雷布鲁克，41

Brewer, John，约翰·布鲁尔，143

Brick, Howard，霍华德·布里克，235

Bridges Report,《剑桥报告》，104

Briggs, Asa，阿萨·布里格斯，59

Bristol Campaign，布里斯托运动，参见托尼·本恩

British Academy，英国科学院，120

British Broadcasting Corporation，英国广播公司，4，5，59，81，94，96，167

British Commonwealth，英联邦，163，210，217，224

British Empire，英帝国，1，12，15—16，20，23，56，161，163，217；另参见去殖民化

Bronowski, Jacob，雅各布·布罗诺夫斯基，5

    and Gaitskell Group，和盖茨克尔小组，174，175，176，177

    Western Intellectual Tradition, The,《西方思想传统》，59

Brooke, Rupert，鲁伯特·布鲁克，73—74

Browning, Robert，布朗宁，77

Brumwell, J. R. M.，J. R. M. 马库斯·布伦韦尔，

    and Gaitskell Group，和盖茨克尔小组，174，175，176，177

Buckley, William F. 威廉·F. 巴克利，

    and Snow，和斯诺，196—197

Bunyan, John，约翰·班扬，80

    Pilgrim's Progress, The,《天路历程》，88

Bury, J. B.，伯里，143，144

Butler, R. A.，巴特勒，190

Calder, Ritchie，里切·考尔德，20

Calendar of Modern Letters,《现代文学年

历》, 82

Callaghan, Jim, 吉姆·卡拉汉,

 and Gaitskell Group, 和盖茨克尔小组, 174

 and Ruskin College speech, 和罗斯金学院演讲, 234

Cambridge English, 剑桥英语, 26, 34, 122—123, 138; 另参见弗兰克·雷蒙德·利维斯条目下方的内容

 and development of, 及其发展, 67—69

 and English Tripos, 和英语荣誉学位考试, 34, 35, 128, 256

 and I. A. Richards, 和理查兹, 68—69

 and practical criticism, 和实用批评, 68

 and Raymond Williams, 和雷蒙德·威廉斯, 90, 239—240

Cambridge Group for the History of Population and Social Structure, 剑桥大学人口和社会结构研究小组, 140, 152—153

Cambridge Library of Modern Science, 剑桥现代科学图书馆, 32

Cambridge Quarterly,《剑桥季刊》, 244

Cambridge Review,《剑桥评论》, 59, 60, 64, 104, 112, 116

Cambridge Union, 剑桥联盟, 5

Cambridge University Press, 剑桥大学出版社, 32, 62, 97, 138, 237

Campaign for Nuclear Disarmament, 核裁军运动, 172, 224, 227

Cannadine, David, 大卫·坎纳丁, 10—11, 142, *255*

"Case of Leavis and the Serious Case, The"

(CPS),《利维斯的例子和一个严重情形》, 219—220

Castro, Fidel, 菲德尔·卡斯特罗, 197

Cavendish Laboratory, 卡文迪什实验室, 33

Centre for Contemporary Cultural Studies, 当代文化研究中心, 246

Chadwick, H. M., 查德韦克, 67, 68

Chatto and Windus, 查图&温都斯书局, 86, 99

Chekhov, Anton, 契诃夫, 38, 120

chemistry, 化学, 231, 232

Cherwell, Viscount, 参见林德曼（彻韦尔子爵）

Chesterton, G. K., G. K. 切斯特顿, 150

China, 中国, 194, 210

Christ's College, Cambridge, 剑桥基督学院, 29, 31, 37, 40, 91, 146

Churchill College, Cambridge, 剑桥丘吉尔学院, 22, 63, 230

 and ambitions for, 和雄心, 110, 111, 113, 116, 117—118, 119, 122—123

 and elitism, 精英主义, 113, 134, 228

 and English, 和英语, 117—119, 120, 122—124, 126—127, 137

 and establishment of, 和建制, 110—113, 115—119, 120, 122, 123—124

 and reception of, 和接受, 111—113, 166

 and techno-nationalism, 和技术民族主义, 111, 112—113, 166

 and women 和妇女, *114*

Churchill, Winston, 温斯顿·丘吉尔, 110,

114, 163, 168, 217

Civil War, 内战, 77, 153

Clark Lectures (1967), 克拉克系列讲座, 237; 另参见《我们时代的英语文学和大学》

class, 阶级
    and education, 与教育, 21, 105, *105*, 175
    and Eton Affair, 与伊顿事件, 180—182
    and Laslett's criticism of, 与拉斯莱特的批评, 153
    and meritocracy, 与精英制, 50, 88
    and postwar Britain, 与战后英国, 161
    and Snow's frustration with, 与斯诺的懊恼, 233
    and Snow's image of science, 与斯诺的科学观, 54, 55, 222
    and Snow's literary criticism, 与斯诺的文学批评, 42
    and *The Two Cultures*, 与《两种文化》, 9, 28
    and "white heat", 与"白热化", 169

classics, 与古典学, 26, 67, 84, 109

Club of Rome, 罗马俱乐部, 214

CND, 参见核裁军运动

Cockcroft, J. D., 约翰·考克罗夫特, 110, 114, 118

Cold War, 冷战, 23, 56, 63, 195—196, 196—197, 199—200, 205, 211, 224
    and modernization theory, 与现代化理论, 208—209

Coleridge, Samuel Taylor, 塞缪尔·泰勒·柯勒律治, 86

Collini, Stefan, 斯蒂芬·科里尼, 5—6, 8, 9, 10, *46*, *53*, *208*

Columbia University, 哥伦比亚大学, 60, 118, 196, 198

Colville, John, 约翰·科尔维尔, 110

Commentary,《评论》, 149, 195, 197—198, 198, 235, 236
    and neoconservatism, 和新保守主义, 235

Commonwealth, 英联邦, 77

communication theory, 传播理论, 123

Communist Party Historians' Group, 共产党历史学家小组, 142—143, 145

Communist Party of Great Britain, 英国共产党, 204, 224

comparative literature, 比较文学, 118, 119, 122, 123

Conekin, Becky, 贝基·柯尼金, 18—19, *19*

Congress for Cultural Freedom, 文化自由协会, 189

Connolly, Cyril, 西里尔·康诺利, 39, 165

Conquest, Robert, 罗伯特·康奎斯特, 97

Conrad, Joseph, 约瑟夫·康拉德, 96

Conscience of the Rich, The (CPS),《富人的良知》, 45, 198

Conservative Party, 保守党, 168, 192, 250, 252
    and modernization, 与现代化, 20, 169—170, 182—183

consumers, 消费者, 252

Cooper, William, 威廉·库珀, *10*, 36, 120；另参见哈里·霍夫

    Memoirs of a New Man,《新人回忆录》, 109—110

    Scenes from Provincial Life,《外省生活》, 40

Cornell University, 康奈尔大学, 2, 156, 237, 256

Corridors of Power (CPS),《权力的走廊》, 45, 46, 172, 172—173, 225

Cousins, Frank, 弗兰克·卡曾斯, 178, 180, 182

Coward, Noël, 诺埃尔·考沃德, 32

Cox, R. G., 考克斯, 243

Crook, Arthur, 阿瑟·克鲁克, 219

Crosland, Anthony, 安东尼·克劳斯兰

    Future of Socialism, The,《社会主义的未来》, 20

Crossman, Richard, 理查德·克罗斯曼, 153, 180, 190

    and Gaitskell Group, 和盖茨克尔小组, 174, 176, 178

cultural politics, 文化政治, 1, 11—12, 101, 256—257

    and arts-sciences tradition, 和艺术–科学传统, 25—27, 253—254, 258—259

    and declinism, 和衰落论, 162—163

    and domestic modernization, 和国内现代化, 21—22

    and education, 和教育, 101—102, 108—109, 138—139

    and history, 和历史, 22—23, 139, 140—142, 145—146, 152, 159—160, 160, 217

    and non-Western world, 和非西方世界, 194—196, 211—212, 212—216, 217

    and the Sixties, 和"六十年代", 23—24

cultural studies, 文化研究, 246

Culture and Environment (FRL and D. Thompson),《文化和环境》, 71, 72, 130, 245

D. H. Lawrence (FRL),《小说家劳伦斯》, 71

Daily Express,《每日快报》, 20

Daily Herald,《每日先驱报》, 111

Daily Mail,《每日邮报》, 20

Darnton, Robert, 罗伯特·达恩顿, 7—8

Darwin, Charles, 达尔文, 31, 232

Davies, H. Sykes, 赛克斯·戴维斯, 122

Davis, Natalie Zemon, 娜塔莉·泽蒙·戴维斯, 7—8

Death under Sail (CPS),《船帆下的死亡》, 32

Declaration of Human Rights,《人权宣言》, 234

declinism, 衰落论, 1, 8, *12*, 63；另参见《一个民族的自杀？》

    and critique of, 与其批评, *14*, 13—15, 258

    and definition of, 与其定义, 15, 162, 164—165, 165—166

and emergence of, 与其出现, 12—13, 13, 15—16, 23, 161—163, 163—165, 170, 192—193, 257—258

and historiography, 与历史学, 13, 13, 14, 16, 161—162, 192, 257—258

and science and technology, 与科学和技术, 13, 15—16, 16, 106, 166—167, 167—168, 169, 170

and Snow, 与斯诺, 12—13, 15—16, 53—54, 54, 56, 58, 106, 162—163, 170—171, 257—258

and technocratic critique, 与技术官僚批评, 10, 13, 15—16, 164—167, 167—168, 169, 170, 171, 172, 177—178, 192—193, 257—258

decolonization, 去殖民化, 12, 56, 163, 162, 167, 191, 193, 194—195, 205—206, 210—211, 212—213, 214, 216, 217

Delta,《三角洲》, 93

demography, 人口学, 151, 155

dependency theory, 依附理论, 214

Descartes, Rene, 笛卡尔, 189

developing world, 发展中世界, 参见非西方世界、特定地区名称

Dickens the Novelist (FRL and QDL),《小说家狄更斯》, 71

Dickens, Charles, 狄更斯, 41, 90, 156, 219, 249

  Great Expectations,《远大前程》, 88

  Hard Times,《艰难时世》, 87

Discovery,《发现》, 32

dissociation of sensibility, 情感脱节, 77, 77, 78

Donne, John, 邓恩, 77

Dostoevsky, Fyodor, 陀思妥耶夫斯基, 41, 53, 126

Downing College, Cambridge, 剑桥唐宁学院, 22, 71, 126

  and English School, 和英语学校, 88—89, 126—127, 127—128, 130, 130—132, 135, 136—137, 138, 243, 244

  and history of, 和其历史, 127

  and postwar expansion, 和战后扩张, 132—134

Downs, Brian, 布莱恩·唐斯, 110, 112

Dryden, John, 德莱顿, 80

Dunn Laboratory, 邓恩实验室, 34

Eagleton, Terry, 特里·伊格尔顿, 74

  Literary Theory,《文学理论》, 242

  on Stuart Hall, 关于斯图尔特·霍尔, 246

Eccles, D. M. (Viscount Eccles), 埃克尔斯子爵, 180

economic decline, 经济衰退, 参见衰落论

economics, 经济学, 151, 154

Economist,《经济学家》, 62, 120, 208

Eden, Anthony, 安东尼·伊登, 163

Edgerton, David, 戴维·艾哲顿, 10, 10—11, 13, 14, 16, 17, 18, 47, 105, 257

education, 教育, 20—21, 26, 56, 174,

252
and Colleges of Advanced Technology, 和高级技术学院, 107, 108, 113
and comprehensive schools, 和综合学校, 21, 24, 86, 180—182, 221, 224, 229, 233—234, 251
and "eleven-plus", 和"11+"考试, 21, 24
and grammar schools, 和文法学校, 17, 54, 109, 250
and polytechnics, 和理工学院, 107
and public schools, 公立学校, 89; 另参见斯诺: 和伊顿事件
and university, 和大学
and expansion, 和扩张, 1, 9, 21, 67, 102—106, 107—108, 109, 132—134, 221, 224, 251; 另参见《巴洛报告》、《罗宾斯报告》
and funding, 和资助, 20, 21, 103, 104, 106, 108
and science and technology, 和科技, 20, 21, 103—104, 105—106, 107
and women, 和妇女, 104—105, 111, 114
Education Act (1944), 《1944年教育法案》, 16, 21, 102, 224
Education Act (1976), 《1976年教育法案》, 234
Education and the University (FRL), 《教育与大学》, 72, 128—130, 244
egalitarianism, 平等主义, 23, 24—25, 220—221, 226, 251—252, 254

Eliot, George, 乔治·艾略特
  Middlemarch, 《米德尔马契》, 88
Eliot, Lewis, 路易斯·艾略特, 30, 36, 37, 44—46, 115, 202, 223, 225, 227
Eliot, T. S., T. S.艾略特, 55, 77, 93, 245
  Four Quartets, 《四个四重奏》, 84—85
Elton, Geoffrey, 杰弗里·埃尔顿, 145
Emerson, Ralph Waldo, 爱默生, 148
Empson, William, 威廉·燕卜荪, 71
Encounter, 《文汇》, 4, 4, 28, 29, 59, 60, 63, 125, 155, 165
  and Congress for Cultural Freedom, 文化自由协会, 189
English Electric, 英国电器公司, 33
English Historical Review, 《英国历史评论》, 145
English Literature in Our Time and the University (FRL), 《我们时代的英语文学和大学》, 72, 156
English Stage Company, 英国舞台公司, 19
Enlightenment, 启蒙运动, 246
environmentalism, 环境主义, 214—215
Eton, 伊顿, 180, 182
Eton Affair, 伊顿事件, 参见斯诺条目下方的内容
European Union, 欧盟, 161
Evening News, 《晚间新闻》, 112
Evening Standard, 《标准晚报》, 94
expertise, 专业知识, 10, 13, 15—16, 18, *18*, 19, 102, 151, 155, 171
experts, 专家, 13, 15—16, 17, *18*, 18—19, 21, 48, 106, 166, 170, 171,

250，252

Fabian Society，费边社，173

Fairlie, Henry，亨利·费尔利，166，184，185

fascism，法西斯主义，55，226

Faulkner, William，威廉·福克纳，35，43，53

feminism，女权主义/女性主义，18，23，161，179—180，182，214，224，239，240—241，251

Festival of Britain，英国节，19，20，163，170

Financial Times，《金融时报》，230，236，250，255

First World War，第一次世界大战，26，67—68，69，103

Fleming, Ian，伊恩·弗莱明，19

fluid social hierarchy. See meritocracy，流动的社会等级制，参见精英制

Forbes, Mansfield，曼斯菲尔德·福布斯，67，68

Ford, Boris，鲍里斯·福特
  Pelican Guide to English Literature，《鹈鹕英国文学指南》，243，245

Forster, E. M.，E. M. 福斯特，70

France，法国，69，142，152，161，202

Frankfurt School，法兰克福学派，246

Freud, Sigmund，西格蒙德·弗洛伊德，32，187

Fulton, Missouri，密苏里州的富尔顿，217

Gagarin, Yuri，尤里·加加林，197

Gaitskell Group，盖茨克尔小组，参见工党

Gaitskell, Hugh，休·盖茨克尔，147，167，168
  and Gaitskell Group，和盖茨克尔小组，175，176

Galbraith, John Kenneth，约翰·肯尼思·加尔布雷思，88

Gardner, Helen，海伦·加德纳，44

gay rights movement，同性恋权利运动，233

gender，性别，*46*，46—47，53，222，226—227

genetics，遗传学，226，231—232，233

George Passant (CPS)，《乔治·帕桑》，38，39，44，45

Gerhardi(e), William，威廉·格哈迪，3，4，36，37—39，40，42，51，97，120

Gilman, Nils 吉尔曼，*209*，*215*，*252*

Girton College, Cambridge，剑桥格顿学院，69

Godkin Lectures (1960)，戈德金系列讲座，33，46，172，*172*，177

Goldie, Mark，马克·戈迪，111，*111*

Gomme, Andor，安多尔·戈梅，243

Goya, Francisco，弗朗西斯科·戈雅，227

Great Tradition, The (FRL)，《伟大的传统》，71，80，219，240

Great War，大战，参见第一次世界大战/"一战"

Green, Martin，格林，*199*

Greenham, Peter，彼得·格林汉，135

Grene, Marjorie，玛乔丽·格里尼，188，

索引

189

Gross, Jan, 简·格罗斯, *253*

Guardian, 《卫报》190, 217

    and Leavisian criticism, 利维斯式批评, 244

Guillory, John, 约翰·吉约利, *221*

Gulbenkian Foundation, 古尔本基安基金会, 152, 153

Hailsham, Lord, 黑尔什姆勋爵, 参见昆廷·霍格（圣玛丽勒本黑尔什姆勋爵）

Haldane, J. B. S., J. B. S. 霍尔丹, 34, 173

Hall, Peter, 彼得·霍尔, 244

Hall, Stuart, 斯图尔特·霍尔, 246

Hammond, Barbara and J. L., 芭芭拉·哈蒙德和 J. L. 哈蒙德夫妇, 150

Harding, Denys, 德尼斯·哈丁, 92

Hartwell, R. M., R. M. 哈特韦尔, 141

Harvard University, 哈佛大学, 2, 33, 44, 117, 119, 120, 121, 136, 156, 177, 237, 256

Harwell, 哈韦尔, 54, 171

Hayek, Friedrich von, 弗里德里希·冯·哈耶克, 88, 185—186, 187, 189

    John Stuart Mill and Harriet Taylor, 《约翰·穆勒和哈莉耶特·泰勒》, 87—88

    Road to Serfdom, The, 《通往奴役之路》, 185

Heath, Edward, 爱德华·希思, 239, 252

Hebrew Union College, 希伯来联合学院, 232

Hill, Christopher, 克里斯托弗·希尔, 142

Hilton, Rodney, 罗德尼·希尔顿, 142

history (discipline of), 历史（学科）

    and *Annales* school, 与年鉴学派, 142, 143, 144, 152, 155

    and cliometricians, 与计量历史学, 142

    and postwar transformation of, 与其战后变革, 1, 141, 142—143, 144—146, 160

    and problem of recent, 与近期问题, *8*, 7—9

    and professionalization of, 与职业化, 144—145

    and standard-of-living debate, 与生活水平之辩, 141, 142, 160

    cultural, 文化的, 7, 7—9, 11, *18*, 162, *162*

    economic, 经济的, 143, *162*

    social, 社会的, 1, 7, 26, 53

    and background to, 与其背景, 143—144

    and literary sources, 与文学史料, 143—144, 145, 146, 150, 153—154, 154—155, 156, 157, 160

    and postwar transformation of, 与其战后变革, 142—143, 144—146, 151—152, 152, 153—154, 160

    and social science, 与社会科学, 141, 142, 143, 144—145, 150, 151—152, 153—155, 156—157, 160

history (the past)

    and linear reading of, 历史（过去）与

线性解读，48—49，169，194—195，201—202，208—209，210—211，212，216

and non-Western world，与非西方世界，23，194—195，211—212，217

history of science，科学史，参见科学研究

Hitler, Adolf，阿道夫·希特勒，61，90，226

Hobsbawm, E. J.，E. J. 霍布斯鲍姆，141，142，*252*

Hodge, Joseph Morgan，约瑟夫·摩根·霍奇，19，*205*，207，*209*

Hoff, Harry，哈里·霍夫，39—40；另参见威廉·库珀

Hogben, Lancelot，兰斯洛特·霍格本，173

Hogg, Quintin (Baron Hailsham of St. Marylebone)，昆廷·霍格（圣玛丽勒本黑尔什姆男爵），183，185，186，189

and Leavis，与利维斯，190

on *The Two Cultures*，关于《两种文化》，184—185

Science and Politics，《科学与政治》，184—185

Hoggart, Richard，理查德·霍加特，55，93，149，150，218，243

and CCCS，与当代文化研究中心，246

and "left-Leavisism"，与"左翼利维斯主义"，246

Uses of Literacy, The，《读写何用》，246

Holbrook, David，戴维·霍尔布鲁克，243

Holland, Agnieszka，阿格涅斯卡·霍兰德

Europa, Europa，《欧罗巴，欧罗巴》，253

Hollander, John，约翰·霍兰德，123

Hollinger, David，大卫·霍林格，9—10，*221*

Hollis, Christopher，克里斯托弗·霍利斯

on Eton Affair，关于伊顿事件，181

Home Office，内政部

and investigation of Leavis，和利维斯调查，70，238

Home, Alec Douglas-，霍姆，168

Homecomings (CPS)，《回家》，45

Hopkins, Frederick Gowland，弗雷德里克·哥兰·霍普金斯，31，34

Hopkins, Gerard Manley，杰拉德·曼利·霍普金斯，76

Horizon，《眼界》，39

Hough, Graham，格雷厄姆·霍夫，70，*243*

House of Commons，下议院，167—168，172

House of Lords，上议院，18，33，178，180，182，210，215，228，229，230

Howard, H. E.，H. E. 霍华德，31

Hulme, T. E.，T. E. 休姆，35

Human World，《人类世界》，244

Hungary，匈牙利，197，204，224

Huxley, Aldous，阿道司·赫胥黎，3，66

Huxley, T. H.，T. H. 赫胥黎，4，6，25，26，199

ICI，英国化学工业公司，110

immigration，移民，161，214，224，239

Imperial College London，伦敦帝国理工学院，209
Ince, Lester，莱斯特·因斯，225
India，印度，163，195，206，212
Industrial Revolution，工业革命，48—49，56，57，80，141，147—148，150，154，157，160，194，209，220
Inglis, Fred，弗雷德·英格利斯，244
Institute for Advanced Study，高等研究所，120
International Centre for Theoretical Physics，国际理论物理中心，209
international development，国际发展，194—196，201—202，206—210，217
  and critique of，及其批判，213—216
Israel，以色列，235
Ivasheva, Valentina，瓦伦蒂娜·伊瓦舍娃，202，203

James Tait Black Memorial Prize，詹姆斯·泰特·布莱克纪念奖，44
James, Clive，克莱夫·詹姆斯，90
James, Eric，埃里克·詹姆斯，243
Jeffares, A. Norman，A. 诺曼·杰弗斯，98
Jewkes, John，约翰·朱克斯，185—186，189
  Ordeal by Planning，《坎坷的计划之路》，185
John O'London's，《约翰伦敦周报》，32
Johnson, Lyndon Baines，约翰逊，209
Johnson, Pamela Hansford，帕梅拉·汉斯福德·约翰逊，23，30，33，36，39，40，41，42，97，182，249，255—256
  On Iniquity，《论罪孽》，226
  This Bed Thy Centre，《这张床是你的中心》，39
Jones, R. V.，R. V. 琼斯，167
Joyce, James，詹姆斯·乔伊斯，35，121，123
  Finnegans Wake，《芬尼根守灵夜》，35
  Ulysses，《尤利西斯》，70，238
Judt, Tony，托尼·朱特，205

Kapitza, Peter，皮特·卡皮查，34
Kazin, Alfred，艾尔弗雷德·卡津，44
Kennedy, John F.，约翰·肯尼迪，60，147，209
Kenyon College，凯尼恩学院，118
Kenyon Review，《凯尼恩评论》，120
Kernan, Alvin，阿尔文·克南，6
Kershaw, Baz，巴兹·柯肖，19
Keynes, John Maynard，凯恩斯，189
Khrushchev, Nikita，赫鲁晓夫，204
King, Francis，弗兰西斯·金，40
King's College, Cambridge，国王学院，131
Klingopulos, G. D.，G. D. 克林贡普洛斯，243
Koestler, Arthur，亚瑟·库斯特勒，170，184，*258*
  Suicide of a Nation?，《一个民族的自杀？》，12—13，*13*，*15*，15—16，17，165—166，184
Kristol, Irving，欧文·克里斯托，235

and term "neoconservative", 和术语"新保守主义", 235

labor unions, 工会, 49, 178, 207, 214, 239

Labour Party, 工党, 20, 147, 153, 233—234, 250; 另参见技术部

and Campaign for Democratic Socialism, 与民主社会主义运动, 168

and Gaitskell Group, 与盖茨克尔小组, 173—177, 183, 192

and modernization, 与现代化, 167—170, 173—175, 176—177, 177—178, 178—179, 182, 183—184

and nuclear disarmament, 与核裁军, 168

and planning, 与计划, 183—184, 185

and revisionism, 与修正主义, 143

and science, 与科学, 167—170, 176, 173—178, 182, 183—184, 223

and technology, 与技术, 178—179, 183—184, 223

New Britain, The, 《新大不列颠》, 169—170, 185

Lady Chatterley's Lover trial, 《查泰莱夫人的情人》诉讼, 19

Landes, David, 大卫·兰德斯, 35

Langdon-Davies, John, 约翰·兰登-戴维斯, 20

Lasky, Melvin, 梅尔文·拉斯基

Utopia and Revolution, 《乌托邦与革命》, 236

Laslett, Peter, 彼得·拉斯莱特, 140—141, 146, 160

and Cambridge Group, 与剑桥小组, 152—153

on industrialization, 关于工业化, 153, 154

on literary sources, 关于文学史料, 153—154

on Marxism, 关于马克思主义, 153

World We Have Lost, The, 《失去的世界》, 140, 153—155

Last Things (CPS), 《最后的事》, 45, 225

Latin America, 拉丁美洲, 195, 202, 206

Lawrence, D. H., 劳伦斯, 35, 73—74, 75, 76, 90, 96, 125, 148, 156, 199, 241

Rainbow, The, 《虹》, 88

Sea and Sardinia, 《大海与撒丁岛》, 61

Women in Love, 《恋爱中的女人》, 61, 241

Leavis, Frank Raymond, 弗兰克·雷蒙德·利维斯

and biography of, 及其生平, 69—71

and Cambridge English, 及剑桥英语, 34, 68—69, 70—71, 123, 128, 131—132, 135, *135*, 138, 238, 239—240, 245, 256

and conservatism, 及保守主义, 72, 84, 159, 190

and cultural studies, 及文化研究, 246

and Downing College, 及唐宁学院, 22, 69, 71, 88—89, 126—127, 127—

128, 129, 130—132, 135, 136—137, 138, 139

and higher pamphleteering, 高阶评论, 99, 126, 219, 256

and influence of, 及其影响, 130—131, 240, 241—243, 249, 256

    disciplinary, 学科的, 245—248

    ideological, 意识形态的, 248—249

    institutional, 体制的, 243, 243—245

and Liberal Party, 与自由党, 86, 190

and liberalism, 与自由主义, 11, 67, 85—89, 100, 101, 189, 190, 212—213, 215—216, 250—251

and literary criticism, 与文学批评, 4, *17*, 34, 67, 70—72, 74, 81, 72—82, 89, 99—100, 128—129, 156, 157, 242—243, 245, 249

and Marxism, 与马克思主义, *83*, 83—84, 89, 157, 239—240, 241, 242—243, 248—249

and meritocracy, 与精英制, 17, 23, 88—89, 221, 250—251, 251—252

and polemical style of, 与其论述风格, 3, 66—67, 70, 72—73, 90, 91

and post-structuralism, 与后结构主义, 247—248, 249

and religion, 与宗教, 84—85

Leavis, Frank Raymond (cont.) 弗兰克·雷蒙德·利维斯

    and reputation of, 与其名声, 127—128, 130, 131, 217—218, 237—238, 238, 241—242, 242, *242*, 243, 244

and retirement of, 与其退休, 126—127, 135, 136—138, 237—238, 241—242, 243—244, 249, 256

and sense of politics, 与其政治观, 22, 89—91, 135—136, 137—138, 139, 190—191

and Snow, 与斯诺, 6—7, 23, *92*, 91—94, *94*, 137, 211—212, 249—251

and student activism, 与学生运动, 238—239, 241

and T. S. Eliot, 与 T. S. 艾略特, 77, 78, 84—85

as outsider, 作为局外人, 70—71, 190, 238, 243

as teacher, 作为教师, 127—128, 128—129, 130—132, 238, *238*

on bureaucracy, 关于官僚体制, 87, 212

on Cartesian dualism, 关于笛卡尔二元论, *78*, 188—189, 247—248

on cultural authority, 关于文化权威, 81—82

on democracy, 关于民主, 191, 219, 239

on education, 关于教育, 84, 86, 89, 109, 128—130, 131—132, 219, 220, 250, 251—252

on egalitarianism, 关于平等主义, 23, 84, 86, 127, 159, 191, 219, 220,

239，241，250—251，251—252，254

on elites，关于精英，129，132，134，159，239，250，251—252

on history，关于历史，67，72，75—76，76—78，79—81，89，99，129，141—142，150，156—157，246

on industrialization，关于工业化，80，141，150，156—157，159，195，211，213，216

on intellectual standards，关于思想标准，82，89，132

on international development，关于国际发展，195，248—249

on language，关于语言，74，75，76—79，80—81，89，99，129，158，188—189，247—248，*248*

on *life*，关于"生命"，73—74，74，99—100

on mass civilization，关于大众文明，11，81—82，253

on materialism，关于物质主义，81，84，150，191—192，211，214，216，248—249

on Milton，关于弥尔顿，76，78—80

on modern civilization，关于现代文明，11，67，77—81，81—82，89，99，128，129，139，158—159，188—189，191—192，195，211，216，220，239，246—247，247—249，254，256—257

on non-Western world，关于非西方世界，195，212，213，216

on organic community，关于有机的社会团体，11，76—77，77

on progress，关于进步，109，211，212—213，213，216，246

on Royal Society，关于皇家学会，78—79，79—80

on science and scientists，关于科学和科学家，4，66，78—79，79—80，96，132，*132*，187—188，188—189，246，248，*248*

on seventeenth century，关于17世纪，11，67，77—80，80—81，99，129，130，158，253

on Snow，关于斯诺，3，*11*，70，93—94，94—95，95—96，100，189，216，254

on social science，关于社会科学，157—158，159，216

on the market，关于市场，81—82，99—100，253，254

on the "social"，关于"社会的"，158—159

on the "third realm"，关于"第三领域"，158—159

on the university，关于大学，101—102，128—130，132，134，139，159，251—252

on thought，关于思想，74—75，78—79，89，188—189

works，作品，参见个人作品标题

Leavis, Q. D., Q. D. 利维斯，23，34，69—

索引

70，86，90，92，126，157，237，238，246，249，256

 Dickens the Novelist (with FRL)，《小说家狄更斯》，71

 Fiction and the Reading Public，《小说与阅读公众》，70，157，245

Lee, Frank，弗兰克·李，126

Leicester，莱斯特，29，30，31，33，34，50，104，114，147，178，227，237，243

Leicester Mercury，《莱斯特水星报》，32

Leicester University College，莱斯特大学学院，31

Levin, Bernard，伯纳德·莱文

 and Snow's libel suit，与斯诺的诽谤诉讼，204

Levin, Harry，哈里·莱文，117，118—119，121，123，124

Levy, Hyman，海曼·利维，173

Lewis, C. S.，C. S. 刘易斯，119

Lewis, Wyndham，温德汉姆·刘易斯，35，57

Liberal Party，自由党，168，190

liberalism，自由主义，11，*11*，101，146—147，189，215—216，228；另参见精英制

 and neoconservatism，和新保守主义，234—235，236

 and planning，和计划，184—187

 radical，激进的，11，67，85—86，100，212—213，253，256—257

 technocratic，技术官僚的，11，47—52，64，171，172，207，256—257，257

life, Leavis's concept of，利维斯的"生命"概念，参见利维斯条目方的内容

Light and the Dark, The (CPS)，《光明与黑暗》，37，45

Lindemann, F. A. (Viscount Cherwell)，F. A. 林德曼（彻韦尔子爵），110，172

linguistics，语言学，123，158

Listener，《倾听者》，5，37，59，208，244

literary criticism，文学批评，242—243，245，249，256；另参见弗兰克·雷蒙德·利维斯、查尔斯·珀西·斯诺条目下方的内容

 and close reading，和细读，245

Liverpool Daily Post，《利物浦每日邮报》，111

Living Principle, The (FRL)，《鲜活的原则》，71，188—189

Locke, John，洛克，80

London Review of Books，《伦敦书评》，245

London School of Economics，伦敦政治经济学院，157，215

Lovell, A. C. B.，A. C. B. 洛弗尔，28

Luke, Walter，沃尔特·卢克，225

MacCarthy, Desmond，戴斯蒙·麦卡锡，38，40

MacKillop, Ian，伊恩·麦基洛普，9，46，68，93

Macmillan, Harold，哈罗德·麦克米伦，102，107，163，164，182，202

and "wind of change", 和"变革之风", 205

Macmillans, 麦克米伦, 203

Magee, Bryan, 布赖恩·马吉

New Radicalism, The,《新激进主义》, 165

Manchester, 曼彻斯特, 226

Manchester Grammar School, 曼彻斯特文法学校, 243

Mansfield, Katherine, 凯瑟琳·曼斯菲尔德, 38

marketplace thinking, 市场思维, 25, 221, 252, 252—253, 254

and definition of, 与其定义, 252

Marr, Andrew 安德鲁·马尔, *13*

Marshall Plan, 马歇尔计划, 163

Marwick, Arthur 亚瑟·马威克, *24*

Marx, Karl, 马克思, 187, 190, 242, 243

Marxism, 马克思主义, 83—84, 153, 188, 223, 237, 239—240, 242—243, 248—249

and science studies, 和科学研究, 246

masculinity, 男性特质, 参见性别

Mass Civilisation and Minority Culture (FRL),《大众文明与少数人文化》, 71, 81—82

Massachusetts Institute of Technology, 麻省理工学院, 110

Masters, The (CPS),《院长》, 36—37, 44, 45, 115, 122, 200

Mau Mau, 茅茅, 205

Mazlish, Bruce, 布鲁斯·马兹利什

Western Intellectual Tradition, The,《西方思想传统》, 59

medicine, 医学, 151, 213

meritocracy, 精英制, 9, 13, 16—22, 23, 24—25, 45, 48, 50—51, 52, 64, 88—89, 102, 147, 166, 168—169, 182, 221, 223—224, 227—228, 232, 236—237, 250—253, 254

and origin of term, 及术语起源, *18*

meritocratic moment, 精英政治时代, 16—22, 23, 24—25, 250—251, 253, 257

Mermaid, The,《美人鱼》, 40—41, 42, 47

Middle East, 中东, 195, 206

military, 军事的, 223

Mill on Bentham and Coleridge (FRL),《穆勒谈边沁和柯勒律治》, 86—87

Mill, John Stuart, 约翰·穆勒, 86—88, 114

Millar, Ronald, 罗纳德·米勒, 253

Miller, Karl, 卡尔·米勒, 244

Milton, John, 约翰·弥尔顿, 31, 76, 78—80

Ministry of Labour, 劳动部, 33, 103, 113

Ministry of Science, 科学部, 169

Ministry of Technology, 技术部, 33, 178, 182, 183

and declinism, 与衰落论, 178—179

and establishment of, 与其建立, 178—179

and Snow, 与斯诺, 179—180

MIT, 参见麻省理工学院

modern civilization, 现代文明, 24, 67, 80, 83, 89, 101, 128, 132, 139,

索引

159，189，191，192，216，217，220，248，249，256

 and contrast with "modernity"，与"现代性"的对比，*11*

 and definitions of，与其定义，11

Modernism，现代主义，参见查尔斯·珀西·斯诺条目下方的内容

modernity，现代性，*11*，208—209

modernization，现代化，参见保守党、工党、战后英国、科学与技术条目下方的内容

modernization theory，现代化理论，195，208—209

Moors murders，荒野谋杀案，226—227

Morgan, Kenneth，肯尼思·摩根，164，173

Morris, William，威廉·莫里斯，148，149

Mort, Frank 弗兰克·莫特，18—19

Moscow，莫斯科，203

Muggeridge, Malcolm，马尔科姆·马格里奇，165，166

Murdoch, Iris，艾里斯·默多克，234

Nairn, Tom 汤姆·奈恩，*13*

Namier, Lewis，刘易斯·内米尔，147

Nation，《国家》，120

National Association for the Teaching of English，全国英语教学协会，244

national decline，国家衰落，参见衰落论

National Research Development Corporation，英国国家研发公司，179

National Review，《国家评论》，196

Nature，《自然》，31，32，55，62，208

Neale, John，约翰·尼尔，144

Needham, Joseph，李约瑟，173

neoconservatism，新保守主义，234—235，236

New Bearings in English Poetry (FRL)，《英诗的新趋势》，71，80

New Criticism，新批评，117，118，120—121，245，246

New Left，新左派，51，142，224，227，235，236，237，243，250；另参见查尔斯·珀西·斯诺条目下方的内容

New Left Review，《新左派评论》，13，149，240

 and establishment of，与其建立，148，237

New Lives for Old (CPS)，《创造新生活》，32

New Men, The (CPS)，《新人》，44，45，198

New Reasoner，《新理性者》，148

New Scientist，《新科学家》，62

New Statesman，《新政治家》，37，41，44，45，52，59，62，120，146，190，244

New Universities Quarterly，《新大学季刊》，244

News Chronicle，《新闻纪事报》，20

Newton, Isaac，牛顿，78，80，86，189

Newton, John，约翰·牛顿，137

Nobel Prize，诺贝尔奖，44，99，255

nonconformism，非国教主义，77

non-Western world，非西方世界，2，4，12，20，23，26，55，56—57，63，

106，152，201—202；另参见特定地区名称
 and development debate，与发展辩论，194—195，206—210，211—216，217，218
 and imagined terrain，与想象的地带，194—195，216，217
Nor Shall My Sword (FRL),《利剑永不沉眠》，71，85
Nott, Kathleen，凯瑟琳·诺特，63
Nuffield College, Oxford，牛津大学纳菲尔德学院，*111*

Obscene Publications Act (1959),《淫秽出版物法》，19
Observer,《观察者》，42，62，128，208，236
 "Hidden Network of Leavisites, The",《隐藏的利维斯网络》，243
Olivier, Laurence，奥利维尔，244
Osborne, John，约翰·奥斯本
 Look Back in Anger,《愤怒的回首》，212

Pakistan 巴基斯坦
 and development of，与其发展，209—210
Palestine，巴勒斯坦，163
Parliament，议会，45，177
Parsons, Ian，伊恩·帕森斯，97
Past and Present,《过去与现在》，143，144

Pasternak, Boris，鲍里斯·帕斯特纳克，51
Pauling, Linus，莱纳斯·鲍林，197
Peccei, Aurelio，奥雷里奥·佩切伊，214
Perkin, Harold，哈罗德·珀金，17
 Origins of Modern English Society, The,《现代英国社会的起源》，157
 Rise of Professional Society, The,《职业社会的兴起》，50
"permissive society"，放任的社会，45，226—227
Peterhouse College, Cambridge，剑桥彼得豪斯学院，133
Phoenix Press，凤凰出版社，41
physics，物理，34，231，232
Pincher, Chapman，查普曼·平彻，20
planning，计划，19，102，166，169，175，176—177，178—179，183—187，192
Plumb, J. H.，J. H. 普拉姆，29，94，98，117，233，239
 and critique of *The Two Cultures*，与《两种文化》的批评，28—29，63，64
 and defense of Snow，与对斯诺的捍卫，95，124，150，195，213
 and Leavis，与利维斯，156—157
 and Namier，与内米尔，147
 and social history，与社会历史，146—147，160
 and Thatcherism，与撒切尔主义，147，237，253
 Sir Robert Walpole,《罗伯特·沃波尔伯爵》，147

Studies in Social History,《社会史研究》,146

Podhoretz, Norman, 诺曼·波德霍雷茨, 44, 93, 149, 150

and Leavis, 与利维斯, 198, 239

and neoconservatism, 与新保守主义, 235

and Snow, 与斯诺, 235—236

and Snow-Leavis controversy, 与斯诺-利维斯之争, 198, 236

Breaking Ranks,《打破等级》, 236

Polanyi, Michael, 迈克尔·波兰尼, 187

and epistemology, 与认识论, 185—186

and Leavis, 与利维斯, 88, 187—188, 189

and Society for Freedom in Science, 科学自由协会, 186

and *The Two Cultures*, 与《两种文化》, 4, 60, 63, 187

political science, 政治学, 151

Popper, Karl, 卡尔·波普尔, 186

Open Society, The,《开放社会》, 186

pornography, 色情, 226

post-colonialism, 后殖民主义, 27, 249

post-declinism, 后衰落主义, 14, 16, *16*, 258

post-modernism, 后现代主义, 27, 249

post-structuralism, 后结构主义, 247—248, 249

postwar Britain, 战后英国, 1, 7, 16—22, 24, 26, 34, 103, 138, 144, 163, 185, 192, 228—229, 237; 另参见精英政治时代、六十年代

and declinism, 与衰落主义, 12—13, 15—16, 23, 106, 161—168, 169, 170, 178—179, 192, 257—258

and historiography of, 与其历史学, 1, 12—16, 161—162, 192, 257—258

and ideological shift, 与意识形态转型, 25, 211, 213—215, 217—218, 221, *221*, 237, 242—243, 248—249, 251—254, 257

and modernization, 与现代化, 20, 21, 111, 166—170, 173—175, 176—179, 182—183, 192, 194

and periodization of, 与其分期, *16*, 16—17, *17*, 24, 24—25, 220—221, 251

and science and technology, 与科学和技术, 19, 60, 103—104, 104, 105—106, 107—108, 110—113, 163, 167—170, 173—179, 182—183, 192, 222—223

Pound, Ezra, 埃兹拉·庞德, 35, 53, 57

Powell, Anthony, 安东尼·鲍威尔, 120

Powys, T. F., T. F. 鲍伊斯, 125

Priestley, J. B., J. B. 普里斯特利, 234

Princeton University, 普林斯顿大学, 120

Private Eye,《第三只眼》, 49, 165, 183

professional society, 职业社会, 16—17, *17*, 223, 250

professionals, 职业人员, 13, 17, 151; 另参见专家

Proust, Marcel, 普鲁斯特, 39, 43, 91,

121，125
Pryce-Jones, Alan，艾伦·普莱斯·琼斯，42
psychology，心理学，151，158
Public Affairs (CPS)，《公共事务》，46，*217*，217
puritanism，清教主义，77，84
Putt, S. Gorley，戈尔利·帕特，37，40，41—42，48，91，93

Quaife, Roger，罗杰·奎夫，172—173
Queen Elizabeth II，女王伊丽莎白二世，163
Quiller-Couch, Arthur，亚瑟·奎勒-枯赤，67

race，种族
    and human difference，与个体差异，232—233
    and postwar Britain，与战后英国，161
    and Snow's image of science，与斯诺的科学观，54，55，57，222
    and *The Two Cultures*，与《两种文化》，210，220，231
Ransom, John Crowe，约翰·克劳·兰森，118
Ray, Cyril，西里尔·康诺利，97
Read, Herbert，赫伯特·里德，63
Readers' Subscription Book Club，读者订阅图书俱乐部，44
Reagan, Ronald，罗纳德·里根，235
Rede Lecture (1882)，瑞德讲座（1882），5
Rede Lecture (1959)，瑞德讲座（1959），24

and achievement of，及其成就，56，58—60，62—63，64，66，106，255
and argument of，及其争论，2，56—59
and delivery of，及其发表，2，56
and intentions for，及其意图，46，55—56，61，*61*，64
and origins of，及其起源，29—30，33—35，146，148—149
and reception of，及其接受，59—64，177
and Snow's satisfaction with，及斯诺的自满，60—61
Reform Club，改革俱乐部，174
religion，宗教，84—85，226
Restoration，复辟，77，78
Revaluation (FRL)，《重估》，71
Rhodesia，罗德西亚，210
Richards, I. A.，理查兹，68—69，70，87
    and practical criticism，和实用批评，68
    Practical Criticism，《实用批评》，68
    Principles of Literary Criticism，《文学批评的原则》，68
    Science and Poetry，《科学和诗歌》，68
Richmond Lecture (1962)，里士满讲座（1962），24
    and argument of，及其争论，2，96，150
    and delivery of，及其发表，2，66，94—95，96
    and Leavis's satisfaction with，及利维斯的自满，96，98—99
    and libel question，及诽谤问题，94—

95，97，99

and origins of，及其起源，94，97

and reception of，及其接受，2，3，66，95，96—98

and Snow's response to，及斯诺对其的回应，2，97，124，150—151

and tone of，及其语调，3，94—96，199

Richmond Lecture (1963)，里士满讲座（1963），126

Ritschel, Daniel 丹尼尔·里切尔，*163*

Robbins Report，《罗宾斯报告》，21，102，106—109，133，134，138，142，158，166，168

Robbins, Lionel，莱昂内尔·罗宾斯，107，134，158，190，202，230—231，239

Roberts, Neil，尼尔·罗伯茨，88

Robinson, Ian，伊恩·鲁宾逊，126

Rostov State University，罗斯托夫国立大学，203

Rostow, W. W.，W. W. 罗斯托

Stages of Economic Growth, The，《经济增长的阶段》，209，210

Rothblatt, Sheldon，谢尔顿·罗斯布拉特，108

Royal Court Theatre，皇家宫廷剧院，19

Royal Shakespeare Company，皇家莎士比亚剧团，244

Royal Society，皇家学会，78—79，208

Ruskin College，罗斯金学院，234

Ruskin, John，罗斯金，148，149

Russell, Bertrand，伯特兰·罗素，28

Russell, Leonard，莱昂纳多·罗素，42

Russia，俄国，参见苏联

Rutherford, Ernest，厄内斯特·拉瑟福德，34，35，54，55，93

Salam, Abdus，阿布杜斯·萨拉姆，59

and Pakistani development，与巴基斯坦的发展，209—210

Salingar, L. G.，L. G. 塞林格，243

Sampson, Anthony，安东尼·桑普森，170

Anatomy of Britain，《解剖英国》，18，47，165，258

Sandbrook, Dominic，多米尼克·桑德布鲁克，6，*24*，257

Satia, Priya 普里亚·萨迪亚，*201*

Sayers, Dorothy，多萝西·塞耶斯，19，32

Scarborough，斯卡伯勒，168；另参见哈罗德·威尔逊及"白热化"

Schaffer, Simon，西蒙·谢佛，8

Leviathan and the Air-Pump，《利维坦与空气泵》，22

Schumacher, E. F.，E. F. 舒马赫

Small Is Beautiful，《小而美》，215

Science and Government (CPS)，《科学与政府》，46，172

science and technology，科学和技术，

and modernization，与现代化，20，26，154，167—170，173—175，176—179，182—183，194

and promise of，与其前景，9，12，152，154，167—170，174，175—177，182—183，194，223

and the state, 与国家, 19—20, 103—104, 105—106, 107—108, 174—175, 178—179, 182—183, 207, 223

science studies, 科学研究, 26, 122, 159—160, 246—247

    and Marxism, 与马克思主义, 246

    and *The Two Cultures*, 与《两种文化》, 247

"science wars", "科学战争", 25, 259

Scientific Civil Service, 政府科学办公室, 106

scientific revolution, 科学革命, 35, 35—36, 49, 56, 169, 170, 174—175, 178, 195, 206, 210

Scrutiny,《细察》, 34, 42, 70, 71, 76, 97, 99, 128, 130, 134, 135, 137—138, 237, 238, 242, 244, 245

    and Marxism, 与马克思主义, 83, 83—84, 157, 240

Search, The (CPS),《搜寻》, 32, 54

Second World War, 第二次世界大战, 32—33, 45, 129—130, 172, 185, 253

sexual revolution, 性革命, 214, 239

    sexuality, 性, 53, 226—227

Shahak, Israel, 以色列·沙哈克, 233

Shakespeare, William, 莎士比亚, 76—77, 78, 79, 80, 154, 249

Shanks, Michael, 迈克尔·尚克斯, 165

Stagnant Society, The,《停滞的社会》, 165

Shapin, Steven, 史蒂文·夏平, 8

    Leviathan and the Air-Pump,《利维坦与空气泵》, 22

Shapira, Morris, 莫里斯·沙皮拉, 93, 136, 137

Shell, 壳牌, 110

Shils, Edward, 爱德华·希尔斯, 182

    on *Corridors of Power*, 关于《权力的走廊》, 173

Sholokhov, Mikhail, 米哈伊尔·肖洛霍夫, 51, 203

Shonfield, Andrew, 安德鲁·肖恩菲尔德, 165

    British Economic Policy since the War,《战后英国经济政策》, 165

Shute, Nevil 内维尔·舒特, 10, 53

Sitwell, Edith, 伊迪丝·西特韦尔, 4, 97

Sixties, 六十年代, 1, 12, 23—24, 45, 221, 251—253, 254；另参见战后英国及其意识形态转型

    and causes of, 及其起因, 224

    and definition of, 及其定义, 24, 220—221

Skinner, Quentin, 昆廷·斯金纳, 69, 69

Sleep of Reason, The (CPS),《理性的沉睡》, 45, 226—227

Smith, Adam, 亚当·斯密, 87

Snow, Charles Percy 查尔斯·珀西·斯诺

    and biography of, 及其生平, 30—33, 50—51

    and Cambridge, 与剑桥, 33—36, 53, 115—119, 120, 122—124, 222

    and Churchill College, 与丘吉尔学院, 22, 115—119, 120, 122—124, 126,

131, 139

and Cold War, 与冷战, 45, 48—49, 51, 58, 171, 196, 201, 202—205

and controversy about genetics and race, 与遗传学及种族的论争 231—232

and declinism, 与衰落论, 12—13, 15—16, 53—54, 56, 58, 106, 162—163, 170—171, 257—258

and Eton Affair, 与伊顿事件, 180—182, 228, 229

and frustrations with the Sixties, 及其对六十年代的恼怒, 23, 45—46, 217, 224—227, *233*, 233—234, 235, 236—237, 251—252, 254

and historical significance of, 及其历史意义, 1, 10—11

and honors for, 及其荣誉, 33, 178, *255*

and Labour Party, 与工党, 33, 48, 174—175, 177—178, 229, 232, 233—234, *250*

and Leavis, 与利维斯, 6—7, 23, *92*, 91—94, 137, 211—212, 249—251

and Lewis Eliot as alter-ego of, 及化身刘易斯·艾略特, 30

and liberalism, 与自由主义, 11, 29, 47—49, 52, 64, 101, 114—115, 146—147, 171, 172, 182, 207, 217, 223—224, *224*, 225, 233, 234, 235, 236—237, 250—251, 254, 257

and literary campaign, 与文学运动, 29, 37—43, 47

and literary criticism, 与文学批评, 35—36, 40—41, 42—43, 51—52, 120—121, 230

and meritocracy, 与精英制, 17, 23, 50—51, 52, 64, 88, 89, 147, 182, 221, 223—224, 227—228, 228, 236—237, 250—252, 253

and neoconservatism, 与新保守主义, 234—236, 254

and reputation of, 及其名誉, 4, 10, 32—33, 37, 43—44, 45, 52, 107, 120, 121—122, 125—126, 177—178, 200, 202—203, 255, 255—256, 257

and sense of politics, 与政治观, 22, 33, 36—37, 38, 45, 49—50, 52, 90, 124, 139, 148—149, 171—173, 225

as bureaucrat, 作为官僚, *17*, 33, 103, 113—114, 174—175

as junior minister, 作为初级大臣/部长, 33, 178, *180*, 179—182

as novelist, 作为小说家, 32—33, 174, 255—256

as scientist, 作为科学家, 31—32

on Angry Young Men, 关于"愤怒的年轻一代", 51—52, *52*, 121, 225, 227, 249, *249*

on bureaucracy, 关于官僚, 36—37, 45, 49—50, 171, 172—173, 207

on Cambridge English, 关于剑桥英语,

34—35, 117, 119, 122—123

on education, 关于教育, 53—54, 57, 58, 101, 106, 109, 113—115, 139, 229—231, 233—234, 250, 251—252

on education of women, 关于女性教育, 46—47, 114, 174—175, 223

on egalitarianism, 关于平等主义, 23, 50, 182, 228, 229—230, 233—234, 236—237, 250—252, 253, 254

on elites, 关于精英, 220, 227—228, 229—231, 234, 250, 251—252, 253, 254

on history, 关于历史, 11, 35—36, 48—49

on industrialization, 关于工业化, 48—49, 55, 56—57, 61, 141, 146, 147—148, 149, 151, 152, 154, 194—195, 206—207

on international development, 关于国际发展, 58, 194—195, 205, 206—207, 231

on Leavis, 关于利维斯, 34—35, 42—43, *61*, *92*, 92—93, *149*, 149—150, *219*

on liberal Communism, 关于自由共产主义, 204—205

on liberal package deal, 关于自由一揽子协议, 233, 236

on literary intellectuals, 关于文学知识分子, 33—35, 47, 53, 54, 55, 56, 57, 60—61, 220, 254

on managers, 关于经理人, 49—50, 171

on modern civilization, 关于现代文明, 11, 139, 204—205, 225, 256—257

on Modernism, 关于现代主义, 2—3, 6, 29, 35—36, 38, 40—41, 42—43, 47, 51, 53, 55, 57, 61, 64, 117, 121, 148

on New Left, 关于新左派, 51, 148—149, 150—151, 225

on non-Western world, 关于非西方世界, 26, 48—49, 55, 56—57, 194—195, 206—207, 212

on professional society, 关于职业社会, 36, 46—47, 48—50, 116—117, 171, *223*

on progress, 关于进步, 11, 29, 33—36, 48—49, 57, 109, 146, 147—148, 149, 152, 154, 159—160, 206—207

on radicals and radicalism, 关于激进分子和激进主义, 45—46, 51, 64, 148—149, 150—151, 172, 217, 225—227, 233

on science and scientists, 关于科学和科学家, 33—34, *34*, 45, 47, 53, 54—55, 57—58, 114, 172, 210, 220, 222, 223, 224, 231

on scientific revolution, 关于科学革命, 35—36, 49, 174—175, 194—195, 206—207

on social history, 关于社会史, 140,

141—142，146，151—152，154，159—160

on Soviet Union，关于苏联，48，51，171，196，202—205

Works，作品，参见个人作品标题

Snow-Leavis controversy，斯诺－利维斯之争，2—3，9，59—64，96—99，219—220，256—257

and disciplinary explanation of，及其学科解释，3—7，66

and historical interpretation，及历史阐释，140—142，194—195

and historiography of，及其历史学，3—7，9—11，257

and international dimensions of，及其国际维度，23，26，59—60，194—196，211，212—214

and Leavis's response to，及利维斯的回应，98—99

and precursors to，及其先驱，4—6，25—26

and Snow's response to，及斯诺的回应，60—61，98，99，124—126，140，150—151，219，219—220

and *Spectator* debate，及《旁观者》上的辩论，3，95，97—98，124，150，199

in United States，在美国，9，23，60，195—200

Snow, Pamela Hansford，帕梅拉·汉斯福德·斯诺，参见帕梅拉·汉斯福德·约翰逊

Social Democratic Party，社会民主党，237

social science，社会科学，35，61，195，216；另参见历史：社会的，及社会科学

and modernization theory，与现代化理论，208—209

and social history，与社会史，144—145，150，154

socialist realism，社会主义现实主义，203

Society for Freedom in Science，科学自由协会，186

sociology，社会学，123，144，151，154，158

sociology of science，科学的社会学，参见科学研究

Solzhenitsyn, Aleksandr，亚历山大·索尔仁尼琴，51

Southeast Asia，东南亚，195，206

Soviet Literature，苏联文学，203

Soviet Union，苏联，48，51，54，57，58，60，95，106，163，164，194，196，210，224，235，249

Soviet Writers' Union，苏联作家联盟，203

Spain，西班牙，239

Spectator，《旁观者》，3，45，95，98，99，120，124，140，181，204，244；另参见斯诺－利维斯之争条目下方的内容

Spencer, Herbert，赫伯特·斯宾塞，87

Sprat, Thomas，斯普拉特主教，78

Sputnik，人造卫星，9，197

St. Catherine's College, Oxford 牛津大学圣凯瑟琳学院，*111*

St. John's College, Cambridge,剑桥大学圣约翰学院,122

statistics,统计学,151,154

Steiner, George,乔治·斯坦纳,94,99,152

 and Churchill College,与丘吉尔学院,119—124

 and Snow-Leavis controversy,与斯诺-利维斯之争,124—126

 Tolstoy or Dostoevsky,《托尔斯泰或陀思妥耶夫斯基》,120,121

Stendhal,司汤达,43,45,121,126

Stewart, Gordon Neil,戈登·奈尔·斯图尔特,39

Storer, Richard,理查德·斯托尔,134

Storr, Anthony,安东尼·斯托尔,98

Strachey, Lytton,里顿·斯特拉奇,32

Strangers and Brothers novel (CPS),"陌生人和兄弟们"小说,参见《乔治·帕桑》

Strangers and Brothers series (CPS),"陌生人和兄弟们"系列小说,30,33,43—47,52,121,228

student activism,学生运动,214,238—239,241

Sturt, George,乔治·斯特尔特

 Wheelwright's Shop, The,《车轮作坊》,34

Suez,苏伊士运河,163,164,165,192,217

Suicide of a Nation?,《一个民族的自杀?》,12—13,*13*,*15*,165—166,169,170,171,182,184,228—229,258

Sunday Times,《星期日泰晤士报》,38,42,43,47,53,62,244

"Swinging London","摇摆的伦敦",226

technocratic commitment 技术官僚理念

 and Churchill College,与丘吉尔学院,111,112—113

 and decolonization,与去殖民化,20,138,210

 and Labour Party,与工党,167—170,173—178,178—179,183—185

 and planning,与计划,186

 and *Suicide of a Nation?*,与《一个民族的自杀?》,166—167

 and *The Two Cultures*,与《两种文化》,10

 and university expansion,与大学扩张,103—104,105—106,107,138

technocratic critique,技术官僚式批评,参见衰落论条目下方的内容

"technologico-Benthamism","技术-边沁主义",86,219

technology,技术,参见科学与技术

Tennyson, Alfred,丁尼生,77

Thatcher, Margaret,玛格丽特·撒切尔,13,16,86,252

Thatcherism,撒切尔主义,147,237,253

Third World,第三世界,参见非西方世界、特定地区名称

Thomas, Dylan,狄兰·托马斯,39

Thomas, Keith,基思·托马斯,145

 "New Ways in History",《历史的新方

法》, 143, 144—145

Thompson, Denys, 丹尼斯·汤普森, 243, 244, 246

 Culture and Environment,《文化和环境》, 71, 72

Thompson, E. P., E. P. 汤普森, 1, 6, 141, 142, 145, 195

 and Leavis, 和利维斯, 155—156, 159, 160

 Making of the English Working Class, The,《英国工人阶级的诞生》, 155

 on Asia and Africa 关于亚洲和非洲, 195

 on Snow, 关于斯诺, 155, 159

 on Snow-Leavis controversy, 关于斯诺 - 利维斯之争, 155

 on social history, 关于社会史, 154—155, 160

Thoreau, Henry David, 梭罗, 148

Thought, Words, and Creativity (FRL),《思想、文字和创意》, 71, 188—189

Tillyard, E. M. W., E. M. W. 蒂尔亚德, 70, 112

Time,《时代》, 226

Time and Tide,《时代与潮流》, 42

Time of Hope (CPS),《希望时刻》, 30, 43, 45

Times,《泰晤士报》, 31, 62, 97, 241

Times Literary Supplement,《泰晤士报文学增刊》, 2, 4, 42, 54, 120, 130, 144, 151, 219, 230

Tizard, Henry, 亨利·蒂泽德, 172

Todd, Alex, 亚历克斯·托德, 110, 112, 239

Tolkien, J. R. R., J. R. R. 托尔金, 227

Tolstoy, Leo, 托尔斯泰, 41

Tomlinson, Jim, 吉姆·汤姆林森, 13, 14, 14, 15, 162, 162, 164, 183

Tots and Quots,"众说纷纭", 173

Trevelyan, G. M., G. M. 特里维廉, 143—144, 146, 150, 151, 156, 160

 English Social History,《英国社会史》, 143, 145

Trevor-Roper, Hugh, 休·特雷弗-罗珀, 145

Tribune,《讲坛》, 41

Trilling, Lionel, 莱昂内尔·特里林, 8, 93, 116, 118, 236

 and Leavis, 与利维斯, 87, 88, 95, 95, 198

 and Snow, 与斯诺, 44, 46, 118, 197—198, 200—201

 and Snow-Leavis controversy, 与斯诺 - 利维斯之争, 3, 97, 195—196, 198—200

Trinity College, Cambridge, 剑桥三一学院, 126, 133

Trollope, Anthony, 特罗洛普, 43, 50, 121, 125

Two Cultures and the Scientific Revolution, The (CPS)《两种文化和科学革命》

 and argument of, 及其论争, 2, 3, 4, 15, 56—59, 158

 and Cold War, 及冷战, 58, 196

 and criticism of, 及其批评, 2, 4, 10—11, 60, 63—64, 184—185, 186,

187

and declinism, 及衰落论, 12—13, 15—16, 58, 106

and impact of, 及其影响, 1, 26, 59—60, 64, 66, 106, 107, 255, 258—259

and international development, 及国际发展, 58, 201, 206—207

and marketing of, 及其营销, 62

and political charges of, 及其政治指控, 2—3, 57—58, 147—148

and precursors to, 及其先驱, 52—55, 62—63, 146, 148—149

and reception of, 及其接受, 28, 59—64, 255

on education, 关于教育, 57, 58, 101, 106, 109

on industrialization, 关于工业化, 56—57, 141, 147—148, 206—207

on literary intellectuals, 关于文学知识分子, 56, 57, 147—148

on Modernism, 关于现代性, 57

on non-Western world, 关于非西方世界, 26, 56—57, 201, 206—207

on progress, 关于进步, 57, 147—148

on scientific intellectuals, 关于科学知识分子, 57—58

Two Cultures, and A Second Look, The (CPS), 《再议两种文化》, 196

and Cold War, 与冷战, 201

and declinism, 与衰落论, 258

and international development, 与国际发展, 201—202, 207

and response to Lionel Trilling, 及对莱昂内尔·特里林的回应, 201

on bureaucracy, 关于官僚, 212

on non-Western world, 关于非西方世界, 201—202

on social history, 关于社会史, 151—152

Two cultures controversy, 两种文化之争, 参见斯诺－利维斯之争

Two cultures, Snow's concept of, 斯诺对两种文化的定义

and criticism of, 及其批评, 60, 63—64, 258—259

and development of after 1959, 及其1959年之后的发展, 60—61

and development of before 1959, 及其1959年之前的发展, 33—35, 52—56, 146

and mutability of, 及其可塑性, 9—10, 22, 63—64, 196—197, 258

and success of, 及其成功, 3, 26, 59—60, 62—63, 66, 107, 258

and use as analytical term, 及其作为分析性术语的使用情况, 3, 9, 26, 258—259

Two Cultures? The Significance of C. P. Snow (FRL), 《两种文化？C. P. 斯诺的意义》, 71

and argument of, 及其争论, 2, 4, 96, 150

and critique of Snow, 及对斯诺的批判,

3，94—95，96，100，150

and reception of，及其接受，2，3，97—8，191，211，213，255—256

and subsequent development of，及其后续发展，2，96，*96*，191—192，248

on equality，关于平等，241

on industrialization，关于工业化，141，211，216

on international development，关于国际发展，211，216

on non-Western world，关于非西方世界，211，216

on progress，关于进步，211，216

on the university，关于大学，96，101—102，109

United Nations，联合国，214

United States，美国，58，95，96，121，147，163，196，210，212，249，256

and neoconservatism，与新保守主义，234—235

Universities and Left Review，《大学和左翼评论》，148

University Grants Committee，大学教育资助委员会，20，103，104，106，112

University of California at Berkeley，加州大学伯克利分校，44，120，177

University of Cambridge，剑桥大学，12，33—35，39，103，104，120，196，222，237，253；另参见特定大学与学院名称

University of Chicago，芝加哥大学，120

University of Edinburgh，爱丁堡大学

Sociology of Scientific Knowledge (SSK)，"科学知识的社会学"，247

University of Geneva，日内瓦大学，120，122

University of Lahore，拉合尔大学，209

University of Leeds，利兹大学，98

University of Oxford，牛津大学，38，103，104，120；另参见特定大学与学院名称

University of St. Andrews，圣安德鲁斯大学，98，177

University of Sussex，苏塞克斯大学，104

University of Texas，得克萨斯大学，230

University of York，约克大学，2，216，238，242，243—244，256

Vaizey, John，约翰·维齐，165

Vickers，威格士，110

Vickers, Brian，布莱恩·维克斯，126—127，137

Vietnam War，越战，224

Waddington, C. H.，瓦丁顿，213

Wain, John，约翰·韦恩，51

and criticism of Snow，及对斯诺的批评，203—204

Waters, Chris，克里斯·瓦特斯，18—19

Waugh, Evelyn，伊芙琳·沃，38，120

Weimar，魏玛时代，226

welfare state，福利国家，16，19，55，105，142，161，163，185，236，248

Wellek, Rene，勒内·韦勒克，188

Wells, H. G. 威尔斯，10，35，70，72，76，173

Open Conspiracy, The,《公开阴谋》，207—208

Werskey, Gary, 加里·沃斯基，173

Wharton, Edith, 伊迪斯·沃顿，38

"What's Wrong with Britain?",《英国怎么了？》，165

Whitehall, 白厅，33，45

Wiener, Martin 马丁·威纳，12，17，*18*，161，*162*，258

   English Culture and the Decline of the Industrial Spirit, 1850—1980,《英国文化与工业精神的衰落》，12，13，13

Willey, Basil, 贝斯尔·韦利，68

Williams, Raymond, 雷蒙德·威廉斯，*18*，55，93，148，149，*149*，150，243

   and Leavis, 和利维斯，90，239—240

   and "left-Leavisism", 和"左翼利维斯主义"，246

   Culture and Society,《文化与社会》，240

   Long Revolution, The,《长期革命》，240

Williams, Shirley, 雪莱·威廉斯，234

Wilson, Angus, 安格斯·威尔逊，51，93

Wilson, Harold, 哈罗德·威尔逊，147，167，168—169，178，179，180，182，184，239

   and Gaitskell Group, 与盖茨克尔小组，174，175，176—177，177—178

   and Society of Statisticians, 与统计学会，168

   and "white heat", 与"白热化"，9，20，168—169，173，177，210

Wimsey, Peter, 彼得·维姆西，19

Wind and the Rain, The,《风雨》，41

Windmill, The,《风车》，39

Wittgenstein, Ludwig, 路德维希·维特根斯坦，188

Wolin, Sheldon, 谢尔顿·沃林，251

women, 女性/妇女，参见女权主义/女性主义，

   and British science, 与英国科学，47，104—105，222

   and education, 与教育，67，104—105，111，223

   in Snow's novels, 在斯诺的小说中，46—47

Woolf, Virginia, 弗吉尼亚·伍尔芙，32，35

Wordsworth, William, 华兹华斯，80

World War I, "一战"，参见第一次世界大战

World War II, "二战"，参见第二次世界大战

Worsley, Peter, 彼得·沃斯利，208

Wrigley, E. A., 里格利，152，155

Yeats, William Butler, 叶芝，55，57

Young, Bob, 鲍勃·杨

   Changing Perspectives in the History of Science,《科学史视角的变化》，247

Young, Michael, 迈克尔·杨

and term "meritocracy", 和术语"精英制", *18*

Yudkin, Michael, 迈克尔·尤德金, 4, 60, 63

Zaidi, Waqar H. 拉福德·扎伊迪, *16*

Zuckerman, Solly, 索利·朱克曼, 173

 and Gaitskell Group, 与盖茨克尔小组, 174

版权登记号:图字10-2023-131号

图书在版编目(CIP)数据

两种文化之争:战后英国的科学、文学与文化政治/(美)盖伊·奥尔托拉诺著;沈蕴译.——南京:南京大学出版社,2024.1

书名原文:The Two Cultures Controversy: Science, Literature, and Cultural Politics in Postwar Britain

ISBN 978-7-305-26898-4

Ⅰ.①两… Ⅱ.①盖… ②沈… Ⅲ.①文化史—研究—英国 Ⅳ.①K561.03

中国版本图书馆CIP数据核字(2023)第086847号

出版发行 南京大学出版社
社　　址 南京市汉口路22号　邮　编 210093
书　　名 两种文化之争:战后英国的科学、文学与文化政治
　　　　　Liang Zhong WenHua Zhi Zheng Zhan Hou YingGuo De KeXue WenXue Yu WenHua Zhengzhi
著　　者 [美]盖伊·奥尔托拉诺
译　　者 沈　蕴
策 划 人 严搏非
责任编辑 郭艳娟
特约编辑 杨揄熹
印　　刷 山东临沂新华印刷物流集团有限责任公司
开　　本 880×1240 1/32　印张 14　字数 297千
版　　次 2024年1月第1版　2024年1月第1次印刷
ISBN 978-7-305-26898-4
定　　价 68.00元

网　　址 http://www.njupco.com
官方微博 http://weibo.com/njupco
官方微信 njupress
销售热线 (025)83594756

版权所有,侵权必究
凡购买南大版图书,如有印装质量问题,请与所购图书销售部门联系调换